U0138241

文史台灣

陳芳明。主編

Edited by F. M. Chen
Professor of Chinese Literature, National Chengchi University.
Published by Rye Field Publications, a division of Cité Publishing Ltd.
11F., No. 213, Sec. 2, Sinyi Rd., Jhongjheng District, Taipei City 100, Taiwan.

文史台灣 3

展示臺灣：權力、空間與殖民統治的形象表述

Exhibiting Taiwan: Power, Space and Image Representation of Japanese Colonial Rule

作　　　者	呂紹理（Shao-li Lu）	
主　　　編	陳芳明（F. M. Chen）	
責 任 編 輯	胡金倫	
總 經 理	陳蕙慧	
發 行 人	涂玉雲	
出　　　版	麥田出版	

發　　　行

作　　　者　呂紹理（Shao-li Lu）
主　　　編　陳芳明（F. M. Chen）
責 任 編 輯　胡金倫
總 經 理　陳蕙慧
發 行 人　涂玉雲
出　　　版　麥田出版
　　　　　　城邦文化事業股份有限公司
　　　　　　台北市中正區信義路二段213號11樓
　　　　　　電話：(02) 2356-0933　傳真：(02) 2351-9179、(02) 2351-6320
發　　　行　英屬蓋曼群島商家庭傳媒股份有限公司城邦分公司
　　　　　　台北市中山區民生東路二段141號2樓
　　　　　　網址：www.cite.com.tw
　　　　　　客服服務專線：(886) 2-25007718；25007719
　　　　　　24小時傳真專線：(886) 2-25001990；25001991
　　　　　　服務時間：週一至週五上午09:00~12:00；下午13:00~17:00
　　　　　　劃撥帳號：19863813　戶名：書蟲股份有限公司
　　　　　　讀者服務信箱：service@readingclub.com.tw
香港發行所　城邦（香港）出版集團有限公司
　　　　　　地址：香港灣仔軒尼詩道235號3樓
　　　　　　電話：(852) 25086231　傳真：(852) 25789337
　　　　　　E-mail: hkcite@biznetvigator.com
馬新發行所　城邦（馬新）出版集團 Cite (M) Sdn. Bhd. (458372U)
　　　　　　11, Jalan 30D/146, Desa Tasik, Sungai Besi,
　　　　　　57000 Kuala Lumpur, Malaysia
　　　　　　電話：(603) 90563833　傳真：(603) 90562833
印　　　刷　中原造像股份有限公司
初 版 一 刷　2005年10月
初 版 四 刷　2007年7月

售　　　價　420元
ISBN 13：978-986-7252-86-9
ISBN 10：986-7252-86-1

版權所有·翻印必究（Printed in Taiwan）
本書如有缺頁、破損、裝訂錯誤，請寄回更換

文史台灣

3

展示臺灣

權力、空間與殖民統治的形象表述

EXHIBITING TAIWAN
Power, Space and Image Representation of
Japanese Colonial Rule

SHAO-LI LU

呂紹理

麥田出版

「文史台灣」編輯前言

陳芳明（國立政治大學中國文學系教授）

　　臺灣文學與臺灣歷史的研究，在二十世紀八〇年代下半葉開始展現前所未有的磅礴氣象。這一方面是由於戒嚴體制的宣告終結，使長期受到壓抑的思想能量獲得釋放；另一方面則是由於臺灣資本主義的高度發達，使許多潛藏於社會內部的人文智慧獲得開發。見證到這種趨勢的日益提升，坊間逐漸以「顯學」一詞來定義臺灣文學研究的盛況。

　　在現階段，臺灣研究是否臻於顯學層次仍有待檢驗。不過可以確定的是，以中國為價值取向的研究途徑，已逐漸被以臺灣為主體取向的思維方式所替代。這種學術轉向在於印證一個事實，所有知識的追求與探索，都不可能偏離其所賴以維持生存的社會。戰後臺灣知識分子的前輩大多致力於言論自由與思想自由的爭取。在強勢的中國論述支配下，臺灣學界往往充滿感時憂國的焦慮情緒，以及承受歷史包袱的危機意識。這種沉重而濃厚的政治風氣，自然不利於臺灣研究的開展。

　　解嚴後的十餘年來，幾乎每一門學術領域都次第掙脫政治權力干涉，使知識建構開始與社會改造產生密切互動。「臺灣政治學」、「臺灣社會學」、「臺灣經濟學」等等社會科學的研究，都先後回歸到自己的土地上。因此，臺灣文學與臺灣歷史的研究也在同

樣的軌跡上,順勢崛起,蔚為風氣。一個「臺灣學」的時代已經來臨,並且也預告這個名詞將可概括日後臺灣學術研究的總趨勢。

在面對全球化思潮的挑戰之際,臺灣文化研究風氣的高漲,誠然具有深遠的文化意義。在二十世紀,當臺灣還停留於殖民地社會的階段,知識分子所負的使命,便是如何對現代化做出恰當的回應。現代化運動轟轟烈烈到來時,他們既要站在本土化的立場進行抗拒,又要站在思想啟蒙的角度採取批判性的接受。在抗拒與接受之間,臺灣知識分子創造了極為可貴而又可觀的批判文化傳統。這份豐碩的文化遺產,為臺灣本土運動奠下厚實的基礎。

進入二十一世紀以後,全球化(globalization)的趨勢,則又漸漸凌駕於現代化運動的格局之上。做為第三世界成員的臺灣知識分子,承擔的使命更為艱鉅。在龐大全球化論述籠罩之下,本土化運動顯然必須提高層次,全面檢討與人文相關的各種議題。本土論述所要接受的挑戰,已經不再只是特定帝國主義的霸權文化,而是更為深刻而周延的晚期資本主義文化。臺灣文化的自我定位,有必要置放在全球格局的脈絡中來考察,

在這樣的形式要求下,抵抗策略固然還是維護文化主體的主要利器;不過,如何以小搏大,如何翻轉收編與被收編的位置,如何採取更為主動的姿態來回應全球化趨勢,正是二十一世紀臺灣知識分子的全新課題。尤其是參加世界貿易組織(WTO)之後,臺灣社會開始被提到發展知識經濟的日程表上。在全球知識生產力的競爭場域,臺灣的學術研究確實已經達到需要與國際接軌的階段。

「文史台灣」叢書的設計,除了豐富臺灣文史研究本土論述的內容之外,更進一步肯定勇於突破、勇於超越的治學精神。文學本土論與臺灣主體論誠然有其生動活潑的傳統,但停留於僵化的、教條的思維,必然為學術研究帶來傷害。本叢書系列強調開放的、差異的主體性思考,尤其特別重視具有開展性、擴張性的歷史解釋與

文學詮釋。文化差異絕對不可能構成文化優劣，因此本叢書的目標在於尊重由各種不同性別、族群、階級所形成的知識論。所有在地的知識都是臺灣文化主體的重要一環，也是形成全球文化生產不可或缺的一環。在迎接「臺灣學」的時代到來之際，本叢書系列編輯主要有三個方向：

一、有關臺灣議題的探討研究，以文學與歷史為重心，同時也不偏廢哲學、藝術、政治、社會等專書論述。

二、有關臺灣文史的外文著述之漢譯。

三、結合當代國際思潮的臺灣文史研究。

前言／
文明與殖民

陳芳明

　　脫亞論與興亞論，是日本帝國從崛起到潰敗過程中所提出的兩種悖反論述。「脫亞入歐論」是一八六〇年代明治維新時期日本展開初期現代化運動的重要文化論述。在這論述的指導下，日本積極向歐洲模仿學習，並苦心孤詣企圖擺脫亞洲文化的落後性。「興亞抗歐論」則是一九四〇年代第二次大戰期間，日本現代化運動臻於飽滿成熟階段之際揭示的政治論述。這個論述乃是配合殖民主義的軍事擴張，日本統治階層為了掩飾侵略的本質，而提出振興亞洲文化的主張。在東亞聯盟旗幟下，東京政權號召被侵略國家的知識分子聯手對抗英美帝國主義。自前近代社會過渡到現代化文明的歷史過程，日本帝國的發展前後將近八十年。就是在這段期間，臺灣淪為日本殖民地，並且被迫捲入這場洶湧的現代化運動漩渦之中。

　　臺灣在二十世紀初期被質押走上現代化道路時，日本已一躍成為睥睨東亞的雄心帝國。但是，殖民主義的擴張並未因而稍嘗放緩。1905年擊敗古老的俄羅斯帝國；1931年侵略中國東北並隨即建立滿洲國；1937年正式向中國進行軍事占領；1941年發動太平洋戰爭，悍然向美國宣戰。這一連串的軍事行動，使得脫亞入歐論逐漸轉化成為興亞抗歐論。在這樣的現代化運動疊疊升高時，臺灣社會不僅接受了資本主義的改造，而且成為日本殖民主義擴張的重

要經濟資源，甚至更進一步成為軍事基地。脫亞與興亞的前後兩種
現代化論述，代表著日本殖民者的焦慮。他們從最初對西洋文明的
急起直追，到最後要克服超越歐美的現代性，在在顯示日本現代化
運動嘗試擺脫依賴、朝向自主的苦心。然而，這樣的努力卻是以殖
民掠奪與軍事侵略作為追求的手段。日本的焦慮與苦心，都次第轉
嫁到殖民地社會。臺灣被編入現代化運動的歷史真相，從這個角度
來觀察最為清楚。

一、展示臺灣、展示帝國

如果脫亞入歐論代表著日本對「遲到現代性」的苦悶象徵，則
興亞抗歐論則意味著日本對「超越現代性」（或謂之「近代超克」）
的憧憬嚮往。現代化運動從「遲到」到「超越」的前進道路上，不
斷逼著日本必須介入國際性的活動，同時也必須不停地把國際的世
界觀引進帝國內部。最能夠反映這個事實的，莫過於日本主動參加
國際性的博覽會，並且又把博覽會的活動積極介紹到日本國內及其
所統治的殖民地。博覽會的舉辦，一方面既可刺激帝國的現代產
業，一方面也可向西方現代文明取得平起平坐的地位。在國際都
市，在國內都市，在殖民地都市，都可以見證日本對博覽會的參加
與主辦都抱持高度積極的態度。臺灣在二十世紀也因為受到現代化
運動的整編，也開始引進博覽會的觀念。雖然這種活動在島上都是
以點狀的、跳躍的形式展開，無可懷疑的，博覽會所放射出來的文
化意義與歷史意義確實是繁複且豐富的。

呂紹理的《展示臺灣》，可以說是近年來臺灣史研究領域中值
得注意的重要學術成果。以博覽會作為現代性的表徵，這本書首先
討論西方資本主義的先進國家如何展現帝國氣象，繼而考察日本如
何以競逐的姿態加入行列，最後則集中觀察日本帝國內部，以及殖
民地臺灣的展示活動。全書結構猶似一架望遠鏡，層次分明，由遠

而近，把焦距投射在國際、帝國、殖民地的現代化進程。從博覽會舉辦次數的頻繁，當可探測到現代化運動的脈搏節奏逐步加快。這本書並不止於注視現代化的開展，還進一步透視博覽會背後所呈現的凝視美學與權力運作。

在這部作品裏，呂紹理嘗試突破殖民與反殖民的兩元對立思維方式，深刻探討博覽會活動在國際、本國、殖民地的文化呈現與再呈現。無可否認的，博覽會從一八九〇至一九三〇年代的舉辦，確實寓有帝國與帝國之間角逐的意味，如果同意詹明信（Fredric Jameson）的說法，帝國主義時期的經濟特質是屬於壟斷資本主義（monopolized capitalism），則日本在這段時期獨占的勢力範圍，正是以東亞地區作為其主要的經濟地盤。日本再三積極介入國際性的博覽活動，無非是要向西方世界傳達信息，一個新的帝國勢力已在東亞崛起。因此，博覽會的意義，已不再停留於經濟與文化的層面，而且還更富於擴張性的政治意義。具體而言，日本在最初現代化運動的洪流時，可能還處於「模仿」與「追趕」的階段。日本人不遠千里到德國、美國、法國、英國參加展示活動，自然是為了向西方學習。但是，在很大程度上，卻流露遲到現代性的焦慮。日本在1877年第一次於東京推出國內博覽會時，在內容與規模仍然無法與西方經驗相互並比。但是，日本在日清戰爭與日俄戰爭連續戰勝兩個古老的亞洲帝國後，在二十世紀初期一躍成為新殖民帝國，開始與西方分庭抗禮。博覽會的展示內容，已不再只是局限於日本國內的產品，而開始增添殖民地的風物與人種櫥窗。這種帝國氣象顯然要爭取殖民霸權，既是要向外表現勢力擴張的身段，也是對內施展權力支配的手腕。

臺灣最初被介紹到帝國的博覽會活動時，是以人種學、博物學的範疇參加。人類學式的凝視（anthropological gaze），代表的是一種帝國的文化位階（cultural hierarchy）。在日本人的觀賞下，臺灣人的

身分是次等的，未開化的，還在等待文明到來的人種。文化權力結構一旦確立後，臺灣人在後來縱然接受現代化運動的洗禮，仍然無法與日本人享有同等的文明待遇。以抽樣的、選擇性的方式來呈現，自然就難以讓日本人看到實體的臺灣。誠如呂紹理在書中指出，在日本國內的博覽會的「臺灣館」，並不等於真實的臺灣。權力操控的痕跡，極為鮮明。什麼是應該被看的，什麼是必須被遮蔽的，牽涉到殖民體制的選取標準，在這樣的基礎上，博覽會的活動確實是屬於一個非常後殖民的議題，確切的而言，臺灣文物的再現與歷史記憶的建構具有密切的關係。在被看與遮蔽之間，臺灣形象要以怎樣的歷史記憶保留下來，其實在博覽會活動中就已經決定了。

二、現代性、日本性、殖民性

　　嘉年華式或慶典式的活動，以娛樂、愉悅的策略展示殖民地，在教化的效果上，遠遠超過強制式的教育制度與媒體傳播。臺灣在二十世紀初期在大阪舉辦的「第五回內國勸業博覽會」中，就以獨立館的形式展現。就其內容而言，不外乎是礦產、農產與人種的展示。從展覽會的意圖來看，臺灣在文化進程上已注定是要受到指導的。日本學者松田京子的專書《帝國的視線：博覽會與異文化表象》特別強調，臺灣館在於反映日本文化的優越感，同時也是為了顯示帝國對於文明遲到的殖民地臺灣負有教化的責任。在熱鬧喧囂日本國民之前，臺灣館的存在確實滿足了日本人的自我認識。正是通過自我與他者的相互鑑照，文明進步的日本與野蠻落後的臺灣之兩元結構得以獲得鞏固。博覽會最為奧妙的地方，就是讓參觀者把現代性（modernity）與日本性（Japaneseness）在潛移默化中等同起來。凡是有過參觀經驗者，無論是殖民母國的市民，或是被殖民的民眾，再也無法分辨現代性與日本性之間存有任何的差異。

　　這是殖民者對博覽會活動從不感到疲倦的重要原因之一，也是臺灣總督府樂於把類似活動引介到臺灣島內的主要動機。呂紹理的這本書最精采的地方，便是在第四章之後探討臺灣總督府在二十世紀上半葉歷次於島內舉辦博覽會的進程。伴隨資本主義的介紹到臺灣，現代化浪潮以著沛然莫之能禦的力量衝擊社會各個層面。以現代化為面具，殖民體制的真貌獲得恰到好處的掩飾。更為具體的說，博覽會在日本國內與臺灣島內的意義有其差異。在日本，這種展示活動在於彰顯帝國氣象；但是，在臺灣，卻是建立殖民論述的重要一環。日本在占有臺灣之後，便致力於殖民論述的建構，初期以軍事武力展現其鎮壓的統治地位。博覽會的出現，顯然是以較為柔軟的手段進行勸說。誠如前面所說，在這種工業與農業產品的展示活動裏，日本性與現代性有了高度的結盟。事實上，日本是向西方學習模仿過程中取得現代性。相較於亞洲的其他國家，日本確實是優先到達現代。但是，在建構殖民論述時，日本卻成功地把這樣的優先性轉化成為優越性。對於被殖民的臺灣人來說，他們很容易誤認凡是日本人就等同於科學與進步，從而也接受了日本文化是優越文化的說法。

　　臺灣人在文化認同上發生動搖，終而向日本文化傾斜，便是在現代化過程中逐步完成。最能顯示日本殖民論述的成功，當推1935年在台北舉行的臺灣博覽會。呂紹理指出，為了迎接這規模龐大的活動，臺灣士紳還向總督府主動爭取增闢大稻埕的第三會場。這足以說明，臺灣人在不自覺中也捲入建構殖民論述的漩渦，縱然他們為的是要趕上現代化的速度。

　　在臺灣博覽會中，日本與臺灣最為現代化的一面都展現出來。最初那種人種學式的凝視，已經被博物館學（museumology）所取代。從表面上來看，臺灣社會在現代化進程上確實變得繁榮富裕。不過，從其內在本質來看，博覽會卻是殖民體制獲得合法化的最好

障眼法。因為，1935年的活動，上距滿洲事件只有四年，下距支那事變（盧溝橋事件）僅有兩年。這是一次充分炫耀日本帝國實力的總演出，對國際尤其是中國，頗具宣揚國威的意味。對臺灣內部，更是屬於一次重要的政治宣示，使島上住民更加欽服日本對島內社會的改造。<u>當現代性、日本性與殖民性三種價值觀念混融在一起時，臺灣知識分子的自我認同也開始變得朦朧模糊。</u>

　　琳瑯滿目的商品與建設圖像，似乎也微妙地在改寫臺灣人的歷史記憶。在朝向現代化改造的道路上，曾經有過多少民眾被掠奪、被壓榨，又有多少反抗者犧牲性命抗拒殖民者的高壓手段。這些血跡斑斑的事跡，顯然並不可能在博覽會獲得展示。因此，博覽會於此又發生更為積極的遮蔽作用。它所呈現出來的歷史記憶，都是殖民統治下最好的正面成果。至於其幽暗殘酷的事跡，都從記憶中清除得一乾二淨。如果博覽會有擦拭記憶的功能，則隱藏在現代性背後的殖民性也一併剔除了。抽樣的、選擇的記憶並沒有因博覽會活動的結束而終止。這本書在最後一章，又進一步討論日治時期發展出來的旅遊事業，以輔助說明臺灣人在接受現代性過程中，如何培養出典藏臺灣、消費臺灣、觀賞臺灣的生活品味。在名勝古蹟的景點設計中，殖民者刻意引導臺灣人去記憶被規畫出來的記憶，同樣的，也去迴避無需成為記憶的記憶。完美的日本性受到彰顯，而醜惡的殖民性則得到包裝。

　　呂紹理在書的最後有一段畫龍點睛的評語：「博覽會創造了既真實又虛幻的世界，並且也混淆了真實與虛擬世界之間的界線，使得世界宛如博覽會。」博覽會的真與幻，使得現代性、日本性、殖民性像旋轉木馬那樣，使臺灣人分辨不清其間的內在聯繫。臺灣人在日治時期終於選擇向日本人認同，可謂不計其數。他們認同的是現代性，還是日本性，或是殖民性？這個問題恐怕就是日治臺灣知識分子最大的苦惱。

　　呂紹理的研究成果,代表現階段臺灣史的領域已開始有了突破性的視野與詮釋。在官方史料之外,他大量從民間刊物、書信、日記、圖片,重新拼貼臺灣的歷史記憶。從博覽會到博物館的觀賞活動,呂紹理開啟了一個巨大的歷史空間,重新檢討現代化運動的文化意義。他跳脫過去沿襲已久的殖民與反殖民的兩元思維,驗證現代性如何在臺灣社會烙下痕跡。許多細微的卻相當深刻的事件,又重新浮現在歷史記憶之中。博覽會活動的文化意義,在當時的臺灣知識分子並不必然能夠發現。這本書使許多未見與不見,再次獲得洞見。

自序

　　這本書的完成，首先要特別感謝行政院國家科學委員會和日本交流協會所給予的獎助與支持。

　　本書最初的起點，是 1999 年起三次向國科會申請之專題計畫，並且在此項補助下，得以至日本收集相關史料，本書的出版，即是該會專題補助計畫的一項總結。在國科會的支持下，我得以聘請助理，協助收集整理龐大的報紙新聞資料，他們是本書的幕後功臣。這其中林果顯及王飛仙各擔任了兩年的工作，許多先期性作業和史料收集，多賴他們兩人細心耐心的爬梳，並且不時給予我許多建議；而接續的李振彥、劉佳芳、黃修文和吳俊瑩，在商工資料庫及展示活動資料的建檔上亦費極大心力。在此要謝謝黃修文幫忙設計資料庫輸入和檢索的架構及程式，使我得以更為方便有效地運用這份資料庫。

　　其次，我衷心感謝日本交流協會所給予的獎助。2003 年 9 月起，筆者獲得該會「歷史研究者交流活動」的補助，至東京大學東洋文化研究所進行為期五個月的研究，除了能更進一步收集史料之外，這半年間得以擺脫雜務，全力撰寫，本書的主要章節，其實都是在東京這段期間完成的，如果沒有交流協會所給予的獎助，完成這本書的困難度將大為增加。

　　撰寫本書的五年間，受益受惠於各方師長友朋者，不知凡幾。首先要特別感謝京都大學東南研究所濱下武志教授，蒙他多方安

排，我得以兩度順利地利用東大豐富的館藏，對於完成本書，濱下教授的幫助至為關鍵；此外2003年5月也蒙他安排，參加在東京舉辦的第四十八回國際東方學者會議中由他所主持的一場討論會，雖然因SARS之阻而無法親自出席，但也得到與會者對於我研究課題的許多指正。對於濱下教授的將伯之助，銘感五內！我也要感謝東京大學東洋文化研究所黑田明伸教授在我赴日期間給予的關照及鼓勵。東京大學社會情報研究所吉見俊哉教授乃日本學界研究博覽會之專家，與其訪談獲益甚大。我還要感謝北海道大學文學部吉開將人教授引介我至該校收集史料，初嘗雪國的冷冽之餘，在該校圖書館中尋得許多寶貴的材料，而在該校文學部演講此一課題時，得到菊池俊彥、三木聰、宮武公夫等先生的指正，在此謹表謝意。自2000年起參與由日本學術振興會支援的「東亞媒體史」工作坊之後，北海道大學法學部川島真教授和言語學部清水賢一郎教授即不時給予我許多建議，並且提供日本學界的相關研究訊息，島根縣立大學貴志俊彥教授、橫濱神奈川大學孫安石教授和京都同志社大學榎本泰子教授等東亞媒體史工作坊的成員，在我赴日期間亦給予諸多幫助，在此一併申謝。我還要感謝東京大學總合文化研究所的三澤真美惠博士、李承機博士、王詩倫博士、高媛博士，宇都宮大學松金公正教授夫婦、東京外國語大學三尾郁子教授、一橋大學坂元ひろこ教授、日本交流協會日臺交流中心大和滋雄所長、野村英登先生及楊雅雯小姐在我滯日期間多方照料與協助，在此謹申謝忱！此外，韓國釜山大學河世鳳教授近年來亦專注於韓國及臺灣殖民時期的博覽展示活動，承蒙他介紹，使我對於韓國的博覽會活動有了初步的認識。

許雪姬教授在我初次發表本書部分章節時，即曾給予我許多寶貴的意見，並提供許多珍貴的材料，並蒙她慨允，我得以參加《灌園日記》解讀班，不但能先睹此一臺灣近代史上極為重要的私文書

原史史料，更得以從中追索林獻堂與當時中部士紳文人對於博覽展示活動的認知和觀感，對於許教授的協助，衷心銘感。我也要特別感謝王正華、王梅霞、朱靜華、吳文星、沈松僑、周婉窈、林玉茹、林滿紅、林瑋嬪、邱澎生、胡家瑜、祝平一、康豹、張隆志、張瑞德、陳慈玉、陳國棟、黃克武、廖瑾瑗、劉士永、劉翠溶、薛化元、謝世忠、謝國興、鍾淑敏等臺灣史研究先進，均曾在本書撰寫期間提供寶貴線索和意見，或閱讀部分文稿，讓這本書的錯誤能盡量減少。最後，我更要感謝陳芳明教授在撰寫本書期間給予的關注與鼓勵，蒙他引介，本書得以由麥田出版社出版，高誼厚意，不敢或忘！麥田出版社的兩位匿名審查人亦給予我許多針砭，而吳俊瑩及胡金倫先生耐心校對及排版，亦是本書得以順利出版的關鍵，在此謹申謝悃！

內子龍心是我寫作最關鍵的讀者與聽眾，與她分享寫作過程中的點滴心得，傾吐撰寫時的頓挫與昂揚，是我得以完成本書最大的動力來源。一如《水螺響起》一書，如果沒有她時時砥礪鞭策，這本書何時才能在讀者面前展示，恐怕仍是未定之天。

呂紹理　謹識
2005 年 8 月

目 次

展示  臺灣

權力、空間
與殖民統治
的形象表述

EXHIBITING TAIWAN
Power, Space and Image Representation of
Japanese Colonial Rule

第一章

序論

一、博覽會的時代

　　十年前，筆者撰寫《水螺響起》一書時，曾經簡短介紹了1916年在臺舉行的「臺灣勸業共進會」，當時對於此種展示活動的認識，只局限於其與觀光旅遊之間的關係，不過這個機緣讓我注意到日治時期這類展示活動的歷史。著手收集資料後，發現1916年的勸業共進會並非是孤立的單一歷史事件，除了1935年還有一場規模更為浩大的「始政四十周年記念臺灣博覽會」之外，在日本統治的五十一年間，臺灣參加島外大型展示活動計有74次，島內舉辦各式農商工業與美術教育衛生等主題的展示活動則達224次之多[1]。其後陸續閱讀了國外的作品，我更發覺有關博覽會的研究，在歐美早已成為一股蓬勃發展的跨學科研究課題，不但出版的專書已達兩千本以上[2]，更有數以萬計介紹單一博覽會的網頁資料。

---

[1] 參見本書第三、四章的相關討論。

[2] 例如美國史密森博物館（Smithsonian Institution）即有1992至1999年博覽會研究成果書目選，參見 http://www.sil.si.edu/silpublications/worlds-fairs-2000.htm ；另外由蓋佩

　　拋開學術研究的熱潮，目光移回現實生活，我也發覺生活周遭充斥著各種各樣名為「博覽會」的活動，只消在網路搜尋引擎Google鍵入「博覽會」三字，所得到的結果竟有三十五萬筆之多。以「萬國博覽會」而言，2010年以前就有日本、臺灣及中國宣布要舉行此種國際規模的超大型展示活動，除了日本早已策畫2005年於名古屋舉行萬國博覽會[3]，中國在1999年11月18日由國務院通過要在2010年於上海舉辦萬國博覽會的決定，並且在2002年12月3日獲得世界萬國博覽會事務局的認可[4]。為了與中國一爭雄長，我國政府於2002年6月宣布計畫以六年時間籌備，於2008年舉行「臺灣博覽會」，為了達到此一目標，行政院經建會甚至於2002年推出「挑戰2008：國家發展重點計畫（2002-2007）」[5]，隨後於2003年9月正式公布此一博覽會的構想[6]，並且於2004年12月6日通過於

特（Alexander C. T. Geppert），考菲（Jean Coffey）和拉鄔（Tammy Lau）三人合力建置1851至1951年間博覽會史料及專書書目 *International Exhibitions, Expositions Universelles and World's Fairs, 1851-1951: A Bibliography*, in Wolkenkuckucksheim: Internationale Zeitschrift fur Theorie und Wissenschft der Architektur, 2000 (special issue)，收錄了2002年以前出版的書目計有1,500筆以上，該項工作目前仍持續進行中。蓋佩特等人另將此書目及博覽會研究建立了專門網站，網頁參見：http://www.tu-cottbus.de/BTU/Fak2/TheoArch/ Wolke/eng/Bibliography/ExpoBibliography.htm，書目檔案參見：http://www.lib.csufresno.edu/subjectresources/specialcollections/worldfairs/secondarybiblio.pdf。

3 名古屋世界博覽會的相關中文介紹，參考：http://www-1.expo2005.or.jp/tcn/index.html。

4 參見上海世界博覽會官方網站訊息：http://www.expo2010china.com/expo/chinese/qt/gywm/index.html。世界博覽會事務局（Bureau International des Expositions）創立於1928年，總部設於巴黎，有關此一組織之簡介，參見本書第二章及該局官方網站：http://www.bie-paris.org/main/main.php?lang=1。

5 參見行政院經濟建設委員會網站資料：http://www.cepd.gov.tw/2008/。

6 參見經建會所附計畫書：http://www.cepd.gov.tw/indexset/indexcontent.jsp?topno=1&linkid=7。

2008年5至9月耗資195億臺幣舉辦萬國博覽會的計畫[7]。除開此種國際級的萬國博覽會，各種中小型以「博覽會」為名的展示活動更是不勝枚舉，從各級學校舉辦的「校園『博覽會』」、「大學『博覽會』」，到地方政府舉辦的「花卉『博覽會』」、「蝴蝶『博覽會』」、「原住民『博覽會』」、「客家『博覽會』」等等，或者如網路虛擬世界裏的「紅樓夢『博覽會』」，今日一切展示性的活動，我們都習以為常地冠上「博覽會」之名，它在日常生活中早已無所不在，甚至氾濫成災了。

　　任何一種在社會上具有不斷「複製擴延」（reproduction）的行為，都具有重要的社會意涵，博覽展示活動已成為今日社會無所不在的活動，正代表著「展示」是當代社會極為重要的社會現象。就以2008年「臺灣博覽會」及其配套計畫「挑戰2008」而論，政府同時推出了E世代培育、文化創意產業、國際創新研發基地、產業高值化、觀光客倍增計畫、數位臺灣、營運總部、全島運輸骨幹、水與綠建設和新故鄉社區營造等「新十大建設」，舉辦博覽會不僅成為勾勒臺灣未來藍圖的契機，更牽涉龐大的產業與人文資源配置。不論基於學術研究興味或者現實生活的探究，理解博覽展示活動在當今社會中所扮演的角色，以及其所蘊涵的政治、經濟，乃至於社會文化的意涵與價值，實具有重要的意義。

　　然而，究竟什麼是「博覽會」？為何要舉行博覽會？

　　博覽會在西方世界的語意中共有「exhibition」，「exposition」和「fair」三字。翻開《牛津字典》，「exhibition」意指收集各類物品以

7　相關新聞見：http://news.yam.com/cna/fn/200412/20041206613234.html。不過，在確定相關預算與法案都無法獲得立法院支持情況下，行政院已準備自立法院撤回2008臺博會條例草案，2008臺灣博覽會似乎已宣告停擺。〈政院撤回臺博會條例〉，《中時晚報》（2005年7月12日）。

公開展示、為了廣告促銷而陳列商工貨品、以公開展示動植物及花卉之優劣的各種農畜產競賽等，英國較慣用此字指稱博覽會；「exposition」則通指一切物品的展示，法國的博覽會偏好用此字；「fair」除了指傳統定期市集和商店街（bazaar）外，大型商工展示活動也往往稱之為「fair」，美國舉辦的博覽會則較常用此字。《牛津字典》的解釋代表了當代對於此種活動在功能性面向的認識，但缺乏歷時性的陳述與理解。放在語彙傳播流轉的脈絡來看，亞洲人對於此一語彙最初的認識與《牛津字典》的說明則有若干差距。首度將「exhibition」譯為「博覽會」者，乃日本明治時期思想家福澤諭吉，意指歐西國家藉由此種嶄新器物的陳列，以達到相教相學，取他人之長以利己，有如「智力工夫之交易」。明治政府把握到此種國際展示活動在經濟競爭及國際宣傳上的重要力量，因而在國內大力推動各種展示會，並且積極參與國外舉辦的萬國博覽會，成為十九世紀末葉亞洲地區最熱衷參與舉辦博覽展示會的國家[8]。

　　同一時間裏，清朝政府官員及地方知識分子也開始接觸歐西此種展示活動，但最初將「exhibition」譯為「賽會」、「賽奇會」或「炫奇會」、「聚珍會」等，側重其所具有的娛樂和「奇技淫巧」的意涵[9]。清朝是亞洲另一個參加歐美博覽會的常客，總計至1912年為止，共計有287次受邀參加規模不等的博覽會、產業展示會或學術會議[10]。雖然各國熱衷邀請中國參加各式各樣的展覽，但清廷對於博覽會的態度卻與日本政府大相逕庭。官方對於參加賽會，初始

---

8 福澤諭吉，〈西洋事情〉，永井道雄集編，《日本名著・33：福澤諭吉》（東京：中央公論社，1975），頁312。日本對此博覽會認識的相關討論並見本書第二章第二節。

9 參見古偉瀛，〈從「炫奇」、「賽珍」到「交流」、「商戰」──中國近代對外關係的一個側面〉，《思與言》，24:3（1986.9），頁249-55；馬敏，《商人精神的嬗變：近代中國商人觀念研究》（武昌：華中師範大學，2001），頁248-53。

10 古偉瀛，〈從「炫奇」、「賽珍」到「交流」、「商戰」〉，頁249-55。

疑懼奸商藉參加賽會得以免稅之名行走私偷漏之實，或害怕展示中國虛實會引發列強覬覦，或擔心參展耗款過巨而折損過多[11]；民間士大夫亦對於賽會僅只炫奇浮誇無實質功能而生排斥之心。然而商人卻早已洞悉博覽會對於刺激商品通路的好處而熱烈參與。1876年美國費城舉辦萬國博覽會，清人李圭赴會參觀，並寫下〈美會紀略〉一文。李圭開宗明義即說明歐美之所以熱衷舉辦博覽會，實因博覽會具有播交聯誼、通有無等重要功能[12]。王韜在1876年遊歷英國，對於博覽會場地的展示也留下深刻印象[13]。一八八〇年代，商戰之說大起，務實之人更為文立說以宣揚賽會之功用。如劉楨麟在光緒18年（1893）版的《皇朝經世文新編》一書中，即直陳賽會有聯交誼、擴物產、獎人材、察商情、廣貿易、增關稅、興商地及除積習等八利[14]。甲午戰後，清廷對於參與博覽會乃逐漸轉趨積極，於兼顧邦誼與商誼之下盡量參與各國展覽會，並且由過去一任委海關監督辦理逐漸變為派員參加，還鼓勵商民參與，例如1903年日本大阪第五回內國勸業博覽會及1904年於美國聖路易舉辦之萬國博覽會，清廷更史無前例地分別派出貝子載振、溥倫率領特使團赴會觀覽。至1911年清朝覆亡為止，清廷以官方身分參與的國際博覽會共計21次，顯示清朝政府對於賽會的態度愈趨積極。

---

11 趙祐志，〈躍上國際舞臺——清季中國參加萬國博覽會之研究〉，《國立臺灣師範大學歷史學報》，25（1997.6），頁295-99。

12 李圭，〈美會紀略〉，《小方壺齋輿地叢鈔》第12帙（臺北：廣文，1964），頁86-88。

13 王韜，《漫遊隨錄・扶桑遊記》（長沙：湖南人民，1982），頁92-95。

14 劉楨麟，〈論中國宜開賽會以興商務〉，收入麥仲華編，《皇朝經世文新編》商務卷2（臺北：文海，1972），頁50-56。劉楨麟的文章後來重複收入光緒27年刊的《皇朝經世文統編》和光緒28年刊的《皇朝經世文四編》等書中，顯見他的言論受重視之程度。

　　十九世紀末葉中日兩國有志之士「經貿商戰」的角度是否是把握博覽會性質唯一的途徑？1867年以後歐美博覽會不僅充斥著來自世界的物品，還有許多殖民地原住民族被送至會場展示，而華人纏足、辮髮、吸鴉片的形象，也因博覽會的展示而深入歐西人心，1903年日本在大阪舉行的第五回內國勸業博覽會，更因將漢人與愛奴人、琉球人、菲律賓和印度等地原住民族並列展示而引發了軒然大波的「人類館事件」，我們該如何看待福澤諭吉和李圭等清末知識分子所未曾著意的人種展示的活動？何以十九世紀末葉以降的大型博覽會都是在歐美列強國家舉辦？我們又如何理解日本及其殖民地臺灣有如此蓬勃的展示活動？換個角度來問，博覽會與帝國和殖民地有何關係？這些過往語徑所未曾注意也無法解答的課題，必須要以新的眼光重新反省檢視。

二、研究成果中的五種主要取徑

　　晚近二十年間歐美對於萬國博覽會的理解，除了前述經貿商業功能的途徑之外，更發掘許多新的視角，參與的研究者涵蓋人類學、藝術史、建築史、科學技術史、城市史、社會史、文化史、政治外交史及經濟史等諸多領域。這些研究成果可以歸納出五種主要的取徑。

　　第一種取徑著重從制度、社會與經濟的角度探討博覽會演進的歷史，藉史實重建以分析其所蘊涵的歷史意義，格林郝爾（Paul Greenhalgh）所撰之《白駒之際》（*Ephemeral Vistas*）一書為其代表。他舉出1851年水晶宮博覽會開幕式時所宣示的四種目標：增進商貿以促進無關稅壁壘的自由貿易、追求和平、展示國力與展示工業技術，作為考察往後百年間各國博覽會性質的框架，從組織和營運特性的角度出發，他歸納出個別單位或企業獨資或合資、政府獨資、彩票收入及入場券收入等四種經營博覽會的模式，用以說明在經濟

活動的層面上，博覽會所具有的實質經濟效益並非一成不變，有些
國家因舉辦博覽會而大發利市，有些國家則幾陷入財政破產的危機。
國力展示目標與文化建構和國家（帝國）認同密切相關，而其所憑
藉者，乃殖民地與人種展示的手段，不過他也指出人種展示既包含
了殖民地不平等的展示，也包含了各國展示自身人身、衣飾與生活
樣貌，一種類似今日「文化親善大使」（他稱之為 ambassadorial type）
的人種展示，這其中對於國家形象建構與國家認同具有重要意義。
除開人種差異的問題，博覽會其實也凸顯了歐洲各國性別、階級權
力的變遷。就文化建構的層面而言，他指出博覽會對於十九世紀以
降藝術學的形構和藝術商品化的趨勢具有舉足輕重的影響力[15]。

　　第二種取徑是以「行動者」（actor）的角度檢視博覽會，將博
覽會活動的參與者分為策展者、被展者與觀眾。由主辦者及策展者
的角度出發，李德（Robert W. Rydell）主張博覽會是十九世紀中產
階級所建立的一套價值觀與文化霸權展現，藉由博覽會欲傳遞並動
員群眾接受、進而參與建構現代國家的工程[16]；觀眾角度的研究則
強調儘管博覽會的主辦策展者有其價值灌輸的文化霸權意圖，但觀
眾卻未必千依百順地馴服於此種價值觀，任何一個觀覽者都會帶著
自身的意義脈絡重新觀看博覽會所傳達的內容，從而產生不同的理
解[17]；而由被展者角度來看，摩西斯（Lester G. Moses）研究美國印

---

15 Paul Greenhalgh, *Ephemeral Vistas: The Expositions Universelles, Great Exhibitions and World's Fairs, 1851-1939*, Manchester: Manchester University Press, 1988.

16 Robert W. Rydell, *All the World's a Fair: Visions of Empire at American International Expositions, 1876-1916*, Chicago: The University of Chicago Press, 1984, pp. 2-8, Robert W. Rydell, John E. Findling and Kimberly D. Pelle, *Fair America: World's Fairs in the United State*, Washington: Smithsonian Institution Press, 2000, p. 5.

17 此一取徑可以 Keith Walden, *Becoming Modern in Toronto: The Industrial Exhibition and the Shaping of a Late Victorian Culture*, Toronto: University of Toronto Press, 1997 為代表。

地安人在博覽會中的角色，即發現印地安人藉由博覽會被展示的機會，企圖改變整體社會對其負面形象的認知[18]，亦即博覽會中的人種展示未必只有一面倒地表現出被展者受到控制與剝削的面向，被展示者反而化被動為主動，充分利用博覽會以宣揚並傳遞策展者所欲掩蓋的面向。行動者的研究取徑提醒我們在捕捉博覽會的性質時，不能偏廢一方，必須同時注意策展人、被展者與觀者之間複雜的互動關係與意義建構，才能把握較為整全的面貌。

　　不過，不論策展者、被展者與觀眾如何建構、看待或利用博覽會，三者之間必須透過可以相互對話的語意或符號方有可能產生互動，那麼博覽會裏流動的語意與符號究竟為何？這些語意與符號究竟對行動者之間有何意義？第三種研究取徑即試圖回答這些問題。受到文化人類學的影響，此種取徑將博覽會視為意涵極為豐富的象徵符號場域，亦即透過博覽會的表達（presentation）與再現（representation），我們可以捕捉社會秩序與文化價值的基本原則與形貌，更可探測社會對於新秩序與新價值的想像。例如人類學者班納迪克（Burton Benedict）以歐洲傳統市集（fair）通常都在某些宗教節慶日開市，用以說明博覽會（world's fair）具有與宗教相銜的傳統，他進一步利用透納（Victor Turner）有關宗教儀式乃是象徵系統的論點，指出博覽會所具有的象徵意義，博覽會會場乃全然人為建構的宇宙世界，在這個人為世界裏，不論策展者或觀覽者既建構又分享了相似的意義符號系統。班納迪克透過北美印地安人冬季「誇富宴」（potlatch）的比對來凸顯萬國博覽會所具有的儀式與象徵意義，他認為二者都是群體間的儀式，此一儀式以公開陳列展示物件為其表徵，而物件陳列承載了豐富的社會意義與文化訊息，蓋物品的陳列的目的之一為凸顯既有社會的等級與威望；物件的陳列都不

---

18 Robert W. Rydell, John E. Findling and Kimberly D. Pelle, *Fair America*, p. 6.

是只為了即時銷售的商業動機，而是更具有相互娛樂、表達禮貌與節儀的目的；參與儀式者彼此之間必須建立某種程度的互惠互助關係，但是展示物件卻也同時具有誇耀、示威與競爭的企圖，並在此種既互惠又競爭的狀態中達到對等與平衡；最後，一如誇富宴的結尾乃是將所有物件一律搗毀一般，大部分博覽會會場建物在會期結束後都遭到拆除的命運。班納迪克欲藉誇富宴以表明博覽會乃是現代社會誇耀富裕與禮儀饋贈的儀式，藉由此儀式建構並「販賣」國際邦儀、教化理念、科技價值、城市形態、生活方式和藝術在社會中的角色等等新理念[19]。此外，蘇士曼（Warren Susman）和鄧肯（Carol Duncan）都以透納有關「通過儀式」（rite of passage）中的「識閾性」（liminality）概念探討「展示」所具有的社會文化意涵。儀式所具有的識閾性會打開一個讓個人可以從實際生活考量和日常生活社會關係中抽離出來的空間；並且以一種不同的思考方式和情緒來看他們自己和他們所身處的世界，博覽會、博物館和美術館等展示機構都具有這種識閾性，可以使人「從日常生活中撤出的狀態，進入了抽離生命的瑣碎和重複性的時間或空間的通道」，藉由此一通道使人體悟日常生活中所無法碰觸的美感經驗，是以博覽會等裝置可視為一種「文明化的儀式」[20]；蘇士曼則指出博覽會有如通過儀式，引領美國人跨越現代性的門檻，進入謳歌消費主義的美麗新世界[21]。人類學有關博覽展示研究所提供的視野，使吾人更進一步能理解博覽會不僅只是經貿商戰的工具，更具有極為複雜多樣的社會文化實質與象徵的意涵。

---

[19] Burton Benedict, *The Anthropology of World's Fairs: San Francisco's Panama Pacific International Exposition of 1915,* Berkeley: Scolar Press, 1983, p. 2, 5-12.

[20] 鄧肯（Carol Duncan）著、王雅各譯，《文明化的儀式：公共美術館之內》（原題：*Civilizing Rituals: Inside Public Art Museums*）（臺北：遠流，1998），頁23-27。

[21] Robert W. Rydell, John E. Findling and Kimberly D. Pelle, *Fair America*, p. 6.

　　然而，博覽會所流通的象徵意涵並非自然天成的，會場中展示物件的徵選、排列方式、動線安排，甚至觀看的方式與角度，在在表露了人與人和人與物件之間的權力操作關係，而隱身其後的，則是近代國家特有的治理性（governmentality），是以第四種取徑深受傅柯（Michel Foucault）的影響，將展示活動視為近代規訓權力（disciplinary power）的施展，受規訓約制者處在可見的位置，而擁有權力者則隱身幕後，窺伺著那些展示的人與物。傅柯從監獄與痲瘋病院的建築特性，指出這類需要高度監控的空間具有「個別觀察、分門別類，以及空間分解組合」的特性，而「解析空間分配、間隔、差距、序列、組合的機制，以便揭示、記錄、區分和比較」，正是「關係權力」（relational power）的遂行，傅柯將這種切割重組空間有如「政治解剖學」的權力操作，稱之為「全景敞視主義（Panopticism）」，它「使權力自動化非個性化，權力不再體現在某個人身上，而是體現在對於肉體、表面、光線、目光的某種統一分配上，體現在一種安排上，這種安排的內在機制能夠產生制約每個人的關係」。它最大的力量，即在於它的「非個性化」（impersonal），因為「全景敞視主義」所建構的空間，是「無論人們出於何種目光來使用它，都會產生同樣的權力效應」[22]。十九世紀以降的萬國博覽會不論在會場空間配置、展示物件擺設方式、參觀動線安排，既是成熟「政治解剖學」操作的表徵，更具體而微示現了「全景敞視主義」已浸透並深化十九世紀歐洲社會，而博覽會不僅在空間上表現全景敞視主義的運作，更進一步表現了欲對於「時間」的控制，傅柯認為博覽會與博物館都企圖將所有具歷時性的物品在同一時間

22 Michel Foucault, *Discipline and Punish: The Birth of the Prison*, Trans. by Alan Sheridan, N. Y.: Pantheon Books, 1977, pp. 187, 195-228. 中譯本參考劉北成、楊遠嬰譯，《規訓與懲罰：監獄的誕生》（北京：生活・讀書・新知三聯，1999），頁219-56。

內放置在同一空間，以建立完整的檔案，此一時空卻獨立於其所欲放置物件的時空脈絡之外，這種在固定空間中藉由物件擺置而堆積「時間」的場所，傅柯稱為「異位」（heterotopias），而異位概念正是歐洲特有的「現代性」特質。博物館學研究者班奈特（Tony Bennett）利用傅柯的概念，進一步點出這種挾帶全景敞視主義安排下的異位空間，廣泛地出現在十九世紀各種機構與制度之中，從嚴肅教化功能的博物館，到經濟商貿目的的商品陳列館，乃至於膜拜消費主義的百貨公司和追求刺激歡樂的主題遊樂園（amusement park），動靜之間隨處可見，班奈特因之將這種遍在的盯視（gaze）和其盯視對象之間所形成的廣泛而複雜的糾結關係，稱之為「展示叢結」（exhibitionary complex），在這個多重交互盯視的過程中所形成的論述，則形構與博物館相關的史學、生物學、藝術史學與人類學等學科的知識，並透過建置化的學科體制，聯繫更為複雜的權力／知識／規訓的系絡[23]。

　　傅柯的洞見同時也影響分析博覽會與帝國／殖民地關係的課題，蓋傅柯挖掘出博覽展示所隱含的權力關係，從而進一步刺激了博覽會所具有的殖民知識建構與帝國／殖民控制與文化霸權等多方面的討論。例如墨頓（Patricia A. Morton）分析1931年巴黎殖民地博覽會（Colonial Exposition, Paris）會場建築，指出博覽會建築乃是帝國／殖民地秩序在視覺上的展演，此一秩序乃文明／野蠻、進步／落後之文化論述實體化的表徵[24]。博覽會所勾勒的帝國秩序藍圖

---

[23] Tony Bennett, *The Birth of the Museum: History, Theory, Politics*, London: Routledge, 1995, pp. 1-13; 59-88.

[24] Patricia A. Morton, *Hybrid Modernities: Architecture and Representation at the 1931 Colonial Exposition, Paris*, Mass.: Massachusetts Institute of Technology Press, 2000，筆者所用者為長谷川章譯，《バリ植民地博覽會：オリエンタリズムの欲望と表象》（東京：株式會社ブリェッケ，2002）。

不僅只在會場中表露，它具有更為複雜的帝國與殖民地互動關係，米契爾（Timothy Mitchell）即指出，傅柯所提出的全景敞視主義，其實來自於歐洲統治殖民地的經驗。十九世紀末以降的歐美不僅是「萬國博覽會時代」（age of world exhibition），更是「世界宛如博覽會」的時代（age of world as exhibition），博覽會展示了歐洲人對於人為建構之理性世界秩序的想像藍圖，他們帶著這份藍圖觀看實體的世界，並欲進一步將實體世界中的混沌無秩序轉變為藍圖中井然有序的世界，這種轉變工程在歐洲人面對殖民地社會時尤其尖銳而鮮明。米契爾透過英國在埃及所建立的軍隊、警察體系、學校制度，乃至打造新村落住宅空間等案例，呈顯傅柯的規訓力量如何將殖民地實體世界扭轉為「宛如博覽會」社會的過程，而宛如博覽會的世界，不僅勾連了帝國與殖民地的權力關係，也進一步與資本主義的消費邏輯相銜。米契爾的研究提示我們：展示所具有的權力關係，不僅只局限於何種物件得以被展示，以及物件以何種秩序排列的權力關係，展示所創造的虛擬世界竟得以改變實體世界的樣貌，這才是展示所具有的驚人權力[25]。

　　第五種取徑則將博覽會視為「現代性」（modernity）的龐大表徵。蓋現代性在政治面向的表徵為對於主權（sovereignty）的探知與把握；經濟上則是貨幣經濟、資本快速積累、機械大量生產、高度消費市場與私有財產制的形成；社會上則是既有社會秩序、男女性別關係、社會分工的解組與重構成為動態與流動的社會關係，文化面向的表徵為知識分類生產方式的建構和社會文化認同的建構。[26]上述面向在萬國博覽會中無一不可以找到蛛絲馬跡，萬國博覽會儘

---

25 Timothy Mitchell, *Colonising Egypt*, Berkeley: University of California Press, 1991.

26 Stuart Hall and Bram Gieben ed., *Formations of Modernity*, London: Sage Publications Ltd., 1992, pp. 6-7.

管具有追求「世界和平」的目標，但從各主辦國到會場內各國專屬館仍然竭盡所能爭奇鬥豔，其表面目的則在塑造國家形象，而其內裏則是主權的彰顯與爭取認同，博覽會會場中的館舍配置與物件分類則體現了現代性知識分類架構的探索，博覽會場中更是工業文明展示其強大生產力的櫥窗，因此將它視為展示現代性的櫥窗，或不為過。前述瓦爾登（Keith Walden）有關多倫多博覽會的研究即為代表[27]，放在異位時空角度來看，博覽會所欲建構的主權與自我認同，實際上是透過展示殖民地的差異性以達到自我形象的建立，是以哈維（Penelope Harvey）和墨頓認為萬國博覽會所呈顯者，實為「混融的現代性」（hybrid modernity）[28]。

　　除開上述英文學界的研究成果，亞洲世界中日本學界對於博覽會的研究成果也頗為豐碩，早期的作品包括永山定富和山本光雄，從較為技術實作的角度描寫日本參與博覽會的歷史、自身舉辦博覽會的組織架構、營運方式及展示功能等面向[29]，近十年間學界則從不同角度重新檢視日本博覽會的特質，吉田光邦在昭和56至58年（1981-1983）得到日本文部省的支持，進行三年的博覽會研究，編成相當有分量的專書和論文集[30]，其觀點大體延續了福澤諭吉將博覽會視為「智力之交易」的看法，指出博覽會為明治時期用以收集經貿商業乃至於政治文化的情報網絡，這套展示體系對於明治時期推動「殖產興業」、「富國強兵」和「文明開化」等主要價值的傳遞具有極為深遠的影響。有別於吉田光邦較功能取向的研究，吉見

---

[27] Keith Walden, *Becoming Modern in Toronto*.

[28] Penelope Harvey, *Hybrids of Modernity: Anthropology, the Nation State and the Universal Exhibition*, London: Routledge, 1996; Patricia A. Morton, *Hybrid Modernities*.

[29] 永山定富，《內外博覽會總說：並に我國に於ける萬國博覽會の問題》（東京：水明書院，1937）；山本光雄，《日本博覽會史》（東京：理想社，1970）。

[30] 吉田光邦編，《萬國博覽會の研究》（京都：思文閣，1996）。

俊哉利用傅柯的概念，將展示視為知識分類與規訓的場域，博覽會的展示正是建立在分類與規訓的基礎之上，而近代博覽會所欲展示者，乃是帝國主義、消費社會與大眾娛樂三者的結合[31]。同樣受到傅柯影響，松田京子有關1903年大阪第五回內國勸業博覽會的研究，則聚焦鎖定單一博覽會展示中日本如何表述異文化的過程，藉以討論博覽會與殖民知識生產之間的關係，尤其著重日本人類學學科建制與知識形構的歷程如何影響了大阪博覽會人種與異文化的展示樣態[32]。

　　中文學界近十年間有關博覽會的研究也愈來愈受到社會文化史研究者的注意，除了筆者之外[33]，相關著作包括古偉瀛〈從「炫奇」、「賽珍」到「交流」、「商戰」——中國近代對外關係的一個側面〉[34]；馬敏，〈中國走向世界的新步幅——清末商品賽會活動述評〉[35]；趙祐志，〈躍上國際舞台——清季中國參加萬國博覽會之研究（1866-1911）〉[36]；鄭梓，〈戰後臺灣的第一場「產業盛會」——首屆「臺灣省博覽會」歷史影像之呈現與解讀〉[37]；王正華，

---

31 吉見俊哉，《博覽會の政治學：まなざしの近代》（東京：中央公論新社，2000）。

32 松田京子，《帝國の視線：博覽會と異文化表象》（東京：吉川弘文館，2003）。

33 參見呂紹理，〈「始政四十週年紀念博覽會」之研究〉，發表於2000年10月14至15日行政院文化建設委員會主辦、國立政治大學歷史系承辦之「北臺灣鄉土文化學術研討會」；〈展示臺灣：1903年大阪第五回內國勸業博覽會臺灣館之研究〉，《臺灣史研究》，9:2（2003.12），頁103-44。

34 古偉瀛，〈從「炫奇」、「賽珍」到「交流」、「商戰」〉，頁1-18。

35 馬敏，〈中國走向世界的新步幅——清末商品賽會活動述評〉，《近代史研究》，1988:1（1988.1），頁115-32。

36 趙祐志，〈躍上國際舞台——清季中國參加萬國博覽會之研究（1866-1911）〉，《國立臺灣師範大學歷史學報》，25（1997.6），頁287-344。

37 鄭梓，〈戰後臺灣的第一場「產業盛會」——首屆「臺灣省博覽會」歷史影像之呈現與解讀〉，收入國立臺灣師範大學歷史系主編，《回顧老臺灣展望新故鄉：臺灣社

〈呈現「中國」——1904年美國聖路易萬國博覽會中的大清國〉[38]
等專文，以及鄭健華、蘇文清、林文通、程佳惠、劉融等碩士論
文[39]。這些研究成果一方面勾勒出清末以來中國參加歷次博覽會的
史實，及其對博覽會在促進貿易、刺激生產與技術交流等實質功能
的認識；以及中國在博覽會中所呈顯的民族主義論述、主權領土與
「國粹文化」如何視覺化的表述，同時也涉及臺灣博覽會視覺表述
與廣告技術的操作特性和歷史文化解釋權與認知上的差異，而陳芳
明則從文學研究領域指陳博覽會展示了「假面的現代性」，造成臺
灣文學界對於「遲到現代性」與追尋國族認同的焦慮來源[40]，可謂
另闢蹊徑的詮釋。

三、本書主要觀點

　　重新整組上述五種研究取徑，筆者以為若從分析對象的角度來
看，五種研究取徑都共同關注了博覽會所牽涉的「空間對象」與

會文化變遷學術研討會論文集》（臺北：國立臺灣師範大學歷史系，2000），頁313-
44。

38 王正華，〈呈現「中國」——1904年美國聖路易萬國博覽會中的大清國〉，收入黃
克武主編，《畫中有話：近代中國的視覺表述與文化構圖》（臺北：中央研究院近
代史研究所，2003），頁421-75。

39 鄭健華，〈臺灣日治時期博覽會活動設計及其視覺傳達表現之研究〉（臺北：國立
臺灣科技大學工程技術研究所設計學程碩士論文，1998）；蘇文清，〈始政四十年
臺灣博會宣傳計劃與設計之研究〉（臺北：國立臺灣科技大學工程技術研究所設計
學程碩士論文，1998）；劉融，〈日治時期臺灣參展島外博覽會之研究〉（埔里：
國立暨南國際大學歷史研究所碩士論文，2002）；林文通，〈日治時期始政三十年
紀念展覽會之研究〉（臺北：國立臺灣科技大學設計研究所碩士論文，2002）；程
佳惠，《臺灣史上第一大博覽會：1935年魅力臺灣Show》（臺北：遠流，2004）。

40 陳芳明，〈三〇年代臺灣作家對現代性的追求與抗拒〉、〈現代性與殖民性的矛盾
——論朱點人小說中的兩難困境〉，俱收入陳芳明，《殖民地摩登：現代性與臺灣
史觀》（臺北：麥田，2004），頁51-72；95-114。

「社會／文化對象」，或者如米契爾所言，博覽會關涉了「虛擬實境」
的會場本身，以及其所欲映射的「實體社會」之間的辯證關係，博
覽會會場的空間特性將是本書的第一個關注的分析對象；「社會／
文化對象」既指涉博覽會場中策展者、參展者與觀眾三種不同行動
者對於會場空間特性的建構與認識的互動關係，也指涉了博覽會所
欲建構表達的文化象徵和社會秩序與既存社會文化之間的關係。除
了延續前人研究成果所強調的「權力／秩序」取徑外，筆者更側重
空間與遊戲、娛樂和消費之間的關聯，其主要理由乃在於十九世紀
末葉以降，博覽會不僅只具有理性與知識教化的功能，更染上極為
鮮明的大眾娛樂與消費的色彩，展示殖民地的人事物正是歐美博覽
會娛樂消費活動的重要素材，如何理解理性空間秩序下有如嘉年華
狂歡迷亂無秩序的娛樂性質，以及殖民地和這些大眾消費娛樂的關
係，實為本書所欲強化的面向之一。

　　博覽會所使用的空間，多半利用既有都市的空間加以改建變
造，或以剩餘閒置空間趁機加以開發利用，因此，就空間的面向而
言，博覽會是在既有空間中「嵌入」一種活動「場域」的手法。這
種嵌入的過程，既是在既有的實體空間中創造可以觀覽的空間，也
在時間的流變中，切割出一段時程，讓人得以進入此一場域裏觀
看。識閾性在這個將博覽會空間嵌入實體都市空間的過程中，扮演
了關鍵性的角色，而識閾性經驗生自於人類「遊戲」的本能。胡伊
青加（Johan Huizinga）指出，遊戲不是「日常的」或「真實的生
活」，相反，它從「真實的」生活中跨入了一種短暫但卻完全由其
主宰的活動領域，但對遊戲者而言，此一領域「只是一種假裝」的
意識，絕不妨礙遊戲者以最大的嚴肅來從事遊戲，即帶著一種入
迷；其次，遊戲之區別於「日常的」生活，既因為發生的場所，也
因為延續的時間，這是遊戲的第三個主要特徵，它的封閉性、它的
限定性，遊戲是在某一時空限制內「演完」（play out）的，它包含

著自己的過程與意義；第三，遊戲最重要的特徵為「重複與變化的元素」，亦即遊戲一旦發明，它即可在任何時候被複製被重複；第四，在遊戲場地之內，統轄著一種絕對的、特殊的秩序，「（遊戲）它創造秩序，它就是秩序……遊戲對秩序的要求是絕對的、最高的……遊戲與秩序之間的深刻關係……在很大程度上似乎屬於美學領域的原因在此」[41]。

　　胡伊青加點出遊戲所具有的特質，其實與博覽會有諸多相銜之處，博覽會通常是在既有都市空間中搭建起來的特定場所，在這個場所中所展示的內容，正是一種由「真實生活跨入短暫但卻完全由其主宰的活動領域」；博覽會往往有一定的會期，正如遊戲在某一時空內「演完」的特質，更重要的是，一如遊戲有其「秩序」，此一秩序一方面是人類對於秩序的要求，又是對既有社會秩序的一種游移與脫離的想像，博覽會中其實也充斥著這種建構與消解秩序的安排，它也指涉了筆者所提出的「社會／文化對象」。由秩序的建構與消解出發，我們更進一步理解，博覽會之所以會如同遊戲一般具有強大的渲染與複製力量，正在於它反映了十九世紀以降在工業化與資本主義化日益成熟的歷史中，歐美社會對於自身社會與世界秩序的重建與消解的想像過程。準此之意，博覽會正好反映了建構秩序的「文化論述」，而這套論述的形成，乃是透過多種不同「表述」（representation）方式的結合而成，其中，視覺表述（visual representation）扮演了極為關鍵的角色。任何的論述必然涉及到「權力」的操作，正如同福澤諭吉對於「博覽會」的理解，博覽展示具有教化的作用，正在於它是一種秩序觀的示現，而此種秩序觀

---

[41] 胡伊青加（Johan Huizinga）著，成窮譯，《人：遊戲者——對文化中遊戲因素的研究》（原題：*Homo Ludens: A Study of the Play—Element in Culture*）（貴州：貴州人民，1998），頁10-13。

的形成，則與知識類型的建構和定型化（type and stereotype）的過程和知識的教化有關，就權力的角度而言，在博覽會場空間內體現的權力技術操作層面涉及了：一、何種物品得以通過篩檢而被展示？二、篩檢的標準為何？三、誰有將物件展示的力量？在博覽會所聯繫的社會／文化對象而言，則涉及：誰教化誰，誰有權利教化誰，以及教化什麼和被教化者的態度為何等面向。十九世紀以降歐美博覽會所展示的物件，首要強調者為展品必須是最新的發明或創見，此乃「炫奇、賽新」的面向，創造與發明來自於科學技術知識的突破，此乃博覽會知識與建構秩序的第一要義。然而，博覽會與知識相關者，絕不只局限於科學技術的層面，萬國博覽會匯集天下物品，如何在有限的空間中鋪陳寰宇之物，並使人得以於其中獲得「有意義」的知識，則非賴一套分類體系不能竟其功，博覽會安置擺設物件的系譜，正是一種知識分類概念的映射，也隱含了秩序觀，同時安排物件以一種體系性的知識架構，正是要達到教化的目的。分類的標準起源於「差異」，差異正是建構「自我」的重要來源[42]，更是形構「現代性」極為重要的社會文化內涵[43]，而差異所產生的「異文化驚奇」更是博覽會娛樂與消費最重要的素材，殖民地的物產與人物放置在歐美博覽會會場，或者歐美物產放置在殖民地展示會場，正好都提供了極為直接而鮮明的差異對照，博覽會的異位空間特質，正為了塑造最直接簡單有力的差異對照，亦即藉由差異對照以凸顯歐美的現代性與文明進步和殖民地的落後與野蠻。

　　然而，博覽會分類／差異／自我特質所蘊涵的現代性不僅對歐

---

42 Stuart Hall, "The Spectacle of the 'Other'," in Stuart Hall ed., *Representation: Cultural Representations and Signifying Practices*, London: Sage Publications Ltd., 1997, pp. 223-91.

43 Stuart Hall & Bram Gieben ed., *Formation of Modernity*, Cambridge: Polity Press, 1992, pp. 6-7.

美社會產生作用，對於殖民地人民亦會產生同樣的作用，我們如何
看待日本殖民統治時期近三百次在島內外所舉行的各種展示活動，
對於殖民地人民的作用？晚近韓國學界有關殖民地現代性的辯論，
提供我們對於思考這個問題的進路與參照。

　　韓國學者意圖打破消解二戰以來單一的民族主義殖民史觀中強
烈的二元對立價值，以便能更深一層地發掘殖民經驗對於戰後韓國
國家建構所構成的各種影響。經濟史研究者強調殖民經驗實際上是
促成戰後韓國走向資本主義化的基礎，政治學者則強調殖民時代殖
民地議會之設置是韓國政治「公共性」「萌芽」的階段，而殖民武
斷統治的架構則是構成戰後韓國形成軍人專政的源頭；社會文化學
者則強調殖民城市中所出現的各種物質生活條件與內容，包括電
影、收音機、報紙等，其實是韓國都市中產階層賴以吸取歐美近代
性生活樣態極為重要的管道。這些抱持殖民近代性論述的學者，另
一重要傾向，即反對民族主義史學壓迫／反抗的二元史觀，認為在
壓迫與反抗中間，其實包含了廣大的模糊空間，許多不反對也不反
抗殖民統治的人，未必就是民族主義者眼中的民族叛徒，他們可能
是因為願意吸收藉由殖民者所傳遞進來的近代性質素，而對殖民統
治採取了較為溫和或者願意接受部分殖民統治的態度，而那些激烈
反抗殖民統治者，在某種程度上，其實也利用了近代性中的許多資
源，作為對抗殖民統治的工具，或者換個角度看，某些反對殖民統
治的人，可能對於「傳統文化」更為依戀，而對近代性，以及混雜
著近代性而滲透進來的殖民統治採取了拒斥的態度。殖民者在統治
殖民地的過程中，也並非一意孤行地粗暴地壓榨，岡本真希子的論
文即提醒我們，後進帝國主義的日本，「法治」是其作為「文明國」
重要的象徵，因此對殖民地的統治政策，並非任意而為，而是依存
在日本國內政治勢力變動的擺盪之下。而殖民政府在殖民地的控
制，在許多層面上，他也必須考慮並且結合當地的社會資源以達到

最大的控制效果，因此攏絡結合地方勢力，給與利益交換，就成為
政策執行時無可避免的手段之一。

　✳ 另一個共通性，即在強調被殖民者並非被動且無知地受著統
治，他們也往往在與殖民者接觸的經驗中，吸取了各種近代性的資
源，並且更進一步地，反過頭來以更為主動的態度，將這些殖民近
代性的特質，作為其反抗並且掙脫殖民統治的利器，也就是說，被
殖民者其實往往具有相當強的主觀能動性，與民族史觀一味強調被
殖民者只能被動地、無力地、無可奈何地接受殖民統治的觀點明顯
不同，更進一步言，那些「打著紅旗反紅旗」的近代知識分子與政
治菁英，他們也許和殖民者一樣分享了相似的近代性質素[44]。

　　殖民地現代性辯論所著眼的「行動者」極為複雜的面向，與前
述分析博覽會策展者、參展者與觀眾三種「行動者」的面向有著相
互疊的特性，放在殖民地臺灣史的脈絡下，展示活動的策展者往
往是殖民統治者，參展者與觀眾則同時包含了日本母國人民、殖民
地官吏與殖民地人民，在本書「社會／文化」的研究對象裏，這三
種行動者在博覽會中的角色，以及其對於博覽會的態度都具有同等
的重要性。

　　綜合而言，本書希望透過博覽展示會場的空間特性、展示分類
架構、策展者的展示意圖及觀者對展示活動的理解等面向，回答以
下的問題：

---

44 以上討論參見並木真人著、陳文松譯，〈朝鮮的「殖民地近代性」、「殖民地公共
　　性」和對日協力——殖民地政治史、社會史研究之前置性考察〉；松本武祝著，王
　　珊珊譯，〈有關朝鮮「殖民地近代性」論點之整理與重建〉；張隆志，〈殖民現代
　　性分析與臺灣近代史研究——本土史學史與方法論芻議〉；駒込武著、許佩賢譯，
　　〈臺灣的「殖民地近代性」〉；岡本真希子著、楊永彬譯，〈殖民地統治下臺灣的政
　　治經驗〉，以上諸論文俱收入若林正丈、吳密察主編，《跨界的臺灣史研究：與東亞
　　史的交錯》（臺北：播種者，2004），頁71-179。

　　一、為何殖民政府要不遺餘力地建立並發展各種展示活動與體系？它與殖民統治的目標有何關聯？

　　二、在各種展示活動中，殖民者建構了何種「臺灣」的形象？放置在日本及歐西舞台上的博覽會「臺灣館」，與放置在臺灣島內的展示會場，究竟表述了何種秩序觀、知識觀與異／己觀？

　　三、上述形象的建構，建立在何種殖民知識權力操作體系的基礎之上？

　　四、日本及臺灣的博覽會觀眾對於會場中所蘊涵的秩序知識與文化觀又以何種方式理解？被殖民者遭遇這個由他者所建立的自我形象時，有何種反應？這種理解與反應對於實體的臺灣空間與社會又構成了何種影響？

　　在上述的問題意識下，本書章節的安排，將首先簡短回顧萬國博覽會在歐西出現的歷史，以及明治時期日本的引介，藉由個案式的描述，最後綜合分析十九世紀至二十世紀初歐西和日本所構築的博覽展示特性，以進一步明瞭其本質，並作為以下兩章討論臺灣博覽展示經驗的參考與對照。第三章「異域的臺灣形象」，主要介紹1895年以後日本在歷次國內及國際大型博覽會中，如何建構並塑造臺灣的形象，並且從博覽會會場的空間分析此種形象在殖民／帝國關係中的角色與實質政經功能。第四章將目光拉回臺灣，討論1895年以後殖民政府在臺舉辦品評會、共進會乃至博覽會的歷程，並分析日本如何在實體臺灣社會中展示臺灣。第五章將從展示叢結的概念出發，探討博覽會所具有的再製複延作用，如何在博物館、商品陳列館和百貨公司發酵，並分析其所帶進的物質消費文化。而展示活動最終的擴延，乃是將臺灣當成整個展示會場，而觀光旅遊正是此種展示體系的極致，至此，全臺灣的地景都宛若博覽會會場一般供人觀覽，殖民政府希望旅者看到何種樣貌的臺灣？博覽會場中所

欲表達的秩序如何重整臺灣的地景？南來北往川流不息的旅者，在風塵僕僕的行旅中又如何認識並捕捉臺灣的樣態？這些是第五章最後所欲解決的課題。

第二章

水晶宮的魅惑
——近代博覽會的歷史

第一節　帝國的建構：歐美的博覽會經驗

一、楔子

> 在上帝的祝福下，我誠摯地與諸位一起祝禱，此次盛會能增
> 進吾國人民之福祉與全體人群之利益；能激發和平與工業的巧
> 藝；能凝聚世界各國間的關係；更能將仁慈上帝所賦與人的秉
> 賦用於友愛與高尚的競爭，以促進全體人類的美善與幸福。[1]
>
> 　　　　　　　　　　　　　　　　　　　　　　維多利亞女王

　　1851年5月1日正午，英國維多利亞女王（Victoria）在倫敦海
德公園內一棟以金屬和玻璃所築成的巨大建築物前，朗朗宣讀了簡
短地致辭，隨後近代世界史上第一場「萬國博覽會」正式揭幕。維
多利亞女王所揭開的，不僅只是這場博覽會而已，在往後的一百五
十年間，世界各國競相效法，踵繼以之，充分發揮了「競爭」的秉

---

[1] *Illustrated London News*, Vol. XVIII, No. 481, (May, 3, 1851), p. 349.

賦，或勤於參與各種大大小小的展示活動，或戮力舉辦各種各樣的博覽會，而且規模愈來愈浩大。1851年首度的萬國博覽會，占地19英畝，為期共五個月，參觀人數超過六百萬人次。1904年美國在聖路易舉行的萬國博覽會（Louisiana Purchase International Exposition），占地1,271.8英畝，為博覽會史上場地最巨者；1915年1月1日開始至隔年12月31日止，美國在聖地牙哥舉辦的萬國博覽會（The Panama California Exposition）整整長達兩年，是會期最長者；而1970年3至9月在日本大阪舉行的萬國博覽會（Japan World Exposition, Expo' 70），吸引了六千萬以上的人潮，則為觀眾最多的博覽會。截至1990年為止，全世界共舉辦了99次大型的萬國博覽會[2]，其他有萬國之名而無萬國之實的博覽會更不計其數，不僅氾濫成災，讓各國疲於參會，甚且為爭奪資源而誓言相對，以至於1912年各國不得不在德國柏林共商節制之道，經歷歐戰之中挫，而於1928年11月22日在巴黎由43國簽署成立了「萬國博覽會事務局」（BIE, Bureau of International Expositions）[3]。進入二十一世紀，日本預定在2005年於名古屋舉辦萬國博覽會，中國則在取得了萬國博覽會事務局的同意下，宣布將於2010年在上海舉辦萬國博覽會，臺灣也不甘示弱，宣布要在2008年舉辦萬國博覽會。這些此起彼落的宣告，顯示了十九世紀中葉所開啟的博覽會時代，並未隨著二十世紀的過往而結束，它還會在這個新的世紀裏繼續在全球各地上演。這一百五十餘年間，博覽會所沉積於歷史的面貌，不僅只是繁華喧鬧的記憶，它更形塑了一種嶄新的生活價值與行為，博覽會的樂音，譜出了一種全新的觀看與展示文化，與其合奏者，包含了各種具有

---

[2] 以上資料參見John E. Findling ed., *Historical Dictionary of World's Fairs and Expositions, 1851-1988*, N. Y.: Greenwood Press, 1990.

[3] J. E. Findling ed., *Historical Dictionary of World's Fairs and Expositions, 1851-1988*, pp. 372-74.

現代性表徵的博物館、圖書館、展演廳、紀念塔、遊樂園、奧林匹克運動會和百貨公司等裝置，並因此烘托出迥異於往昔的消費文化與豐裕社會的景象；而隱藏於其後的，則是各種各樣的族群認同、國族建構與競合的象徵意義。

　　回顧過往的社會生活，各種各樣的展示行為，早已存在民間日常的市集買賣之中，但是市井攤販的貨品陳列，與所謂的萬國博覽會之間，不僅存在著規模大小之別而已，它們在性質、目標、陳設方式，以及象徵意義上，更有天壤之異。在探討這些差別之前，讓我們藉由追溯博覽會起源與演變的歷程，以進一步剖析近代博覽會的特質。

　　萬國博覽會，顧名思義，其中既有「國」字，則它必定與近代國家形成的歷史互為表裏。換言之，萬國博覽會與一般市集商店賣場陳設貨品的第一個大差異，即在於它是由國家所策畫或支持的展示活動。在歐洲，法國可能是最早發展出由政府支持舉辦工藝品展示的國家[4]。1789 年法國大革命之後，一方面英國廉價的棉紡織品大量銷入國境，另一方面法國本身所產之物品則受到英國的貿易封鎖，因而經濟大受影響。1797 年原本任職法國音樂學院（後改名為

---

[4] 在法國政府舉辦第一次工業展覽會之前，政府支持舉辦的藝術展示活動，其實已經有很長遠的歷史。1667 年路易十四（Louis XIV）為新成立的皇家繪畫雕塑學院（Academie royale de peinture et de sculpture）舉辦的展覽活動，被視為政府首度支持的展覽會。在當時法國社會裏，藝術乃為王朝服務，而工匠技藝，受基爾特（guild）節制，則為教會、貴族和其他名望富戶之家服務，市集則為他們的展示場所，階級差異構成了兩者涇渭分明。1789 年法國大革命打破了此一階級界線，工匠技藝及其科學知識超越了藝術，加以革命後經濟蕭條，更需刺激工商業發展，是以原本具有長遠歷史的藝術展示，在法國大革命後，反而被工業展示所取代，其間的變遷，透露出革命前後社會經濟乃至知識結構巨烈變遷的消息。參見 Patricia Mainardi, *Art and Politics of the Second Empire: The Universal Expositions of 1855 and 1867*, New Haven and London: Yale University Press, 1987, pp. 7-11。

藝術學院，Theatre of Arts）經理的馬札達維茲（Mazade d'Aveze）被
革命後的共和政府任命接管原屬於皇室的陶器、織錦和地毯的工
場。這三間工場在被接管之前，因政局擺盪，所生產出來的貨品全
無銷路，工匠早已忍飢挨餓數年。達維茲苦思如何出清堆積如山的
貨品時，突發奇想，構思聯合全國的藝匠展示其作品，藉由展示以
吸引買主，擴大銷售。達維茲同時設計以發行彩票作為展場門票，
既可吸引觀眾，又能貼補展覽經費。這個構想不但引起巴黎市民高
度的興趣，也獲得當時內務卿努夏多（Francois de Neufchateau）的
支持。隔年（1798）在努夏多的主導下，於巴黎的 Champs de Mars
舉辦了第一次的法國工藝展覽會。努夏多為了鼓勵工匠參展，另外
設計了獎賞制度，並且為求公平起見，組織審查委員會以招獎賞之
公信[5]。這個以政府為名舉辦的第一次工業展覽會，雖然只有110名
的參展者，但對於大革命後的法國人而言，這些展示品似乎重拾他
們對於自身經濟實力的信心。努夏多更進一步決定要定期舉辦這類
型的展示活動，而其繼任者亦承續此信念，於是從1798至1849年
間，由法國政府舉辦的工業展覽會即達十次之多，而且規模愈來愈
浩大，1849年在香舍麗樹（Champs Elysees）所舉辦的展示會，參
展者即達4,532人[6]。

　　如果就純粹的展示活動而言，英國追溯自身展示歷史的清單自

5　W. Blanchard Jerrold, "The History of Industrial Exhibitions," *Illustrated London News*, Vol.
　　XVIII, No. 482,（May, 3, 1851）, p. 373. 根據 Jerrold 的報導，法國政府後來禁止達維茲
　　舉辦這場展覽會，並且命令他離開巴黎。努夏多則似乎抄襲了達維茲的靈感，舉辦
　　了1798年的展覽會。不過，傑荷（W. Blanchard Jerrold）文中將「Mazade d'Aveze」誤
　　拼為「Marquis d'Aveze」，許多後世作品，包括註6格林郝爾均因此誤引。參見
　　Patricia Mainardi, *Art and Politics of the Second Empire*, p. 199, note 3。

6　Paul Greenhalgh, *Ephemeral Vista: The Expositions Universelles, Great Exhibitions and World's
　　Fairs, 1851-1939*, Manchester: Manchester University Press, 1988, pp. 3-6.

然也不遑多讓。1754年施普利（William Shipley）成立了「藝術、工藝與商業促進發展學會」（The Society for the Encouragement of Arts, Manufactures and Commerce），以鼓勵各種能有益於工商發展的技術與發明。這個學會在1847年更名為「皇家藝術學會」（Royal Society of Arts），並且成為推動1851年萬國博覽會最重要的幕後推手。1760年這個學會舉辦了英國近代史上第一次藝術與工藝展示會。儘管這個展示活動的規模與雄心都無法與38年後法國工業博覽會相提並論，但此一學會的展示卻形塑了十八世紀末葉英國中產階級對於藝術的認知，即藝術是文明生活的重要表徵。英國後來在1837年時，也舉辦了一場規模較大的展覽會，不過參加者以北英格蘭為主，並未涵蓋整個國境，也未邀請他國參加[7]。

除了英法兩國外，1851年之前，各國其實早已熟知法國工業博覽會，並且大量仿效其規制，於自己國境內舉辦相似的展示活動，如慕尼黑於1818年、斯德哥爾摩於1823年、馬德里於1827年、紐約於1828年及莫斯科於1829年等等。在這些林林總總的展示活動中，某些展示的參展者只局限其國境，某些則已略具後來超國界的多國博覽會性質，如1844年柏林舉辦了「全日耳曼博覽會」，雖然號召了不同國境內的日耳曼人，但不免也產生了族群的排他性。是以儘管歐洲各國在十九世紀中葉以前，已有各式各樣的展示活動經驗，但在1851年以前，沒有任何國家曾經嘗試要辦一個結合眾多國家共同參展的「萬國」博覽會[8]。

1847年亞伯特親王（Prince Albert）出任皇家藝術學會會長之後，即熱衷舉辦展示會。1849年他與亨利柯爾（Henry Cole）雄心勃勃地提出了在海德公園舉辦一場大規模展覽活動的計畫，並且得

---

7 Paul Greenhalgh, *Ephemeral Vista*, pp. 7-8.

8 Paul Greenhalgh, *Ephemeral Vista*, p. 9.

到維多利亞女王的支持。會場建築則由長於建造溫室的建築師帕克斯頓（Joseph Paxton）擔綱。帕克斯頓將溫室的概念導入會場建築，成功地創造了傳誦一時的單一會場建築「水晶宮」（Crystal Palace）（見圖版2-1、2-2），日後人們甚至以「水晶宮博覽會」取代原有的正式博覽會名稱。由於工程緊迫，帕克斯頓發明之「預鑄組件」（fabricated structure）的施工法不但縮短了工時，後來也廣為運

圖版2-1　水晶宮全圖及正門入口處

資料來源：轉引自吉田光邦編，《圖說萬國博覽會史，1851-1942》（京都：思文閣，1999），頁93。

圖版 2-2　水晶宮博覽會南門及穹頂大廳

資料來源：轉引自吉田光邦編，《圖說萬國博覽會史，1851-1942》，頁94。

用於各種博覽會中。這棟占地19英畝的建築，是世界上第一座最大的金屬玻璃帷幕建築，透明耀眼的玻璃在陽光下閃閃發亮，吸引了所有人的目光，以至於1853年分別在都柏林及紐約舉辦的萬國博覽會，東施效顰地模仿並興建了相同形式與名稱的博覽會會場。

　　這個近代世界史上第一場的萬國博覽會，於1851年5月1日開幕，為期五個月，共有13,937名參展者，超過半數來自英國及其殖民地，其餘則來自世界各地，其中以法國、美國及普魯士的參展分量最重。觀眾人數則達6,039,195人次，最高紀錄一天的觀眾人數超過九萬人以上。參展品被區分為原料、機械、紡織製造、金屬玻璃陶藝製造、雜項及美術等六類，而其中機械類最受人們注目，隆隆巨響的渦輪引擎、火車、蒸汽壓縮機和收割機等產品，讓人見識並崇拜機械的威力，更讓人醉心相信他們身處於維多利亞的盛世年代。

　　儘管後世史家如霍布斯邦（Eric Hobsbawn）指出，萬國博覽會所展現的龐大物資與實際上當時英國社會的經濟實力與消費能力無法相稱[9]，這場史上第一次的萬國博覽會在會期結束後，仍為英國留下許多遺產。水晶宮的建築重新組建於倫敦南邊的西德納姆（Sydenham），成為當時最著名的遊樂公園，直到1939年該建築毀於大火為止。除此之外，成功的財務管理為此會留下了十八萬鎊的結餘款，利用這筆款項，在南肯辛頓（South Kensington）建造了自然科學博物館（Natural Science Museum）及維多利亞—亞伯特博物館（Victoria and Albert Museum）[10]。除此之外，留給後世博覽會的典範更為重要。這場博覽會與過往村鎮市集物品陳列的第二個重要差異，在於沒有標價，亦即物品的展示，純粹以觀看為目的[11]，而觀

9　Eric J. Hobsbawn, *Industry and Empire: An Economic History of Britain Since 1750*, London: Weidenfeld & Nicolson, 1968.

10　John E. Findling ed., *Historical Dictionary of World's Fairs and Expositions, 1851-1988*, pp. 3-9.

看的背後，則隱含了「教育民眾」的目標，亦即透過展示，企圖讓觀眾認識並理解近代機械工業的技術與知識，以及背後所蘊涵的知識分類概念。就展示觀看的行為而言，水晶宮的建築特殊的結構、材料與造型本身即成為吸引群眾觀看的焦點，它啟發了後世對於勾動視覺效果的概念與靈感，水晶宮包含了雙重的觀看內容：人們進入這個巨大的玻璃屋裏觀看物品，但透明的玻璃屋同時也讓會場成為被觀看的對象[12]。水晶宮博覽會的展示架構結合了當時英國逐漸成形的演化思潮，創造了一種對於物質與知識的分類概念，並且落實於展示品的分門別類上，而其中機械、製造、原料品與美術等四類，日後成為所有博覽會部類展品時承續並擴充的基準。在象徵意義的層次上，維多利亞女王簡短致辭中宣示了四種價值：這場博覽會祈求各國間和平與友愛的競爭、追求工業文明所帶給人的「進步主義」；以及促進貿易發展、藉由博覽會展品免稅進口的政策企圖打破各國關稅壁壘，實現當時自由貿易的經濟思想[13]。儘管三年之後，英國又發動了克里米亞戰爭，儘管踵繼舉辦的博覽會，各有其揭櫫不同的理念與目標，但是這四種價值（或口號）仍然重複出現在後來歷次的萬國博覽會中。

---

11 不過，沒有標價不表示其與商業及商品無關，人們反而更因為沒有標價，而對於展示物品的價格產生無限想像，從而提高了展品可能原有的價格，而儘管會場中沒有任何物品標價，但當時的報紙卻自動為這些展品估價，因而創造了另一種觀看與消費文化的形式。參見 Thomas Richards, *The Commodity Culture of Victorian England: Advertising and Spectacle, 1851-1914*, Stanford: Stanford University Press, 1990, pp. 38-40.

12 Tony Bennett, *The Birth of the Museum: History, Theory, Politics*, London: Routledge, 1995, pp. 63-69. 班奈特進一步衍述此種視覺與權力之間的關係，指出水晶宮博覽會預示了在觀看與被看之間，逐漸形塑整體社會「自我審視」心態的出現，博覽會是此種自我審視心態的始作俑者，而博物館則薪火相傳，穩固了此種心態，並且創造了一種「展示叢結」的文化。

13 Paul Greenhalgh, *Ephemeral Vistas*, pp. 17-24.

　　英國舉辦這場足以向世人誇躍維多利亞繁華盛世的博覽會之
後，法國自然也不甘示弱，於1855年舉辦了萬國博覽會[14]，英國為
重拾水晶宮華美燦爛的光彩，還法國以顏色，於1862年舉辦了第二
次萬國博覽會[15]，法國則回敬以1867年巴黎萬國博覽會。英國受到
1862年博覽會的挫折之後，於1871至1874年間別開生面地連續四年
舉辦倫敦萬國博覽會[16]。身處中歐的奧匈帝國也不甘坐壁上之觀，
於1873年在維也納舉辦了它在十九世紀第一場也是唯一一場的萬國

[14] 其間穿插了1853年分別在都柏林及紐約舉辦的萬國博覽會。

[15] 這場博覽會在水晶宮博覽會龐大的陰影下，被英國人批評得體無完膚，其間亞伯特
　　親王的過世首先為此次博覽會蒙上陰影，會場主建築則被評為醜惡如怪物；展示內
　　容讓人煩膩，而各國競相在會場中抑人之長誇己之美，國與國之間明爭暗鬥，不僅
　　表現在工業技術的爭勝，也表現在藝術作品的展示上，而此會雖無明確的人種展
　　示，但在當時的輿論中，卻充滿了歐洲中心的進化觀，帝國意識已在此會中發酵，
　　並且傳染至日後歐美的博覽會中。參見John E. Finding, *Historical Dictionary of Worlds'*
　　Fairs and Expositions, 1851-1988, pp. 23-29。

[16] 這個系列博覽會原本構想連續十年，定期於每年四、五月至十月之間在南肯辛頓市
　　（South Kensington）毗鄰皇家亞伯特會堂（Royal Albert Hall）及皇家園藝公園
　　（Royal Horticultural Garden）之地舉辦博覽會。這個博覽會有許多特點，首先，為
　　標舉博覽會所具有的重大教育功能，而非爭奇鬥豔的展示，博覽會取消了褒賞制
　　度。其次，它欲表現更為統一而符合邏輯的展示分類架構，希望藉此達到純粹以物
　　件作為比較基礎，而不致成為國與國之間的競爭工具，因此取消了以國家或地理空
　　間的分類單位，展品完全以物品性質做分類。在連續四年的展示中，藝術、製造與
　　機械為固定不變的分類主軸，配以每年添加不同特色的分類展品，如1871年為陶
　　藝、毛紡織品和教育用品；1872年為棉紡織品、音樂及聽覺器材、紙張印刷文具
　　等；1873年為絲織品、鋼鐵製品、外科用具、交通器材及烹飪；1874年則是土木
　　工程、建築與皮革蕾絲製品等。在上述每年的特展中，特別強調展品必須是在工藝
　　或科學上具有重要發明意義之物，而非舊品古董的展示。音樂在此四年的博覽會中
　　具有非常重要的位置，除於會期間連續不斷的音樂會之外，1872年並且特別展示
　　聽覺與音樂器材，可謂本博覽會的第三特色。同時，為了凸顯博覽會的教育功能，
　　在會場中定期舉辦各式各樣的講座，以教導民眾認識工業技術，不過其中最受歡迎
　　的講座是烹飪。這個系列博覽會立意要回復水晶宮博覽會嚴肅的知識探求與教育民

博覽會。在大西洋的彼岸，美國經歷1853年紐約博覽會慘痛的教訓後[17]，1876年為慶祝獨立一百年而在費城舉辦了南北戰爭以後的第一場博覽會，在博覽會史上異軍突起，自此英法美三國前仆後繼，彼此在博覽會中標新立異。上述歷次博覽會，各有其創新之處，不僅成為博覽會史上的典範，也成為日後各國仿效的摹本，是以我們有必要簡短地個別回顧這幾次博覽會，以明其中的創新與承續之處。

二、法國巴黎博覽會

1855年法國以慶祝歐洲自1815年滑鐵盧之役後經歷四十年和平為理由，在是年舉辦了萬國博覽會，除開和平的訴求之外，失去了主辦世界第一場萬國博覽會寶座，也讓法國立意要在此會與英國互別苗頭，以凸顯法國所舉辦的才是貨真價實的「萬國」「博覽會」。正因為要標舉法國所辦者乃為真正的博覽會，會場面積比水晶宮大了1.5倍，而更重要的差異在於特別設立了單獨的藝術宮建築，以表現英國只重工業技術，而法國不僅重工業，更重人文教養傳統。此外，為呈顯歐洲帝國力量的擴張，會場內展示了許多各國殖民地的農產物品，說明了歐洲日常生活與殖民地之間的相互依存關係。

眾的傳統，然而這種帶有知識菁英教化理想色彩的展示卻愈發不受民眾歡迎。1871年首次會期尚吸引了百萬民眾，但到1874年時觀眾人數卻只有四十六萬人次，博覽會的財務也由盈轉虧，是以原本雄心勃勃地十年博覽會計畫，最後不得不在1874年宣告終止。見John E. Findling ed., *Historical Dictionary of Worlds' Fairs and Expositions, 1851-1988*, pp. 44-46。

17 美國在1853年於紐約舉辦國際工業博覽會（Exhibition of the Industry of All Nations），不但名稱與1851年水晶宮博覽會相似，還刻意仿效英國故智，也建造了一座水晶宮。不過儘管處處追隨英國，這場博覽會實際的參展者只局限於美國內部，且由於觀眾人數不足，博覽會結束後積欠了三十萬美元的債務，而該座水晶宮則於1858年毀於一場大火。見John E. Findling ed., *Historical Dictionary of Worlds' Fairs and Expositions, 1851-1988*, pp. 12-15。

凸顯殖民地的人種與物資，乃自此會之後，成為歐美博覽會展示其帝國意識無可或缺的元素。

當然，除開凸顯藝術的特質之外，技術仍然是會場的另一個核心。有許多新的發明在此會中展示，如世界上第一台由美國勝家（Singer）出品的縫紉機、新金屬元素鋁的發表等等，都首度在會場中亮相。此外，法國也表現出其在紡織技術與設計上的成果，以對比英國者為大量製造的粗品。法國的雕刻繪畫在會場中更大放異彩，安格爾（Jean-Auguste-Dominique Ingres）及德拉克洛瓦（Eugene Delacroix）成為歐洲藝術的代表者，而法國在博覽會標舉藝術重要性的概念，也成為日後所有博覽會仿效的典範；在日後所有的博覽會中，藝術展示一定是一項獨立而且代表各國文化最重要的象徵[18]。

就刺激商貿的面向而言，1855年巴黎博覽會也擺脫水晶宮博覽會純粹展示製造技術的內容，而更進一步強調製品在商業市場的運用與價格，因此展示物件均有標價，這項措施日後也被許多博覽會採用[19]。雖然從經營的角度看，這場博覽會並不算成功，5,162,330人次的觀眾人數還是沒有超越水晶宮，而且收支短欠了八百餘萬法郎也無法與水晶宮成功的財務管理相比擬，不過這次博覽會對於法國還是有許多實質的收穫。首先法國人民希望藉此會促成政府降低關稅的企圖在會後得以實現，此外，此次博覽會成為英法同盟的重要接著劑，維多利亞女王破天荒地造訪了法國參觀此會（英國自1422年亨利五世[Henry V]之後，再也沒有國王訪問法國之例）。最後，此會也有助於鞏固巴黎作為法國政經文化首都地位的功效，尤其經歷1853年豪斯曼（Georges Haussmann）銳意整頓塞納河，以及整體都市計畫的翻新之後，巴黎市容煥然一新，吸引無數旅客造訪

---

18 Patricia Mainardi, *Art and Politics of the Second Empire*, pp. 39-65.

19 Rosalind H. Williams, *Dream Worlds: Mass Consumption in Late Nineteenth-Century France*, Berkeley: University of California Press, 1982, p. 59.

流連，巴黎已不僅只是法國的首府而已，更成為歐洲的重心，博覽會閉會後的隔年（1856），各國為結束克里米亞戰爭而在巴黎簽定巴黎協定，也象徵巴黎作為國際中心都市的地位[20]。

　　承續了這種立意作為首要都市的雄心，1867年在巴黎由法國舉辦的第二次萬國博覽會（l' Exposition universelle de 1867 a Paris），這場博覽會刻意凸顯法國為全人類新秩序的焦點，巴黎則為新秩序的首都。為了達到這個目標，所有法國最著名的學者文人，都動員投入了這個博覽會，例如著名的文豪雨果（Victor Hugo）為博覽會執筆撰寫導覽手冊。著名的畫家高第耶（Theophile Gautier）則為觀客導覽羅浮宮的寶藏。雨果在書中大聲宣示：「拋棄戰爭吧！讓我們聯手、和諧與團結！」其他各國的藝術家亦共襄盛舉，來自奧匈帝國的小約翰史特勞斯（Johann Strauss, Jr.）還專門為這場盛會譜出了傳世之作〈藍色多瑙河〉。

　　就博覽會的歷史而言，這場博覽會創造了許多新的典範。首先是將整個巴黎也放在被展示的範圍內，為此，法國政府銳意整頓了巴黎市容，並且建造了許多公園，其中最吸引人的，則是一座與原屋同大小的哥德式城堡[21]。至此之後，公園與園藝造景乃成為日後所有博覽會會場不可或缺的景觀設計。通過哥德城堡之後，還有一系列的國際餐飲區，人們往往在此大快朵頤駐足不前，儘管這種設計被時人批評為有如粗鄙無文的市集，但它卻是在嚴肅的知識技術展示為主的萬國博覽會中，首度加入了庶民娛樂的元素，此一元素後來在美國的發揚光大下，在二十世紀之後的博覽會中娛樂取代了知識教化，成為吸引民眾，以及構成民眾爭相觀看博覽會最重要的因素。1867年巴黎萬國博覽會第三個創新之處，即在於它提出了一

20　John E. Findling ed., *Historical Dictionary of Worlds' Fairs and Expositions, 1851-1988*, pp. 16-21.

21　John E. Findling ed., *Historical Dictionary of Worlds' Fairs and Expositions, 1851-1988*, p. 17.

種新的分類展示架構，而其背後則隱含了一種新的知識分類的概念。歐洲中世以降的市集商品展示，乃以物品的性質為分類，1851年水晶宮博覽會則首度以「國家」作為分類架構，而在1867年的巴黎博覽會，則成功地將二者結合在一起，亦即以物品性質分類為主體架構，在其下則依國家分枝成不同的區域，這套方法也成為日後許多萬國博覽會部類物品的依歸。以今日的眼光觀之，某些物品的分類頗為奇特，例如將槍與衣物置於同一類，或者將香水與家具置於一類，但拋開我們今日的眼光，這種分類正好反映了當時人的物質生活之習慣與安排方式。不過，儘管這套分類架構看似合乎邏輯又有秩序，但實際執行中各國展示空間仍然有高下不等的待遇。主辦者法國占據了最大的空間，次之為英國、普魯士、奧國、比利時、美國及俄國等國，以至於許多國家抱怨展示空間太過狹仄，某些國家則大而無當。國家架構下的另一個表現，即是首度將殖民地的人民送至博覽會，開啟日後博覽會人種展示的惡例[22]。

　　除開這些嶄新的概念之外，博覽會中最吸引人目光之一的展示為蘇伊士運河的地理模型，預示著兩年後這個世界航運史上極為重要工程的完工，也展示了法國在工程技術上的優越。此次博覽會還有兩項創舉，一是首度建造了一座「人類勞作史」展示區（Gallery of the History of Labor）；另一則是「世界通貨展示區」。前者企圖謳歌勞動大眾；後者則在世界貿易與資本主義思想的牽引下，意圖建構一個全球通行的貨幣體系。不過，儘管謳歌勞工，但在勞作史展示區中，比重最大的，仍然是各種服務中產階級的裝飾用品，如珠寶鏤刻工藝、書籍裝訂、象牙扇等等。而世界通貨的想法，則在八年後，在巴黎成立了國際度量衡與通貨局（International Burear of

---

22　某些北非黑人被送至博覽會中靜態展示，其他則散見在國際餐飲區中的侍者或勞工，但是觀眾卻對他們充滿好奇，因而引發後來博覽會重複不斷的人種展示，見Paul Greenhalgh, *Ephemeral Vistas*, p. 85。

Weights and Measures）[23]。然而，雨果高聲宣示的和平，並未因這場絢爛的博覽會而降臨，三年之後，法國即在普法戰爭中慘敗。

三、1873年維也納博覽會

普法戰爭結束後的三年，奧匈帝國為了展現其在普奧戰敗後回復的經濟實力，並欲稱雄於中歐，且適逢約瑟夫國王（Franz Joseph）加冕二十五週年慶，乃決定於1873年在維也納舉辦一場萬國博覽會（Welt-Industrieausstellung, International Industry Exhibition）。為了這場博覽會，奧國進行了極為浩大的都市整建工程，不僅將中世紀的舊城牆夷平並沿著原地新建一條大道，兩旁則林立了新哥德、文藝復興式、巴洛克及新古典主義的建築；另一項更浩大的工程則為將多瑙河運河改道，企圖解決長久以來的水患問題，同時創造大片的公園綠地，也提供了博覽會會場極佳的視野。這些基礎工事都為博覽會會場創造了絕佳的環境。

維也納博覽會在博覽會史上也有許多創新之處。自1851年倫敦萬國博覽會開始，受到水晶宮建築巨大的影響，接續而來的博覽會會場均為單一建築內容納所有展示品的空間安排。維也納博覽會則首度按物品分類分別建造了工業、機械和藝術等三座義大利文藝復興式的宮殿，三座宮殿並列成一長達2,953英尺的軸線，而座落中央的工業宮更是其中的核心，這棟直徑354英尺、高284英尺的圓形大廳，上覆以巨大的雙層穹窿，象徵約瑟夫國王的皇冠，不僅成為整個會場的地標，更是日後維也納多次重要展示集會的場地，它一直延用到1937年才毀於大火。

另一項創新之處，即在於將參展國家按照其在地球上的地理位

---

[23] 以上參見John E. Findling ed., *Historical Dictionary of Worlds' Fairs and Expositions, 1851-1988*, pp. 33-43。

置由東至西排列，此外展品的分類更為細緻地切割成二十六類，並因此出現了許多過去未曾有的分類內容與概念，如智慧權、涵養高尚品味、保健治療之術、婦幼教育、交通改善、一般大眾生活狀況，最後才是藝術。

　　在參加此次博覽會的眾多國家中，原本預期會大張旗鼓的英、法、美等國都因各種不同的理由，在會場中並不特別顯眼；反倒是英屬印度、中國及日本鋪陳了他們貴重的物品。在清朝的參展品中，臺灣原住民的物品首度被放置在國際的舞臺前[24]。日本則更是處心積慮，早在一年前即成立了臨時博覽會事務局，首度以中央政府的名義派員參展，並且銳意收集學習西歐政教經濟與法律各種制度規章，這次參展不僅影響了日本日後自行舉辦內國勸業博覽會的架構，而且也為明治維新提供了龐大的參考訊息[25]。此次博覽會也影響了美國，三年後美國在費城舉辦的萬國博覽會，以及1915年在聖地牙哥為慶祝巴拿馬運河開通而舉辦的萬國博覽會，都受到此次博覽會的影響。但是這場博覽會卻是在風雨飄搖中結束。博覽會開張之後九天，維也納股市崩盤，許多投資此次博覽會的股東因此自殺；同時霍亂流行奪走兩千餘人的性命，也阻卻了觀眾。博覽會最後留下一千五百萬基爾德（gulden）的龐大債務[26]。

四、美國的博覽會

　　在1873年維也納舉辦博覽會的前兩年（1871），美國國會即已通過要在1876年時為慶祝美國獨立一百週年而舉辦一場博覽會，會

---

24 參見胡家瑜，〈博覽會與臺灣原住民——殖民時期的展示政治與「他者」意象〉，《國立臺灣大學考古人類學刊》，62（2004.6），頁5。

25 有關日本在此次博覽會的歷史，請參見本書第二章第二節「帝國的想像」。

26 維也納博覽會的簡史，參見John E. Findling ed., *Historical Dictionary of Worlds' Fairs and Expositions, 1851-1988*, pp. 48-54。

址理所當然選定在宣布獨立的地點：費城。

　　美國國會雖然支持舉辦此次博覽會，並且成立了「百年紀念委員會」，但是由於美國政府不提供也不保證任何經費補助，是以，只授權該委員會得以發行股票籌資。委員會發行了二百五十萬美元的股票，國會後來給予一百五十萬元的貸款，而剩下的二百萬元資金則向那些有意在會場中設立展館及店面的商人徵收特許費。博覽會會址為費城費爾蒙特公園（Fairmont Park）內450英畝的土地。會場空間結構則仿襲維也納博覽會，設立主館、機械館、紀念堂及園藝館，另有為數近250個分館。儘管館舍建築工期落後，開會之後九天尚有數館內部還在裝修，但這次博覽會卻頗為成功。機械館內一座巨大的雙汽缸蒸氣引擎在開幕式當天由美國總統開啟按鈕，由此機器傳動館內所有的機器，這項設計不僅成為此次博覽會中最吸引民眾的焦點，也代表了美國機械工業的實力。

　　本次博覽會的展品共分為八大部門：礦業及冶金、製造、教育與科學、藝術、機械、農業和園藝，將礦冶列為第一部亦受維也納博覽會的影響。這套分類架構後來成為圖書館學中杜威十進分類法的基礎[27]。對於參展品的獎勵，本會也別出心裁，未設任何等級差

---

[27] 在籌備此會時，負責規畫展品分類架構的地質礦物學者布萊克（William Phipps Blake）特別強調展品分類不僅是博覽會組織的基礎，更是博覽會整體所欲表達傳遞之訊息的根柢，並且為了超越水晶宮分類架構的局限，他提出了一套包含十大項目的分類架構：一、原料（礦物、植物、動物）；二、用於食物或工藝而經由淬取重組所形成的物質與製成品；三、紡織與毛織品；四、住宅用品與家具；五、工具、機械及其製程；六、動力與傳輸工具；七、增進並傳播知識的方法與器械；八、工程與建築；九、雕塑與繪畫藝術；十、表現人類改進體能、知識與道德狀態的物件。不過由於布萊克的構想是預設整個展品如同水晶宮一般，放置在單一館舍裏；但受到1873年維也納博覽會主題館設計的影響，此次博覽會已著手計畫興建分散的主題館；更重要的原因是，籌備單位意欲表現人類「進步」的狀態，而美國境內原住民族與亞洲民族的物件無法放置在布萊克的架構裏，因此最後此一分類構想並

別的獎項,只頒發了 13,000 個獎牌給參展者。參展品中有許多新發明首次亮相,包括打字機、機械計算機、貝爾(Alexander Graham Bell)的電話、愛迪生(Thomas Alva Edison)的四重信號電報等等。本會另一項創新之處在於設立了「婦女館」,這是博覽會史上首度特別為女性設立單獨館設的先例,後來 1893 年芝加哥博覽會則加以承襲之[28],成為美國日後博覽會中的特色之一。

　　進入會場前的艾姆大道(Elm Avenue)布置了長串的商店及娛樂設施,日後也成為美國博覽會有異於歐洲博覽會之處,當然,會場的特設館及會外的商店街,都與籌措博覽會經費有關,不過會期結束後,收支還是短少了一百九十萬元。不過,儘管如此,整個五個月會期間,靠著機械館巨大蒸汽動力及會場內外娛樂設施的設立,還有象徵美國獨立百年的價值,這些因素吸引了 9,789,392 人次觀覽,從參觀人數而言無疑是一次成功的博覽會[29]。

　　美國經歷 1876 年費城博覽會成功的鼓舞之後,陸續在亞特蘭大(1881)、波士頓(1883)、肯德基州的路易斯維爾(1883)、紐奧良(1884)舉辦過中等規模的博覽會。早在 1882 年時報紙即鼓吹應在 1892 年舉辦慶祝哥倫布發現美洲大陸四百年的活動,這個概念隨之發展成以舉辦萬國博覽會的方式進行。經過美國各大城市激烈的競

　　未實現,不過,這套包含著強烈進化觀點的分類思想,以及希望以更具「邏輯」的方式部類陳列展品的想法,在十七年後 1893 年的芝加哥博覽會及二十八年後 1904 年的聖路易萬國博覽會中承續並加以落實。見 Robert W. Rydell, "The Centennial Exposition, Philadelphia, 1876: The Exposition as a 'Moral Influence'," in his *All the World's a Fair: Visions of Empire at American International Expositions, 1876-1916*, Chicago: The University of Chicago Press, 1984, pp. 20-21。

28 成立婦女館的主要原因之一,在於此次博覽會的經費來源之一為出售股票,而婦女則是銷售股票的重要市場客層,為回饋女性為博覽會經費贊助的功勞,乃有婦女館之設。Robert W. Rydell, *All the World's a Fair*, p. 28。

29 John E. Findling ed., *Historical Dictionary of World's Fairs and Expositions, 1851-1988*, pp. 55-61.

爭後，1890年美國參眾兩院決定由芝加哥市舉辦這場活動。為此芝加哥早在前一年即成立了一間哥倫布萬國博覽會公司以為營運，並且宣稱將籌集五百萬美元經費舉辦此會。會址選在臨密西根湖畔占地六百英畝的傑克森公園（Jackson Park）。受到1889年巴黎萬國博覽會的龐大影響，並且配合該公園潟湖的自然地理條件，整個會場成功地以「水」作為貫串聯結的渠道，環繞潟湖的則是九座巨大的木構主題館，並且襲自1889年巴黎博覽會的概念，建築覆以石膏，因而整個會場被稱為「白色之都」（White City）。芝加哥博覽會在博覽會史上亦有許多創舉。首先它是十九世紀世界博覽會中會場最為龐大的一次博覽會；其次，由於芝加哥城對於大部分外國人而言仍是陌生之城，為了讓外國了解該城市，特別成立了一個龐大的推廣部（Promotion Department），充分結合報紙媒體廣為宣傳。芝加哥被指定為博覽會城市之後，各種商販請求在會場設立攤位的申請書隨即蜂擁而至。根據過去二十年間娛樂區對創造人潮的重要性，主辦單位在不喪失博覽會嚴肅教化目標的考量下，在主題館區旁設置了一個狹長而完整的娛樂區「中途大道」（Midway），這是十九世紀以降的博覽會中，將娛樂空間納入會場空間的先例，而在其中，由喬治費理（George Ferris）所設計的264英尺高的摩天輪，不但成為整個會場最醒目的地標，也為日後主題遊樂園摩天輪開啟了先河。此外，世界首次的選美大會（World's Congress of Beauty）也在這條中途大道舉行，而22,000磅超大起司和1,500磅重的巧克力則以重量堆疊出工業社會豐饒富裕的氣氛，使得中途大道成功地幫助博覽會吸引了成千上萬的觀眾[30]。

---

[30] Robery W. Rydell, "The Chicago World's Columbian Exposition of 1893," in his *All the World's a Fair*, pp. 38-71; John E. Findling ed., *Historical Dictionary of Worlds' Fairs and Expositions, 1851-1988*, pp. 122-31. 另可參見 Stanley Appelbaum, *The Chicago World's Fair of 1893: A Photographic Record*, N. Y.: Dover Publications, Inc., 1980，提供豐富的照片。

　　這場博覽會另一項創舉為在會場中特別設立了「婦女館」（Woman's Building），展示女性在教育、藝術、科學及工藝上的角色。這棟館舍從建築設計、內部陳設到展品徵選，全部由女性擔綱，並且在展示主題上，強調女性不僅是人類手工藝的創造發明者，更是西方文明的孕育者。在當時被稱為「比哥倫布發現新大陸還要更重要的發現」，亦即終於發現女性的存在。女性在此次博覽會事務上也扮演極為重要的角色，博覽會「附設萬國會議」（World's Congress Auxiliary）由女性出任，這個會議設計了上千個討論議題，範圍涵蓋醫療救護、改良社會倫理、文學音樂與教育、商業金融等等層面，從而吸引了如杜威（John Dewey）、威爾遜（Woodrow Wilson）等許多知名學者造訪會場發表演說，讓博覽會不再只是萬貨雲集的展示場，更是追求新知與文明的場域。女性在博覽會中的角色，同時也反映了美國在女性主義上的先進，使得後來絕大多數的博覽會都效法芝加哥的精神，在博覽會中專門設立女性部門，而女性主義也藉由博覽會成功地將其理念串聯、宣揚[31]。

　　1893年芝加哥萬國博覽會成功的經驗給予美國無限的信心，在此後的十年間，美國國力如日中天，太平洋大鐵道的開通和西岸金礦的挖掘，使得美國全力向西部發展，美西戰爭的勝利，不僅讓美國獲得了新墨西哥州的土地，同時還控制了菲律賓，更使美國有機會開始插足亞洲世界的事務。門羅總統（James Monroe）著名的「門戶開放政策」意圖在落後於歐洲列強瓜分中國的情況下，使勁躋身於中國市場。緊隨英國之後，這個新的帝國在進入二十世紀時隱然成形，而最能表現美國帝國意識的，當屬1904年在中部聖路易所舉辦的聖路易萬國博覽會（Louisiana Purchase International Exposition）。

---

31 有關女性、女性主義和婦女運動與博覽會之間的關係，可參考 Paul Greenhalgh, "Women: Exhibiting and exhibited," in his *Ephemeral Vistas*, pp. 174-97。

這個博覽會原為紀念美國於1803年購買了從密西西比河至洛磯山脈的大片土地並成立密蘇里州一百年慶而設。博覽會史上占地最廣的會場已充分表現了美國帝國的富裕財力。此次博覽會標舉著讓世界上遐邇之人均能匯聚一堂，以增進彼此認識與尊重並促進普世和平的大旗，而機械工業帶給人類生活福祉的觀念則仍是一貫不變的重點。會場的設計在許多方面都承襲了1893年芝加哥博覽會的架構：以中央潟湖為核心環繞各主題館（特別用「宮」之名），建築亦為木構裹以馬尼拉纖維（據云既耐火又防潮）外再覆以石膏，不過，展示分類架構則更為明確地，有意識地以「人類及其創造物」作為母題，以此文明進化的概念編組各個主題宮的內容。教育宮乃為首要的主題，以表明人類進入文明社會源自於教育；次之以藝術宮以展現文明發展變遷之勢；人文教養與應用科學宮繼之以呈現文化所涵育之品味、創造與科學進步之姿，再則承之以農業、園藝、礦業和林業等宮，凸顯人類運用自然資源於生活，開發之並保育之；而機械工業宮則是人類運用資源的天賦表現，通運宮則展示人類利用機械力量克服空間障礙得以無遠弗屆的能力；文明進化的極致表現，則在人類宮及社會經濟宮中一覽無遺，而這一切文明造化最後成就的，是現代人在體魄和智識上的進步，因此最後以人體宮總其結。這場博覽會在知識界亦冠蓋雲集，德國社會學巨擘韋伯（Max Weber）、法國數學巨擘彭加勒（Henri Poincare）[32] 等都到場發表專

---

[32] 彭加勒（1854～1912）生於法國南西，卒於巴黎，法國數學家，然其成就橫跨數學、科學與哲學等領域，影響二十世紀數學甚鉅，被視為史上最後一位數學通才。其一生有關自守函數（automorphic function）的研究，動力系統 (dynamical system) 與渾沌（chaos）的預見，及代數拓樸的催生，都是對二十世紀數學影響極大的領域。著有《天體力學方法》（*Les methodes nouvelles de la mecanique celeste*, 1892-1899）三冊，《天體力學講義》（*Legous de mecanique celeste*, 1905-1910）三冊。以上資料，參見http://episte.math.ntu.edu.tw/people/p_poincare/。

題演講。機械工業的許多發明，也在此博覽會中首度呈顯在大眾面前，尤其是正在萌芽茁壯的航空工業，以及無線電報技術最為吸引人；汽車亦在會場運輸及宣傳上嶄露頭角。而仿效芝加哥博覽會容納庶民娛樂設計的「大道」（the Pike）裏更是繽紛多彩，冰淇淋及熱狗首度在會場中出現，成為日後代表美國的食品之一。此會並首度與剛發難的奧林匹克運動會結合，以與「人體宮」所欲表現現代文明體能極致的精神相應合。博覽會的財務經營也極為成功，會期結束後留下龐大結餘，在聖路易建築了傑佛遜紀念博物館（Jefferson National Expansion Memorial），以收納此次博覽會殘留的展品。

當然，本會雖標舉藉由遐邇之民齊聚一堂以增進彼此的認識，實際上仍充滿了西方白人中心主義的色彩，人類學宮及會場中設立容納一千多名菲律賓原住民的「菲律賓村」，以及展示美國本土內的印地安人，將美國的帝國主義精神展現無遺，促進人類彼此了解以期世界和平，仍只是遙不可及的口號。

五、小結

總結上述歷次歐美的萬國博覽會，我們可以歸納出幾項重點：

首先，博覽會所展現者，為「進步」與「競爭」兩種精神。烘托進步形象的物質基礎，有賴於技術的創造與發明，1855年巴黎博覽會加上了以藝術表現進步的質素，1904年美國聖路易萬國博覽會則再添增魄體能以表現進步文明之姿，而技術智力體能之進步來自於完善教育與周全公共衛生系統，若能達致此點，乃能成就整體社會之進步。

進步的動力來自競爭。參展者將物品共置一室，比鄰而立，透過比較乃生競爭之心並求改良改進之方，此為維多利亞女王所謂「高尚競爭」之義。競爭表現在三個面向，放在1855年開始將展品標價的脈絡下，競爭表現於市場的銷路或庶民的好惡，而法國自

1798年努夏多所辦之工業展覽會起即已存在的<u>審查制度，則為另一</u>種競爭的模式，藉審查評比等第，判其優劣，劣者責其改過，優者求其精進，劣者向優者學習，優劣之別則促生競爭之心，「進步」乃由此而生[33]。

　　「<u>分類</u>」與「<u>專業</u>」在這套審查制度中扮演了關鍵的角色。展品審查工作的進行必須依靠事前物品分類的架構，然後再依各種分類安排物件在空間中的展示位置，會場動線的安排已隱含了物件出場的優先順序，而在動輒十數萬計的展品中，如何能奪人目光動人心弦，則有賴展示手法、藝匠經營與廣告宣傳。此乃博覽會第三種「競爭」模式，亦即如何能在龐雜紛然的萬物中，「爭」得人群的目光。從展品中挑出「精品」框以玻璃櫥窗佐以光線投射，獨尊凸顯物件的特殊性乃為展示藝匠爭取目光的手法，<u>「精品」與「樣品」的概念因之而生，而這套手法經歷數十年的琢磨，近代設計與廣告事業於焉成立</u>[34]，同時也促發了博物館與百貨公司商品陳列展示推陳出新的靈感。奪人目光的另一手法則是在量體上不斷爭高、比

---

[33] Robert W. Rydell, *All the World's a Fair*, pp. 23-37. 十九世紀中期以後舉辦的博覽會，一直與進步主義思想有極為密切的關係，而1893年美國芝加哥的萬國博覽會是表現進步主義的極致，關於此一課題已有許多作品詳加討論，可參見James Gilbert, *Perfect Cities: Chicago's Utopias of 1893*, Chicago: The University of Chicago Press, 1991; Robert W. Rydell, *All the World's a Fair*, pp. 38-71; Stanley Appelbaum, *The Chicago World's Fair of 1893*。

[34] 有關博覽會與近代設計與廣告之間的關係，可參考Thomas Richards, *The Commodity Culture of Victorian England: Advertising and Spectacle, 1851-1914*, Stanford: Stanford University Press, 1990; William Leach, "Strategists of Display and the Production of Desire," in Simon Bronner ed., *Consuming Visions: Accumulation and Display of Goods in America, 1880-1920*, N. Y.: W. W. Norton & Co., 1989, pp. 99-132; David Scobey, "What Shall We Do With Our Walls? The Philadelphia Centennial and the Meaning of Household Design," in Robert W. Rydell and Nancy Gwinn ed., *Fair Representations: World's Fairs and the Modern World*, Amsterdam: VU University Press, 1994, pp. 87-120。

大、競重，1889年巴黎博覽會的艾菲爾鐵塔和1893年芝加哥博覽會的費理摩天輪是兩個最典型「爭高比大」的範例，而工程技術則是支撐此一競爭的基礎；1893年芝加哥博覽會中的超級大起司與巧克力則是競重的典型，豐足的原料與民生工業的發展則是提供它得以凸顯豐饒景象的根柢。

　　「分類」架構的形成則呈顯歐西對於物件性質的理解與認知，而其背後則隱含了一套知識觀。1851年水晶宮博覽會全以物件性質分類，1867年巴黎博覽會結合了「國家」單位和物件性質安置展示物件，1873年維也納博覽會更將此地理概念放置在以歐洲為中心所形成的「東、西」位置來安排各國展品，1900年巴黎博覽會則進一步以「全球」的圖式作為整體展場的空間架構，按各國在地表的位置陳設該國展品。除開以「國家」為單位，以地理空間位置排列展品的分類方式外，物件性質的標準更呈顯歐美國家的知識分類認知。1851年水晶宮博覽會的物件性質分類以單一的技術與生產為軸線，區分出原料、製造、機械等項，1855年巴黎博覽會加上藝術，此後三十年間博覽會皆在工業技術的軸心概念下，細緻切割成更多不同的部類；1876年美國費城博覽會開始思索部類之間的邏輯關係，而在1904年聖路易萬國博覽會中總其大成。博覽會會場中的建築，從水晶宮單一館舍衍化至1904年聖路易萬國博覽會十座個別的主題「宮」，也正好說明了這套分類架構由原初簡略到日趨繁複細緻切割的歷程。而其所對應者，則為實體社會經濟與政治發展日趨分工與專業化的軌跡。博覽會的審查制度亦凸顯「專業」概念的落實。參與物件的審查者，多半都為當時社會菁英，藉由菁英專業知識以評等庶民大眾的技能，試圖領導並勾勒未來世界的圖式，而唯競爭與進步方能使人類臻此未來美好世界。

　　競爭進步優勝劣敗價值觀下所製造出的世界，其實並非維多利亞女王或歷次博覽會所宣稱企求的「世界和平」，而是一個更為差

異化的世界。「動」為進步的表現，而最能在感官上立即表現出
「動」者，其實並不在於機械的巨大動力，而在於博覽會場中安置
另一個表現全然「靜態」不動的世界，被機械動力征服的殖民地，
尤其是來自殖民地的原住民族，最能滿足西方世界對比此一「動靜」
差異的元素[35]，原住民族「野蠻」「原始」「未開化」的形象，證成
了西方之所以進步繁榮的原因，彰顯西方帝國世界在物質文化中的
成就，並塑造歐西各國對自身「帝國」實力的認同，而在歷次博覽
會中各國的參展品則逐漸轉化為各國尋求自身國族認同的象徵符
號。1851年水晶宮博覽會既名為「萬國」博覽會，透露了「世界主
義」想法，1871至1874年間倫敦系列博覽會承續此一觀念，而這
個觀念投射出工業文明意欲表達的「普世」的信念，亦即相信科學
與工業文明可以穿透地理環境與歷史文化的差異，因此英國兩度企
圖消泯國界差異，將世界各國展品放在一個單一的分類架構下，這
場系列博覽會最後以觀眾寥落財務虧損收場，曾經創造水晶宮奇蹟
的寇爾事後檢討失敗的原因，指出無國家分野的展品分類是最大敗
筆之一，因為「觀眾缺少了競爭比較的樂趣」[36]，他的批評點出十
九世紀高漲國族建構運動的環境下，各國觀眾在會場中所欲觀看希
冀尋求的，不是普世的價值，而是各國自己的光彩身影。英國的
「普世」價值其實也只是凸顯了意欲以帝國的單一價值消泯不同國
家的文化差異，而這點在對待非西方世界，尤其是殖民地世界中尤
其明顯。經歷一八七○年代系列博覽會失敗的教訓，英國在1886年
於倫敦舉辦的「殖民地與印度博覽會」就乾脆放棄了展品分類架

---

35 Robert W. Rydell, *All the World's a Fair*, p. 24. Aram A. Yengoyan, "Culture, Ideology and
　　World's Fairs: Colonizer and Colonized in Comparative Perspectives," in Robert W. Rydell
　　and Nancy Gwinn ed., *Fair Representations*, pp. 66-67.

36 John E. Findling ed., *Historical Dictionary of World's Fairs and Expositions, 1851-1988*, p. 46.

構，表現出英國的知識架構無法統合非西方物質世界的認知，但也仍然意欲表現西方的知識分類優於殖民地的差異想法。

　　殖民地展示既是凸顯帝國的元素，殖民地的原住民族更是博覽會中不可或缺的展示品。研究博覽會史的學者格林郝爾依展示的目的，將博覽會的人種展示區分為四種類型：一乃為展示帝國權威而將其轄下殖民地的人民（尤其是原住民族）送至會場展出，既要表現殖民地落後，也要呈顯帝國統治對於殖民地的「恩惠」。二為知識教育目的，受到百科全書派（encyclopedism）觀點的影響，認為在博覽會中應該要將地表上所有物質社會與文化齊聚一堂，以「增進彼此之認識」，此一目的也受到西方人類學學科發展的影響，認為展示原始民族，可以表現出文明進化演變的歷程，而其背後則與帝國主義與進化史觀的差異思維相呼應。第三為商業目的，此一目的最初只是欲藉殖民地原住民族「異文化」的色彩以吸引觀眾，因此最初僅將殖民地人民放置在會場商店街中充當侍者，但後來卻演變為設立「原住民村」，販售門票，純粹讓人觀看原住民的建築、生活樣態和宗教儀式，這種將人體商品化的展示深具有歧視差異與權力控制的心態。第四種則為「使節型」（ambassadorial）展示，亦即類如今日「文化親善大使」的身分，藉以展示各國文化與生活樣貌，而大部分萬國博覽會中的殖民地人種展示都具有這四種目的，而在列國之中，英、法、美三國乃最好此道者[37]。不論如何，人種展示最核心的心態其實是將之作為類如戰利品的展示，凸顯帝國武力、版圖、經濟與文化的優勢，它仍是「進步」與「競爭」思維下的產物。

　　儘管博覽會會場中意欲表現進步動態西方世界的圖式，但放置在會場中的物件，仍然是模擬真實世界的「靜態」樣品，在會場

---

37 Paul Greengalgh, *Ephemeral Vistas*, pp. 82-107.

外，這些樣品所投射的真實世界，則是更為慘烈的競賽，經濟文化
乃至軍事上的你爭我奪，是以歷次博覽會標舉著追求和平的大旗，
但尾隨在這大旗之後的，乃是戰爭。1851年水晶宮博覽會後伴隨而
來的是克里米亞戰爭；1867年巴黎博覽會中普魯士克魯伯工場的鋼
鐵製造技術獲得金牌大獎，但這家工場展出的另一件50噸重加農巨
砲在三年之後的普法戰爭中，成為擊敗法國的利器。1904年聖路易
萬國博覽會結束十年之後，歐洲煙硝四起，歐戰崩解了所有十九世
紀博覽會所欲描繪的物質文明及其企求的和平。工業與機械文明只
不過讓戰爭更為血腥，損傷更為巨大。經歷戰火摧殘的歐洲，元氣
大傷，舉辦博覽會不再是宣揚國威的工具，而只是療傷止痛鼓舞人
心的興奮劑，是以至第二次世界大戰爆發前為止，日暮的大英帝國
只舉辦了兩次博覽會，法國三次，而未受戰火摧殘的美國乘勢而
起，在歐戰後仍不斷地以博覽會追尋其文明進化的野心，這個新帝
國於是樂此不疲地舉辦了六次博覽會，成為最熱衷舉辦博覽會的國
家（參見表格2-1）。在博覽會場中甚少缺席的日本，最初靜靜地觀
摹學習所有西方帝國的一切政教經濟制度，繼之蓄勢而起，讓日本
在十九世紀末葉，開始雄心勃勃地以仿製帝國主義之姿，在博覽會
中頭角崢嶸，意欲成為雄霸亞洲的新帝國。這個新帝國也不斷地仿
製歐美的行為，在本國，在它的殖民地裏，不斷地舉辦各式的展示
活動。

表格2-1　1851-1945年間世界主要博覽會一覽表

主辦城市	國家	起年	終年	面積（英畝）	入場券人數（千人）	總人數（千人）
London	英國	1851/5/1	1851/10/15	19	6,039	
Dublin	愛爾蘭	1853/5/12	1853/10/29	2.5	956	1,156
New York	美國	1853/7/14	1854/11/1	4		1,150
Paris	法國	1855/5/15	1855/11/15	29	5,162	

London	英國	1862/5/1	1862/11/15	23.5		6,211
Dublin	愛爾蘭	1865/5/9	1865/11/10	17	956	
Paris	法國	1867/4/1	1867/10/1	215	9,063	
London	英國	1871/5/1	1871/9/30	100		1,142
London	英國	1872/5/1	1872/10/19	100		647
London	英國	1873/4/14	1873/10/31	100		498
London	英國	1874/4/6	1874/10/31	100		467
Vienna	奧國	1873/5/1	1873/11/1	280	5,058	7,250
Philadelphia	美國	1876/5/10	1876/11/10	285	8,004	9,789
Paris	法國	1878/5/1	1878/11/10	185	13,000	16,032
Sydney	澳洲	1879/9/17	1880/4/20	24	850	1,117
Melbourne	澳洲	1880/10/1	1881/4/30	21		1,459
Atlanta	美國	1881/10/5	1881/12/31	19	196	290
Amsterdam	荷蘭	1883/5/1	1883/10/31	62		1,439
Boston	美國	1883/9/3	1884/1-12	3		300
Calcutta	印度（英國）	1883/12/4	1884/3/10	22		1,000
Louisville 美肯德基州	美國	1883/8/1	1883/11/10	45	770	971
New Orleans	美國	1884/12/16	1885/6/1	249		1,159
Antwerp	比利時	1885/5/2	1885/11/2	54.3		3,500
Edinburgh	英國	1886/5/6	1886/10/30	25		2,770
London	英國	1886/5/4	1886/11/10	24		5,551
Adelaide	澳洲	1887/6/21	1888/1/7	18		767
Barcelona	西班牙	1888/5/20	1888/12/9	115		2,240
Glasgow	英國	1888/5/8	1888/11/10	70		5,748
Melbourne	澳洲	1888/8/1	1889/1/31	35		2,200
Paris	法國	1889/5/6	1889/11/6	228	27,722	32,350
Dunedin	紐西蘭	1889/11/26	1890/4/9	12.5		625
Kingston	牙買加首都	1891/1/27	1891/5/2	23		303
Chicago	美國	1893/5/1	1893/10/30	686	21,477	27,529
Antwerp	比利時	1894/5/5	1894/11/5	86.5		3,000
San Francisco	美國	1894/1/27	1894/6/30	160		1,356
Hobart	澳洲	1894/11/15	1895/5/15	11		290

Atlanta	美國	1895/9/18	1895/12/31	189	780	
Brussels	比利時	1897/5/10	1897/11/8	148		6,000
Guatemala	瓜地馬拉	1897/5/15	1897/6/30	800		
Nashville田納西州首府	美國	1897/5/1	1897/10/31	200	1,167	
Stockholm	瑞典	1897/5/1	1897/10/3	514		2,614
Omaha美內布拉斯加州	美國	1898/6/1	1898/10/31	200		50,861
Paris	法國	1900/4/15	1900/11/12	553		8,120
Buffalo	美國	1901/5/1	1901/11/2	350		11,560
Glasgow	英國	1901/5/2	1901/11/9	75		
Charleston南卡羅萊納州	美國	1901/10/1	1902/6/1	160		
Hanoi	河內（法國）	1902/11/16	1903/2/15	41		
St. Louis	美國	1904/4/30	1904/12/1	1,271.8		19,695
Liege	比利時	1905/4/27	1905/11/6	52		7,000
Portland	美國	1905/6/1	1905/10/15	400		2,554
Milan	義大利	1906/4/28	1906/10/31	250		5,500
Christchurch	紐西蘭	1906/11/1	1907/4/15	14		1,968
Dublin	愛爾蘭	1907/5/4	1907/11/9	52		2,750
Jamestown維吉尼亞州	美國	1907/4/26	1907/11/30	400		2,851
London	英國	1908/5/14	1908/10/31	140		8,400
Seattle	美國	1909/6/1	1909/10/16	250		3,741
Brussels	比利時	1910/4/23	1910/11/1	220		13,000
Nanking	中國	1910/6/5		91-100		
London	英國	1911/5/12	1911/10/28	200+		
Ghent	比利時	1913/4/26	1913/12/1	309	13,128	18,876
San Francisco	美國	1915/2/20	1915/12/4	635		2,050
San Diego	美國	1915/1/1	1916/12/31	400		1,698
New York	美國	1918/7/29		25		
Rio De Janeiro	巴西	1922/9/7	1923/7/31	62	3,626	
Wembley	英國	1924/4/23	1924/11/1	216	15,081	17,403

Wembley	英國	1925/5/9	1925/10/31	216	7,590	9,699
Paris	法國	1925/4/30	1925/10/15	72		14,000
Dunedin	紐西蘭	1925/11/17	1926/5/1	65		3,200
Philadelphia	美國	1926/5/31	1926/11/30	1,000		6,408
Long Beach	美國	1928/7/27	1928/9/3	63		1,100
Barcelona	西班牙	1929/5/19	1930/1/15	291.5		
Seville	西班牙	1929/5/9	1930/6/21	494		1,500
Antwerp	比利時	1930/4/26	1930/11/5	170.5	468	
Liege	比利時	1930/5/3	1930/11/3	165		
Paris	法國	1931/5/6	1931/11/16	148	32,000	33,489
Chicago	美國	1933/5/27	1933/11/12	427	22,566	27,703
Chicago	美國	1934/5/26	1934/10/31	427	16,486	21,066
Brussels	比利時	1935/4/27	1935/11/6	250	20,000	26,000
San Diego	美國	1935/5/29	1935/11/11	185		4,785
San Diego	美國	1936/2/12	1936/9/9	185		2,004
Johannesburg	南非	1936/9/15	1937/1/15	100		1,500
Paris	法國	1937/5/24	1937/11/2	259		34,000
Glasgow	英國	1938/5/3	1938/10/29	175		12,593
San Francisco	美國	1939/2/18	1939/10/29	400		
New York	美國	1939/4/30	1939/10/31	1,216.5		25,817
Wellington	紐西蘭	1939/11/8		55		2,641
New York	美國	1940/5/11	1940/10/27	1,216.5		19,116
San Francisco	美國	1940/5/25	1940/9/29	400		17,042
Lisbon	葡萄牙	1940/6/2	1940/12/2			

資料來源：John E. Findling ed., *Historical Dictionary of World's Fairs and Expositions, 1851-1988*, pp. 376-81.

第二節　帝國的想像：日本的博覽會經驗

　　日本第一次將物品陳列於博覽會，據說始於1853年都柏林舉辦的工業博覽會（The Great Industrial Exhibition）[38]，不過，真正有確

實紀錄的參展經驗，則是 1862 年英國在倫敦舉辦第二屆萬國博覽會
（International Exhibition of 1862），此次博覽會的展品，主要是英國
駐日公使阿禮國（Butherford Alcock）收集日本漆器、陶器和金屬製
品等美術工藝品送至會場參展，掀起歐洲在一八七○年代一股日本
美術品狂熱的風潮[39]。不過，1862 年這次英國博覽會，對日本而
言，除了物品被展示之外，另一個更為重要的意義在於，是年日本
為了延緩開放江戶等四城市開港之事，特別派了 38 人的「竹內使節
團」赴英交涉。使節團參與了 5 月 1 日萬國博覽會的開幕式，奇特
的服裝造形和色彩，吸引了所有人的目光，成為「日本人」第一次
被展示於歐洲目光下的特殊效果。不過，更重要的是，使節團成員
參觀博覽會之後，立即捕捉到博覽會對國家政經建構效果，成員之
一的福澤諭吉在後來出版的《西洋事情》一書中除了首度將英文
「Exhibition」譯為「博覽會」外，在是書中並指出歐西博覽會的意
義在於藉由嶄新器物的陳列，以達到相教相學，取他人之長以利
己，有如「智力功夫之交易」[40]。在此刺激下，日本在往後的十年
之間，也掀起了一股舉辦博覽會的熱潮。1867 年德川幕府在法國駐
日公使赫謝（Leon Roches）的引介下，派員參加了在巴黎的萬國博
覽會（Exposition Universelle），展示陶、漆和銅器，以及甲冑刀槍、

---

38 日本所展示者，實為荷蘭人將其古董送至會場展出。見 John E. Findling ed., *Historical
Dictionary of World's Fairs and Expositions, 1851-1988*, p. 10。

39 日野永一，〈萬國博覽會と日本の「美術工藝」〉，收入吉田光邦編，《萬國博覽會
の研究》（京都：思文閣，1996），頁 21。十九世紀中葉以後，歐洲因工業革命之
刺激，而開啟了「設計」概念的出現，「設計」（design）到一九三○年代才成為一
門專業。十九世紀歷次博覽會的建築均以古典主義為主，但是當時藝術界已開始有
了反動的趨勢，日本藝術表現的簡約之美，給了歐洲反樸的動力之一。參見 Paul
Greenhalgh, *Ephemeral Vistas*, pp. 84-85。

40 福澤諭吉，〈西洋事情〉，永井道雄集編，《日本名著・33：福澤諭吉》（東京：
中央公論社，1975），頁 312。

浮世繪與名所圖繪等日本地方的特產品，而日本南方的佐賀與薩摩
兩藩也自行參展，顯示此次博覽會日本並未以一「主權國家」的形
式參加博覽會[41]。第一次以日本中央政府為名策畫統籌並出資參加
國外博覽會者，則為1873年的維也納博覽會（Welt-Industrieausstellung
Wien, International Industrial Exhibition）。明治政府為了準備這次的
參展，特別在1872年成立了「臨時博覽會事務局」，由參議大隈重
信（事務局總裁）和日本駐奧國公使佐野常民（副總裁）領導，而
佐野則為其中的靈魂人物。佐野指出，參加此次博覽會最重要的目
的有五：精選並展示日本最精良的物品、學習西洋各國學藝與機械
技術之精妙、為日後建立博物館預作準備、為日本優良物產打開國
際市場和探查各國物產與物價以俾日後貿易之發展[42]。此次博覽會
中，日本以神社和傳統庭園為日本館舍建築樣式，展品則以美術工
藝品為主體，除了收集全國精良的陶瓷器和織品外，另外還在會場
中展出名古屋著名的金鯱城和紙糊製成的鎌倉大佛、五重塔模型，
另在會場中布以大提燈和太鼓。透過此次博覽會，在歐洲掀起了藝
術史上所謂「日本主義」（Japanism）的風潮[43]。維也納博覽會期
間，亦逢日本為與西方各國改正條約，派遣了岩倉具視為主的使節
團赴歐，使節團成員之一的久米邦武在回國之後所寫成的《米歐回
覽實記》一書中，首度明確地指出舉辦博覽會具有殖產興業與富國
強兵的效果，而主導此次博覽會事務的佐野常民更在博覽會結束
後，撰寫了巨帙的《澳國博覽會報告書》，在書中，佐野特別提出
博覽會和博物館具有相同的作用，即「寓教於觀」（眼目の教）：

---

[41] 吉見俊哉，《博覽會の政治學：まなざしの近代》（東京：中央公論社，2000年第
　　5版），頁115-16。

[42] 永山定富，《內外博覽會總說：竝に我國に於ける萬國博覽會の問題》（東京：水
　　明書院，1937），頁247-49。

[43] 吉見俊哉，《博覽會の政治學》，頁118。

夫觸動人心，使其生感動識別者，莫過於以眼目所視之物。
語言相異之人而能情意相通者，乃基於彼此相互對待有方；而
人對於物之妍媸美醜所生之愛憎好惡，亦因物之製式用法不同
乃使形質體狀相異而生，此皆起於眼目所視之效。是以古人常
言：百聞不如一見者。若欲開人智、進工藝，眼目之教乃最為
捷易之法也。[44]

受到此次觀覽的刺激，佐野意識到日本工業技術遠遠落後於西
方世界，尤其是機械製造技術，日本全然闕如，因此佐野提出希望
日本能在1880年自行舉辦萬國博覽會計畫，企圖招納西歐進步的機
械產業以刺激日本產業體質的改變。他的計畫並且融合了初步的都
市計畫概念，以東京隅田川西岸的土地為會場，並專為博覽會興建
鐵道，欲藉博覽會達到開發該地的效果。不過，佐野的意見並未見
獲於當時政府，尤其是當時的內務卿大久保利通對於佐野意見中，
藉引入外國機械技術以刺激日本製造工業發展的構想甚為保留。大
久保除了考慮財政不足以支應舉辦萬國博覽會之外，最主要的著眼
點在於日本當時與西歐列強之間的不平等條約仍未盡除，僅以日英
貿易為例，1875至1877三年間，日本對英國的平均貿易逆差即達
到85,359,493日元，召開萬國博覽會或許不但不能增進國內產業進
步，反而有可能使外國貨品充斥國內市場。為了阻斷外國貨品「濫
入」之途，並保護獎勵國內工業起見，大久保最後提出可舉辦日本
的「內國」博覽會[45]。這個建議最後於1877年付諸實現，首度在東
京上野公園舉辦了「第一回內國勸業博覽會」。從大久保利通將佐

---

44 佐野常民，〈博物館創立報告書〉，《澳國博覽會報告書》（博物館部，1875）。轉
　　引自吉見俊哉，《博覽會的政治學》，頁119。

45 國雄行，〈內國勸業博覽會の基礎的研究──殖產興業、不平等條約、「內國」の
　　意味──〉，《日本史研究》，375（1993.11），頁54-68。

野常民「萬國」博覽會的概念縮限到「內國」的範圍裏，可以看見明治初期政府核心人物將博覽會視為保護國內產業並企圖打開日貨在國際市場通路的商戰策略思維，而與歐洲舉辦博覽會以開自由貿易的想法截然不同。大久保所提出的「內國」概念與名稱，在往後的三十餘年間中央政府舉辦的博覽會中，一直延續下來。

　　從1868年明治維新開始，到1877年舉行第一次內國勸業博覽會為止，日本除了赴國外參加展覽外，國內地方人士也極為熱心舉辦以「博覽會」為名的展示活動，估計到1877年為止，共舉辦了41次「博覽會」，其中1872年（明治4年）10月1至10日在東京湯島聖堂由文部省舉辦的「文部省博覽會」，為中央政府首度主辦的展示活動，而由京都地方商人三井八郎右衛門、小野善助和熊谷久右衛門等人，則在是月10日於京都西本願寺舉辦了為期一個月的「京都博覽會」，「廣蒐天產名物、齊集人造妙品」於一堂[46]。由於參觀者極為踴躍，三井等人乃隨後組成了「京都博覽會社」，在往後的三十多年間，這家民間公司幾乎每一年都在京都舉行一次博覽會[47]。不過，除了京都博覽會稍具與西方博覽會近似的審查制度和以機械展示為主的明確意識之外，絕大多數地方型的展示活動雖以博覽會為名，但實際上仍延續了江戶時代以來的物產會或藥品會，近乎廟會趕集與娛樂雜耍的性質，而與歐美當時博覽會整體的意義完全相背。相對而言，1876年由當時內務卿大久保利通提案，1877年舉行的「第一回內國勸業博覽會」，才真正符合了十九世紀中葉以降歐美博覽會的精神與目標。

---

46 永山定富，《內外博覽會總說》，頁31-33。

47 有關京都博覽會社的歷史，可參考京都博覽會協會編纂，《京都博覽會沿革志》（東京：フジミ書房復刻，1997）；丸山宏，〈明治初期の京都博覽會〉，收入吉田光邦編，《萬國博覽會の研究》，頁221-48。

　　日本在一八六〇年代起接觸歐美的博覽會經驗，使得當時日本
領導階層認識到博覽會具有重大的政治、經濟產業與文化宣傳的作
用。此一時期，日本國內正瀰漫著「殖產興業」與「文明開化」的
思潮[48]，舉辦博覽會既可刺激日本國內產業提升，又可宣揚「文明
開化」精神，更具有提倡振興「國貨」的民族主義內涵。在這樣的
歷史背景下，日本乃於 1877 年 8 月 21 日至 11 月 30 日，在東京上野
公園舉行了「第一回內國勸業博覽會」。在占地兩萬坪的會場內構築
了東本館、西本館（兩館合計 1,298 坪）、美術（75 坪）、機械（300
坪）、農業（707 坪）、園藝（120 坪）和動物（266 坪）等七棟館
舍[49]，不過館舍總建地不過 2,766 坪，不及上野公園的十分之一。

　　這次博覽會的展示架構模仿奧國博覽會，包含了礦業及冶金、
製造物、美術、機械、農業、園藝等六個部類，而礦業冶金和製造
物的展品被安置在東「本」館裏，顯示明治初期欲全力發展工礦與
製造業的企圖，西本館則陳列日本國內三府三十九縣外加琉球「藩」
的地方物產，西「本」館的展示表達了「內國｜的概念。此外，美
術雖名列第三，但美術館的建築卻用了堅固磚材構築（圖版 2-3），
迥異於其他各館的木構建築，乃因日本在前此參加的歐美萬國博覽
會中了解日本美術為其得以凸顯自身文明重要之質素，故美術館特
意興建為永久建物，這棟美術館即為今日東京上野公園內國立東京
博物館的前身。

　　此次博覽會的展示架構雖然意圖追隨 1873 年奧國維也納博覽會
的概念，但實際展品卻表現出日本當時的經濟與技術條件和此一架

---

48 殖產興業的概念，可參考石田一良編，《體系日本史叢書‧思想史‧II》（東京：
　　山川，1990 年 1 版 4 刷），頁 253-65。杉原四郎、逆井孝仁、藤原昭夫、藤井隆至
　　編著，《日本經濟思想四百年》（東京：日本經濟評論社，1992），頁 232-40。
49 內國勸業博覽會事務局，《內國勸業博覽會場案內》（東京：內國勸業博覽會事務
　　局刊行，明治 10 年），頁 8-12。

圖版2-3　第一回內國勸業博覽會會場

資料來源：轉引自大阪人權博物館編集，《博覽會：文明化から植民地化へ》（大
　　　　阪：大阪人權博物館，2000），頁24。

構並不相稱。儘管參展人數高達一萬八千餘人，展品近三萬種，數
量最多的卻是製造物類（下分17次項）和農業類（10次項），而刻
意尊為第一類的礦物冶金類的展品數量只居第三位，且其分類頗為
粗疏，只列礦山開採之業、金銀銅鐵類融解分離之術（冶金）和礦
石建築用石材三項，大會評審則指出日本雖天然礦產豐富，但自古
以來得以連綿開鑿者甚少，乃因資本不足、方法拙劣之故，是以礦
質精粗仍需審慎鑑定[50]。至於機械及園藝展品則甚少[51]。

　　從後世的眼光來看，這場日本史上首次官辦的勸業博覽會的規
模稍嫌粗漏，但是本會的重點不在強調自己國力進步強盛，而是欲
藉博覽會達到教化的效果，所著重者為「物品的比較」，希望藉著
博覽會使觀眾仔細熟看物質的精粗、製造的巧拙、使用是否合宜與

50 內國勸業博覽會事務局，《內國勸業博覽會場案內》，頁12, 20。
51 內國勸業博覽會事務局，《內國勸業博覽會場案內》，頁12-28。

價格之高下[52]。物質精粗優劣的比較其實還涉及到「產業情報」的收集、整理、研判與學習，博覽會等於是提供大量情報的場所，藉由收集展覽中所釋放出來的各種產業與技術的情報訊息，指引生產目標與制定價格，才能使產業獲得更大的利益，達到「殖產興業」的目標[53]。除此之外，第一次內國勸業博覽會設立了參展品的審查與褒賞制度。這套源起於巴黎萬國博覽會的制度，使博覽會不再只是百貨充盈堆積的賣場，更加入了研發科學技術與建立市場情報的學術氣氛[54]。物質的精粗巧拙，都在審查制度之下有了比較的「權威性」基礎，形成一種產業「標準化」的規格，而這種標準規格的背後，其實隱含了本書前一節所指出之「進步主義」的價值，也與日本當時「文明開化」的思潮相互呼應。這場為期102天的展覽活動，吸引了454,168人次觀覽。明治政府認為具有相當大的效果，因而訂出了日後每五年舉辦相同性質內國勸業博覽會的成規[55]。在此規範下，從1877至1911年明治時代結束為止，共舉辦了五次「內國勸業博覽會」，另外原本希望擺脫「內國」博覽會的框限，在1912年舉辦第一次的「萬國博覽會」，因財政拮据和明治天皇過世等因素而胎死腹中（參見表格2-2）。

　　上述五次的內國勸業博覽會，規模一次比一次浩大，顯示參加與觀看博覽會在明治末期成為全體日本社會共有的經驗。為了使博

---

52 吉見俊哉，《博覽會の政治學》，頁124。

53 園田英弘，〈博覽會時代の背景〉，收入吉田光邦編，《萬國博覽會の研究》，頁9-20。

54 吉見俊哉，《博覽會の政治學》，頁127-28。日本最早具有產業研究的展示活動，當以1751年於大阪所開之物產會為嚆矢。早先的物產會以植物、藥品之陳列展覽為主，藉由展品的收集、整理與鑑定，以達到普及知識、究明學問的目的，因此與商業的關係較小。參見椎名仙卓，《明治博物館事始め》（京都：思文閣，1989），頁43-47。

55 永山定富，《內外博覽會總說》，頁35。

表格2-2　1877至1911年間日本國內舉辦「內國勸業博覽會」一覽表

舉辦年	次別	會期	場地	會場面積	參展者數	觀覽人數	展品部類別
1877	第一回	8/21-11/3	東京上野公園	29,807	16,172	454,168	礦業冶金、製造物、美術、機械、農業、園藝
1881	第二回	3/1-6/30	東京上野公園	43,300	31,239	822,395	礦業冶金、製造物、美術、機械、農業、園藝
1890	第三回	4/1-7/30	東京上野公園	40,000	77,432	1,023,693	工業、美術、農業山林園藝、水產、教育學藝、礦業冶金、機械（另首度有參考館）
1895	第四回	4/1-7/31	京都岡崎	50,558	73,781	1,136,695	工業、美術工藝、農業森林園藝、水產、教育學術、礦業冶金、機械
1903	第五回	3/1-7/31	大阪天王寺	97,161	130,406	4,350,693	農業園藝、林業、水產、採礦冶金、化學工業、染織工業、製作業工業、教育學術、衛生及經濟、美術及美術工藝
1907	東京勸業博覽會		東京上野公園	52	17	6,802,768	

說明：「展品部類別」一欄乃按其原有序號排列，不另加編號。部類之間以頓號相
　　　隔。

資料來源：永山定富，《內外博覽會總說》，頁34-50；山本光雄，《日本博覽會史》
　　　　　（東京：理想社，1970），頁30-44。

圖版 2-4　第二回內國勸業博覽會會場圖

資料來源：轉引自大阪人權博物館編集，《博覽會》，頁 25。

圖版 2-5　第三回內國勸業博覽會會場圖

資料來源：轉引自大阪人權博物館編集，《博覽會》，頁 26。

圖版2-6　第四回內國勸業博覽會會場圖

資料來源：轉引自大阪人權博物館編集，《博覽會》，頁27。

覽會的展品能更趨向精緻，而非僅僅只是百貨展示，除了前已述及在第一次內國博時引入審查褒賞制度之外，1895年京都內國博中更首度加入了限制參展者資格的條件[56]，同時也首度進行美術及美術工藝品的鑑查制度。展示內容也有許多變化，展品分類的更易最能反映這三十餘年間日本內部經濟社會與文化的轉折，與受西方博覽會分類架構改換的影響。例如，部類別數從最初的六部增至十部，同時原本最初受到奧國博覽會影響，將礦業冶金列為第一主展的觀念，到第三次內國勸業博時，則改以工業為優先，而工業一項，隨著日本國內工業的進展，至第五次勸業博時，更細分為化學工業、染織工業和製作工業等三項；此外，第三次內國勸業博覽會以後加

---

[56] 該項限制要求展品必須具備學理、技術和經濟等三項特質者，始能參展。見永山定富，《內外博覽會總說》，頁42-43。

入了教育學藝、林業與水產等項目，同時增加了展示外國貨品的參考館。美術一類在五次內國博中屹立不搖，一方面反應日本美術在一八七〇年代參加歐美博覽會大受歡迎，使得自身認知美術品乃可作為代表日本文明的象徵之外，美術類所包含的範圍也在三十年間有所擴增，1903年大阪博覽會中在美術類中增納了美術工藝，反映了明治末期以降大眾消費生活品味的轉變[57]；而第五次大阪內國勸業博覽會更加入了衛生與經濟一類，展示當時日本內部社會經濟的狀況，正好與此一時期日本社會思潮逐漸由追求西方「文明」轉向建構日本「文化」的歷程[58]。

---

57 有關此一課題，可參考佐藤道信，《明治國家と近代美術：美の政治學》（東京：吉川弘文館，1999）。

58 日本思想中的「文明」與「文化」二詞，原本深受傳統中國的影響，如《書經》「濬哲文明」、《易經》「天下文明」；文化則有「文德教化」之意。十九世紀中葉受到西方影響，「文明」與「文化」二詞的內涵乃急劇改變。福澤諭吉首度將「civilization」一詞譯為「文明」，並且強調國力國民智識的「開化」，同一時期西村茂樹則在《明文雜誌》上撰文闡述「文明開化」之義，企圖將傳統中國「禮儀」概念與文明相銜，亦即禮儀之邦國民教育智識增進之國，乃為文明國，而西歐文明乃基柢於基督教文化與羅馬帝國。因此文明一詞總與「開化」相連。這個階段裏雖然亦有人將「civilization」譯為「文化」，但基本上只是「文明開化」的略稱，並未超出福澤譯語的概念。一八七〇年代，隨著明治維新之後全面變革政府體制，欲仿效西方國家之政制，「文明」一詞則加入了「國民國家」的概念，亦即具有與西歐相同的政治法律制度者乃具有文明之意。不過，福澤諭吉站在民間的立場，則認為作為國民國家之文明的基礎，在於國民，而非國家制度。福澤諭吉受到俄國史家基佐（F. P. G. Guizot）文明史的影響，認為文明應包含使社會活力得以發展的「社會進步」；和使個人活力發展的「人間性進步」雙重層面。不過福澤諭吉仍然認為國民與國家之間，應該要具有一種「道德臍帶」（moral tie），而愛國心正是此一臍帶的精髓。在同一時間裏，德國唯心主義所發展出來的「文化」一詞，也傳入日本，普法戰爭被視為是「文化」戰勝「文明」的戰爭。文化所強調者，乃為一地域之語言風俗習慣與道德價值。受到這個概念的影響，明治二〇年代，日本思想界開始熱烈討論日本的文化，以及「國民主義」下的文化內涵。於是「文化」一詞的使用表現

從1877年以迄明治時代結束為止，除了中央政府舉辦的五次大型內國博覽會之外，地方上中小型的展示活動更是不絕如縷，而且極為昌盛。一般而言，這些展示活動可以分為「見本市」、「品評會」、「共進會」等，名稱不同，規模也各異。「見本市」較接近於歐洲近世以降的市集（fair），專以商品買賣為主的定期市集；「品評會」則多以農產物品為主要陳列內容，參展者多半為對該項物品的生產者兼愛好者所組成的團體，會員藉由品評會將彼此物品相互展示之外，也兼有相互評判優劣的功能，在日本有許多「養雞品評會」、「菊花品評會」等活動即是此類；第三種則是「共進會」，多半為農業生產者和手工製造業者將成品公開展示，藉由審查與批評，達到互相砥礪、共同進步的目標[59]。共進會的規模通常較前二者為大，通常由數縣聯合舉辦。共進會的性質較接近於生產者製造者之間相互競爭，並求展出品在會場上的販賣為主，實利目的較強，而與博覽會較強調純粹展示觀覽者不同。不過，許多地方開辦共進會，往往是為了日後大型博覽會預作準備，亦即透過地方共進會徵集選拔優良物產以作為參加博覽會之資格[60]。日本共進會之嚆矢，乃1878年勸農局局長松方正義於參觀當年法國之巴黎萬國博覽會（Exposition Universelle de 1878）時，發現法國地方經常舉辦「農產競爭會」（concours），回國後乃大力倡導，因而1879年於橫濱

出日本逐漸從「國家」體制的建構，轉變到自身國民文化的探索。而這條線索到了大正年間之後，「文化」一詞所指涉的對象，乃指國民全體智識道德的總體表現。從思想史轉變的角度觀之，則可發現博覽會中加入「社會經濟」這個分類，正好映照了由明治時期追求富國強兵重視物質生產的層面，轉向大正年間尋求建構國民文化的歷程。參見西川長夫，《（增補）國境の越え方：國民國家論序說》，第四章〈文明と文化：その起源と變容〉（東京：平凡社，2002），頁222-71。

[59] 永山定富，《內外博覽會總說》，頁4-6；山本光雄，《日本博覽會史》，頁25-26。

[60] 清川雪彥，〈技術情報の普及傳播と市場形成：博覽會・共進會の意義〉，收入清川雪彥，《日本野經濟發展と技術普及》（東京：東洋經濟新報社，1995），頁244。

舉辦了「製茶共進會」和「生絲繭共進會」，是為日本首度之共進
會[61]。其後則有1880年大阪綿糖共進會、1882年東京「米麥大豆
菸草菜種山林共進會」、1883年神戶「第二回製茶共進會」及1885
年東京「繭絲織物陶漆器共進會」之開設。上述共進會均由中央政
府倡導主辦，在政府的倡導下，民間也爭相舉辦以農產品或絲綿織
品為主的地方型共進會。這類共進會雖由民間舉辦，但農商物省往
往藉由全額補助褒賞金和選充審查長及審長官的方式，一方面樹立
共進會的官式權威與保證，另一方面則通過官派審查員傳遞共通的
物產品質標準。在官方及民間競相舉辦的熱潮下，光是1885至1898
年的明治期間所舉辦的地方共進會和品評會，就高達5,534次之
多。研究這段歷史的日本學者清川雪彥因此認為，明治期間的共進
會與品評會，具有全面改善生產方法與提升品質、產業技術情報交
流共有的機能、促進市場的形成與擴大、發明特許等專利權觀念的
普及，和品評會、共進會、博覽會之間形成綿密的展示網絡等效
果，因而充分落實了明治時期「殖產興業」的價值觀[62]。

　　隨著1902年英日同盟、1905年日俄戰爭的勝利和1910年併吞
朝鮮等局勢的發展，日本一躍而為亞洲的帝國，因此，到了明治末
年時，大久保利通那種欲藉博覽會以為抗衡外國貨品的觀念，反而
成為阻礙日本進軍世界的羈絆。1903年在大阪舉行第五回內國勸業
博覽會時，雖名為內國，但整個博覽會意圖達到的目標，其實是萬
國博覽會，因而，首度在會場中設立「參考館」，接納了外國物品
的展示。進入大正時期以後，內國的概念實已逐漸淡去，唯獨在歐

---

61 清川雪彥，〈技術情報の普及傳播と市場形成〉，頁243-44。

62 清川雪彥，〈技術情報の普及傳播と市場形成〉，頁244-73。清川認為品評會、共
　進會與博覽會具有技術流通普及和發明專利特許權觀念的普及，這兩者之間其實可
　能存在著相互排斥的作用，其落實與否，應視專利權在法律及經濟生產層面之間的
　互動關係而定。

戰結束後，日本又遭逢關東大地震的巨大損失，經濟開始陷入低
潮，1927年舉辦的御大典奉祝紀念博覽會，才又因此回頭採取自我
保護，重新限制外國貨品的參展，也同時限制了外貨輸入。

　　日本國內舉辦這麼多的展示活動，它一開始所欲達致的目標，
其實是具有相當強烈的政治意圖。如同吉見俊哉所言，明治期博覽
會有極為強烈「寓教於觀」（眼目の教）的目的，對內而言，舉辦
品評會、共進會，既要傳達「殖產興業」的經濟目標，藉由各種物
品製作工序方法的展示達到技術公開交流和普及的目標，以刺激更
多更好物品的生產，在這個經濟目標的背後，則是意圖藉由提升本
國生產力與生產品質，以對抗明治維新後大量湧入的外國貨品。展
示活動與政府的關係，還可以表現在主辦者的區別上。從表格2-4
可知，154次的大型展示活動中，屬政府舉辦者即達46次（中央政
府主辦者5次，餘為地方政府），就時代變化而言，明治期大型博覽
會幾為中央政府出資主導，但到了大正以降，則全為地方政府的事
業。此外，地方或全國性的商工團體、實業協會、化學工業協會等
團體，以及社會教化團體，亦熱衷此道。從主辦者身分的變化，我
們可以看到這個發端於明治維新的展示活動，先由中央政府推動，
到大正年間地方政府繼之，而大正昭和時期則是民間團體蜂起響
應，至此，展示活動已經深化到日本社會的各個層面。值得注意者
乃民間團體中，報紙媒體往往是主辦博覽會的愛好者，此乃報社欲
藉舉辦活動吸引人潮以增加報刊銷路而有的新聞事件（media
event），也凸顯了日本媒體、政治與經濟三者之間，透過博覽會所
形成的複雜網絡關係。
　　若與世界其他各國舉辦博覽會的組織形態相比，則日本博覽會
由政府主導的色彩更為濃厚。根據格林郝爾的歸納，歐美博覽會的
經費來源共有四途：一、政府經費挹注；二、私人贊助（包括向為

數眾多的民眾集資、慈善捐款的名目或者企業公司募款等）；三、發行彩券以集資；四、成立專責的博覽會公司等[63]。若就這四種形態來看，則日本舉辦博覽會的資金來源基本上是政府資金與民間資金的結合，政府補助於博覽會者，主要集中在場地的整備、館舍的興建，以及博覽會事務局人事的支出等等；而民間通常會另外組成「博覽會協贊會」，以協贊會的名義向不特定的民眾募集「會員費」，作為協贊會的主要經費來源。前述資金可說是舉辦博覽會的籌備資金，這些資金有賴以下四項收入的平衡：一是博覽會會期間的入場門票，二是向參展者收取參展費，三是向某些有意在會場中設立特設館的政府、企業或民間團體徵收場地使用費，四是博覽會會場內餐飲店、販賣部及各種廣告設施的特許費徵收[64]。協贊會在博覽會中的角色，就如同其名稱所表示，是一種輔助、協助、贊助的位置，例如透過協贊會廣大的成員，形成博覽會宣傳的管道，形成一股龐大的動員力量；博覽會期間來自四面八方的參觀人潮，則由協贊會出面接待食宿、安排交通、會場導覽等工作；或者在博覽會期間安排各種娛樂活動以助興。博覽會主辦地的人民之所以願意加入協贊會，與博覽會期間各種周邊活動隱藏的龐大商機有密切的關係，一個動員成功的博覽會，往往會在數個月會期內吸引數百萬的參觀人潮，同時帶動了餐飲、服飾、地方特產、交通旅宿等行業無限的商機。此乃大正昭和以後，地方政府、實業商界團體結合媒體如此熱衷於舉辦博覽會的原因所在。換言之，日本的博覽會（與其他進入二十世紀以後其他世界各地的博覽會皆同），一直具有兩種不同的目標與類型同時運作：一是延續眼目教化的正當價值觀，這個價值觀表現在以政府為主導設計的博覽會核心會場裏；二是圍

---

63 Paul Greenhalgh, *Ephemeral Vista*, p. 28.
64 山本光雄，《日本博覽會史》，頁81。

繞在博覽會周邊，以民間商工業為主，追求消費娛樂創造商機為目
標。從這角度看大正昭和以後，愈來愈多由地方團體主辦博覽會的
現象，正顯示明治時期那種「眼目教化」的企圖，到了二十世紀
二、三〇年代以後，已悄然退居為博覽會的第二線目標。

　　儘管民間團體風起雲湧地爭相主辦展覽會，不過，根據山本光
雄不完全的統計顯示，在眾多博覽會中，觀覽人數超過一百萬人以
上者，除了大正七年由電氣協會主辦之電氣博覽會是民間團體自辦
者外，其他幾乎全部都是政府主辦的博覽會，而觀眾人數在五十至
一百萬之間者，則多由新聞媒體主辦（參見表格 2-4、2-5），顯示
除非具有新聞媒體功能的團體，否則無法像政府一樣能夠動員金錢
以外的其他一切行政力量來引誘民眾參加。政府的角色除了辦會資
金的挹注外，審查制度及整體主場地配置與展示目標全由政府所主
導，此乃因政府欲藉博覽會龐大的動員力量以宣傳政策。土屋喬雄
很早即已指出，明治期間，政府利用龐大動員力量，將代表各地的
物產與技術齊聚一堂，藉由觀覽以達到傳遞新知、促進技術進步的
目標，一直是明治期官設博覽會與共進會在日本產業發達史中扮演
重要意義之所[65]，顯示明治政府透過博覽會成功地灌輸並貫徹殖產
興業與文明開化的價值觀。

　　檢討有關日本方面的博覽會經驗之後，我們可以發現，不論從
經濟現代化的角度出發，或者從傅柯式政治文化控制論的角度觀
看，日本博覽會有異於其他國家之處，即在於政府部門在其間一直
扮演了極為關鍵的角色，博覽會既是政府宣傳經濟政策的重要管

---

[65] 土屋喬雄，〈明治前期產業中上博覽會意義〉，收入土屋喬雄，《明治前期經濟史
　　研究》（東京：日本評論社，1944）；園田英弘另提出「情報化」的概念作為明治
　　期舉辦博覽會的目的與功能，見園田英弘，〈博覽會時代背景〉，收入吉田光邦
　　編，《萬國博覽會の研究》，頁3-20。

道，也是形塑政治認同的場域。正因為明治期間的展示活動有如此強烈的政治性，當我們回頭來看1895年以後殖民政府在臺灣所舉辦的各式展示活動時，就絕不能忽略它所具有的政治政策意涵。此外，透過眼目教化，對於語言文化截然不同的殖民地而言，眼目教化更具有穿破語言障礙的效果，這是殖民統治過程中各種展示活動與殖民統治關係密切的另一重要原因，這個課題將是下一章所欲鋪陳的主體。

表格2-3 1945年以前日本國內舉辦博覽展示會次數及地點分析

期間別	博覽會次數	最常舉辦博覽會的都市及場地	舉辦次數
明治期（1872-1911）	44	東京	43
大正期（1912-1925）	39	大阪	18
昭和20年前（1926-1945）	71	京都	39
昭和3年（1928）	24	東京上野公園	38
總計	154	大阪天王寺	4
每年平均舉辦次數	1.95	京都御苑	20

資料來源：山本光雄，《日本博覽會史》，頁47-59之表整理而成。

表格2-4 日本國內博覽會主辦者別

博覽展示會主辦者別	次數
地方政府（含殖民地）	41
人民團體	36
商工團體	23
新聞媒體	21
中央政府	5

資料來源：由表格2-5表整理而成。

表格2-5　日本主辦各式博覽會表

年號	會　期	名　　稱	主辦者	主辦者別	會址	人數入場
明4	10/10-11/11	京都博覽會	京都博覽會社	PO	西本願寺廟堂	11,455
明4	11月	名古屋博覽會			總見寺	
明5	3/10-5/30	第一回京都博覽會	京都博覽會社	PO	西本願寺知恩院，建仁寺	39,404
明5	9月	兼六公園博覽會			兼六公園	
明6	3/13-6/10	第二回京都博覽會	京都博覽會社	PO	御所仙洞舊院	43,457
明7	3/1-6/8	第三回京都博覽會	京都博覽會社	PO	大宮御所	281,219
明7	3月	名古屋博覽會			名古屋	
明8	3/1-6/8	第四回京都博覽會	京都博覽會社	PO	仙洞，大宮御所	337,542
明9	3/15-6/22	第五回京都博覽會	京都博覽會社	PO	仙洞，大宮御所	241,870
明10	3/10-6/22	第六回京都博覽會	京都博覽會社	PO	大宮御所	63,980
明10	8/21-10/30	第一回內國勸業博覽會	政府	CG	東京上野公園	454,186
明11	3/15-6/22	第七回京都博覽會	京都博覽會社	PO	仙洞，大宮御所	115,781
明12	3/15-6/22	第八回京都博覽會	京都博覽會社	PO	仙洞，大宮御所	334,267
明13	3/1-6/8	第九回京都博覽會	京都博覽會社	PO	仙洞，大宮御所	117,248
明14	3/1-6/8	第十回京都博覽會	京都博覽會社	PO	御苑	188,584
明14	3/1-6/30	第二回內國勸業博覽會	政府	CG	東京上野公園	823,095
明15	3/1-6/8	第十一回京都博覽會	京都博覽會社	PO	御苑	135,722
明16	3/1-6/8	第十二回京都博覽會	京都博覽會社	PO	御苑	117,039
明17	3/1-6/8	第十三回京都博覽會	京都博覽會社	PO	御苑	91,515
明18	3/1-6/8	第十四回京都博覽會	京都博覽會社	PO	御苑	54,948
明23	**4/1-7/31**	**第三回內國勸業博覽會**	**政府**	**CG**	**東京上野公園**	**1,023,693**
明23	4/3-6/1	京都美術博覽會	京都博覽會社	PO	御苑	63,846
明28	**4/1-7/31**	**第四回內國勸業博覽會**	**政府**	**CG**	**京都**	**1,136,695**
明30	4/1-5/20	創立二十五年記念博覽會	京都博覽會社	PO	御苑	157,200

明31	4/1-5/20	第一回婦人製品博覽會	京都博覽會社	PO	御苑	54,486
明32	4/1-5/20	全國意匠工藝博覽會	京都博覽會社	PO	御苑	121,607
明33	4/1-5/20	全國貿易品博覽會	京都博覽會社	PO	御苑	129,973
明34	4/1-5/20	全國製產品博覽會	京都博覽會社	PO	御苑	129,674
明35	4/1-5/20	第二回全國製產品博覽會	京都博覽會社	PO	御苑	101,174
明36	3/1-7/31	第五回內國勸業博覽會	政府	CG	大阪	4,350,693
明37	4/1-6/9	第三回全國製產品博覽會	京都博覽會社	PO	御苑	152,493
明38	4/1-5/31	第四回全國製產品博覽會	京都博覽會社	PO	御苑	184,617
明39	4/1-5/30	凱旋記念內國製品博覽會	京都博覽會社	PO	御苑	224,395
明40	**3/20-7/31**	**東京勸業博覽會**	**東京府**	**LG**	**東京上野公園**	**6,802,768**
明41	4/1-5/31	第五回全國製產品博覽會	京都博覽會社	PO	御苑	215,685
明42	4/1-5/20	第一回發明品博覽會	帝國發明協會	SO	東京上野公園	216,690
明42	4/1-5/31	第六回全國製產品博覽會	京都博覽會社	PO	御苑	
明42		全國特產品博覽會	東京勸業協會	MO	東京上野公園	
明42		全國履物品博覽會	東京勸業協會	MO	東京上野公園	
明43	4/1-5/30	第一回貿易品博覽會	東京勸業協會	MO	東京上野公園	30,493
明43	4/1-5/31	第七回全國製產品博覽會	京都博覽會社	PO	御苑	175,890
明44	4/1-5/30	創立四十年記念博覽會	京都博覽會社	PO	御苑	265,979
明44	6-8月	第一回納涼博覽會	東京勸業協會	MO	東京上野公園	
明45	4/1-5/30	第八回全國製產品博覽會	京都博覽會社	PO	御苑	201,549
大1	6-8月	第二回納涼博覽會	東京勸業協會	MO	東京上野公園	

大1	10/1-11/29	拓殖博覽會			東京上野公園	616,315
大2	4/21-6/19	明治記念拓殖博覽會	大阪商工會	MO	大阪天王寺	161,427
大3	**3/20-7/31**	**東京大正博覽會**	**東京府**	**LG**	**東京上野公園**	**7,500,000**
大3	4/1-5/30	全國美術工藝博覽會	京都博覽會社	PO	京都勸業館	
大3		第二回發品博覽會	帝國發明協會	SO	大阪	
大3		戰捷紀念博覽會	やまと新聞社	N	東京上野公園	
大4	4/1-5/20	戰捷紀念博覽會	京都博覽協會	PO	京都勸業館	
大4		海事水產博覽會	帝國海事協會	SO	東京上野公園	
大4		家庭博覽會	國民新聞社	N	東京上野公園	
大4		江戶記念博覽會	中央新聞社	N	東京上野公園	
大4		大典記念京都博覽會	京都市	LG	京都	
大4		大禮記念大阪博覽會	大阪市	LG	大阪	
大5	7/10-9/10	婦人子供博覽會	讀賣新聞社	N	東京上野公園	
大6	3/20-5/31	京都博覽會	京都博覽協會	PO	京都勸業館	
大6	9/20-11/18	第一回化學工業博覽會	化學工業協會	SO	東京上野公園	
大7	**3/20-5/20**	**電氣博覽會**	**電氣協會**	**SO**	**東京上野公園**	**1,146,369**
大7	4/1-5/30	京都博覽會	京都博覽協會	PO	京都勸業館	
大7	7/10-8/30	婦人子供博覽會	讀賣新聞社	N	東京上野公園	
大8	3/18-5/31	畜產工藝博覽會	中央畜產會	MO	東京上野公園	502,846
大8	7/1-8/30	平和記念家庭博覽會	國產獎勵會	SO	東京上野公園	
大9		全國勸業博覽會	京都博覽協會	PO	京都	332,378
大11	**3/10-7/31**	**平和記念東京博覽會**	**東京府**	**LG**	**東京上野公園**	**11,032,584**
大11		大阪計量博覽會	計量革新會	SO	大阪	
大12	3/20-5/18	第三回發品博覽會	帝國發明協會	SO	大阪	425,824
大12	9/15-震災	萬國博覽會參加五十年記念博覽會	日本產業協會	MO	大阪	

大13	3/20-5/20	萬國博覽會參加五十年記念博覽會	京都市	LG	京都岡崎公園	1,217,927
大14	3/10-5/18	第二回畜產工藝博覽會	中央畜產會	MO	東京上野公園	273,617
大14	3月	大阪博覽會	大阪每日新聞社	N	大阪	
大15	1/13-2/14	こども博覽會	東京日日新聞社	N	東京上野公園	456,108
大15	3/19-5/17	第二回化學工業博覽會	化學工業協會	SO	東京上野公園	409,793
大15	3/20-5/23	國產發展博覽會	京都博覽協會	PO	京都岡崎公園	
大15	5/13-6/11	朝鮮博覽會	朝鮮新聞社	N	漢城景福宮	
大15	6/11-7/20	新潟築港記念博覽會	新潟市	LG	新潟新公園	
大15	9/15-11/15	產業文化博覽會	中外商業新報社	N	東京上野公園	
大15		衛生博覽會	衛生組合聯合會	SO	大阪天王寺	
大15		全國產業博覽會	姬路商工會議所	MO	城北練兵場	
大15		電氣大博覽會	電氣協會	SO	大阪築港	
大15		京都こども博覽會	大阪每日新聞社	N	京都	
昭2		甲府勸業博覽會	甲府商工協會	MO	甲府	
昭2		東亞勸業博覽會	福岡市	LG	西公園	
昭2	3/25-5/23	全國產業博覽會	松山市	LG	城北練兵場	
昭2	4/1-5/31	大正歷史博覽會	少年指導會	SO	東京上野公園	
昭2	7/1-8/25	民眾納涼博覽會	民眾通信社	N	東京上野公園	
昭2	7/10-8/31	交通文化博覽會	帝國交通協會	SO	大阪天王寺	
昭2	9/11-10/20	全國產業博覽會	山形市	LG	山形	
昭2		日本殖產博覽會	東京每日新聞社	N	東京上野公園	
昭3	3/20-5/10	全國產業博覽會	高松市	LG	高松	
昭3	3/20-5/27	大日本勸業博覽會	岡山市	LG	岡山	
昭3	**3/24-5/22**	**大禮記念國產振興東京博覽會**	**東京商工會議所**	**MO**	**東京上野公園**	**2,233,487**

昭3	3月	御大禮記念博覽會	愛知縣安城町	LG	安城	
昭3	4/1-4/20	山梨電氣博覽會	山梨電氣協會	SO	甲府	
昭3	4/1-5/10	大禮記念全國商工博覽會	郡山商工聯合會	MO	郡山麓山	
昭3	4/1-5/20	中外產業博覽會	別府市	LG	別府	
昭3	4/15-5/20	東北產業博覽會	仙台商工會議所	MO	仙台	
昭3	4/15-6/3	海の博覽會	宮城縣塩釜町	LG		
昭3		明治文化博覽會	京都博覽協會	PO	京都	
昭3		御大禮記念博覽會	郡山市	LG	郡山	
昭3	6/15-8/15	思想善導立正產業博覽會	思想善導會	SO	東京上野公園	
昭3	7/1-8/31	御慶事記念婦人子供博覽會	家庭文化協會	SO	東京上野公園	
昭3	7/1-8/31	大分縣名勝物產紹介博覽會	日本角力協會	SO	東京國技館	
昭3	7/23-8/25	御大典記念內國勸業美術博覽會	帝國實業協會	MO	福井高濱	
昭3	9/1-10/31	御大典記念阪神大博覽會	阪神博覽會協會	MO	神戶甲子園	
昭3	9/15-10/15	大禮記念國產振興博覽會	大和日報社	N	奈良生駒	
昭3	9/15-11/30	御大典記念名古屋博覽會	名古屋勸業協會	MO	鶴舞公園	
昭3	9/20-12/25	大禮記念京都博覽會	京都市	LG	京都岡崎公園	
昭3	10/1-11/3	國產化學工業博覽會	大阪國產振興會	MO	大阪	
昭3	10/1-11/30	大禮記念交通電氣博覽會	大阪市	LG	大阪天王寺	
昭3	10/15-12/25	御大典奉祝神戶博覽會	神戶出品協會	MO	神戶湊川	
昭3	10/25-11/1	御大典記念全國馬匹博覽會	帝國馬匹協會	SO	東京代代木	
昭3	11/1-12/25	御大典奉祝こども博覽會	大阪三越	MO	大阪三越吳服店	

昭4	3/20-5/13	昭和產業博覽會	廣島市	LG	西練兵場	
昭4	9/12-10/30	朝鮮博覽會	朝鮮總督府	LG	京城景福宮	
昭4		自動車航空機博覽會	東京自動車學校	SO	東京	
昭5	3/20-5/31	日本海海戰二十五周年記念海と空の博覽會	日本產業協會三笠保存會	SO	東京上野公園	
昭5	3月	御遷宮神都博覽會	宇治山田市	LG	宇治山田	
昭5		神戶海港博覽會	神戶市	LG	神戶	
昭6	3月	鹿兒島博覽會	鹿兒島市	LG	鴨池公園	
昭6	8月	上越線開通記念長岡博覽會	長岡市	LG	長岡	
昭6	10/1-11/30	自動車市場博覽會	日本產業協會	MO	東京上野公園	
昭7	4/1-5/31	第四回發明品博覽會	帝國發明協會	SO	東京上野公園	
昭7		金澤博覽會	金澤市	LG	兼六公園	
昭8	3/25-5/21	萬國婦人子供博覽會	工政會	SO	東京上野公園	
昭8	7/1-8/31	品川臨海產業博覽會	東京品川區	LG	品川埋立地	450,000
昭8		滿洲大博覽會	大連市	LG	大連	
昭9	3/25-5/25	國際產業觀光博覽會	長崎市	LG	長崎埋立地	
昭9		全日本國產洋服博覽會			大阪	
昭10	3-5月	熊本大博覽會	熊本市	LG	水禪寺公園	
昭10	3/15-5/20	國防と產業博覽會	吳市	LG	吳市	
昭10	4/1-5/31	復興記念橫濱大博覽會	橫濱市	LG	山下公園	
昭11	3月	國際觀光博覽會	國際觀光局	LG	東京	
昭11	3-5月	躍進日本大博覽會	岐阜市	LG	金華山麓	
昭11	4/1-5/31	國產振興四日市大博覽會	四日市	LG	港埋立地	
昭11	4月	姬路產業博覽會	姬路商工會議所	MO	姬路	

昭11	4月	輝く日本大博覽會	大阪每日新聞社	N	甲子園	
昭11		**臺灣博覽會**	**臺北市**	**LG**	**中央公園**	
昭12	3/15-5/31	名古屋汎太平洋平和博覽會	名古屋市	LG	築港	480,164
昭12	3月	政治博覽會	果京日日新聞社	N	東京	
昭12	7/7-8/31	北海道大博覽會	小樽市	LG	花園公園	510,000
昭12		大阪產業工藝博覽會	大阪市	LG	大阪	
昭13	3/20-5/30	國防大博覽會	日本博覽會協會	MO	東京上野公園	410,000
昭13		聖戰博覽會	大阪朝日新聞社	N	西宮北口	
昭14	4/1-6/19	大東亞建設博覽會	大阪朝日新聞社	N	西宮北口	
昭15	7/1-8/31	朝鮮大博覽會	京城日報社	N	東大門外清涼里	710,000
昭15	9月	航空博覽會	大阪朝日新聞社	N	奈良あやめ池	
昭16	4月	國防科學博覽會	日刊工業新聞社	N	阪急廣場寶塚	
昭17	7/1-8/31	大東亞建設大博覽會	建國記念祝典事務局	LG	新京（瀋陽？）大同公園	850,000
昭18	7/1-8/31	哈爾濱大博覽會	滿洲新聞社	N	道裏公園松花江畔	610,000
昭18	3月	決戰防空博覽會	大阪府兵庫縣	LG	西宮北口	
昭23	4月	平和博覽會	宇治山田市	LG CG	宇治山田中央政府	

說明：山本書中有關臺灣始政四十周年記念臺灣博覽會的時間名稱地點均錯誤；表中
　　　粗體字為參觀人數超過一百萬以上之博覽會。

代號說明：CG：中央政府，LG：地方政府，SO：民間社會團體，MO：民間商工
　　　實業團體，N：新聞報社。

資料來源：山本光雄，《日本博覽會史》，頁47-59。

第三章
異域的臺灣形象

第一節　日本治臺初期的展示活動

深坑廳告諭第壹號：深坑廳長丹野

剴切曉諭事。照得本年於大阪開設第五回內國勸業博覽會，自三月初一日起至七月三十一日止。只恐管內人民未識該會之為何以設，蓋博覽會者，不論天造與人工，網羅諸物類聚一場，以供眾庶縱覽，且審查其有贊天地之化育者與否；有極意匠技能之精巧者與否；有補利用厚生之資者與否，以判其優劣，立等第以行獎賞，其意在殖產興業以增進國利民福。夫博覽會，世界萬（無？）時有之，即我邦亦非每年開設，或五年乃至十年一回開設為耳。領臺以來至今年始催會，為帝國人民者，務須前往觀覽。凡本島物產亦陳列在場，共皆得從中觀覽。況欲往觀光上國者，趁此時為最可，不特有博覽之益，且火輪車、火輪船等賃金均輕減十分之二乃至十分之三。時際陽春，不寒不熱，鶯花好時節，借以為勝遊，樂莫大焉。若夫道途費用，雖上中下人各不同其數，然或船或車，其室下等者往復需金貳拾餘元，中等者往復需金參拾餘元，到彼地一宿需金

壹元，統計核算，淹留十日間須費金四、五拾元之譜。即得遊
覽而旋歸。夫費金如此鮮少而所得之利益實大有不可思議者
矣。故此我場勸人民有資力者，務一往觀彼博覽會，以廣其見
聞，以盛其事業，以裕其生理。至身心之快樂，則又有出豫思
外者。豈非我國民之幸福哉！合行曉諭，閤屬人民一體知悉，
為此特諭。[1]

　　明治36年（1903）2月6日，時任深坑廳長的丹野英清草擬了
這分布告，請人翻譯之後發布給深坑廳民，希望轄境內的人民能連
袂參加當年在大阪舉行的第五回內國勸業博覽會。除了深坑廳之
外，其他各地方政府無不卯足了勁，大力動員。這個在大阪市天王
寺所舉行的第五回內國勸業博覽會，為期五個月，總共吸引了435
萬人次觀覽，其中從臺灣送至大阪參加展覽的物品共計6,028件，
2,751個參展人；另外還有超過五百名以上臺灣士紳組團赴日觀覽[2]。
這是1895年日本統治臺灣後，第一次有如此大規模臺灣人赴日觀光
的事例，也是日本第一次全面而大規模地將殖民地臺灣的史地、現
狀和物產展示給日本國民知曉的事例，因此這次展示活動，不僅是
眾多臺灣人觀看日本當時國內情勢的全新經驗，也是日本人第一次
較為有系統理解臺灣物產風俗的機會，更是臺灣總督府日後舉辦各
種博覽會的藍本。此外，由於會場中臺灣館的展示內容頗受時人重
視，使得總督府注意到舉辦博覽會對宣揚殖民統治成果具有重大功

---

1 〈第一號大阪ニ於ケル第五回博覽會觀覽ニ關スル件〉，國史館臺灣文獻館藏，《臺
　灣總督府公文類纂》，永久保存第831冊，第4門「文書報告」類（深坑廳告諭）第
　107號，明治36年2月6日。標點為筆者自加。

2 臺灣總督府民政局編，《臺灣總督府民政事務成績提要》（以下簡稱《民政提要》），
　9（明治36年份）（臺北：成文影本，1985），頁353；大阪博覽會的參觀人數見本
　書第二章第二節表2-2。

效，在大阪博覽會結束之後，總督府及在臺日人莫不希望能在臺灣舉辦一個殖民地博覽會，以期更完整地呈現日本統治臺灣的成效，於是而有1916年在臺北舉行的「始政二十周年勸業共進會」的誕生。大阪博覽會在整個日本明治時代所舉辦的系列「內國勸業博覽會」中，亦有許多創新之處，就博覽會史的角度而言，它樹立了一種展示與觀看臺灣的典範，是以探討這個博覽會的特質及其所欲呈顯的殖民地圖像，將有助於吾人進一步認識日本博覽會體系的性質與變遷，以及殖民地在博覽會所扮演之角色。不過，在探討大阪博覽會之前，我們有必要理解殖民統治初期的展覽活動，因為有這些展示經驗的累積，才能促使臺灣總督府在大阪博覽會中獲得重大的成果。

一、日治初期的展示活動

在1903年第五回內國勸業博覽會開設之前，殖民政府即已應日本地方政府之邀，數次小規模地將臺灣物品送至日本及國外展出。第一次是明治30年（1897）2月26日在長崎舉辦的「第九回九州沖繩八縣聯合米外十八品共進會」，將大湖撫墾署、南庄撫墾署、埔里撫墾署等地大戟、樟、桑、茜草、紫薇、薔薇等臺灣特有植物55種，以及紡織、染織、竹細工、刺繡、藺草、茶、麻、菸草、米穀及水產等各數種物品送至會場展示[3]。參展者中包括李春生的烏龍茶、辜顯榮的鳳梨布和鳳梨纖維、林振方的苧麻及林汝言的藍染等均獲褒狀之獎勵[4]。第二次則是同（1897）年參加神戶舉辦之「第

---

[3]《民政提要》，2（明治29年份），頁85。

[4]〈共進會出品物中土人出品物ニ對シ褒賞授與件ノ照會〉、〈臺灣土人出品概評〉，《臺灣總督府公文類纂》永久保存第9692冊，內務部殖產部第12類「博覽會共進會」，明治30年1月19日。根據總督府的公文，為刺激鼓勵臺人日後能持續出席各種展示活動，因而由總督府擬定授與褒狀名單，由該會發與。「土人」一詞在一八

二回水產博覽會」，展出基隆近海及西部海岸漁類及鹽產物351種。
此次共進會還選派了大肚堡下魚寮庄林其生及大肚堡沙轆街的李清
水二人赴會參觀。二人於會後撰寫了〈第二回水產博覽會參觀報
告〉。根據二人之報告，臺灣展品置於第一部漁業項下，在第一號
館「置列一室，匾曰『臺灣』，以真珠殼作字，又有漁夫漁商漁婦
之像，惹人注目。天日製鹽場臺灣館內一大奇觀也」。兩人對於日
本善用魚穢以為肥料之法而臺灣魚穢之少「不堪痛歎也」，而對於
整體共進會中臺灣展品之少，則「深自愧也，今當通告討海人魚商
等深作改良而圖進步」[5]。同年另應神戶之邀，參加該市舉辦的
「第六回關西聯合府縣共進會」[6]。總計至1903年大阪勸業博覽會開
幕之前，總督府共計參加了日本地方舉辦之共進會6次[7]。除此之
外，日本於韓國京城設立商品陳列所之後，臺灣總督府應駐韓領事
廳之要求，也勸誘臺中縣將其地方物產樟腦、砂糖、泥藍、茶及藺
草纖維等各數樣寄贈該館展出[8]。總督府參與這些日本地方政府所
辦之共進會，其目的除了企圖向其本國介紹臺灣物產之外，也包含

八〇年代以前，原指涉該國土地生長之人民，但在甲午戰爭之後，「土人」一詞則
　　逐漸轉向指涉「未開化民」或「蠻族」。見中村淳，〈「土人」論──「土人」イメ
　　ージの形成と展開〉，收入篠原徹編，《近代日本他者像自畫像》（東京：柏書房，
　　2001），頁85-129。

5 林其生、李清水，〈第二回水產博覽會參觀報告〉，《臺灣總督府公文類纂》乙種永
　　久保存第187冊，第8門「殖產博覽之類」，明治30年11月8日。

6 《民政提要》，3（明治30年份），頁134。

7 除正文中所列之外，還包括明治31年（1899）2月10日至3月22日於鹿兒島市舉辦
　　之「第十回九州八縣聯合共進會」、明治33年（1901）10月於山口縣赤間ヶ關舉辦
　　之「第一回關西九州二府二十一縣聯合水產物共進會」和明治34年（1902）2月於
　　熊本縣熊本市舉辦之「米外十八品第十一回九州沖繩八縣聯合共進會」等。見《民
　　政提要》，4（明治31年份），頁199；5（明治32年份），頁178；6（明治33年
　　份），頁231-32及7（明治34年份），頁204-205。

8 《民政提要》，4（明治31年份），頁201。

著為「誘導內地事業家（來臺）開業投資之心」的目的[9]，亦即企圖透過展示吸納日本資本投資臺灣或者移民臺灣發展。從地域分布的角度來看，初期參加共進會的地方多集中在關西九州一帶，實則與治臺初期總督府官吏及商人的地緣分布有密切關係。根據《臺灣日日新報》在1908年的報導，截止當年為止，在臺官吏中，來自鹿兒島者最多，為1112人，次則為熊本縣（908人）、宮城（579人）、東京（578人）、福岡（422人）、佐賀（371人）及山口（351人）[10]。

　　日本不僅將臺灣物產運至國內參展，還仿效歐美帝國主義的手法，將臺灣原住民族送至日本。這個被稱為「番人觀光」的活動，始於明治30年（1897），將大嵙崁等三個撫墾署轄下的泰雅、布農及鄒族人民送至日本，遊歷長崎、大阪、東京及橫須賀港。而在這些原住民出發赴日的前一年，東京的《風俗畫報》已有福岡縣入江英撰文介紹臺灣原住民的族別及風俗習慣。該誌在卷頭廣告宣傳詞中介紹入江加陸軍附臺灣兵站監部，實地進入番界內一年有餘，在「充滿殺氣之地」「辛酸苦楚」地從事之「冒險事業」，且刻意強調入江之調查一出，立刻可比對出清朝及歐美人士有關臺灣原住民之記載為荒唐無稽之說。然而細觀該文，鄉里野談之文比比皆是，對原住民的分類僅分為南番及北番，從膚色容貌及少數單字臆測「北番」可能為日本九州漂流民與臺灣先住民通婚的後代；而行文及插畫中，特別強化了原住民馘首的風俗，例如言原住民成人最大娛樂之一乃斬隘丁首級為樂；又言男女成婚，男子必以隘丁首級作為信物，還以整頁插畫佐之[11]（見圖版3-1）。這類報導無疑加深了日本對於臺灣原住民凶殘形象的認知。但是帶領第一批赴日「觀光」

---

9 《民政提要》，6（明治33年份），頁231。

10 《臺灣日日新報》，3130（明治41年10月4日），6版。

11 《風俗畫報臨時增刊：臺灣蕃俗圖畫》，129（明治29年3月1日），頁18。

圖版3-1　以馘首婚俗表現原住民野蠻形象

資料來源：轉引自《風俗畫報》，129（明治29年12月1日），頁18。

的日本軍務局參謀長，在出發前卻對原住民說：

> 汝等此次見聞內地文物，必信可見山中難以想像驚人之處者
> 多矣。日本往昔戰爭中亦多有斬敵首級之習，然現已斷然改
> 之，乃強習順應天理人道之果，亦為我內地之所以能進步繁昌
> 如斯之故。汝等若順天理人道，刻苦勉勵，汝等所居之山林必
> 得與我內地同等繁昌。[12]

我們可以看到馘首論述，在臺灣及日本不同的情境下，沿著進
化論的觀點，各自有其不同的作用。在臺灣對原住民的論述是強調

---

12 鈴木作太郎，《臺灣の蕃族研究》（臺北：臺灣史籍刊行會，1932），頁376。

放棄馘首乃得以成就繁昌文明之境；在日本則藉由作者「冒險犯難」實地調查的權威性，加深人們認知原住民的野蠻。換言之，殖民者以進化的觀點，向原住民訴求「進化」及變遷的「可能性」，而這種可能性是基於順應日本人所帶來的「天理」；然而訴諸日本讀者的，卻是一種靜態的，而非變遷的畫面，亦即在進化的道路上，日本已完成了進化的典範，而原住民則仍凝固在野蠻的初始狀態。我們必須先理解這中間的差異，才能在後面討論歷次博覽會中臺灣館物產、漢人及原住民展示當中的矛盾。

　　這項被殖民政府視為具有「番人教化」功能的赴日觀光活動，其後在明治43年（1910）2月、44年（1911）3月及9月和45年（1912）4月及10月、大正7年（1918）4月、大正14年（1925）4月、昭和3年（1928）4月和昭和4年（1929）4月，共計帶了274名原住民族赴日本。其中明治43年2月乃將排灣族高士佛社等24名原住民送至在英國倫敦舉辦的日英博覽會作為展示之用[13]。

　　除了參加日本國內地方共進會之外，總督府亦積極參與由日本中央政府主導參加歐美所舉辦的博覽會，其中又以1900年巴黎萬國博覽會和1902年在河內由法國總督府所辦之河內博覽會最具代表。

二、 1900年巴黎萬國博覽會

　　如本書第二章第一節所介紹，法國循例每十一年舉辦一次萬國博覽會，1900年恰逢新世紀的開端，法國雄心勃勃地要辦一個回顧十九世紀百年並藉以迎接新世紀來臨的萬國博覽會。日本更是興致高昂，不僅由政府撥付此次博覽會的補助為歷來最高的一次（131.9萬元），並在會場中取得了8,394平方公尺（約3,400坪）的大空間，

---

[13] 見鈴木作太郎，《臺灣の蕃族研究》，頁375-76。有關日英博覽會的部分詳見下文討論。

而選派參展的人數也較前數次為龐大。日本政府抓住法國博覽會特
重美術的特性，參展的日本美術作品得先經過嚴格審查挑選才能赴
會，而獲選的作品則可得到政府的補助金。此外，一改過去參與國
際博覽會時，地方政府展品各自為政的現象，首度成立了「出品聯
合協會」以為統籌規模和節制[14]。由於這是日本統治臺灣之後，第
一次有機會可以將其在臺統治實況向全世界宣傳最重要的機會[15]，
因而總督府極為重視此次展覽，於明治30年（1897）即展開籌備工
作，連續四年以「繼續事業費」的方式編列了80810.25元高額預
算，作為展示標本採集、統計表地圖繪製、實地調查費及物品運費
和人員派遣差旅之支出[16]。最初選定的重點展品是樟腦事業的相關
產品，包括樟木片、樟腦及製腦的炮烙及斧等工具[17]。總督府原本
似乎並沒有計畫要展示茶，但在茶商公會的要求和爭取下，不但與
日本茶商共同設立喫茶店，而且向日本公會爭取派遣正式代表權。
總督府在考量茶為臺灣重要輸出品，為求販路擴張起見，故同意業
者的申請，且給予25,000元作為補助臺北茶商公會在博覽會會場與
日本茶商共同設置喫茶店的建設費。另外臺北茶商公會也爭取到一
名「相談役」的派遣名額，總督府也給予1,800元的差旅補助[18]。總

---

14 永山定富，《內外博覽會總說：竝に我國に於ける萬國博覽會の問題》（東京：水
　明書院，1937），頁281-86。

15〈巴里萬國大博覽會出品物取調委員菊地末太郎復命〉，《臺灣總督府公文類纂》永
　久保存追加第217冊，第4門文書「博覽會」類，明治33年10月25日。

16 臺灣經世新報社編，《臺灣大年表》（臺北：臺灣經世新報社編輯局，1938），頁
　59。

17《民政提要》，4（明治31年份），頁199。

18 明治32年（1899）2月時，臺北茶商公會向總督府提出補助建設喫茶店的請願書，
　源於他們與內地茶業組合中央會議交涉共同設立喫茶店時，估算整體喫茶店建設資
　金為八萬元，臺灣要負擔其中的三分之一，也就是31,272元，臺北茶商公會無力全
　數負擔此項經費，因而向總督府提出上述申請。公會原希望負擔其中的4,000元，

督府另外一項直接支持的作為，乃印製了 1,500 部附上照片的法文手冊以宣傳臺茶的特性，300 部交由各駐外公使及領事館散發，700部置於會場[19]。另外挑選 20 斤包種茶及 180 斤烏龍茶作為展示，另外挑選 4,326 斤烏龍茶用於喫茶店及贈品[20]。

　　臺北茶商公會的派遣委員為吳文秀[21]，總督府另派技手藤江勝太郎同往。在會期間發生了一件值得注意的插曲。由於參展者資格並非僅限於臺北茶商公會成員，亦可以個人名義參展，是以橫濱的「臺灣貿易株式會社」在臺北設有支店，以製造烏龍茶為主，並且加入了臺北茶商公會，乃欲以本店的名義申請參加巴黎萬國博覽會，

　　其餘 27,272 元均由總督府出資，總督府最後決定補助 25,000 元。當年十月，公會又向總督府提出補助巴黎萬國博覽委員派遣補助費 1,200 元，此事源於臺北茶商公會認為既然臺灣分擔了三分之一喫茶店的經費，自然也應該獲得派遣委員的員額，然而中央會議所選派的三名委員中，竟然沒有臺灣的代表，因此茶商公會極力向內地爭取，最後獲得同意，以「相談役」的名義派遣一名，然茶商公會也無力負擔派遣員的經費。總督府最後以和內地委員同等級的 1,800 元的待遇補助之。《民政提要》，5（明治 32 年份），頁 176-78。

19 《民政提要》，6（明治 33 年份），頁 228-29。

20 《民政提要》，6（明治 33 年份），頁 229-30。

21 吳文秀（1873~1929），號眉甫，臺北市大稻埕人，原籍福建廈門，清同治 12 年 11月 8 日（1873 年 12 月 27 日）生。其先世於嘉慶年間渡臺，居於淡水河畔，從事兩岸貿易；其父良驥於大稻埕經營茶行，將臺茶銷往廈門，頗獲其利。文秀自幼即被送往大陸，就讀於美國教會學校廈門學海學院，故英文造詣頗佳。1889 年畢業後入美商美時洋行，三年後升任買辦，並自力籌辦良德茶行。甲午戰起，孫中山創立興中會，吳文秀為臺灣第一位興中會會員。1900 年孫中山為籌惠州起義之事赴臺籌畫，吳文秀隨侍其側。同年並獲任為臺北茶商公會會長，並因其通英語而被派遣赴是年巴黎萬國博覽會，以推廣臺茶。吳文秀經營茶業有成，乃思擴大經營範圍，投資樟腦、金礦及製酒等業，然因經營不善，迭有虧損。1923 年轉赴上海發展，並加入中國國民黨，後回臺發展黨務，並暗與蔣渭水聯繫支援。1929 年 10 月 20 日因盲腸炎過世，享壽 57 歲。張子文、郭啟傳、林偉洲撰，《臺灣歷史人物小傳：明清暨日據時期》（臺北：國家圖書館，2003），頁 131-32。

總督府向農商務省送出此項申請，並得該省同意許可參加，但是在巴黎，總督府的派遣員以該社未獲代表權為由，反對該社出品臺灣烏龍茶。不過由於已同意在先，故總督府最後仍承認該社的展出。

巴黎萬國博覽會對於總督府展覽事業具有許多開創性的意義，首先，此次參展，是總督府第一次與民間商業團體合作參展的案例，並且由民間派遣具有臺灣人身分的「派遣委員」與會；第二是總督府藉由參加博覽會欲打開特定商品之國際市場的政策，也在這次參展中出現，並且成為日後持續進行的項目；第三是對於各種展示活動補助政策的形成，在此之前參與日本國內的共進會時，都由總督府出資購買或徵收物品以為參展之用，並未有任何針對民間參展者的補助金，因此巴黎萬國博覽會首開其例，日後，不僅出現許多次商人申請，政府補助參展的案例[22]；而且在日後，殖民政府也開始補助地方上所辦的品評會[23]。第四是「喫茶店」的設計概念成為日後所有參加外地展覽活動的基本設施之一。

---

22 在歷年《總督府民政事務成績提要》中，補助商人參展的案例計有：1903年大阪第五回內國勸業博覽會，補助荒井泰治等二人在臺灣館內開設共同賣店及喫茶店的建築經費；1904年美國聖路易萬國博覽會，補助17,000元給內地茶商山口鐵之助在會場內開設喫茶店，並且補助臺北茶商公會4,680餘元及製茶試驗場出產之茶1,850斤給予該商會在博覽會場推廣臺茶（補助項目包括派遣兩名臺灣婦人至美國做女侍）。補助明治38年（1905）4月比利時列日博覽會出品費15,000元，以支付茶、樟腦、帽子、蓪草紙等輸出，及烏龍茶在歐洲市場的擴張。明治38年（1905）補助臺中廳農產品評1,200元、蕃薯寮牛畜共進會800元、臺南畜產品評360.9元，嘉義畜產品評會1,650元。明治四十年（1907）補助日人藤村雄次和本間義三郎二人，於美國波特蘭博覽會中開設喫茶店，給予12,000元及茶試場產烏龍茶30,400餘斤。

23 品評會的補助首見於明治36年（1903）給予嘉義廳820元，使其在隔年二月舉辦農產物品評；明治36年（1903）12月臺北、新竹兩廳舉辦的聯合柑橘品評會，也給予一千一百餘元的補助金。補助鳳山廳1,600元，於明治38年（1905）2月舉行農產物品評會。

三、1902 年河內博覽會（Exposition de Hanoi, 1902/11/16-1903/2/15）

在本書第二章第一節中即已介紹，法國乃是博覽會史上首度明確在會場中安置人種展示空間的國家。在法國的示範下，歐洲其他國家在後繼辦的博覽會中亦紛紛將殖民地原住民族送至會場展覽，以凸顯歐洲帝國的文明進步或者殖民地對母國的貢獻。法國雖然在歷次巴黎萬國博覽會中博得普世讚譽，也是博覽會展示殖民地人種的始作俑者，但它從未在它的殖民地辦過任何一場博覽會。1902 年在河內的博覽會是其唯一的例外。這次博覽會主辦的理由之一，為慶祝滇越鐵路全線通車，實際的經濟目標則欲介紹安南的豐富自然資源以吸引各國加強對安南的貿易與投資。會場占地41 英畝，地近河內火車站。參展者來自菲律賓、馬來亞、暹羅、中國、日本、臺灣與韓國共計四千餘名參展者。展品分為美術與科學、自然資源和機械三大類[24]。臺灣總督府派出技師柳本通義為首的參展團赴河內參展，而柳本此時已被指派為大阪勸業博覽會臺灣館方面的博覽會委員長。總督府著眼於1900 年巴黎萬國博覽會喫茶店營運成功的經驗，在本次博覽會中，茶仍是最主要的展出項目，另外為打開通路，樟腦亦為另一重點。此外還包括鴉片、鹽、砂金和煤等礦石樣本、黃麻纖維、建築木材、木工、漁具；以及作為衛生狀況展示用的蚊蟲標本等[25]。由於河內博覽會結束時間與大阪博覽會開會期間只相隔一個月，柳本只在河內短暫停留即兼程趕赴大阪，相同的，

---

[24] John E, Findling ed., *Historical Dictionary of World's Fairs and Expositions, 1851-1988*, N. Y.: Greenwood Press, 1990 p. 176.

[25] 檜山幸夫，〈ハノイ博覽會と臺灣總督府——パンフレット『EXPOSITION DE HANOI』を中心に——〉，《臺灣總督府文書目錄》第8 卷（東京：ゆまに書房，2001），頁680。

河內博覽會的許多展品也同時被運至大阪展出。總督府參與河內博覽會，其實也有要與法國互別苗頭之意，蓋河內博覽會乃亞洲第一場舉辦的博覽會，大阪博覽會接續其後，雖名為「內國」博覽會，但欲使之成為萬國博覽會的企圖卻極為明顯。柳本通義對於河內博覽會的報告書[26]，以及同一時間《臺灣日日新報》對於河內博覽會的批評，都可顯示日本欲藉貶抑河內博覽會以凸顯大阪博覽會之成就的意圖[27]。

　　從1896年首度將臺灣物產送至日本國內展出，到1903年參加大阪博覽會之間，總督府還在臺灣內部舉辦了多次地方性的農畜品評會，這些品評會具有篩選、鑑別、動員物產的功效，也深具有貫徹日本欲向臺灣輸出某些物產標準化的功能。有關這個部分，我們將會在下一節中再詳細討論。在此要說明的是，因具備了參加日本及歐美博覽會的經驗，臺灣總督府才能在大阪博覽會「臺灣館」的展示中獲得日本觀眾極大的迴響。

　　從前面的討論我們可以勾勒出一個日治初期展示活動的基本輪廓：明治維新後，日本即已利用各種展覽活動達到收集產業情報、生產技術標準化及宣揚文明開化以使日人認同現代性價值等目標。統治臺灣後，藉著舉辦物產品評會，以及舊慣調查會的工作，日人掌握了臺灣土地人口產業的基本面貌，而總督府及在臺日人也是憑著對於這個基本面貌的認識，在大阪博覽會中將臺灣呈顯在日本及國際人士之前。那麼，在大阪博覽會所呈顯的臺灣，又是何種面貌？

26〈總督府技師柳本通義提出河內博覽會ニ關スル出張復命書〉，《臺灣總督府公文類纂》永久保存第808冊，第2門「官職官規／出張」類第1號，明治36年2月13日。

27 檜山幸夫，〈ハノイ博覽會と臺灣總督府〉，頁680-81。

第二節　1903年大阪第五回內國勸業博覽會

一、源起

　　1877年日本舉辦第一次的「內國勸業博覽會」之後，大體上形成了每五至十年舉辦一次這種類型博覽會的慣例，1903年如前例在大阪舉行了「第五回內國勸業博覽會」。為了舉辦這場博覽會，大阪府在事先做了許多工作。有異於過去在東京及京都的勸業博覽會都是使用既有的公園（因腹地較廣闊），大阪立意仿效歐美國家藉博覽會更新都市的經驗，首先將選定的會址天王寺公園附近大力整頓，將原本居住在該地的遊民和貧民全數遷離，並擴張聯絡會場至市中心的日本橋筋的道路[28]（見地圖3-1）。舉辦這次博覽會雖是一種慣例，但是大阪博覽會的展覽形態與性質卻與前面四次有許多不相同之處。首先，大阪博覽會舉辦的目的，是希望「誘發產業起飛」的「經濟博覽會」，因此在會場中特別設立了「參考館」，招納世界各國器物參展，以他山之石刺激日本國內產業。在這個目標下，過去博覽會中經常以炫奇新鮮為號召的展示品大多被排除在展示之列[29]。換言之，前四次勸業博覽會講求殖產興業中的各種技術及情報的收集與交流的傳統在大阪博覽會中仍然延續下來。不過，儘管此次博覽會刻意擺脫炫奇鬥新的展示，但在大阪博覽會開會之時，日本仍然籠罩在甲午戰爭與義和團事變勝利的氣氛之中，這兩場戰役讓日本人相信自己已躋身於世界列強之林，因此如何展現這

---

[28] 松田京子，《帝國の視線：博覽會と異文化表象》（東京：吉川弘文館，2003），頁19-46。

[29] 芳井敬郎，〈第五回內國勸業博のディスプレー〉，收入吉田光邦編，《萬國博覽會の研究》（京都：思文閣，1999），頁290, 304。

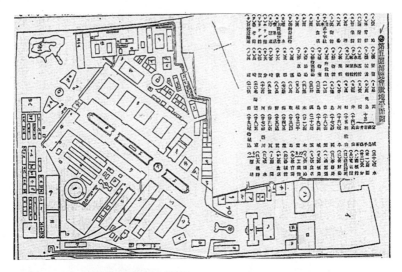

地圖 3-1　大阪博覽會會場平面圖

資料來源：轉引自大阪市役所商工課編，《第五回內國勸業博覽會報告書》（東京：
明治文獻刊行會據明治 37 年刊本複製，1973）。

個亞洲帝國的榮光，是大阪博覽會與前四次勸業博覽會展示設計截
然不同的思考重點，誇耀富庶與強盛於是成了這場博覽會的特色之
一。與在京都舉辦的「第四回內國勸業博覽會」相較，大阪博覽會
的會場面積足足大了 2.3 倍（為 114,017 坪），陳列館則由 6 館擴增為
14 館[30]，參展品數因此多了 1.6 倍（為 276,719 件），觀眾人數也比
前次多了 4.7 倍（達到 5,305,209 人次）[31]。除了數字堆疊出龐大富裕
的景象之外，實體的展示也得呈顯日本這個新進帝國主義國家的特

---

30 第四回內國勸業博覽會共有工業、美術、農林、動物、水產和機械等六館，大阪博
　覽會則將農林 一分為農業、林業二館，另新增教育、通運、水族、臺灣和參考館等
　館，以及溫室和冷藏庫等設施。

31 芳井敬郎，〈第五回內國勸業博のディスプレー〉，頁288-89。

色，呈顯的方法之一，就是仿效法國1867年巴黎博覽會的做法[32]，將世界「落後民族」集結展示，於是而有教育學術館內展出北海道愛奴人、臺灣生番、琉球、中國、印度、爪哇、土耳其和非洲土著等32名的安排[33]。然而，真正能凸顯日本帝國榮光的，應該是將它的新領土——臺灣——和日本在這塊領土上的統治成效呈現在大眾眼前，一方面滿足了日本成為帝國的願望，另一方面則可化解日本國內政界對臺灣總督權力過大的疑慮[34]。臺灣館的建設，正是凸顯帝國榮光的地標。在我們進入臺灣館前，先簡單介紹整個大阪博覽會的會場配置，以明瞭臺灣館在會場中的相關位置。

　　位於大阪市天王寺的博覽會會場[35]，進入正門前有假山涼亭和青龍噴泉等造景（參見圖版3-2），通過正門後可見連通會場的大道，在大道中心點上並置有噴泉一座，大道的左邊是工業館、教育館及後排的電氣館、商標館和飲食店；右側則依序為農業、水產、林業、動物等主題館；過了大道中央噴泉後的右邊列有通運、機械和參考等館，走過參考館後步上緩緩斜坡，通過第二個噴泉後則可

---

[32] 萬國博覽會首度出現人種展示，是1867年巴黎萬國博覽會中展示中國的巨人與侏儒。其後截至1986年為止，在57次的萬國博覽會中，共有67處殖民地的人民被動員放置在博覽會中供人觀賞。有關人種展示與博覽會、殖民權力關係的討論，參見Burton Benedict, "Rituals of Represenation: Ethnic Stereotypes and Colonized Peoples at World's Fairs," in Robert W. Rydell & Nancy E. Gwinn ed., *Fair Representations: World's Fairs and the Modern World*, Amsterdam: VU University Press, 1994, pp. 28-61。

[33] 吉見俊哉，《博覽會の政治學：まなざしの近代》（東京：中央公論社，2000年第5版），頁213。

[34] 就在大阪博覽會舉辦的前一年，在臺日本人聯合日本國會議員針對六三法賦予總督過大權限的問題提出質疑，希望廢除六三法。有關此一問題的本質及其最後結果，參見吳密察，〈明治三五年日本中央政界的「臺灣問題」〉，收入吳密察，《臺灣近代史研究》（臺北：稻鄉，1991），頁109-48。

[35] 第五回內國勸業博覽會結束後，原會址闢建為天王寺公園和動物園（1915年設立），美術館的建築亦保留下來，成為今日大阪市立美術館。

圖版3-2　大阪博覽會正門前的廣場與青龍噴泉

資料來源：東京國立國會圖書館藏。

圖版3-3　由中央大道噴泉塔望山丘上的美術館及高塔

資料來源：東京國立國會圖書館藏。

圖版3-4　由臺灣館前之高塔鳥瞰大阪博覽會場，臺灣館無法納入畫面
資料來源：東京國立國會圖書館藏。

見到美術館和兩旁的飲食店（圖版3-3），最後到達會場的底端，在那兒矗立著臺灣館和體育館，另有高塔和肖像館等兩項娛樂設施。此外，在尚未進入主門前，左側空地則安排了46都府市縣的地方館，陳列地方特色及物產（參見地圖3-2及圖版3-4）。

展品部類的安排可以看見大阪博覽會所欲強調的重點及其與前四次內國勸業博覽會之間的差異。如同本書第二章第二節所述，大阪博覽會與前四次內國勸業博覽會最大的差異之一，即在於將農業及園藝列為第一部，表明重視農業的態度[36]。此外，大阪博覽會的

---

[36] 從1890至1904年間，日本國內發生的農村米騷動事件即達126次，而從一八九〇年代即開始出現於日本產銅重鎮的群馬縣足尾礦毒事件，反映了明治維新之後過於重視工礦業忽視農民保育的問題，或許是大阪博覽會刻意要將農業列為首部的重要歷史背景。參見橋本哲哉，〈民眾運動と初期社會主義〉，收入歷史學研究會、日

部別分類上也多了化學、染織工業，在教育一項中則增加衛生和經濟，也反映了當時日本國內工業生產技術的變遷與發展（參見表格3-1）。

　　如果面積大小可以表現博覽會展示的重心所在，則工業館、農林館、機械館和參考館無疑是展示的核心，占地面積居各館之次的臺灣館更是大會安排的焦點（參見表格3-2）。從安排的參觀動線也可以看出，大會希望觀眾能先觀看工業館和電氣館，以明瞭明治維新後日本邁向先進國家之途的奠基在於工業、機械和交通與教育，然後越過中央大道進入農林漁牧各館，以表明農業立國的根本；看完本國發展狀況之後，再進入參考館以認識他山之石[37]，最後，明治維新所欲追求和所欲達到的境地則是「文明開化」，而最能體現開化之象的，莫過於能表現日本藝術與文化精神的美術館和能表現強健體魄之國民體格的體育館[38]。文明開化不僅光被日本，更籠罩它的第一個殖民地──臺灣，因此臺灣館是整個參觀動線的終點，也是壓軸大戲之所[39]。

本史研究會編集，《講座日本歷史》第8冊：近代2（東京：東京大學出版會，1985），頁203-40；東海林吉郎、布川了，〈足尾と毒事件と農民──土とテクノロジーの矛盾、對立──〉，收入飯田賢一編，《技術の社會史》（第4卷：重工業化の展開と矛盾）（東京：有斐閣，1982），頁62-140。

[37]《臺灣日日新報》，1447（明治36年3月1日），5版。

[38] 在過去歷次日本的內國勸業博覽會中從未設置體育館，因此這個安排顯然深受1893年美國芝加哥「哥倫布博覽會」館舍安排的影響，見本書第二章第一節有關芝加哥博覽會的討論。

[39] 此次大阪博覽會在許多方面模仿1893年巴黎萬國博覽會的設計，包括主門前的廣場、噴泉；主門的拱門造型、入門後以中央大道分隔左右兩展區，以及大道尾端的緩升坡地和在坡地上興建美術館等等，均為模仿巴黎萬國博覽會之作。見〈外人の眼に映じたる大阪博覽會（二）〉，《臺灣日日新報》，1543（明治36年6月24日），1版。

表格3-1　明治時期五次內國勸業博覽會展示部類變遷表

部別 等次	1877	1881	1890	1895	1903
1	礦業及冶金術	礦業及冶金術	工業	工業	農業及園藝
2	製造物	製造品	美術	美術及美術工藝	林業
3	美術	美術	農業山林及園藝	農業森林及園藝	水產
4	機械	機械	水產	水產	採礦及冶金
5	農業	農業	教育及學藝	教育及學藝	化學工業
6	園藝	園藝	礦業及冶金術	礦業及冶金術	染織工業
7			機械	機械	製作工業
8					機械
9					教育學術衛生及經濟
10					美術及美術工藝

資料來源：永山定富，《內外博覽會總說》；山本光雄，《日本博覽會史》。

表格3-2　第五回內國勸業博覽會各主題館的面積

館　別	面積（坪）	館　別	面積（坪）	館　別	面積（坪）
工業館	5,095	農林館	1,465	機械館	1,458
參考館	1,458	通運館	900	動物館	859
水族館	807	美術館	558	教育館	309
臺灣館	1,604				

資料來源：《臺灣日日新報》，1447（明治36年3月1日），1版；月出皓編，《臺灣館》（臺北：第五回內國勸業博覽會臺灣協贊會，1903），頁8。

　　這個預定的動線並不只是紙上談兵的設計，在官式安排的參訪活動中，我們可以看到受邀者在安排的路線上，按圖索驥，亦步亦趨行進的情況。例如被人稱為中國第一部女子出國遊記《癸卯旅行記》的作者錢單士厘，她於1899年隨夫錢恂留日後，即滯居東京。1903年3月15日，錢恂受日本政府之邀參觀博覽會，單士厘乃同其

夫婿一同遊歷大阪[40]。她在3月16至17兩日遊觀博覽會，並且詳細地記錄了她所參觀過的主題館，首先就是「工藝館，為此會主中之主，棟宇連垣，品物充軔，較他館為盛」，然後她依序介紹了教育、農業、林業、水產、機械、通運、美術等館，最後到達臺灣館。由於水族館並不在會區，因而參觀水族館的活動在3月19日才成行[41]。單士厘的記述應該可以代表那些依照大會安排而參觀的情況，不過，對照後面的討論，我們即會發現，被邀請參觀大阪博覽會的臺灣士紳，卻有不太相同的參觀動線。不過，在比對其中異同之前，讓我們先進入臺灣館，一窺內部堂奧。

二、臺灣館的籌建

臺灣館的設立主要是由日本政府策畫，臺灣總督府執行的展覽場。早在明治33年2月時，總督府即開始籌畫此一展示活動[42]。整個籌備組織分為官廳及民間兩部分。官廳方面指派曾擔任河內博覽會臺灣物品展示的總督府技師柳本通義為此次博覽會的委員長，幹事為技師橫山壯次郎，另包含了田代安定、伊能嘉矩（總督府囑託）、小花和太郎（技手）及月出皓（囑託）等19名委員[43]。官廳

---

40 單士厘（1856-1943），浙江省蕭山縣人，29歲方與錢恂結褵。1899年因錢恂奉湖北省之命率留學生赴日，單士厘乃隨夫移居日本。1903年4至6月，又隨夫行經西伯利亞大鐵道而抵莫斯科，她將此行見聞寫成《癸卯旅行記》一書。1907至1908年，錢恂奉清朝之命為荷蘭與義大利公使，單士厘乃遊歷歐洲大陸，寫成《歸潛記》一書。單氏乃清末中國極少數有機會周遊世界且有文字將遊歷經過傳世之女子。參見鍾叔河，〈第一部女子出國記〉，收入鍾叔河主編，《走向世界叢書》（湖南：岳麓書社，1985），頁658-62。

41 錢單士厘，《癸卯旅行記》，收入鍾叔河主編，《走向世界叢書》（湖南：岳麓書社，1985），頁685-92。

42 《民政提要》，6（明治33年份），頁231。

43 《臺灣協會會報》，46（明治35年7月20日），頁79。

代表主要負責官廳出品物的徵集選拔和陳設。民間方面則包含三個
組織，一為由日本官吏及民間人士所組成的「臺灣協會」大阪支部
擔綱，該會選出大庭永成、田島稽造、熊田幹之助、山下秀實[44]及
柳本通義為「博覽會委員」，負責協助博覽的宣傳與招待事務[45]，
且出資七千圓作為臺灣館主館篤慶堂的移築費用[46]；二為民間商業
及實業人士組成的「臺灣協贊會」，理事為荒井泰治[47]、賀田金三
郎[48]、陳瑞星等三人，幹事則為三好德三郎[49]。協贊會的主要目的
其實是在臺灣館內設置賣店營利[50]。第三個組織則是臺北茶商公
會，成員以臺人為主，包括會長陳瑞星、副會長陳雪輝、監查郭春

---

44 山下秀實（1847-1930），鹿兒島人，曾任熊本、京都、大阪三府縣之警部長。1895
　年來臺，於臺北北門街成立「共同商會」經營代理業，後創立專辦官廳御用物資運
　送事業的「臺灣驛傳社」，並於明治29年（1896）創立臺灣新報社並任社長（該社
　於1898年合併於臺灣日日新報社），其後歷任帝國製糖株式會社、臺灣商工銀行頭
　取（董事長）、臺灣製腦株式會社社長、亞鉛電解株式會社取締役，為日本治臺初
　期日本人實業界中最具影響力的人物之一。轉引自波形昭一，《民間總督三好德三
　郎と辻利茶舖》（東京：日本圖書センター，2002），頁105。

45 《臺灣協會會報》，44（明治35年5月20日），頁51。

46 月出皓編，《臺灣館》，頁9。

47 荒井泰治（1850-1927），宮城縣人。曾為新聞記者、富田鐵之助日銀總裁祕書掛、
　鐘淵續株式會社支配人、東京商品取引所專務理事、富士紡績株式會社支配人等
　職。1899年以橫濱サミュール兄弟商會臺灣支店長之職來臺。其後歷任鹽水港製
　糖株式會社社長、貴族院多額納稅者議員、臺灣商工銀行頭取等職。

48 賀田金三郎（1854-1922），山口縣人。1895年以大倉組店員身分來臺，其後獨自創
　立賀田組，經營土木建築請負業、運送業及貸家業等行業，並投資多項關係事業。

49 三好德三郎（1865-1939），出生於日本著名茶鄉的京都府宇治鄉的茶農之家，家中
　並經營茶舖，為宇治一帶有數的大茶舖。1899年三好德三郎來臺，於北門街設立
　「利兵衛臺北出張店」，活躍於臺北日人政壇，對於總督府的茶業政策影響極深。歷
　任臺北州協議會員及臺灣總督府評議員。著有日記體的《三好茶苦來山人逸話》一
　書。參考波形昭一，《民間總督三好德三郎と辻利茶舖》，頁273-314。

50 月出皓編，《臺灣館》，頁9。

秧及曾擔任1900年巴黎萬國博覽會臺灣喫茶店的派遣員吳文秀等24人。茶商公會的主要目的,乃藉會場宣傳臺灣茶以擴張銷路[51],然而實際在會場開設喫茶店者,卻為日人荒井泰治[52]。另外「臺灣慣習研究會」亦選出柳本通義、寺島小五郎、谷信敬、辜顯榮和小林里平為該會代表[53]。臺灣慣習研究會在會場中以民間出品的身分展示了許多原住民及漢人的風俗,同時還推出了在大阪博覽會中最引人注目的漢人蠟像(詳後)。

　　總督府積極在大阪博覽會中興建此臺灣館,主要目的乃在於更為全面地向日本國內宣傳殖民統治臺灣八年之後的成果。自1895年占領臺灣後,一般人民對於臺灣的狀況其實非常陌生,認為臺灣是布滿食人野番之族的棲息之地,是以總督府希望藉著這個主題館讓一般日本人民能夠了解這個新附日本領土的面貌,以及日本在統治臺灣八年之後的建設成果[54],同時也欲擴大吸引日本資本投資臺灣。此外,所有先進歐美國家在十九世紀舉辦的博覽會中,殖民地展示都是榮耀帝國進步開化無可或缺的參照體,日本擁有第一個殖民地臺灣之後,怎能讓它的殖民地在其國土內舉辦最大規模的博覽會中缺席呢?而從前面三種民間組織加入「協贊」的情形來看,除開官府政經目的之外,民間商工團體則力圖藉此次博覽會打開臺灣物產在日本的通路,而具有學術知識與政治權力三者混合的臺灣慣習研究會,則欲以學術的面貌,向日本國內介紹臺灣的風土民情。因此臺灣館的設置,包含了政經宣傳、拓展商貿和知識教化的多重目標。

---

51 月出皓編,《臺灣館》,頁10。
52 《民政提要》,8(明治35年份),頁279。
53 《臺灣協會會報》,48(明治35年9月20日),頁74。
54 月出皓編,《臺灣館》,頁1-2。

　　整個臺灣館共占地1,604.39坪，整個空間是混合著傳統城池方形結構與民宅四合院式的封閉空間。正門造型採臺北府城門樓，門外還立有旗竿和兩座蹲踞的石獅（圖版3-5）。除了門樓為主門外，在東側還有一座轅門作為第二出入口（圖版3-6）。進入門樓後東側篤慶堂、西側各設陳列所和仿造篤慶堂的建築（圖版3-7）是臺灣館內的兩座主要展示場，而以仿造臺灣特有騎樓建築的廊道相銜，廊道本身亦陳列許多物品。北側是附設的喫茶店、賣店和「臺灣料理店」等三項商業設施（圖版3-8）。四合院所圍成的中庭則有一座「舞樂堂」（圖版3-9），乃清末布政使司衙門內的戲臺拆遷而來。另外在西北角則造有假山，上有「雨傘亭」一座，乃新竹鄭用錫北郭園內之物。西南角則種植臺灣特有植物如芭蕉、椰子、相思樹、檳榔等和彌猴、山羌、花鹿、穿山甲等臺灣特有動物，主展場「篤慶堂」原為臺南劉氏宗祠，1895年日本領有臺灣時，北白川宮能久親

圖版3-5　臺灣館正面入口前之廣場、門樓及插有五色旗幟的旗竿
資料來源：東京國立國會圖書館藏。

圖版3-6 臺灣館東側出入口之轅門

資料來源：轉引自月出皓編，《臺灣館》，頁10插圖。

圖版3-7 篤慶堂外觀，正門右側外另立有惜字亭

資料來源：轉引自月出皓編，《臺灣館》，頁10插圖。

圖版3-8　臺灣館內的喫茶店、料理店和共同賣店外觀

資料來源：轉引自月出皓編，《臺灣館》，頁10插圖。

圖版3-9　舞樂堂

資料來源：轉引自月出皓編，《臺灣館》，頁10插圖。

王曾駐紮於該處，其後被官方收購[55]。同時更在喫茶店、賣店和臺灣料理店裏僱請臺灣少女為招待[56]。整座四合院式的臺灣館，其實就是要塑造出一個能夠讓日本人理解（想像）的模擬臺灣，「諸凡屋宇以及庭園結構體裁，一切純然仿臺灣景象，令人觀之，有別一乾坤之思」[57]。

表格3-3　臺灣館各建築面積

建築名稱	面積（坪）	建築名稱	面積（坪）	建築名稱	面積（坪）
總面積	1,604.39	主要建築面積	529.51		
各類陳列館	150.00	篤慶堂	88.59	共同賣店	78.43
篤慶堂型陳列場	56.00	臺灣料理店	45.66	喫茶店	38.00
左右兩廊	37.50	樓門	20.00	舞樂堂	15.33

資料來源：月出皓編，《臺灣館》，頁8。

　　在這個模擬複製的空間裏，篤慶堂主要陳列總督府各單位所提供的展品共1,910件，「各類陳列館」則展示各地方縣廳評比收集而來的民間各種產物共4,076件（見表格3-4）。

　　依表格3-4知，總督府選中展出的物品，非常集中於農業園藝和製作工業這兩類，而農業園藝中，米麥等穀類又占了絕大多數。農產加工業主要集中於「製造飲食品」，而其中茶和糖所占比重尤大，園藝類中以鳳梨、柑橘、香蕉等水果為主。大阪博覽會中新增的化學工業部中，臺灣展出品以樟腦相關製品、薰香、植物油等為主，曾為「抗日義軍」的陳秋菊的製品也赫然列名其中。製作工業參展品件數雖然居次，但主要為寢具、煙袋、家具及衣物裝飾品居

---

[55] 月出皓編，《臺灣館》，頁2-4。

[56] 月出皓編，《臺灣館》，頁3。

[57]《臺灣日日新報》，1449（明治36年3月4日），漢3版。

表格3-4　臺灣參展品件數及得獎數

類別	參展件數	名譽銀牌	一等	二等	三等	褒狀
農業園藝	2,338	1	3	8	66	385
林業	231	0	0	7	15	37
水產	225	0	1	2	15	60
採礦冶金	31	0	0	1	2	1
化學工業	311	0	0	0	4	42
染織工業	85	0	0	0	4	9
製作工業	700	0	0	1	11	96
機械	3	0	0	0	0	0
教育學術衛生經濟	152	0	0	0	0	6
美術及美術工藝	0	0	0	0	0	0
計	4,076	1	4	19	117	636

資料來源：由第五回內國勸業博覽會事務局編，《第五回內國勸業博覽會出品目錄：臺灣館》及《第五回內國勸業博覽會授賞人名錄》統計而得。

多。尤可注意者為教育及學術類、美術和美術工藝品這兩部，所謂的教育與學術，完全排除了傳統臺灣儒學的內容，專著重日本在臺相關的西式教育；美術品的挑選其實也充滿了選擇性與任意性，整個美術部的臺灣展品只有12件，其中繪畫類只有郭藻臣的〈梅花圖〉及蘇玨玉的「三秋圖」和「柳塘戲鴨圖」；雕塑類也只有臺北大加蚋堡林可楣的「日本婦人像」等四尊及其他10件普賢菩薩、關帝、周倉、觀音、文魁及鄭成功等雕像[58]。

　　從動線安排的角度來看，篤慶堂裏提供了「巨視」與「微觀」兩種呈顯臺灣的視角。進入樓門後右側擺置臺灣漢人衣著服裝的標本和臺灣地理歷史的解說，在文字的導引下，再觀看臺灣島的模型和土地調查局所測繪的各種地圖及地籍圖，看完巨視鳥瞰的臺灣

---

[58] 第五回內國勸業博覽會事務局編，《第五回內國勸業博覽會出品目錄：臺灣館》。

後，再由微觀角度來「認識」臺灣，因而接下來的空間，分別是臺灣漢人廳堂寢室空間的展示（圖版3-10），以及各種日常生活風俗習慣的解說，另以圖片方式特別強調剃頭店、養鴨和織布等景[59]。為了能對臺灣漢人容貌有更進一層的認識，主辦單位還延聘了東京美術學校的安木龜八塑成八尊與真人等高、身著不同服裝的漢人蠟像，「其容貌衣服，殆不辨真假，躍然欲動」[60]（圖版3-11），這八尊蠟像就成為參觀篤慶堂的最高潮。門樓左側廊道主要展示臺灣原住民族，依序是各族食衣住行的照片簡介，以及武器和日常生活器物和工藝品的陳設展示。左側廊道銜接仿篤慶堂的展場，在此展場內主要陳列總督府專賣局的出品，如鹽田模型與製造說明、樟腦製造工序說明和一座樟腦製成的八尺高惜字亭，另一展品則為臺灣各監獄犯人的手工藝品。結束此區的觀覽，接續而來的則是進入左側「各類陳列館」，裏面陳列了農業、林業、水產和工業四部的展品，依序陳列米豆花生、蔬菜果物、泥藍薑黃菸草和纖維製品、茶糖等植物和農具的標本；油、紙、酒、家具等手工業產品的標本等。認識了臺灣既有農工產物之後，殖民統治成功與否最重要的指標之一即是教育，因此整個臺灣館參觀動線的終點就是將傳統漢人書房教育的書籍和日治之後公學校教育的內容一併陳列，以明殖民政府對於臺灣「同化」政策的執行情況[61]。館內陳設的空間配置請參考地圖3-2、3-3。

　　大阪博覽會開幕後，臺灣館無疑是眾人焦點之一，明治天皇、皇后和太子分別於5月1、3、28三日來館各參觀了一個多小時，並且購買了數十箱的烏龍茶、包種茶和大甲蓆、大甲帽等「特產」[62]。

---

59 月出皓編，《臺灣館》，頁90。

60 《臺灣日日新報》，1447（明治36年3月1日），漢5版。

61 月出皓編，《臺灣館》，頁81-140。

62 月出皓編，《臺灣館》，頁8。

圖版3-10 篤慶堂內模擬漢人家庭廳堂寢室之陳設

資料來源：轉引自月出皓編，《臺灣館》，頁44。

圖版3-11 篤慶堂內著常裝和婚禮服之男女蠟像

資料來源：轉引自月出皓編，《臺灣館》，頁46。

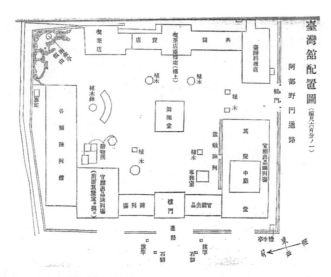

地圖3-2　臺灣館展示平面圖

資料來源：轉引自月出皓編，《臺灣館》，頁8。

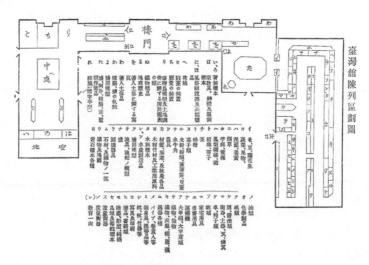

地圖3-3　臺灣館內展品陳設配置圖

資料來源：轉引自月出皓編，《臺灣館》，頁81。

相較於整個會場所有建築均仿歐美歷次博覽會仿文藝復興式純白色的建築而言，遊觀者對於臺灣館奪目朱丹的色彩和中國式的建築印象尤為深刻[63]。當時在日本刊行極廣的通俗雜誌《風俗畫報》，在其為大阪博覽會所發行的臨時增刊特輯裏，在所有建築館舍中，獨獨為臺灣館繪製了跨兩頁的彩色繪頁[64]（見圖版3-12），可見臺灣館建築帶給日人在造形和視覺上相當大的注目。除此之外，民眾對於館內的喫茶店、賣店和臺菜館更充滿了好奇，以至於五個月的展期間，到喫茶店來品茶購茶的人數就達96,202人，湧進臺菜館的遊客也有將近三萬八、九千人，臺灣特產的大甲蓆、大甲帽、林投帽和樟腦、鳳梨罐頭、龍眼乾等特產之名更是不脛而走，總督府原本預估共同賣店的營業額只有五千圓左右，但實際上卻達兩萬圓的收入[65]，可以見得在臺灣館內「異國情調」（exoticism）對於商品銷路的影響。

不過，特產買賣只是吸引觀眾的手段，而非建設臺灣館的主要目的。作為第一次將第一個殖民地放入「內國勸業」博覽會來展示，臺灣館的政治展示目的絕對強過其他較偏向產業經濟的主題館。明治天皇雖然在位時使得日本躍入世界帝國主義國家之林，但他一生從未踏上任何殖民地的土地，唯一一次與臺灣最接近的時

---

63 1935年曾來臺建造「始政四十周年記念臺灣博覽會」館舍的匠師中川童二，在戰後出版的《ランカイ屋一代》一書中，即強烈地表達大阪博覽會會場的主題館建築全為清一色白色洋式或和洋折衷式的建築，沒有特色，反觀臺灣館中國華南式燕尾飛翹的屋脊配以紅白青黃四色磚牆，顯得格外耀眼奪目而有特色。見中川童二，《ランカイ屋一代》（東京：講談社，1969），頁55-57。筆者感謝東京大學總合文化研究科博士班的松金ゆうこ小姐提醒並介紹我這本書。

64 《風俗畫報臨時增刊：第五回內國勸業博覽會圖會上編》，269（明治36年6月10日），頁34-35間插頁。

65 月出皓編，《臺灣館》，頁11-14。

圖版 3-12　《風俗畫報》中專為臺灣館所繪之彩頁跨頁插畫

資料來源：轉引自《風俗畫報》，269（明治36年6月10日），頁34。

刻，就是 5 月 1 日到模寫複製的臺灣館觀看的經驗。各種地圖、照片、圖表和解說；各種地理模型和人偶蠟像都在那兒靜靜地供他觀賞凝視。就在大阪博覽會舉辦的前一年，在臺日本人聯合帝國議會議員發動了撤廢六三法的運動，希望限制總督的權力以實現以日本人為臺灣主體的想法，更要求總督府應禁止臺人的「不良習俗」[66]。現實政治環境中臺灣總督與日本國會間的權力衝突，就在這場巡視中象徵性地化解，臺灣在明治天皇的巡視中象徵性地納入到帝國的版圖裏。具有同樣象徵意義的舉動，則是東宮太子在 5 月 28 日到臺灣館時，對於臺灣島的地理模型觀看良久，因此後來總督府即將這

---

66 吳密察，〈明治三五年日本中央政界的「臺灣問題」〉，頁109-48。

個模型獻給東宮皇太子[67]。

然而，這種提供統治者凝視監看的展示內容，一般觀眾又從何種角度來觀看理解？臺灣館摹寫複製的臺灣提供給觀者何種臺灣的形象？臺灣館裏的各種陳設能否達到總督府宣傳在臺治績的目標？

錢單士厘在看過臺灣館後有如下的記述：

> 凡臺灣物產、工作皆列焉。觀其六、七年來工作，與夫十年前之工作相較，其進步之速，令人驚訝不已。昔何拙，今何巧，夫事在人為耳。草席、樟腦、蔗糖、海鹽，尤今勝於昔。且新發明之有用物品，多為十年前人所不及知者。再越二三十年，必為日本一大富源。[68]

單士厘筆下「昔何拙，今何巧」神速進步的稱贊，似乎可以感覺到觀者認同了總督府在臺建設（工作）的成功，甚且也認同了這塊土地已屬日本所有，因為「越二三十年後，必為『日本』一大富源」。

與錢單士厘相仿的言論，還可以在《臺灣日日新報》記者對於臺灣館的一段描述：

> 比起博覽會中其他各館宏壯華麗的建築、驚奇眩目的展品相比，侷促一隅的臺灣館不論就位置或者內部設備而言，似乎都顯得相形見絀。然而一般人仍然爭相目睹且讚不絕口，何以致之？實乃臺灣館為母國人絕佳之戰捷紀念也，而丹碧色的樓門堂宇、漢番風俗、亞熱帶草木鳥獸和一切奇珍產物，都是使得

---

67 〈獻納臺地模型〉，《臺灣日日新報》，1580（明治36年8月6日），3版。
68 錢單士厘，《癸卯旅行記》，頁688。

人們讚賞不已之處，臺灣館因而成為本次博覽會中必先一睹的
景勝。[69]

　　不過，在耀眼建築之下的展品也受到一些批評，例如臺灣協會
的成員即認為臺灣館內部的展品中「番俗陳設最為周到」，然而果
實之部芭蕉、鳳梨卻已腐敗，而與其他地方府縣館展品相比，臺灣
館的展品「頗有寂寞之感」，因缺乏工藝美術之物；而且展品給人
一種強調珍奇之感，卻較缺乏實用目的的宣傳，是以執筆者還特別
分別列舉了一些足以向日本及世界其他各國擴展貿易的物品，以補
不足[70]。此外，實際策展人也與一般觀者有截然不同的看法，例如
著名的人類學及漢人社會研究者伊能嘉矩，他在臺灣館的展示中主
要負責的部分為原住民器物圖錄的展示，亦即上述被臺灣協會評為
「頗為注意周到」的部分。伊能對於以篤慶堂作為臺灣家屋建築的
代表頗不以為然，他認為若真要反映臺灣一般建築的特色，則篤慶
堂只是某一私人宗祠，既不能稱為一般宗祠的典型，更不足以代表
臺灣一般家屋之建築，也正因為選了篤慶堂這樣的宗祠建築作為展
場，使得館內介紹臺灣家屋內部空間配置的展示和既有的祠堂空間
顯得格格不入。伊能對於總督府只考慮這棟建築過去曾是北白川宮
使用過且已被官方徵收，可以節省經費而便宜行事的做法不表苟
同，直言這是臺灣館設計中的一大敗筆[71]。其次，他耿耿於懷的第

---

69 木村地夫，〈博覽瞥見記（五）：臺灣館〉，《臺灣日日新報》，1478（明治36年3
　月11日），1版。

70 該文中列舉米、水果、砂糖、食鹽、水產及纖維編織物、菸草、木材、藍靛、甘
　藷、籐、製紙及金礦等十三類為可以加強對日貿易的物品；生薑、花生胡麻、乾魚
　可銷往中國華南；茶及樟腦則為銷往世界最重要的兩項物資。言語之間，對於臺灣
　館缺乏強調臺灣豐富貿易物資的介紹頗為遺憾。見〈臺灣館出品〉，《臺灣協會會
　報》，56、57（明治36年5-6月），頁10-16；16-18。

二個問題是，原本在篤慶堂的展示中特別列有吸食鴉片、女子纏足和乩童迷信等風俗照片和介紹，而且在月出皓印製的《臺灣館》一書中還特別在漢人風俗信仰的部分提到這些照片資料[72]，但在最後展出時，卻因總督府以為內容有損臺灣統治政績形象，被迫抽出不得展示[73]。

　　伊能嘉矩除了在《臺灣慣習記事》中表達他的遺憾之外，更在《臺灣日日新報》中以「北州生」筆名，撰文批評臺灣館的展示設計讓一般日本觀眾只注意喫茶店中的臺灣女侍、篤慶堂鮮豔耀眼的色彩和栩栩如生的蠟像，有士紳在看完臺灣館後，仍以為牆上掛的漢番風俗圖表現出臺灣多土匪與生番，對於館內足以表現臺灣各種

---

71 梅陰子（伊能嘉矩），〈風俗上より見たる臺灣館（一）〉，《臺灣慣習記事》，3:6（明治36年6月），頁76-83。

72 月出皓編，《臺灣館》，頁90。

73 梅陰子，〈風俗上より見たる臺灣館（一）〉，頁76-83。大阪博覽會籌展期間，東京帝大理學部坪井正五郎原本有意將中國人和蝦夷、印度、朝鮮及南洋群島等人種置放於「人類館」中展示，其中中國人欲展出辮髮、纏足和吸鴉片等「風俗」，結果留日中國學生極為憤慨，向大會強力抗議，要求不得展示，是以人類館不敢展示華人，但還是找了一位住在臺北市北門街名為「李寶玉」的女子在該館展示纏足。見《江蘇》，1（光緒29年4月），頁151-57。有關清廷在大阪博覽會中的參訪展示活動，可另見呂紹理，〈從1903年大阪博覽會看臺灣與中國的呈顯〉，發表於香港浸會大學、清華大學主辦，「香港浸一清華大學第四屆學術研討會：21世紀世界與中國──當代中國發展熱點問題」，香港：浸會大學，2002年5月23-24日；坂元ひろ子，〈中國民族主義の神話──人種、身體、ジェンダー〉，《思想》，849（1995.3），頁61-84。人類館展出各地原住民的安排，不僅引發在日中國留學生的抗議，韓國人、北海道愛奴人及琉球人民亦齊聲在報紙上表達強烈不滿，認為同屬日本國境下的人民，北海道和琉球人被視為落後民族展示，乃是最大的侮辱。此一問題可參考海保洋子，《近代北方史──アイヌ民族と女性と──》（東京：三一書房，1992），第六章；真榮平房昭，〈人類館事件──近代日本民族の問題と沖繩──〉，《國際交流》，63（1994.3），頁21-25；松田京子，《帝國の視線》，第四章。

風貌和日本建設統治的成果卻毫不注意，正顯示臺灣館的展示並沒有改變一般日本人對於殖民地臺灣的刻板印象[74]。

　　伊能與總督府立場的差異，一方面顯示總督府想要展現的臺灣，就是「昔拙今巧」突飛猛進的形象，以及能喚起觀者認同此乃日本領土的政治考量，因此即便與實際生活空間差異甚大的祠堂也能因著日本政治領袖居住過的象徵符號關係，而搖身一變成為代表臺灣漢人家庭生活空間的範本。另一個重要意義在於，它顯示了臺灣館所欲呈顯的面貌，在主辦者與策展人之間存在著認知上的差異，臺灣館所呈顯的臺灣，是「合議」創造出的異質臺灣。然而，不論同質也好，異質也罷，觀眾總是用既有的習慣在觀看，因此，如北州生所言，具有教養的士紳在進入臺灣館後，所注意者唯有蠟像與喫茶店，而對臺灣的認識仍然停留在土匪生番出沒的認知狀態，即便是明治天皇，也不能不受到蠟像的吸引而駐足良久。

　　在帝國目光的注視下，臺灣館的展品究竟獲得了什麼樣的評價？這可以從授賞的名單中得到大概的答案。內國勸業博覽會一般的授獎等第可分為最高級的名譽金牌，以下依次為名譽銀牌、一至三等賞，以及最後的褒狀等六級。在大阪博覽會中，臺灣的參展品由臺北茶業界聞人瑞記號主人陳瑞星所展出的再製烏龍茶獲得的授獎最高，為名譽銀牌，一等賞共有四位得主，分別為臺北茶界游其祥和印尼華僑轉至臺灣發展的郭春秧，另外則為臺灣製糖會社的帶色再製糖和野崎武吉郎的鹽[75]。

三、臺人的遊觀活動

　　大阪博覽會不僅是殖民政府第一次將統治臺灣成果全面展示於

---

74 北州生，〈臺灣館の價值〉，《臺灣日日新報》，1492（明治36年4月24日），2版。
75 月出皓編，《臺灣館》，頁附1「授賞名錄」。

日本的機會，總督府和日本民間也希望藉此機會讓臺灣人民能見識殖民母國的各種建設，以增心悅誠服，慕心向上的效果。因此招徠臺人赴日觀覽大阪博覽會，順道遊歷日本境內名勝，就成為大阪博覽會之外，另一項重要的「展示」，也呼應了前面所述，大阪博覽會的特色之一即意圖仿效1867年巴黎博覽會以整座城市作為展示的範圍。為了招徠臺人能踴躍赴日參加大阪博覽會，籌備單位之一的臺灣協會大阪支部，早在大阪博覽會開會前一年，即在其機關報《臺灣協會會報》中持續宣傳，希望臺灣民眾能赴日觀覽。為此，臺灣協會除了以漢文編纂了一本《觀光引路》的手冊，介紹日本各地可供遊覽的景勝[76]，還在博覽會場附近建了一棟「臺灣會館」以供遊觀臺人居住。會館內不但設有通譯二名，還特別從臺灣招募了兩名庖丁，以使館內「寢食諸事均與本島人風俗習慣飲食等期其適合」[77]。此外亦代辦發售至日本的船票、車票，以及嚮導等工作。

　　凡參加大阪博覽會的旅客，島內旅行的火車票價七折優待，渡日輪船票價也有八折優惠[78]。在總督府、各地方官廳及臺灣協會的大力招攬下，至明治36年（1903）2月底博覽會開幕前夕，共計有1,001人購買了觀覽折價券、1,156人訂購了火車票，還有2,300人買了輪船票準備赴日（參見表格3-5、3-6）。

　　不過，這為數以千計的臺人在登船赴日之前，還得先通過傳染病的檢查，在日本的參觀活動時，還得以團體行動為準，團體之領

---

76 《觀光引路》全文亦連載於《臺灣協會會報》，46-50（明治35年1月20日至明治36年5月20日）。

77 《臺灣日日新報》，1441（明治36年2月22日），漢5版。這棟臺灣會館可容納三十人居住，宿費每晚80錢至1圓60錢，另晝間提供餐飲，每餐36錢至72錢不等。見《臺灣協會會報》，54（明治36年3月20日），頁55-56。

78 《臺灣日日新報》，1441（明治36年2月22日），漢5版。

表格3-5　大阪博覽會臺灣各地購買觀覽折價券的數目

廳別	購買數	廳別	購買數	廳別	購買數	廳別	購買數
基隆	1	臺北	540	深坑	43	南投	40
苗栗	76	臺中	—	彰化	38	阿緱	8
斗六	36	新營	10	臺南	176		
恆春	18	宜蘭	11	桃仔園	4	合計	1,001

資料來源：《臺灣日日新報》，438（明治36年2月19日），2版。

表格3-6　大阪博覽會臺灣各地購買火車輪船票數目

廳　名	火車票	輪船票	廳　名	火車票	輪船票
基　隆	53	106	臺　北	599	1202
深　坑	47	94	桃仔園	10	10
新　竹	14	14	彰　化	58	116
南　投	44	88	斗　六	78	156
臺　南	192	384	阿　緱	30	60
恆　春	18	18	宜　蘭	13	52
合　計	1,156	2,300			

資料來源：《臺灣日日新報》，442（明治36年2月22日），漢2版。

隊必須負責團員健康，同時公醫也須免費為參觀者開立健康證明書[79]。

　　赴日觀看博覽會的臺灣團體，到達日本後，大抵都由臺灣協會大阪支部作為接待單位，並且透過協會的安排，參觀博覽會場，以及到日本其他各地旅遊觀覽。大阪、京都、名古屋及東京等是四個重要的遊覽地，在大阪除了參觀博覽會之外，大阪市政府、三井綢緞布帛店、大阪紡紗公司，以及大阪水源地等地是城市觀覽的重點。此外大阪當地的天狗卷菸草工場、王子製紙等民營工場也是另

---

[79]《臺灣日日新報》，1436（明治36年2月17日），漢3版。

一個重頭戲。在東京則上野公園、淺草、日本國會、拜見首相及臺灣總督等等則是主要行程。京都則遊觀清水寺、金銀閣寺、西陣織會所等地。

那麼臺人對於這些地點的觀看心得是什麼？

先就博覽會場內而言，策畫臺灣館的舊慣調查會及總督府的主辦單位認為臺灣館「一切純然仿臺灣景象，令人觀之，有別一乾坤之思」，回東京探親的總督府官吏村上則認為：

> 全體博覽會，有大規模之勸業工場，實為匯集精粹者也。而這次已為第五次，世人不太為珍奇。當此際，僅能使感到珍異者，蓋為臺灣館也。故博覽會之風聲又部分集於臺灣館，而臺灣館之風聲又集在慣習研究會所提供展示之居民偶人。[80]

桃仔園廳第一區街長蔡路似乎有與日人相似的印象：「場所棟梁一切，仿照臺灣舊式，凡臺島所有貨物，莫不搜羅盡致，陳列整齊，來觀者踵接肩摩，竊謂我島出品，不居人下。」[81] 桃仔園的黃純青也仔細地臚列了臺灣館內的陳設，並且評論說「凡有關臺灣風俗習慣者，或繪成圖畫，或雕作型，無不備置於其間」[82]。不過，同樣來自桃園的桃仔園廳參事呂鷹揚（呂氏的兒子即是有名的藝術

---

[80] 〈大阪博覽會對本會展示品之評論〉，《臺灣慣習記事》，3:4（明治36年4月），頁213-15。

[81] 蔡路，〈觀光有感〉，《臺灣日日新報》，1522（明治36年5月29日），漢4版。

[82] 黃純青，〈觀光記事（續前）〉，《臺灣日日新報》，1497（明治36人4月30日），漢4版。黃純青在同一篇文章裏，對於教育、工業館，只說「品物極其完備，手工極其精細，至若妙處有不可以言傳者」。而對臺灣館則詳列內部「臺灣料理店、喫茶店、共同賣店、臺灣產物陳列場及生番產物陳列場」，兩相對照，似可見黃氏因為對臺灣館內的陳設較為熟悉，因此也較具描述能力。

家呂鐵州），卻只說臺灣館「亦是新鮮可愛，然未為希奇也」[83]，他
對於會場大門前價值一萬三千圓的青銅九龍噴水池和動物園的興趣
似乎遠較展示他故鄉的臺灣館來得更高。

　　除了臺灣館之外，臺人對於其他各館的印象如何？我們還是先
舉呂鷹揚的陳述為例來說明。呂氏在3月21、23、25日三天觀看
了博覽會中的主題館。他對工業館的描述是「諸物品整理完備，妙
處不可以言傳者」；而與臺灣相關的農業館，則是「凡關農產者無
不備陳於其間，然皆良美之品，非尋常所能齊驅並駕也」。總體而
言，他對大阪博覽會內部各館的總評語是「謂之美術，則無美不
臻，謂之教育，則無教不備，謂之林業、農業工業、機械，則又盡
窮地利而巧奪天工焉，其美可勝言哉！」[84]除了這些難以言喻的工
業館、機械館之外，大部分的觀覽者在報紙中花了不少篇幅介紹
「不思議館」裏種種不可思議的視覺幻象；他們也被水族館，以及
動物館裏的珍禽異獸所吸引。

　　呂鷹揚對於博覽會場內各館的陳設項目多半只能用「妙處不可
以言傳者」的語句，其實也是絕大多數臺灣觀覽者於整個博覽會的
標準表述方式。若以今日的眼光來看，臺灣觀覽者的陳述都顯得籠
統而模糊，與當時在《臺灣日日新報》日文欄刊載介紹博覽會各館
的文章相比，更顯粗陋。然而這種陳述精疏的對比，不能用「臺人
智識淺陋」這樣的方式來理解，因為抱持近似觀光心態進入博覽會
場的人與抱持研究學問而去觀看博覽會的人，原本對於展示的意義
就會有截然不同的解讀，此其一。其次，面對博覽會龐然巨大的陳
設展示，任何初次觀看的人都會有這種語言失聲的困擾，所見過於
巨大，所聞過度豐富，已超過了一般日常語言可以承載的地步，最

83《臺灣日日新報》，1476（明治36年4月5日），漢5版。

84 呂鷹揚，〈觀光記事10〉，《臺灣日日新報》，1491（明治36年4月23日），漢4版。

後只能用「妙不可言傳」來表達內心中的震撼。對比那些在《臺灣日日新報》撰文介紹博覽會的日本作者，多半都是已接受近代科學分科教育的知識分子[85]，臺灣傳統士紳面對博覽會時當然也不會有任何背景知識可以讓他們用另一種截然不同的眼光來解剖分析博覽會中的各種細部知識。

　　臺灣觀覽者這趟赴日之旅所要觀看的還不只是大阪博覽會而已，走出博覽會場之後，另一個更為巨大的展示空間——日本正在等待他們的造訪。呂鷹揚及其他觀覽者對於工藝技術的震驚顯然不是來看博覽會工業館裏的陳品，而是他們在東京、大阪等地參觀工場時所得到的震撼，例如呂鷹揚在參觀大阪水源地時，發現「以一機而能應九百五十萬人之飲用，又京都水利事務所，水激電燈，舟上山行，此固奇而又奇者也！」[86] 此外，他「觀各處製造場，俱見隆盛，其中最大事業者，莫如三井綢緞布帛店、大阪紡紗公司，次則愛知物產組織工場、天狗卷菸草、王子製紙、林時計製造等」[87]。這段描述裏，我們可以知曉，呂氏對於工業機械的印象，主要來自於「真實的」工場景觀，而非博覽會中「摹寫複製」的場景。換言之，大阪博覽會中強調的「學術與知識」的特質，給予臺灣觀覽者一種難以言喻的感覺，但是參觀各城市工場的鮮活經驗，卻給他們較為明晰而清楚的知識，使得他們可以從中獲得借鏡與模仿的機會。帶著這樣混雜著奇異驚訝、模糊又強烈的印象，臺灣觀覽者回臺之後，紛紛在各種場合抒發他們遊歷之後的感想。

---

85 吳文星曾為文討論日治初期總督府的官吏幾乎都是東京帝大的畢業生。參見吳文星，〈東京帝國大學與臺灣「學術探險」之展開〉，收入黃富三、古偉瀛、蔡采秀主編，《臺灣史研究一百年：回顧與研究》（臺北：中央研究院臺灣史研究所籌備處，1997），頁11-28。

86 呂鷹揚，〈觀光記事10〉。

87 呂鷹揚，〈觀光記事10〉。

四、臺灣觀覽者的反應

　　臺灣的觀覽者在明治36年（1903）4月中旬以後陸續返臺，回臺後，地方上多半還會舉辦各種「歡迎會」之類的活動，希望他們能將滯日所見所聞告訴鄉親，以達到第二重的宣傳效果。此外，《臺灣日日新報》還開闢了一個專欄讓這些參觀者抒發他們的感想。在這些場合裏，他們紛紛提出觀看博覽會，以及赴日的心得。

　　呂鷹揚認為這次赴日最大的心得有三：

> 風俗人情之醇樸、道路街衢之清潔、物產製造之興隆。而風俗醇樸、道路清潔、物產興隆，三者之關鍵，皆由於教育，教育行，而人心團結，舉凡世道所係，衛生所關，拓殖所要，無不條分縷析，極意營謀，以為國家萬世之基礎也。[88]

　　彰化廳武東堡內灣庄富紳陳邦畿與呂鷹揚同樣感受到教育的重要性，他說這次赴日，他：

> 最留意以學校商務云，內地學校林立，最易栽培子弟，啟發心機。此行歸里之後，當督率家中子弟學習專門。[89]

　　同樣的觀點也可於新竹縣第十三區九芎林區長劉仁超及當地紳士劉如棟的觀光感言中。二劉說：

> 至若人材之所出，則學校尤為第一大關係，無論何等人，皆

---

88 呂鷹揚，〈記觀光所感〉，《臺灣日日新報》，1499（明治36年5月2日），漢3版。

89 陳邦畿，〈觀光述談〉，《臺灣日日新報》，1520（明治36年5月27日），漢3版。

由學校出身，方可成人，為農商等學成就卒業，便為上等最優之農商，將來亨利無窮，富有可期，若農商不由學校出身，愚昧無知，便是下等最劣之農商，將來謀生日絀，必致困窮，是農商之學不學，即有上下之別，其他各種學業可以類推。惟望本島人，勿膠執舊慣，勿固守舊規，凡事宜遵新法，百務應變新機，而學校一端，尤當三復致意，在在務推須廣擴充，使人咸知新學之貴，將必群起競尚，人人向化，一如內地學校之盛，則本島人庶大有福乎。[90]

此外，臺北縣第二十八區庄長盧宗文也接續前面的看法：

余此行所欣羨者，見帝國致治之隆，教化之美，國無游民，學無棄才，雖盲啞之人，皆能教之有用，男女俱皆樂業，是故國家無擾亂之原，朝廷日見富強之盛，余惟望臺島人民，是則是傚，日進文明焉。[91]

新竹廳第十六區庄長張來香甚至在看完盲啞學校後認為「臺島生番，以殺人為樂事，無禮無智，雖非盲目而竟盲心，何啻天淵之別哉。我帝國文明大啟，雖有廢人，人無廢棄」[92]。

此外，古望林也說：

歷觀內地之人物政治，及農工商業，機械鐵道，各學校等，

---

90 劉仁超、劉如棟，〈東遊誌2〉，《臺灣日日新報》，1559（明治36年7月12日），漢6版。

91 盧宗文，〈觀光日誌5〉，《臺灣日日新報》，1568（明治36年7月23日），漢4版。

92 張來香，〈東遊觀光日記5〉，《臺灣日日新報》，1586（明治36年8月12日），漢4版。

　　諸般設施，見整齊，核之臺疆不及萬千分之一，自今以往，惟願臺地富豪之速興公德，建立大小學校，及共同株式會社，以經營各機械鐵道，及商業等，用附驥尾，以開利源，庶可稍沾實惠于萬一，補救于將來也，此則予之所深望也夫。[93]

　　除了應該普及教育，發達臺灣人的智識是觀覽者共同的看法之外，他們也注意到股份公司，以及合資公司對於集資以建設大規模工場的作用。呂鷹揚認為：

　　觀物產各處發達，製造隨在盛行，行見一會社所立，物品所輸，動以數萬萬計，然皆以器械為力，非徒事人功也。惟是非徒事人功，故費用省約，而利益信多，一本而獲十百利者有之，一本而獲千萬利者又有之。[94]

　　劉子儀則觀察到各工場「不必賴用人力，能成莫大之製作。……此等諸工場事業，大抵非個人所營者，聯合設立為協同之事業居多」[95]。此一見解也可以在桃仔園廳第一區街長蔡路的〈觀光有感〉一文中得見，蔡氏認為：

　　詢其資本，輒云千萬百萬，無怪臺民之有志未逮也。抑又聞之，資本巨款，非出自一人，蓋千百人合夥建築工廠，或千萬人合夥設置一機械，集腋成裘，名曰株式會社，或曰合資會社，亦有謂某某公司者。大凡盛大工業，往往如此。組合巨商

---

93 古望林，〈觀光日記〉，《臺灣日日新報》，1552（明治36年7月5日），漢6版。
94 呂鷹揚，〈記觀光所感〉。
95 〈觀光談話會〉，《臺灣日日新報》，1506（明治36年5月10日），漢5版。

亦然，仿此法以共同興業，何業不成，縱謂臺島微區，未易比擬大阪之名勝，然而各港舟楫可通，亦利商賈，而可以振興製造之事業也……。96

而彰化廳武東堡內灣庄富紳陳邦畿更身體力行，他在日本期間，不但：

商務一途，猶所醉心而不容緩者。竊觀臺中果子植物，蕃衍如斯，盍不效內地製造法，裝以罐詰，則消售倍多，因偕一內地人三山氏，就內購入製造機器，並石油發動機輸，計費千餘金，將由近期船配運來臺，搬回彰化設置機場，則植物製造家，當以陳紳先得之矣。97

除了教育與集合資本以創設大工場是所有觀覽者共同的心得之外，其他一些觀覽者也注意到臺灣與日本的一些差異。例如臺北縣深坑區街長張建生、內湖區庄長張德明、陂內坑區庄長呂遷善、大坪林區庄長劉子儀（區庄長劉建勳之長男）於觀覽後回鄉召開談話會，張德明述說他赴日最大的感觸是：

警察機關之整頓，警察官吏對各人民有親切之好意，一一舉例稱揚，更稱內地下級人民之家族能協力以勤勞，因慨本島婦人昧天生自然之幸福，甘受纏足之苦痛，不能操勞動業務，自然家族中缺協力之助，各人一家生產力，較內地人位置尤劣，纏足惡習，誠宜早一日改善。

96〈觀光有感〉。

97 陳邦畿，〈觀光述談〉。

　　張建生不僅只是在報紙上發表感想而已，後來更身體力行，大力在深坑廳推動婦女不纏足的運動[98]。

　　除了讚嘆日本的進步之外，我們也發現一些臺人注意到日本農村與臺灣農村差異的文字，例如臺北廳第一區街長黃應麟就有一些與眾不同的觀察，他發現：

> 東京市街途路，固甚平坦，而溝渠之水，竟無十分清潔……九日（四月）再閱博覽會所，其殖產場陳米麥麻豆，比臺灣產尤佳，而在東京一路，所觀田園，乃似磽瘠之地，而稻草又短小，且播種全賴用肥，耕田少用牛馬，專靠人力，農業之法，殆猶未甚得宜……。[99]

　　新竹縣第十三區九芎林區長劉仁超及當地紳士劉如棟也有類似的見解，他發現京都一帶農業學校：

> 講究精熟故耳，但有赤牛並無水牛，其赤牛又較小樣，所以犁土不深，且每家所耕之田亦較狹少，不若本島人所耕廣多也，設使內地耕田變用水牛，可以深耕易耨，諒必收成倍豐矣。[100]

　　不過，儘管日本農業耕作的方法似乎不及臺灣既有的自然條件

---

98 《臺灣慣習記事》，3:8（明治36年8月），頁210。

99 〈內國觀光記略2〉，《臺灣日日新報》，1544（明治36年6月27日），漢4版。黃應麟文末另附上詩一首：「東瀛勝地久聞名，此日登臨逸興生，最羨庶民齊樂業，維新卅載見成功。」

100 劉仁超、劉如棟，〈東遊誌2〉，《臺灣日日新報》，1558（明治36年7月11日），漢4版。

佳，二劉仍然認為臺灣在交通設施、衛生條件及工業生產等方面需要急起直追，他們二人遊後的總結觀後感是：

> 人不遊歷，何由開拓心胸？不專遊觀，烏能增長識見！今予等觀光既畢，乃知本島人之風度有亟應照內地作速改良，極有利益者：橋梁道路最要宏整，其通市街之大路宜造鐵道，可以倍收載運之利。若通各庄之小路，須用人力車，以免挑擔之勞。其各街庄所有宅地內外俱宜加整清潔，非但有益於衛生，居處且極爽快。其各種製造宜購機器，各項營業須求廣大久遠之計，若目下無大資本，則須湊股集資組合會社，此本大而利乃厚也。[101]

　　這種總結印象也可以鹽水港翁煌南的文章為代表。翁氏曾經在明治32年（1899）臺灣首度舉辦的「臺南物產品評會」擔任審查員，他在東渡日本觀看博覽會後，覺得家鄉鹽水港有許多事業應該要奮力改變：

> 其中所最感者，一則製糖機器，二則揚水機唧筒，三則天然足，四則女學校，五則株式會社，六則官民相洽。此數者，均為鹽水港廳之急務者也。鹽水港廳甘蔗繁盛，有此製糖機器，

---

[101] 劉仁超、劉如棟，〈東遊誌2〉，《臺灣日日新報》，1559（明治36年7月12日），漢6版。此一說法後來在明治36年8月12日新竹廳第十六區長張來香的文章中則予以反駁，謂：「水牛本為良畜，以鍬亦為利器，牛犁則土淺，鍬挖則土深。孟子云：深耕易耨，顯有可微者，世之讀其書，何不察其理也。政府二十年來，不論農工商業，悉心考察，以改良二字，無時不掛於齒頰間，故其以馬以鍬者，耕耘不廣，肥料得法。業其業者，各盡其力，故其三耕九之預計，定符其望，斷不若臺人之貪多不務得，強耕白食者也。」張來香，〈東遊觀光日記5〉。

砂糖足以改良，旱魃多虐，有此揚水機唧筒，民食可以聊生，纏足以久，民俗未改，有此天然足之風，兒女子能興事業，亦免步履之艱，女子目不識丁，有此女學校，則女子識字，可助丈夫之業，亦可教養兒女性情。他如臺灣商業不振，有此株式會社，則資本充足，商業可以擴張。日本官民相洽，上能惠愛乎下，下能親切乎上，遠近之人情，即目前之人情。臺灣之民，同此耳目，同此性情，豈能自外於生成乎！[102]

　　總結前述的遊觀經驗，這趟臺人赴日觀看大阪博覽會的旅行，對於他們的確有許多衝擊，他們普遍認識到必須加強臺灣的教育設施，學習到合股集資創設大型工場的利益，也注意到女子受教、不纏足的重要，以及交通設施、都市景觀容貌和衛生條件的改善等等。然而，這些認識的源頭，不是來自於觀看大阪博覽會展場的結果，而是他們在「日本」這個更大的展示空間中所受到的刺激。統而論之，這個刺激促成了臺人最初對於「現代」的感受，並且在報刊的討論中，他們企圖將在日本所見到的「現代性制度」搬移到臺灣來，這種挪動借用的論述，表現了他們將「現代」視為「期待的對象、喜愛的內容和努力的方向」，而這種感受無疑表達了他們臣服於「現代性」架構下的心態[103]。

---

102 翁煌南，〈觀博覽會並至東京有感〉，《臺灣日日新報》，1569（明治36年7月24日），漢4版。

103 近年朝鮮殖民史的研究，出現了「殖民地掠奪論」與「殖民地近代化論」的爭辯，此一論點亦可在一九八〇年代臺灣研究「中國現代化」的取徑中發現。不過，不論掠奪論或者近代化論，二者其實都共同將「近代」視為一種「權威性的制度」，掠奪論強調此一權威制度的暴力掠奪面向，近代化論則強調此一制度所具有的正面功能，但二者皆不自覺地將「近代」視為「期待的對象、喜愛的內容和努力的方向」，忽略了「近代」本身不是一種分析概念工具，而應該是一種重新被反省與檢視的課題。參見並木真人著、陳文松譯，〈朝鮮的「殖民地近代性」、

　　可是，當臺人帶著這種對現代權威制度的期待和喜愛返鄉，在各種場合中發言盈庭，議論紛紛，而且似乎雄心勃勃地想要以他們觀看博覽會的經驗來改變臺灣的現況時，當時殖民政府是否真的願意配合臺人的要求？我們可以從教育與經濟兩個面向來對照臺人的希望與日後殖民政府政策之間的關係。

　　從經濟的角度來看，「合資」以建大工場是臺人觀看博覽會後的一種刺激與收穫，那麼殖民政府是否也在政策上配合這種需求，而給予臺人發展資本的空間？關於這個問題，王泰升在研究臺灣的合股經營形態時，曾特別指出，日治初期臺灣傳統的合股經營形態，的確受到日本及西方的影響，不但在契約中出現與西方法律相同的名詞，在組織形態上也有些地方異於傳統的合股組織。但是殖民政府在實定法的層面並未承認臺人這種組織形態與日本民商法中的公司相同。殖民政府判定是否為日本民法中新式公司的要件，只是該公司是否全為臺人所組成，假若該公司中的股東有一名日人，則該公司即可以民商法中的公司視之。直到1923年民商法直接施行於臺灣之後，臺人才得以自由地設立各種歐陸式的會社組織[104]。王泰升的研究給予我們一個重要的圖像，即那些參觀過大阪博覽會的臺灣人，雖然感受到新式公司組織在工商經營上所帶來的巨大利益，但是以當時殖民政府的法制環境而言，卻無法直接提供臺人完成此一希望。殖民政府帶著臺人到日本去，希望「教化」臺人的知識，但是臺人回到故鄉時，卻發現這種知識的開啟卻與現實的環境

　　「殖民地公共性」和對日協力──殖民地政治史、社會史研究之前置性考察〉，收入若林正丈、吳密察主編，《跨界的臺灣史研究：與東亞史的交錯》（臺北：播種者，2004），頁82-83。

104 王泰升，〈臺灣企業組織法之初探與省思──以合股之變遷為中心〉，收入王泰升，《臺灣法律史的建立》（臺北：國立臺灣大學法學叢書編輯委員會，1997），頁281-342。

之間有著明顯的落差。不過，儘管殖民政府並未因這種觀看後所挑起的欲望而給予適當的滿足，臺人仍然以自己的方式及力量完成他們在大阪博覽會中所接受的啟發。黃紹恆研究日俄戰爭前後臺灣人的資本動向時，即曾指出，1903年以前，臺人對於以新式會社的組織投資砂糖事業興趣缺缺，但是在1903至1907年間，這種情形卻有不少改觀。臺南三郊組成的「合興製糖會社」及高雄陳家組成之「新興製糖合社」首開風氣，此後陸續有好幾家地方士紳及豪強之家組成製糖會社[105]。

　　從教育政策來看，參觀大阪博覽會的臺灣士紳，無不以為教育是使臺灣能向上競爭的利器。日本統治臺灣之後，總督府按照伊澤修二的教育計畫，在財政上採取補助學校教育的政策，然而這個政策一直受到質疑，認為補助政策不公平，要求學校費用改由地方納稅人負責。是以1903年之後，總督府逐年降低了補助，轉而要求地方政府及臺灣鄉紳支撐初級教育的經費。從1903年開始，廳和街庄費的教育費用和國庫一樣多，1906年廳縣和地方的總支出比中央多三倍。甚而只有在當地人民願意且能夠負擔的情況下才准設立新學校[106]。除此之外，當時的民政長官後藤新平在大阪博覽會結束之後，在當年（1903）11月10日的學事諮問會上要求不要一下子開設太多學校，也不要期待立即會有滿意的成果，臺灣人已當了三百多年的中國人，要改變外國人心靈和習俗是非常困難的，因為「比目魚要變成鯛魚是一個長期而且漫長的過程」[107]。不但總督府對於擴

---

105 黃紹恆，〈從對糖業之投資看日俄戰爭前後臺灣人資本動向〉，《臺灣社會研究季刊》，23（1996.7），頁99-146。

106 派翠西亞・鶴見（Patricia E. Tsurumi）著、林正芳譯，《日治時期臺灣教育史》（*Japanese Colonial Education in Taiwan, 1895-1945*）（宜蘭：財團法人仰山文教基金會，1999），頁34。

107 派翠西亞・鶴見（Patricia E. Tsurumi）著，《日治時期臺灣教育史》，頁33-34。

張初等教育採取保守態度，在高等教育上更是如此。原本在臺北、臺中及臺南設立的三所師範學校在大阪博覽會舉行的前一年停辦了臺北及臺中的兩所，而臺南師範學校也在兩年後停辦，這三所師範學校全部合併，只剩下一所總督府國語學校師範部[108]。至於臺人殷殷期望可以發達鄉里產業的職業教育，殖民政府也一樣採取限制的政策，將訓練職業教育的任務長期局限在公學校的層次。臺灣開始有中等以上的職業學校，一直要等到大阪博覽會結束之後十六年才問世[109]。殖民政府的教育政策使得臺人只能獲得初級的職業技術與知識，以提供新式行業中低階層的人力需要，而較精細的技術與知識則仍留控在日本人的手裏。

　　從殖民統治的政策來看，我們可以發現，臺人在遊觀博覽會後的這些認識似乎也都與日本統治臺灣後的一些施政重點密切相合，例如「斷髮、放足」是治臺初期的二大政策，發展糖業是兒玉—後藤時期最重要的殖民經濟政策，普及新式公學校則是貫徹同化主義的重要管道。臺人發言振興教育時，正好與日本政府希望地方紳士能出錢辦學的政策相符；臺人認識到合資公司對工業生產的好處也與日本希望臺人能投資與糖業或相關產業的目標相合。因此，臺人在《臺灣日日新報》上刊載的博覽會觀看心得等於是強化了殖民統治「殖產興業」政策的合理性，也進一步具有宣傳上的正面效果。然而，博覽會「文明開化」的果實卻不能與臺灣人進一步分享，因為，任何足以「開化」臺人的措施都會危及日本對於臺灣的殖民統治。

---

108 派翠西亞・鶴見（Patricia E. Tsurumi）著，《日治時期臺灣教育史》，頁19。

109 派翠西亞・鶴見（Patricia E. Tsurumi）著，《日治時期臺灣教育史》，頁45, 65-85。

第三節　承續、複製與變形：大阪博覽會的餘波

　　就日本的角度而言，大阪博覽會可謂極為成功的博覽會，不僅
規模遠遠超過前四次內國勸業博覽會，更意圖朝向萬國博覽會的目
標邁進。就臺灣總督府而言，此次博覽會成功地塑造了殖民統治臺
灣成功的形象，也同時創造了許多建構殖民地臺灣的形象元素。從
1902至1903年間，日本在國際外交上也有許多斬獲，其中尤以
1902年與英國締同盟，更讓日本以為自己已躋身列強之林。挾帶著
想像成為帝國的信心，在大阪博覽會的隔年，一方面與俄國發生日
俄戰爭，另一方面則參與1904年在美國聖路易舉辦的萬國博覽會。
而日俄戰爭的勝利，更讓日本志得意滿，在這種氣氛下，1907年東
京舉行的東京勸業博覽會和1910年在倫敦舉行的日英博覽會，可謂
充分反應日本想像成為帝國的企圖。博覽會所建構的帝國圖式，不
僅反映在日本參與外國的博覽會，它更滲透到在日本內部舉辦的博
覽會及地方勸業共進會。以下我們將以1904年美國聖路易萬國博覽
會、1910年倫敦日英博覽會、1907年東京勸業博覽會及1910年群
馬縣關東東北勸業共進會等四次展示活動為例，說明大阪博覽會所
創造出的殖民地臺灣的形象元素，如何在這四次展示活動中不斷複
製與變形的過程。

一、1904年美國聖路易萬國博覽會

　　就在日本決定舉辦大阪第五回內國勸業博覽會的同時，美國也
決定要在同一年（1903）舉行慶祝購買聖路易一百年的博覽會。由
於與大阪博覽會時間重疊，日本原本不打算參加聖路易萬國博覽
會，不過，由於美國籌備聖路易萬國博覽會的進度落後，不得已延
期一年於1904年舉辦，因而燃起日本參加該會的念頭。日本的帝國
議會於1903年7月通過了八十萬元的預算作為補助參加此次博覽會

的經費。日本考慮參加聖路易萬國博覽會，最主要的因素，除了希望擴大對美國的貿易並爭取世界各國對日本及其殖民地的投資外，另一個重要的考量，即為日俄戰爭開戰在即，希望藉此博覽會改變西方各國對於日本的觀感並爭取各國認同日本發動日俄戰爭的正當性[110]。

　　在此次博覽會中，日本共分配到十三萬平方公尺的展示面積，其中不論就展品數量或展示面積而論，則人文教養與工業兩部比重最大，農林漁業及園藝次之（見表格3-7）。臺灣總督府為了參加此次博覽會，於明治36年（1903）年起，連續二年共編列72,000元的預算以為支應。總督府規畫展出的方針為「展示本島富源並求重要產物販路擴張」，並考慮歐美人的嗜好，由各地方官廳挑選適當物品參展，總督府則展出茶、森林資源、樟腦及有關臺灣統治的各種照片、圖表及官方報告等[111]。同時為求擴張臺茶在美國市場的銷路，特別在日本館內興建了一棟臺灣喫茶店。

　　在聖路易萬國博覽會中，臺灣共展出189位參展者的242件物品。這242件物品中，農產品就占了182件，而又以81件茶業展品比重最大，總督府欲藉此會強力推銷臺茶的用心由此可見一斑，而總督府則展出木材、苧麻、樟腦等物件，以及臺灣地圖、氣象報告、統計圖表等宣傳統治政績之物件，以及44幀原住民照片。由於

---

110 伊藤真實子，〈一九〇四年萬國博覽會日露戰時外交〉，《史學雜誌》，112: 9（2003.9），頁79-83；Neil Harris, "All the World a Melting Pot? Japan at American Fairs, 1876-1904," in Akira Iriye ed., *Mutual Images: Essays in American-Japanese Relations*, Cambridge, Mass.: Harvard University Press, 1975, pp. 24-54; Carol Christ, "Japan's Seven Acres: Politics and Aesthetics at the 1904 Louisiana Purchase Exposition," *Gateway Heritage*, Vol. 17, No. 2, (1996), pp. 2-15。

111 農商務省編，《聖路易萬國博覽會本邦參同事業報告》（東京：農商務省，1905），頁457。

表格3-7　1904年美國聖路易萬國博覽會臺灣出品項目部類別

部別	名　稱	臺灣參展品		全日本參展品	
		件數	人數	件數	人數
1	教育			1,437	36
2	美術			268	158
3	人文教養	2	1	45,679	187
4	工業	37	16	45,256	1,451
5	機械			151	7
6	電氣			73	8
7	通運			333	10
8	農業	182	156	11,744	383
9	園藝			4,531	27
10	林業	16	11	6,814	58
11	採礦冶金			2,330	45
12	漁業狩獵	5	5	7,684	69
13	人類學			46	1
14	經濟			917	6
15	體育			62	3
	合計	242	189	127,325	2,449

資料來源：《臺灣日日新報》，442（明治36年2月22日），漢2版。

展品幾以農產品為主，因此在農業宮中的日本館裏，還特別配置了
其中一隅以安置臺灣的展品（見地圖3-4及圖版3-13）。由於臺灣喫
茶店及農業宮中臺灣部的空間設計者田島穧造與橫山壯次郎二人均
參與大阪博覽會臺灣館之監督設計[112]，因此會場中的臺灣區表現出
與大阪博覽會極為相似的面貌。進入農業館後首先見陳列者為日本
農產品的陳列區，第二部分才是臺灣農產區。在農業館中日本全力
主打茶及醬油兩種物品，而臺灣區則以茶及樟腦比重最大，茶在這

112 農商務省編，《聖路易萬國博覽會本邦參同事業報告》，頁458。

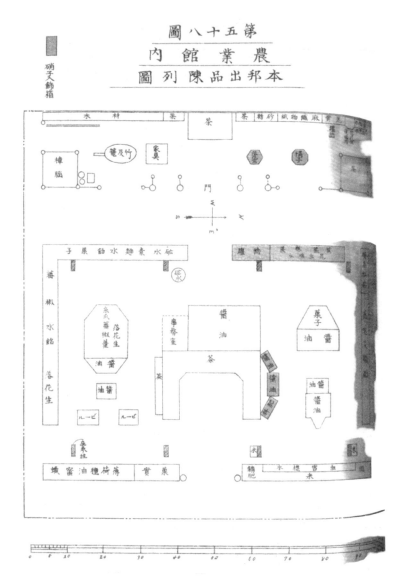

地圖3-4　1904年聖路易萬國博覽會農業宮日本館中之配置。

資料來源：轉引自農商務省編，《聖路易萬國博覽會本邦參同事業報告》，頁350。

圖版3-13　聖路易萬國博覽會農業宮中臺灣出品陳列區側寫

說明：對照：農商務省編所編《聖路易萬國博覽會本邦參同事業報告》中農業館展品
　　　配置圖，本張照片右側為農業館日本部中臺灣區的正門，大阪博覽會臺灣館正
　　　前方的舉人旌旗旗竿於此處則被移置於正門屋脊，並懸以彩色旗幟，以增加高
　　　度爭取群眾目光。圖正中央之櫥窗所陳列者即為惜字亭造型之樟腦塔，櫥窗右
　　　側為臺灣地圖。
資料來源：轉引自農商務省編，《聖路易萬國博覽會本邦參同事業報告》，頁350。

兩區中均放置在通道入口最容易引人注目的位置，此外大阪博覽會
中以樟腦為材製成的惜字塔再度於此區中出現。然而，儘管臺灣農
業中米乃為最重要者，但在展品中卻不見蹤影，而日本米產卻能占
據入口外側右列的櫥窗，搶得過往觀眾目光的先機。整體而言，農
業宮裏的臺灣仍然是經過「市場區隔」考量之後篩選出之物件，而
這些物件所欲表現者有二，一為臺灣乃「帝國」之殖民地，二則為
此一殖民地之富源因日本之殖民而得以開發利用。此外，儘管聖路
易萬國博覽會中大張旗鼓地設立了人類宮，美國更從菲律賓送來一
千餘名原住民在會場中特設了菲律賓村，日本雖未將臺灣原住民送

至會場展示，取而代之展示的卻是北海道的愛奴人[113]。由於文獻未能提供任何線索說明總督府未展示臺灣原住民的理由，我們推測可能有四個因素，一為受日俄戰爭影響，日本郵船及東洋汽船會社船隻大都徵調用於備戰，展品之運送受到壓縮；其次戰爭期間財政吃緊，經費節縮；三則是顧慮大阪博覽會中人類館事件的影響，第四則可能是大阪博覽會中展示原住民反而讓觀眾加深臺灣仍為野蠻未開化的印象，為在國際社會中建構臺灣統治成功的政績，因此不做人種展示之安排，更重要的原因是，殖民政府此時對於臺灣原住民的政策正處於改弦更張之際，殖民初期對原住民的「撫綏」政策，正朝向改以鎮壓的方向前進，1906年第五任總督佐久間左馬太上任後，立即著手進行五年理番計畫，以「北剿南撫」為目標，對北部泰雅族採取血腥軍事鎮壓，對南部「歸化」較深之原住民則採撫順政策。持地六三郎在大阪勸業博覽會舉辦的前一年，即為總督府擬訂了新的原住民政策，其主要目標有二，一為控制廣大山區的樟腦與林業資源，二為杜國際悠悠之口，以強力鎮壓山區原住民之策，以展現帝國對山區具有「實質統治權」，證明日本對山區具有施行國法之實，以杜過去「牡丹社事件」日本藉口清廷對原住民「化外之民」的說詞[114]。不過，不論理由如何，日本並未放棄在國際社會中展示其「開化」臺灣原住民政績的想法，聖路易萬國博覽會結束六年之後，臺灣總督府在1910年的日英博覽會中找到了可以大張旗鼓展示其對臺灣原住民「教化」成績的機會。

---

[113] Lewis Carlson, "Giant Patagonians and Hairy ainu: Anthropology Days at the 1904 St. Louis Olympics," *Journal of American Culture*, No. 12, (Fall 1989), pp. 19-26.

[114] 持地六三郎，《臺灣殖民政策》（東京：富山房，1911），頁376-97；小島麗逸，〈日本帝國主義的臺灣山地支配──到霧社蜂起事件為止〉，收入戴國煇編著、魏廷朝譯，《臺灣霧社蜂起事件：研究與資料》（上冊）（臺北：遠流，2002），頁62-113。

　　另一個出現臺灣的地點則為通運宮中，放置了巨大的臺灣地理模型和全日本地理模型。

　　當然，在整個日本展示空間中，受到大眾矚目，乃為臺灣喫茶店。此建築位於日本館庭園入口處，另一棟由日本茶商公會經營的喫茶店則放置在日本館的中心位置，而以金閣寺的造形呈顯（見地圖3-5及圖版3-14、3-15）。

　　總督府對於將臺灣茶參展聖路易萬國博覽會，提出了一套構想：擺脫過去與日本茶商公會共同展示經營茶產的模式，以便單獨凸顯臺灣烏龍茶的特殊性，在此構想下，總督府希望能直接透過聖路易當地的製茶商人推廣臺茶。具體的做法，則是在博覽會會場廣設廣告、將臺茶標樣與宣傳印刷品直接發送給聖路易市大小販商，

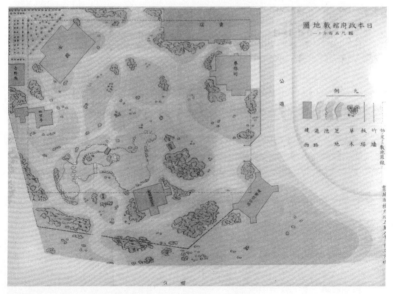

地圖3-5　聖路易萬國博覽會日本館庭園平面圖

資料來源：轉引自農商務省編，《聖路易萬國博覽會本邦參同事業報告》，頁350。

圖版 3-14　聖路易萬國博覽會日本館場景。照片左下方亞字形三層尖頂建築即為臺灣喫茶店

資料來源：轉引自 Timothy J. Fox & Duane R. Sneddeker ed., *From the Palaces to the Pike: Visions of the 1904 World's Fair*, St. Louis, Mo.: Missouri Historical Society Press, 1997, p. 255。

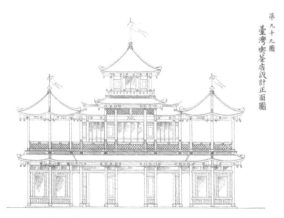

圖版 3-15　聖路易萬國博覽會日本館中臺灣喫茶店立面設計圖

資料來源：轉引自農商務省編，《聖路易萬國博覽會本邦參同事業報告》，頁350。

當地商販若有需求則隨時以現品交易；另外，也採用了頗為靈活而嶄新的行銷手法，即透過當地社交活動提供茶品飲料以達宣傳臺茶，並且在旅館食筵菜單中插入臺茶食譜與菜單。除開藉博覽會期間強力推銷臺茶外，也希望藉博覽會調查臺茶的市場聲譽與市價，以作為推廣臺茶的商業情報來源[115]。由於有這些靈活的行銷手法和敏銳的商情資訊，聖路易萬國博覽會期間臺灣喫茶店共有112,829人造訪，共計收入9,919.60美元[116]。

　聖路易萬國博覽會加強了總督府對於喫茶店作為日後拓展臺茶手段的信念，我們可以說，經歷1900年巴黎萬國博覽會、1903年大阪博覽會及1904年聖路易萬國博覽會臺灣喫茶店成功的經驗，使總督府加強了以喫茶店作為向外拓展臺茶手段的信念，這個信念在經歷1907年東京勸業博覽會的加工變異之後，就定格化成為日後所有博覽會展示中展出臺灣最重要的手法。

二、1907年東京勸業博覽會

　舉辦此次博覽會，表面上的理由是東京自1890年（明治23年）舉辦第三回內國勸業博覽會之後，就再也沒有舉辦過博覽會；原本此次要舉辦的是共進會的規模，但東京府獨排眾議，認為應該要舉辦規模更大的博覽會，以彰顯帝都的容貌與繁盛[117]。而實際上此次博覽會也與日俄戰爭之後如何發展日本的實業有密切關係。日本雖於甲午戰爭得巨額賠款，財政頗為餘裕，然日俄戰爭後則有十數億

115《臺灣日日新報》，1514（明治36年5月20日），漢3版。

116〈北米合眾國聖路易博覽會臺灣喫茶店實數及ヒ收入金額報告ノ件〉，《臺灣總督府公文類纂》甲種永久保存第4864冊，第10門「殖產／博覽會類」第5號，明治35年7月15日。

117 山下重民，〈論說──東京府勸業博覽會〉，《風俗畫報增刊：東京勸業博覽會圖會》，360（明治40年3月25日），頁1。

表格3-8　1904年美國聖路易萬國博覽會臺灣出品項目及數量

各廳出品			官廳出品	
品目	點數	人數	品目	點數
製紙	2	1	苧麻布	19
菸草盒	2	2	竹盆栽	5
錢包	1	1	森林寫真	12
竹籃	5	2	森林材鑑	22
藺製餐盤墊	1	1	竹材鑑	10
藺及月桃草製皮包	4	2	樟腦（惜字塔）	1
桌子	4	2	樟腦（惜字塔）	4
簞筒	1	1	樟腦油	2
帽架	1	1	樟腦附產物賽璐珞	3
藺及林投製帽子	18	4	樟木片	1
落花生	21	19	楠葉	1
製茶	81	72	楠實	1
水果罐頭	4	1	鋼琴用材樣本	2
乾薑	2	1	磨出用材樣本	4
乾龍眼	18	18	番人土俗寫真	44
砂糖	11	6	番人相貌圖	1
黃麻苧麻	18	18	番族分布圖	1
鳳梨纖維	9	6	地質礦產圖	1
薑黃	17	14	產業分布圖	1
木材竹材	13	9	臺灣外國間貿易統計表	1
薯榔	1	1	景色寫真	2
蓮草	2	1	臺灣氣象報文	2
歸芝棉	1	1	臺灣位置關係圖	1
夜光具殼（燈罩）	5	5	製紙原料	6
計	242	189	製茶	18
			茶業寫真	28
			竹筏模型	2
			計	196

資料來源：農商務省編，《聖路易萬國博覽會本邦參同事業報告》，頁261-63。

的國債負擔[118]，而戰後儘管日本自認為躍升為世界一等強國之林，但「軍備充實」仍為要務。而充實軍備，則首在整理財政，發展實業，改良工藝，刺激輸出以發達「國家經濟」。明治38年（1905）12月11日乃由東京府會提出開設製作品大共進會的提案，而東京勸業協會及東京實業組合聯合會亦有相似的想法，因而得以成行[119]。

　　此次博覽會的展示架構迥異於過往歷次的內國勸業博覽會，首重教育與家藝。第二部和第三部才是美術與圖案。第四至六部及十二、十四至十五部為傳統博覽會既有的農業園藝、林業狩獵、水產和染織、礦冶及機械等部；另外單獨將飲食品及服飾部獨立列部，反映了明治末期日本都市市民消費生活意識的抬頭。而最後一部（第十九部）陸海軍用品及武器不僅為過去歷次內國勸業博覽會所無，也充分表現了日本經歷日俄戰爭後軍國主義高漲的色彩。

表格3-9　1907年東京勸業博覽會展示部類表

第一部	教育、家藝	第十一部	皮革、羽毛、牙
第二部	美術	第十二部	染織、刺繡角、介甲製品
第三部	圖案	第十三部	被服、裝身具、攜帶品、
第四部	農業、園藝		組編物、布帛製品
第五部	林業、狩獵	第十四部	採礦、冶金
第六部	水產	第十五部	機械
第七部	飲食品	第十六部	運輸
第八部	化學製品	第十七部	建築土木
第九部	窯業品、金石品、塗物	第十八部	經濟、衛生、救濟
第十部	木竹製品、紙製品	第十九部	陸海軍用品及武器

---

118 1904至1905年間，日本為籌措日俄戰爭的費用所發行的公債高達十五億四千萬元，其中外債就占了十二億三千萬元。見神田恆雄，〈財政政策金融構造〉，收入石井寬治、原朗、武田晴人編，《日本經濟史2：產業革命期》（東京：東京大學出版會，2002），頁92。

119 〈東京勸業博覽會開設由來〉，《風俗畫報增刊：東京勸業博覽會圖會》，360（明治40年3月25日），頁2-3。

表格 3-10　第一會場館舍配置

館別	坪數	展示內容
一號館	1,981	教育學藝品（第一部）、採礦、冶金（第十四部）、化學製品（第八至十一、十三部）、
二號館	1,248	工業品、農業園藝林業狩獵水產（第四至六部）、建築土木經濟衛生救濟（第十七至十八部）
三號館	809	染織刺繡被服（第十二至十三部）
四號館	280	陸海軍用品及武器（第十九部）、東京市役所各種出品
五號館	68	統監府、農商務省出品
美術館	74	東洋畫、西洋畫、雕像、鎚起像、鑄像、雕版篆刻、美術工藝品、建築圖案、美術及工業圖案、廣告表紙
蔬菜館	62	野菜及果物
赤十字社出品館	45	

表格 3-11　第二會場館舍配置

館別	坪數	展示內容
外國製品館	1,512	機械及汽罐汽器、織物、時計、染料、化妝品、酒類、樂器、食器、鐵砲果子、其他各種製品
機械館	504	各種機械及汽罐汽器
臺灣館	200	總督府出品
發動機家	120	日本體育會各種出品
三菱館	82	礦山及造船各種出品
瓦斯會社出品館	92	該社製品
鈴木鐵工所出品館	120	機械汽器
田中商會出品館	40	
水族館	50	

　　本會會址仍然選在具有悠久博覽會展場歷史的上野公園，靠近帝室博物館附近分別為第一、三會場，主會場的第一會場裏安置一至五號館，第三會場則為體育館，第二會場的外國製品、機械、臺灣等各館則環繞不忍池畔而建。受限於上野公園空間的限制，儘管

展品分類裏將教育列為首部，但實際上展品的空間安排，第一號館
內除了教育品展示外，卻將採礦冶金及化學兩部也並列其中，展品
分類的優先順序在實際空間安排中並沒有充分地反應出來。

由於明治政府已宣布計畫於1912年舉辦日本第一次正式的萬國
博覽會，擺脫過去只局限內國「勸業」形式的博覽會，因而東京勸
業博覽會被視為是1912年日本萬國博覽會之前的熱身運動，是以在
第二會場，特別闢出1,200坪的「外國製品館」，其二樓並設貴賓
館，為招待國內外政要之所。第二會場看似缺乏明確的展示架構，
但在此空間內將臺灣館及外國館合併安置，空間上可以明顯看到仍
然延續了臺灣為「外地」的想法；而實質控制朝鮮半島的「統監府」
則與日本中央的農商務省置於第一會場的五號館，殖民地的位階差
異在此表露無疑[120]。此外第二會場實際上深具有濃厚的娛樂性質，
除了在此設有奏樂堂和實際具有娛樂性質的「教育水族館」，和仿
效1893年芝加哥博覽會摩天輪而建之觀覽車，以及利用不忍池之水

---

[120] 日本藉日俄戰爭之機，以保護韓國為名，與韓國簽訂了「日韓議定書」，並以軍事
運輸需要為由，建築京釜、京義和馬山等三條鐵路。1905年在不顧韓國皇帝反對
的情況下，日本駐日公使林權助與韓國外部大臣朴齊純簽定「第二次韓日協約」
（韓國史稱之為「乙巳條約」）。1907年7月，就在東京舉辦勸業博覽會的同時，日
本逼退反對韓日協約的韓國高宗皇帝，扶植其皇太子繼任為純宗，並進一步在韓
國設立了「統監府」，由伊藤博文為首任統監，伊藤上任後即與純宗皇帝簽署「韓
日新協約」，賦予統監府得以制定法令、重要行政處分、任命高級官吏等權，實質
控制了韓國的政府。參考韓永愚著、吉田光男譯，《韓國社會の歷史》（東京：明
石書店，2003），頁487-93。實質控制韓國，給予日本經濟極大的利益，1907年
由韓國輸往日本的稻米價值7,995,000日元，占當年日本輸入稻米總值的25.8%，
而前一年（1906）的比重只有6.0%；1908年日本外銷的棉織中，有23%是輸往
韓國，領有韓國對於日本帝國經濟的影響，可見一斑，是以東京勸業博覽會中首
度設置統監府的館舍，正好表明日本進一步控制韓國的意圖。Peter Duus, *The
Abacus and the Sword: The Japanese Penetration of Korea, 1895-1910*, Berkeley: University of
California Press, 1995, pp. 201-41; 270-82。

圖版3-16　1907年東京勸業博覽會期間，《風俗畫報》為臺灣館所繪之彩色跨頁插畫。

資料來源：轉引自《風俗畫報增刊：東京勸業博覽會圖會》，361（明治40年3月25日）。

建造一座滑水衝浪車之外，東京府及其他各府縣的三百餘家賣店亦環池而立。臺灣館建坪173坪，朱丹色的建築懸以上千盞電燈，夜間立於池畔觀看「宛如龍宮城」，對照臺灣館後方仿文藝復興式巨大的純白色外國製品館，紅白相間東西參差，「最為美觀」，以至於再度在《風俗畫報》上獲得了兩跨頁的彩色繪圖[121]。在這樣的背景下，臺灣館從大阪博覽會中原本具有宣傳殖民地政績的功能，一變而為一種純粹觀覽娛興的作用。博覽會開幕的第一天，風雨交加，這座宛如龍宮的臺灣館也嚴重漏雨。

　　除了娛樂氣氛濃厚外，第二會場也充滿了商業色彩。日本的私

<hr />

[121]《風俗畫報增刊：東京勸業博覽會圖會》，361（明治40年3月25日），頁24, 25。

人會社紛紛在不忍池畔興建自己的專屬館，如三菱財閥的三菱館、東京瓦斯會社的瓦斯館、鈴木氏發明機械館和大阪鐵工所與田中商會的自建館均在其中。此外第一會場中的染織館則為服飾店龍頭三越吳服店的天下。這些參展內容，充分呼應了主辦這場博覽會「整理財政、發達實業」的目的。

在這樣充滿異國驚奇與商業色彩濃厚的會場裏，臺灣館的展示其實也朝著這個方向進行。曾為1903年大阪博覽會臺灣館撰寫導覽手冊的總督府囑託月出皓，此次再度為本會的臺灣館執筆編寫《臺灣館》一書。根據他的記述，進入臺灣館的大門兩邊門柱上掛著「祥雲浮紫閣」和「喜氣繞朱軒」的紅聯。門外的埕地覆以宜蘭產的石板石，另在左右迴廊排列各種熱帶植物的盆栽。門外仿效大阪博覽會的設計，立了舉人旗桿旌表。

進入館內後，分中央及左右廳堂等三處展示場地。中央廳堂上方懸掛了題有「新富源」的匾額，正面兩楹上則有「鑄山煮海皇運隆昌南北東西既庶既富」和「利用厚生大道恢廓士農工賈克豐克亨」的對聯；其旁外柱則為「仁風萬里鼓腹擊攘樂熙熙」與「皇化十年嵩呼華祝歡皞皞」之聯句。正廳是為林業部及礦業物品的陳列所，因此放置了桂竹林及檳榔林的照片；基隆金瓜石山模型，以呼應匾額「新富源」和對聯「鑄山煮海利用厚生」的意象。在礦山模型左方則擺置了容積較大的臺灣家具，如籐製[122]、木工[123]、皮革[124]及埋木（筍接）細工所做成的家具。這些物品的配置，並沒有什麼特

---

122 籐製品如籐椅、籐製手提包、提籠、角架等。

123 包括以梢楠、茄苳等木材做成的簞笥、桌子、書架、茶具架、鏡臺、置物櫃、硯箱和菸草盒等。月出皓的手冊中特別強調這些木工製品都是在「內地人監督下由島民製作而成」。

124 皮革製品主產地為臺南、嘉義、臺北等地。以水牛及黃牛皮製成。皮革有由大陸輸入，也有臺灣本地產的水牛皮。

別的安排，彼此之間缺乏任何屬性上的關係，因此頗為雜亂。第二部分是砂糖陳列區場。除了介紹甘蔗品種及臺灣製糖株式會社、鹽水港製糖會社及大目降糖業試驗場等照片。而在此區中亦擺設許多日人在臺開設之果子店的製品，如芭蕉果、羊羹、煎餅等和鳳梨糕、李仔糕，並且特別推薦龍眼乾。

　　緊接著砂糖陳列區之後，為茶陳列區；然後是穀菽類陳列區，在此區內擺設了由容器堆疊而成的六角型展示塔，主要陳列品為米麥粟稷薑黃大菁種籽豆類花生；緊接而來的是農事試驗場所收集的臺灣農具展示場。接續而來的是米粉、麵、果子類、芭蕉、鳳梨等水果，配以蓪草製成的屏風；然後是各種纖維製品，包括黃麻、鳳梨纖維、三角藺等；看過此區後，接下來是各種酒類及油類製品的展示。

　　離開此區後，接下來的展示主體是林業和水產業陳品，和礦業陳品，最後是臺灣內部的工業品陳列。手冊中以「本島工業極為幼稚」來等級化這些物品的位階，陳列品包括各種衣裝、大甲帽林投帽、菸草、眼鏡袋、手帕、竹器、紙製品（如祭拜用之金銀紙及由日本引入製作的美濃紙等）、線香及藍靛等。最後則是臺灣館中另一項引人注目的展示，即以樟腦為材製成的「凱旋塔」[125]。

　　或許受到大阪博覽會「人類館事件」的影響，在東京勸業博覽會中，不再有任何人種展示的項目，是以臺灣原住民的展示在此次博覽會臺灣館中極不起眼，只選列了一些作為「土俗研究」之用的參考品，如泰雅族以苧麻織成的衣物籐製器具、熊皮帽；阿美族女子搬運東西所用的戴籃（頂在頭上的籃子）及阿美族男子以豬牙串

---

[125] 月出皓編，《臺灣館》，頁18-73；《風俗畫報臨時增刊：東京勸業博覽會圖會》，363（明治40年6月10日），頁15-17。

成的手環等而已[126]。儘管沒有原住民的展示，但臺灣館喫茶店的女侍，以及月出皓所編之手冊中，仍然持續傳遞著殖民上國文化優越而殖民地臺灣落後的差異建構，言漢人則「風行吸食鴉片及嚼檳榔，迷信之念尤深」；言原住民族則「雖有種族智識高下之分，然概屬未脫蒙昧蠹（？）愚」之態[127]。

月出皓所編的手冊，最後記載了臺灣館最吸引人的部分，就是「臺灣喫茶店」和賣店。此次博覽會臺灣館由於紅色樓宇矗立在不忍池畔，旁邊配以全然歐式建築的機械館，極為搶眼，因此在博覽會中，是最受注目的焦點之一，不過，民眾真正喜愛臺灣館的，並非其內部的展品，而是二樓臨著不忍池畔的風光及喫茶店烏龍茶和少女侍者。此外，二樓賣店內亦陳列曾獲美國聖路易萬國博覽會名譽金牌之臺灣製帽會社出品之紳士帽及夏帽等[128]。

此次博覽會，臺灣展品中田中長兵衛、藤田組、木村久太郎等人的金礦產品，以及臺灣製糖會社的展品獲得了紀念名譽銀牌，一等賞則為臺北製茶聞人陳瑞星、鳳山專門生產鳳梨罐頭的岡村庄太郎、鹽水港製糖會社及新興製糖會社；以及淡水的臺灣製帽合資會社。

三、1910年關東東北一府十四縣聯合共進會

1910年當日本與英國在倫敦舉辦盛大的「日英博覽會」的同時，日本國內也有兩項中等規模的地方型「共進會」，一為4至6月於名古屋市舉辦的「關西府縣聯合共進會」，一為明治43年（1910）9月17日至11月，在群馬縣前橋市前橋公園舉辦了「關東東北一府

---

126 月出皓編，《臺灣館》，頁72-73。

127 月出皓編，《臺灣館》，頁15-16。

128 《風俗畫報臨時增刊：東京勸業博覽會圖會》，363（明治40年6月10日），頁17。

十四縣聯合共進會」。「關西府縣聯合共進會」會場占地九萬餘坪，主館面積一萬四百餘坪。總督府亦在會場中營建260坪的臺灣館，並選967件物品展出。最初《臺灣日日新報》原本鼓吹應仿效大阪博覽會之法，從臺灣各地大小廟中擇一拆遷至名古屋會場，以作為日後「永久之紀念」[129]，但顯然此舉耗資甚多，故後來決定之規模僅為臺式木造二樓建築[130]。不過臺灣館在一片「白螢圓頭」的西式建築中加入了「紅桂丹花」，被稱為是「共進會第一樓」。可以說明前述臺灣館造型色彩元素複製摹寫的另一證明[131]。《臺灣日日新報》雖然有連續的報導[132]，但是由於筆者未能掌握更為細緻的材料，且報紙中刊登之照片圖案頗為模糊，相對於群馬縣所留之資料較為完整，因此此處僅以群馬縣作為代表進一步分析其內涵。

　　在群馬縣前橋市所舉行的「關東東北一府十四縣聯合共進會」[133]，會場共計三處，占地19,000坪，共計有84,813件展品。主會場為一近似M字型配以類如傳統中國城池「馬面」的結構，每個馬面為各館的入口。主會場計有蠶絲、特許、礦業及雜工業、林業、水產、農業、染織和雜工業等館[134]。主會場外有一狹長通道，

---

[129]〈臺灣館設計〉，《臺灣日日新報》，3277（明治42年4月6日），3版。

[130]〈共進會出品準備〉，《臺灣日日新報》，3392（明治42年4月23日），3版。

[131]〈共進會縱覽記（三）〉，《臺灣日日新報》，3606（明治43年5月6日），4版。

[132] 分別為第3592-594, 3597, 3600, 3602-607（明治43年4月20日至5月7日）。

[133] 群馬縣境內渡良瀨川上游，為日本最大的銅礦生產地「足尾礦山」所在地。1890至1900年間，該地爆發了明治維新以來，最嚴重的工業公害事件「足毛礦毒事件」。見村上安正、原一彥，《產業革命の日本の展開──近代礦業技術の形成と勞動力》及東海林吉郎、布川了，〈足尾と毒事件と農民──土とテクノロジーの矛盾、對立──〉，均收入飯田賢一編，《技術の社會史》（第4卷：重工業化の展開と矛盾）（東京：有斐閣，1982），頁20-140。

[134] 豬谷秀曆攝，《群馬縣主催一府十四縣聯合共進會紀念寫真帖》（前橋市：群馬縣協贊會，明治44年）；《風俗畫報》，414（明治43年9月25日），頁18-21。

兩旁為各府縣林立的賣店，而在通道的盡頭，則為臺灣館。整個群馬共進會的主會場為歐洲文藝復興式純白色建築，臺灣館的朱紅色建築就顯得十分搶眼。館舍正門外仿大阪博覽會臺灣館，立了舉人的旌旗桿，正門則仿東京博覽會臺灣館的對聯裝飾，兩旁門柱書以「可以阜民財」、「可以培國力」對仗不通的聯句，房內則掛以八仙彩帳。館內陳設農產品437件、林產98件、礦產7件、水產21件、雜工品180件及參考雜品184件，共計921件的展品。就農產品中，米及菸草數量最多，林產品中樟腦為最，雜工品則以竹細工、大甲藺製品及「番布」為勝，參考雜品則多臚列甘蔗、農作物之害蟲標本為主，佐以製茶、林業、糖業和恆春種畜場照片38幀[135]。

群馬縣共進會與先前在歷次在其他縣境內舉辦之共進會有許多相似之處，即臺灣的展品仍然與其他各縣展品區隔開來，只為「參考品」，同樣的，臺灣館也獨立於其他各府縣之外，更有甚者，延襲了東京勸業博覽會的娛樂性，將臺灣館置放在娛樂區裏，而這個具有娛樂功能的臺灣館，在二樓依然有喫茶店和臺灣女侍。不過值得注意的是，在總督府所編的手冊裏，向日人介紹烏龍茶的飲用法，建議加上牛乳及糖的西式喝法，換言之，對於日本人而言，烏龍茶濃澀的口味必須包裝上西式的飲法才能入口。在整個會期間，臺灣喫茶店湧入了11,586人，賣店裏的樟腦、番布提袋、龍眼乾及香蕉煎餅銷路最佳，總計賣店的收入為2,722元[136]。

四、1910年日英博覽會（Japan-British Exhibition, 1910/5/1-10/31）

1908年日本舉辦「東京勸業博覽會」時，英國和法國為展示其

---

135 吉井弘治編，《臺灣館》（未附出版者，1910年，國立臺灣大學圖書館藏），頁37-130。

136 吉井弘治編，《臺灣館》，頁130-32。

相互間友好的關係，增進彼此政經與文化的交流，乃在倫敦合辦了一場「法英博覽會」（The Franco-British Exhibition, 1908/5/14-10/31, Shepherd Bush, London），這場博覽會頗為成功，吸引了近八百四十萬人次觀覽，並且淨賺了四十二萬英鎊。這場博覽會的主辦者齊勒非（Imre Kiralfy）早在1902年英日同盟締結之年，即向日本駐英公使林忠表達希望能和日本合辦一場博覽會的意圖，林忠未置可否，齊勒非乃轉而與法國接觸，最後促成了1908年法英博覽會。這段時間裏，儘管日本在日俄戰爭中獲得勝利，在歐美外交地位驟升，但是日俄戰爭後日本勢力進入中國東三省，與英美同時競爭東三省鐵路的興築與經營，以及日英博覽會舉行期間宣布正式併吞韓國[137]，使英美民間對於日本的惡感卻日益加深。日俄戰爭結束後，日本的外債持續增加，對美英的貿易逆差不斷擴大，從財政外交與貿易的角度著眼，日本認為此時與英國合辦一場博覽會，或許可以化解英國國民對日本的惡感，增加對日本及其殖民地的投資，並順利取得英國的借款，基於這些考量，乃決定接受齊勒非的再度建言，於是有1910年日英博覽會的產生。[138]

---

[137] 日本於1904至1905年間與韓國分別簽訂第一及第二次日韓協約，以派遣軍事顧問、警察及教育顧問的方式實質控制韓國政局，1907年7月強迫反對簽訂上述條約的高宗皇帝退位，另立太子即位（是為純宗皇帝），並設立統監府全面控制韓國政局，由伊藤博文出任首任統監。1910年寺內正毅出任統監後，隨即於8月29日要求純宗皇帝退位，與當時總理大臣李完用簽訂「韓國合併條約」。參見韓永愚著、吉田光男譯，《韓國社會の歷史》，頁490-93。

[138] 英國官方對此博覽會的態度並不積極，從開始即設定此會乃日本與英國私人企業之間的事，且認為此次博覽會對於日本產品在英國銷路大有幫助，但對於英國產品銷日卻未必有明顯的效果，而齊勒非在英國中上流社會的風評不佳，加以英國政府從未像日本政府那樣補助博覽會的政策傳統，因此本會英國政府僅在形式上給予支持。參見Ayako Hotta-Lister, *The Japan-British Exhibition of 1910: Gateway to the Island Empire of the East*, Richmond, Surrey: Japan Library, 1999, pp. 9-43。

　　這場博覽會的主要目的之一，既在打開日本產品在英國及歐洲的銷路，又意欲吸引英國資本投資日本及其殖民地事業，因此，這次博覽會可說全以經濟目標為考量，是以日本在國內進行出品勸誘時的分類架構，是以「普通商品」、「指定出品」（多以教育農業園藝林業礦業及水產等物為主，由各主管省選拔）、「古美術品」、「婦人出品」、「歷史出品」、「合同出品」（又分全國合同出品及地方合同出品）及「官廳出品」等項。其中南滿鐵道會社亦參與展出，企圖化解英國以為日本想獨占整個東三省鐵路建設的論點；而日本十四個主要城市也都參與展出，製作精細的城市模型，意欲吸引英國資本至該城市投資城市建設。其他日本主要財閥與會社亦卯足了勁，要在會場中尋得日後的新商機。臺灣總督府自然也不例外，在日本所分配到的13,547坪空間中，總督府獲得192坪陳列其展品（占所有官廳展示空間的27%），與韓國統監府（31坪）、關東州（31坪）和南滿鐵道會社（52坪）共用第23號館（參見地圖3-6），另外還獲得414坪以興建臺灣喫茶店[139]。空間的配置顯示日本既希望向世界宣示，同時也希望世界承認，並接受它併吞韓國的事實和意圖在中國東三省發展的欲望，又不希望增加英國人民對這些事件之惡感的心態，所以上述三館所占面積相對地小。對比之下，已成為日本殖民地的臺灣，正好可以作為日本殖民統治成績的樣板，藉此向世界宣傳日本領有殖民地，只會增進該地的「福祉」，而非壓榨。

　　臺灣總督府在籌備此次展示時的方針是「以介紹貿易品以擴張販路，兼及介紹本島豐富財源與一般產業狀況和文化普及程度」，特別設定藺草紙、竹細工及茶為三項重點宣傳品，另外為向英國介紹臺灣目前狀況，以英文出版了《臺灣統治概要》一書以為宣傳[140]。

---

139 農商務省編，《日英博覽會事務報告》（東京：農商務商，1912），頁567-82。

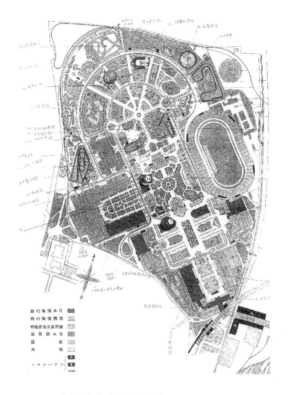

地圖3-6　1910年日英博覽會會場平面圖

說明：圖中7號球的位置為展示官廳出品之23號館舍、14號球為臺灣喫茶店、5號球
　　　為臺灣村。

資料來源：轉引自農商務省編，《日英博覽會事務報告》，頁213。

　　日本除了希望藉此次博覽會尋求新的經貿環境外，另一個重要
目標即為改變英國對日本文化的印象，以祛除對日之惡感。為此，
日本特別精選了許多從未送至國外展出的古美術作品，並且在進入
博覽會場的甬道旁，展示了12幅歷史畫，以便讓英國人知曉日本歷

140《民政提要》，16（明治43年份），頁303-304。

史變遷。日本自1867年首度將其美術作品送至巴黎博覽會參展以來，一直受到歐洲文化界的肯定與讚賞，在1910年日英博覽會期間，媒體對這些美術作品仍然多所讚揚。然而，批評者亦不少，甚且有不少人以「幻稚」、「野蠻」來形容日本的美術。或謂日本在裝飾藝術上的確值得肯定，但在真正的美術（Fine Art）中，它卻只是「美麗如畫」（picturesque），而原本欲迎合歐洲口味而展示日本仿效歐洲的西洋畫作則被評為不入流，或者日本應專注發展自己的美術文化即可。許多在英的日本人也懷疑此次博覽會對於促進英國人民改變對日之惡感究竟會有多大功效[141]，甚至有人以為，在會場中展示北海道愛奴及臺灣原住民，只會使英國人以為日本人的文化和生活狀態就如愛奴和臺灣原住民一般等級。美術展示雖未獲討好，但大會中展示的日本庭園及喫茶店卻倍受好評，甚至在倫敦因而出現了數座日本庭園，某些庭園至今還仍然保存在倫敦[142]。

　　喫茶店的好評反映了臺、日茶商行銷策略的差異，也隱含了市場競爭的現象。日本知曉英國人愛喝茶的習慣，希望藉此機會拓展日本茶在英國的銷路[143]，是以在會場中，日本茶商公會及臺灣總督府各自擁有一棟喫茶店。然而，為了讓英國人了解日本的茶文化，日本喫茶店在陳設布置及茶品上，全部採用日式，只賣普通綠茶及日本紅茶，另外玉露製煎茶及抹茶則要向店內提出才會特別製作[144]。反觀臺灣喫茶店，則不需擔負宣揚日本文化的包袱，經營得極為靈

[141]《臺灣日日新報》亦有人撰文認為日本將其至寶送至英國展示，竟然得到污辱，建議日本應撤回所有的展出。天南生，〈日英博失敗〉，《臺灣日日新報》，3716（明治43年9月24日），1版。天南生為《臺灣日日新報》為報導此次博覽會的特派員田原天南，見《臺灣日日新報》，3623（明治43年5月26日），2版。

[142] Ayako Hotta-Lister, *The Japan-British Exhibition of 1910*, pp. 119-27.

[143]《日英博覽會事務報告》，頁842。

[144]《日英博覽會事務報告》，頁846。

活。位於第三十六號館的臺灣喫茶店，在三個入口處各立了丹色華
表，天井部分則以竹子做成籐架上覆造花，並掛以日本岐阜縣的燈
籠，四壁貼有臺灣茶廣告用的美人彩繪，座位之間另以翠簾相隔；
在茶室的一隅，另設有貴賓席，配以華麗刺繡及純銀製日本茶器，
作為招待貴賓之用。整個茶室共有140張桌子及520張椅子[145]。臺
灣喫茶店一開始即聘請倫敦商人Kevins（？キヤビンス）經營該
店，並以獅王（Lions）商會為顧問[146]。英國顧問建議考慮英國人慣
喝印度茶及錫蘭紅茶，色澤較烏龍茶為濃，若只提供純粹烏龍茶必
無法迎合英國人口味，因此在臺灣喫茶店內一般供應純烏龍茶及烏
龍茶與紅茶混合兩品類，任客選用，同時還兼賣麵包、餅乾、冰淇
淋、蛋糕、巧克力、咖啡及冷肉，後來又加賣了卷菸草[147]，店內侍
者幾採英國婦女，對於吸引英國人入店亦甚有幫助[148]。由於喫茶店
一方面在空間設計上頗吸引人，另一方面則因捕捉住了英國人喝茶
的特殊嗜好，因此獲得極大好評，五個月的會期內，共湧入了
251,616人次，平均每天來客1,747人次，總收入為1,293鎊18便
士。對比日本喫茶店只有57,000人左右的成績[149]，即可知臺灣喫茶
店的成功。在日本政府所編的《日英博覽會事務報告》中甚至說：
此次只要提到博覽會中最成功者為何，則烏龍茶絕對首屈一指[150]。

---

145 《日英博覽會事務報告》，頁862。〈日英臺灣喫茶店〉，《臺灣日日新報》，
　　3662（明治43年8月4日），3版。
146 《日英博覽會事務報告》，頁844。
147 《日英博覽會事務報告》，頁855、863。
148 臺灣喫茶店內共僱請了五十名年輕貌美的英國女侍及三名日本女侍。〈成功せる
　　臺灣喫茶店（上），《臺灣日日新報》，3727（明治43年9月27日），1版。
149 《日英博覽會事務報告》，頁864，日本喫茶店來客人數見頁844。
150 《日英博覽會事務報告》，頁963。

圖版 3-17　日英博覽會中臺灣總督府展示區

說明：總督府展示區承襲1904年聖路易萬國博覽會農業館臺灣區的手法，立
　　　以牌坊以為入口及空間區隔，入口正中央所見涼亭狀之櫥窗內亦放置
　　　惜字亭式樟腦塔。照片右端之建築則為韓國統監府展示區之入口。

資料來源：轉引自農商務省編，《日英博覽會事務報告》，頁512。

**圖版 3-18　日英博覽會中臺灣總督府展示區內之陳設，左圖為
　　　　　　入口之樟腦塔櫥窗，右圖為樟腦塔左側堆列之木材
　　　　　　樣品及砂糖袋等陳品。**

資料來源：轉引自農商務省編，《日英博覽會事務報告》，頁512。

圖版3-19　日英博覽會臺灣總督府展示茶園採收狀況。整張構圖中可見前排為著傳統漢人服裝之採茶婦女，地景中央則立著穿著西服戴著臺製巴拿馬帽的日本監督，傳遞著「文明開化」之日本人開發臺灣資源的意象。

資料來源：轉引自農商務省編，《日英博覽會事務報告》，頁512。

圖版3-20　「番人生活狀況圖」

資料來源：轉引自農商務省編，《日英博覽會事務報告》，頁512。

第四節　博覽會空間結構與殖民地的位階和功能

　　我們在第二、三節中用了許多篇幅詳細地描述了大阪博覽會以降歷次日本國內及國際萬國博覽會中臺灣館的展示內容及特色，其目的乃在於回答以下問題：歷次博覽會中臺灣的展示呈現方式有何異同？放在空間配置結構的角度來看，臺灣館在歷次博覽會中又被放置在何種位置、擔負了何種功能？會場的空間位置表述了何種有關於帝國與殖民地的關係？要回答這些問題，我們得進一步釐清博覽會會場基本的空間結構。

　　如同本書導論中所言，博覽會會場多半為了因應展示而建構臨時空間，它不僅展示物品，也得容納觀眾，因此此一臨時空間必須「嵌入」或「融入」既存的都市空間中，並且必須利用原有都市的各種生活機能（交通、住宿、飲食、娛樂消費）相銜接。博覽會又是一種想像的空間，因此建築師、都市計畫者、造園家的理想往往會藉由博覽會的建築及空間安排來展現[151]。

　　如果從知識演變的角度來看，博覽會不僅包含實體空間與想像空間這兩種特性，還包含了知識體系分類的表現，例如所有博覽會的會場都會區分出「主題館」、「特色館」及「地方館」，主題與特色館多半包含了農業、工業、機械、礦業、教育、美術等館，而這種館舍分類正好也對應一套知識分類體系的概念，這個分類體系是以殖民者學術體系為核心，並不包含殖民地的各種學問，因此這裏面涉及了帝國如何，以及是否應該將殖民地放入他們原本知識體系架構的問題。在後面的討論中，我們將會發現，殖民者往往無法將在殖民地所掌握的知識「融入」或「嵌入」會場之中，因此只能將

---

151 吉田光邦編，《圖說萬國博覽會史，1851-1942》（京都：思文閣，1999），頁33。

殖民地「懸置」在一邊，而這種「懸置」一方面凸顯了「中心」與「邊陲」的關係，另一方面則強化了己／異的差別。

比較歷次在歐美所舉辦的博覽會會場配置圖，則大體可以歸納出三種基本的空間布局類型（參見地圖3-7至3-9），一是1851年水晶宮所採用的十字型配置；1867年巴黎萬國博覽會的圓型（象徵地球）空間布局；1904年美國聖路易萬國博覽會的扇形空間結構。其他歷次博覽會的空間結構大體上是這三種基本形式的複製或組合，例如1867年美國費城萬國博覽會採用雙十字型配以放射狀同心圓；1911年在倫敦舉行的日英博覽會則是橢圓形與十字型的組合等等。不論圓形也好，方形也罷，明確的軸心線可說是博覽會會場基本的形式，這種軸心線的空間配置反映了十九世紀中葉以來歐美都市計畫概念的主流：巴洛克式（Baroque）的權力結構[152]，藉由劃定軸心，將空間中的所有建物都放置在一個規整的、理性的和秩序的幾何空間與線性時間裏。沿著軸心布建的各種主題、特色館就是博覽會展示的中心，愈遠離軸心的展館多半也表現出此館在會場的邊陲角色。1851年水晶宮展場的空間配置，美國及俄國的展品被放在離會場軸心最遙遠的位置，表現出美國獨立戰爭前，英國對於美國的嫌惡。那麼這種帝國中心與邊陲的位階關係是否也出現在日本所舉辦的博覽會中？

日本在1877至1893年間舉辦的四次內國勸業博覽會，其會場內部的空間布局，正好反映明治維新以後對於歐美這種理性軸心之空間安排的引介過程，比較本書第二章圖版2-3至2-6歷次內國勸業博

---

[152] 美國著名的城市史家孟福（Lewis Mumford）認為這種源起於十七世紀之後歐洲都市空間結構的特性，即在於「組織空間，把空間相連續起來，包含極遠的和極微小的地方，最後把空間與時間和運動聯繫起來」。見 Lewis Mumford, *The City in History: Its Origins, Its Transformations, And Its Prospects*, N. Y.: Harcourt, Brace & World, 1961, p. 364；另可見該書第十二至十三章的討論。

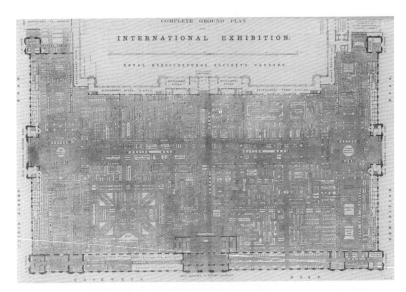

地圖3-7　1851年英國萬國博覽會水晶宮平面圖

資料來源：轉引自吉田光邦編，《圖說萬國博覽會史，1851-1942》，頁36。

地圖3-8　1867年巴黎環球博覽會橢圓形的會場空間

資料來源：轉引自吉田光邦編，《圖說萬國博覽會史，1851-1942》，頁37。

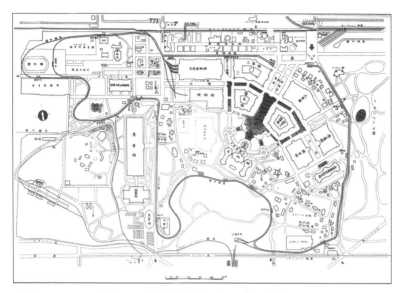

地圖 3-9　1904 年美國聖路易萬國博覽會扇形的會場布局

資料來源：轉引自吉田光邦編，《圖說萬國博覽會史，1851-1942》，頁 46。

覽會的鳥瞰圖[153]，我們可以發現，最初四次的內國勸業博覽會會場
的空間配置雖然可以看到明顯的軸心線，但此一軸心線概念實與傳
統中國園林建築「多重視焦」相銜接，因而，儘管軸線清楚，建築
之間也具對稱關係，但是在空間上觀者活動之先後秩序的「暗示性」
卻並不明確，這一點在前四次會場建築多呈顯多重「回」字形的格
局可以得見。在「回」字型格局裏，建築與建築之間的動線關係，
既是首尾相銜，又具有類如同心圓般的層次關係，這種首尾相銜環
環相扣的動線，使得觀看行動失去了明確的「開始」與「結束」，
也因此難以界定其觀看的先後秩序。但是到了大阪第五回內國勸業
博覽會時，我們就可以很明顯地看到強烈的巴洛克式軸心線，以及

---

[153] 在此要特別感謝東京大學總合文化研究所的松金ゆうこ小姐惠予提供此項資料。

循著軸心線發展出來的一套動線規畫。這種動線規畫由於規定了觀覽者在會場中參觀行走的先後秩序，也預先決定了參觀者觀看的輕重緩急，因此在空間上反映了「中心」與「邊陲」相對位置的假想秩序；在時間上則呈顯了一種直線式、演化的時間與歷史觀。會場內軸心空間與線性時間的表述，並非只是想像世界的圖式，它實際上是外在世界變化的映射。莫里斯—鈴木（Tessa Morris-Suzuki）指出，日本在尚未進入近代國家之前，境內各地藩閥林立，形成極為複雜交錯的界線，大小圈域所繪成的界線，其實就有如儒家思想中的「五服」的同心圓架構，在這同心圓架構中，「邊界」是相對的概念，因為同心圓呈顯出層層疊疊的界線，因此沒有一個唯一最終的邊界，表現在文化上則呈顯出較為「共時」性的認知，亦即各個圈域中的文化處在平齊的時間軸上，沒有演化式的優先與落後。但是明治維新後，日本開始受到西方「主權」（Sovereign-state）與「現代民族國家」（Modern Nation-state）概念的影響，同心圓共時與多重邊界的概念自此被「文明開化」所取代，從而共時與多重邊陲轉化為直線式的國家發展歷史概念，在國家發展歷史中，被納入國家境界內的邊陲民族，在地理空間上既是處在邊陲位置，在時間軸上又被放置在歷史萌芽的遠古起點，彷彿民族的演化在空間及時間上是由遠方的邊陲逐步進化到中央的核心[154]。第五回內國勸業博覽會中出現強烈軸心線及強烈的動線暗示性，正好反映了這種日本現代國家建構的歷程。臺灣被放置在大阪博覽會參觀動線的終點，說明了這種殖民地在空間上遠端邊陲，在歷史時間上需要被文明開化的位置，而博覽會中放置展示原住民族，正也是這種思維的寫照。

　　第五回內國勸業博覽會中臺灣館的這種位置安排，並不是孤立

---

154 Tessa Morris-Suzuki, *Re-inventing Japan: Time, Space, and the Nation,* Armonk, N. Y.: M. E. Sharpe, 1998, pp. 17-34.

的個案，如果比對從1903年大阪博覽會到1910年日英博覽會之間臺
灣館的展示特質，我們可以發現其中既有其延續也有其變異之處。
延續者為造形與文化差異，以及特定產品的強化展示，變異為由政
治宣傳轉為商業宣傳。大阪博覽會中臺灣館鮮豔的色彩，傳統華南
式建築造型，以及強調建材全拆自臺灣的「原蹟」（而非摹本），加
以「第一次展出」的強烈對比，在在使得日本人對此一造型留下極
為深刻的印象；東京勸業博覽會則承此經驗，加以複製，此次臺灣
館規模縮小，而在宣傳上雖強調臺灣館建築為「純然臺灣風」，實際
上卻是中國北方建築與日式建築的雜糅，只保留了原本大阪博覽會
臺灣館鮮豔色彩的元素。但是，置放在這奪目豔麗色彩之內的臺灣
展品所欲傳遞的，卻仍是落後的漢民族，與愚駭原住民族的社會。
對於日本而言，臺灣所擁有者，只是大自然賦予它的豐饒肥沃的「物
質條件」，落後的漢民族沒有智慧開發此一條件，而有待「先進」文
明的日本民族加以開發。換言之，在臺灣館所強調者，只是物質的
元素，而非社會與文化的原素。相較於明治末期日本國內思想界逐
漸從「文明」論述轉變為「文化」論述，強調國民社會群體文化素
質的提升；相較於大阪博覽會乃至東京勸業博覽會開始出現「社會、
經濟」部類的展出，文化所指涉者，仍為日本國民，而對待殖民地，
仍是以「文明／未開化」的概念進行持續的差異化。大阪博覽會與
東京博覽會第三個延續性，即對於茶、糖、樟腦三項物品的持續宣
傳，其中尤以茶的宣傳最為醒目。從1900年巴黎萬國博覽會開始即
有的「臺灣喫茶店」，在大阪及東京博覽會裏持續上演，日本在臺實
業界聞人荒井泰治與三好德三郎持續以其與總督府深厚的關係，得
以藉經營臺灣喫茶店而推廣其個人事業。其所異者，大阪博覽會中
的臺灣喫茶店，乃設於四合院式的臺灣館內，人們登上二樓的喫茶
店，極目四望，看到的是臺灣館內的一景一物，讓人藉這個複製模
擬的「臺灣」來想像真實的臺灣，但是設置於東京上野公園不忍池

畔的臺灣館，人們登樓推窗，憑欄眺望，看到的卻是上野公園的美
景、不忍池畔林立的日本各府縣賣店與各會社財閥的專屬館舍，人
們只是藉著臺灣館絕佳的位置，眺望帝國之都東京的盛世。人們端
舉茶杯，所品味到的，不僅是烏龍茶的茶香，還混含著館內大樟腦
塔所傳來的樟腦味。在大阪博覽會中樟腦塔以臺灣傳統敬字亭的造
形呈顯，強烈的腦香配合臺灣社會特有的歷史文化，多少還能傳遞
一些可以與臺灣文化聯繫的質素；但在東京勸業博覽會中，樟腦塔
的造形改為謳歌日俄戰爭勝利的凱旋塔，原本還有些微的歷史文化
元素至此已徹底被轉化，那是一個以臺灣物質為基礎，加上日本自
身歷史事件符號之後的產物。東京勸業博覽會臺灣館中的樟腦塔，
就好比樟腦的製作過程一樣，它先經過加熱、抽繹、蒸餾、冷卻、
凝固，然後轉化為另一種新的物質，以及新的使用方法和新的使用
價值。大阪博覽會中的臺灣館建材還是來自臺灣，但東京勸業博覽
會的臺灣館，卻只是一種符號，在這當中，臺灣就如同樟腦一般，
已被抽繹、蒸餾為另一種符號了。伴隨著不忍池畔濃馥的娛樂歡笑
聲，被氣化蒸餾的臺灣，轉置為更具娛樂意義的功能。這是東京勸
業博覽會與大阪博覽會中臺灣館在性質上最大的差異。整體而言，
大阪博覽會製造出色彩強烈造型特殊的臺灣形象，東京勸業博覽會則
將這一形象轉化為娛樂的功能，「色彩造型」與「娛樂」就是這兩個
博覽會提供給日後在日本國內及國外展示臺灣最重要的兩種元素。

　　我們絕對不能忽視博覽會「教化」出自觀看模式所具有的極為
強烈渲染力，對比東京勸業博覽會結束後一年，在群馬縣所主辦的
「關東東北一府十四縣聯合共進會」、名古屋的「第十回關西府縣聯
合共進會」，以及同一年在倫敦所舉辦的「日英博覽會」裏，我們
都可看到結合大阪博覽會及東京勸業博覽會臺灣館的這兩種元素，
在地方級共進會，以及國際博覽會中，一再地被重複複製的狀況。
1910年名古屋舉辦的「第十回關西府縣聯合共進會」，會場布局可

以分為三部分，最前端為日本各都府縣的地方館，中間地帶為機械
工藝農產等主題館；最遠端及西邊外側則為遊憩區，臺灣館及喫茶
店就位在遠端休憩區「龍之池」的左畔（參見圖版3-21）。另一個
例子是同年（1910）在倫敦舉辦的「日英博覽會」，會場布局一樣
分為三大部分，靠近主門的第一區是英日兩國的各主題館，如染
織、工藝、歷史、自然風土等館，而介紹日本在臺灣統治狀況的
「第十七號展場」則位在第一區的最後面（即第二十三號館：東洋
館）內。位於會場中段的第二區則是兩國爭奇鬥豔的日英庭園及音
樂花園區，而在其中安置了面積達近300坪的「臺灣喫茶店」；最
遠端的第三區則是遊樂區，包含了「日本不思議館」、「日本魔術
館」、「自動車競走場」；以及「臺灣土人村」、「愛奴村」、「愛

圖版3-21　1910年「第十回關西府縣聯合共進會」會場，圖中左上端白
球位置即為臺灣館與喫茶店。

資料來源：轉引自不著撰人，《關西府縣聯合共進會規則聚類》，出版資料不詳，東
　　　　　京大學總合圖書館田中文庫藏。

爾蘭村」等人種展示區（參見地圖3-6）。以上這兩個例子中，關西共進會是屬於日本地區性的共進展覽會，日英博覽會則是屬於國際性質的博覽會，在這兩種屬性及規模全然不同的展示活動中，臺灣館的空間位置及其展示形象卻沒有太大的不同，由此可以看到在大阪博覽會中所形塑的展示臺灣元素成為一再複製延續的母題。這個論點可以從表格3-12中再次驗證。

從1897至1929年間，臺灣參加的各種展示活動共計74次，其中在日本本土所舉辦者54次，日本境外（包括朝鮮及占領區內的大連）共20次，在這些為數眾多的參展活動中，共有22次在會場中設有專屬的臺灣館，31次設立喫茶店，而且通常臺灣館與喫茶店往往屬於同一建築物之內。從表格3-12我們可以看見，喫茶店已經成為代表臺灣固定形象的展示手法。

若從產業史的角度來理解，則我們會認為殖民政府對於推廣臺灣茶業可謂不遺餘力，但若從整體博覽會展示的基本目的來看，則問題未必如此單純。蓋博覽會與一般農商工物品銷售的市集市場在性質上最大的差異點之一，即在於博覽會特別重視「展示」物品的單純目的，促進商工業及貿易發展固然是舉辦博覽會的重要原因之一，但是在手法上，絕大部分博覽會不會在會場中直接銷售展品，有別於一般市集賣場直接交易的方式。此種展示手法的安排，凸顯了博覽會特重觀看、比較與訊息獲取的教育目標。不過，這種展示的形態，到了二十世紀初期時開始有了重大轉變，一般庶民大眾對於那些充滿教化意義的展示品缺乏興趣，為了能招徠更多觀眾，主辦者不得不加重許多娛樂功能以吸引遊客觀覽，這種滲入了庶民娛樂活動的博覽會在美國及法國所舉辦的博覽會中屢屢可見[155]，日本

155 Paul Greenhalgh, *Ephemeral Vistas: The Expositions Universelles, Great Exhibitions and World's Fairs, 1851-1939*, Manchester: Manchester University Press, 1988, chap. 6.

表格3-12　臺灣參加島外展示活動表

| 展期 | 國家 | 城市 | 名稱 | 臺灣展示形式 | | | 備註 |
				臺灣館	喫茶店	特產品	
1897/2		長崎	長崎第九回共進會			*	
1897/9/1-11/3		神戶	第二回水產博覽會			*	
1898/2		鹿兒島	第十回共進會				
1900	法國	巴黎	巴黎萬國博覽會			*	
1901/2/1		熊本縣	第十一回九州及沖繩八縣聯合共進會			*	
1901/10/1		山口縣	第一回關西九州二府二十一縣聯合水產物共進會			*	
1902/10/1	越南	河內	河內博覽會			*	
1903/3/1		大阪	第五回內國勸業博覽會	*	*		
1904/6/7-12/1	美國	聖路易	聖路易萬國博覽會			*	
1905/4/30-10/31	比利時	布魯塞爾	列日萬國博覽會			*	附於日本出品協會下
1905/7/1-10/15	波蘭		波蘭博覽會			*	
1905/12/1		京都	京都府園藝品評會			*	
1906/9/1-11/30		東京	凱旋紀念五二共進會（祝日俄戰爭勝利）		*		
1906/10/1		山梨縣	一府九縣聯合共進會			*	
1907/3/21		東京上野公園	東京勸業博覽會	*	*		
1907/10/12		長崎	第二回關西九州府縣聯合共進會				
1910/3/16-6/13		名古屋	第十回關西府縣聯合共進會	*	*		
1910/5/1-10/31	英國	倫敦	日英博覽會		*		
1910/9/17-11/16		群馬縣	關東東北一府十四縣聯合共進會	*	*		
1911/3/15		神戶	神戶貿易品共進會			224	
1911/4/1-5/31		大阪	第三回全國生產品博覽會				

1911/4/1		京都	全國製產品博覽會			292	
1911/5/11	義大利		萬國工藝博覽會			21	
1911/7/25-9/15		東京	納涼博覽會			25	
1911/10/1-10/31		東京	第二回美術及美術工藝品展覽會			8	三越吳服主辦
1912/10/1-11/29		東京	拓殖博覽會	*	*	3,720	
1913/4/15-6/13		大阪	明治紀念拓殖博覽會	*	*		
1913/4/20-5/10		舞鶴町	舞鶴築港紀念全國物產博覽會				
1913/9/1-10/20		富山縣	富山縣聯合共進會				
1914/3/20-7/31		東京	大正博覽會	*	*		
1914/8/13-11/15	爪哇		殖民地博覽會		*	*	
1915/2/20-12/4	美國	舊金山	巴拿馬太平洋萬國博覽會		*	110	
1915/4/1-4/30		福岡	九州沖繩勸業共進會				
1915/9/11-10/31	朝鮮	京城景福宮	始政五週年紀念朝鮮物產共進會			167	
1915/10/10-12/19		京都	日皇登極紀念京都博覽會		*	977	
1915/10/25-11/30		東京上野公園	第二回國產展覽會			162	
1916/3/20-5/23		東京上野公園	海事水產博覽會			62	
1916/9/22-10/31		山形縣	奧羽六縣聯合共進會			*	農林水產出品
1917/3/15-6/10		東京	東京建都五十年紀念博覽會		*		
1917/8/1-8/15	中國	福州	閩侯農產共進會			29	出品全為甘蔗標本
1917/9/20-11/18		東京上野公園	化學工業博覽會		*	*	化工界出品
1918/3/20-5/20		東京	電器博覽會（日本電器協會主辦）				
1918/4/10-5/9		福岡	九州沖繩物產共進會			750	農林礦工品
1918/4/15-6/15		大阪天王寺	大阪化學工業博覽會			78	砂糖薰油電土

1918/8/1-9/19		北海道	開道五十年紀念北海道博覽會		*		
1920/3/20-5/20		福岡	工業博覽會	*	*		
1921/3/15-5/13		大分縣	九州沖繩八縣聯合共進會	*	*		
1921/7/5-9/5		京都	戰後發展全國工業博覽會		*	1,100	
1922/3/10-7/31		東京	日本平和博覽會	*	*		
1922/3/31-4/17	馬來亞	婆羅洲	馬來ボルネオ博覽會			124	帽子茶樟腦
1922/9/6-9/26	英國	倫敦	萬國食料品博覽會			118	茶蜜餞罐頭
1922/9/18-10/8	爪哇	萬隆	萬隆年次產業博覽會			254	
1923/9/22-11/30		東京	萬國博覽會參加五十年紀念博覽會（地震取消）				
1924/3/20-5/20		京都	皇太子殿下御成婚奉祝萬國博覽會參加五十年紀念博覽會	*			
1924/6/21	爪哇	萬隆	萬隆茶共進會	*			
1925/3/15		大阪	大阪博覽會	*			
1925/3/20		熊本縣	熊本縣三大事業紀念國產共進會		*		
1925/4/1-4/15		京都	臺灣物產陳列會		*		
1925/4/15	法國	巴黎	萬國美術工藝博覽會		*		
1925/8/1		大阪	臺灣物產展覽會（大阪高島屋吳服店）		*		
1925/8/15	中國	大連	大連勸業博覽會	*			宣傳烏龍茶
1926/7/1	美國	費城	美國獨立一百五十週年紀念費城博覽會		*	*	
1926/9/15		東京	產業文化博覽會		*		
1927/2/18		福岡	東亞勸業博覽會	*	*		
1927/4/11		愛媛	松山市全國產業博覽會	*	*		
1927/9/1	朝鮮	京城	京城產業博覽會	*			
1927/11/1-12/11		東京	新日本殖產博覽會	*	*		
1928/3/20		岡山	岡山，高松博覽會	*			
1928/3/24		東京	東京大禮紀念博覽會	*			
1928/4/15		宮城縣	東北產業博覽會	*			

1929/3/1-4/29		東京（國技館）	臺灣博覽會			
1929/3/20		廣島	廣島市產業博覽會			
1929/9/12	朝鮮		朝鮮博覽會	*	*	
1929/10/1		日本	愛用國產巡迴展覽會			
小計	20	54		22	31	33

說明：表中「特產品」一欄中出現之數字，代表該次展示中臺灣物品的出品點數。
資料來源：程佳惠，〈1935年始政四十周年記念博覽會之研究〉（中壢：國立中央大
　　　　學歷史研究所碩士論文，2000）。

所舉辦的勸業博覽會系列也同樣有相似的變化趨勢，在1877年以後
舉辦的四次內國勸業博覽會中，教育民眾和提供產業訊息是勸業博
覽會最重要的目的；但是到了1903年大阪第五回內國勸業博覽會以
後，則加入了不少吸引民眾的設施（如不思議館、水族館等），場
內提供飲食休憩的商店也逐漸增加[156]。從這層變化的軌跡來看臺灣
館及喫茶店的角色，我們才能理解「臺灣館喫茶店」在博覽會中的
位置：一種提供日本休憩與消費的空間，一種烘托異國色彩及混雜
帝國想像的空間。臺灣所出產的物品在歷次地方舉辦的共進會或者
全國性的博覽會中，往往不會與其他府縣出品共同參與評比[157]，這
樣的安排也可以顯示殖民地臺灣與日本內地各縣不能放在同一位階
來展示、比較[158]，正好呼應了筆者在本節開頭所說的，對於殖民知
識的一種放在邊陲的「懸置」。

---

[156] 吉見俊哉，《博覽會の政治學》，頁146-64。

[157] 在筆者所閱讀的《明治前期產業發達史資料輯》附輯中有關歷次共進會及勸業博
　　覽會的審查報告中，完全沒有見到有關臺灣參展品的審查意見，筆者推測臺灣的
　　出品極有可能是以「參考品」的方式陳列，因而不在審查範圍之列。

[158] 有關此一論點，可參考松田京子，〈植民地パビリオン臺灣館——一九〇三年第
　　五回內國勸業博覽會にずける《他者》表象の技法——〉，《比較日本文化研究》，
　　2（1995.12），頁73-99。

　　除開臺灣館造型元素的承續與變異之外，當我們檢視館內的出
品時，我們還可以注意到另外兩個重要面向，一為展示臺灣物產的
內容，往往決定於兩個因素，一為市場判斷，二為展示經費的多
寡。就市場判斷而言，若比對在日本與歐美展示內容時，我們就可
以發現，在日本的展示，特別強調糖業的發展，兼及臺灣的米產和
豐富的水果等經濟作物，而在歐美則以樟腦及茶為主，糖米兩種臺
灣重要的農產反而並不顯眼。這顯然與日本統治臺灣後，農產外銷
的市場區別有密切關係，亦即米糖為輸日大宗農產品，而茶與樟腦
則定位為外銷歐美的貿易戰略物資。其中糖業的發展，總督府在治
臺初期的十年間的政策，全力壓縮外國糖業資本在臺的發展，並企
圖引入日本資本[159]，因此，糖業展示在日本成為展示臺灣極為重要
的部分，相對而言，既然不需要外國投資臺灣糖業，其在歐美展示
的比重，自然大為減少，糖業在歐美博覽會的展示目的，不在於吸
引外資投入，而在於企圖打開國際市場。茶業則處於完全不同的情
況，清末以降，臺茶出口一直與英美洋行資本有極為密切的關係，
日本治臺初期，雖然也曾意圖截斷英國對臺灣茶業的控制，然而由
於無法與英美及廈門茶商相抗衡，因此茶業的輸出乃採取與英美及
華商保持合作的關係。既無法斬斷英美資本對於臺茶在國際貿易上
的影響力，不如順水推舟，以擴大銷路增加貿易收入[160]。在日本展

[159] 有關日治初期總督府排擠外國糖業資本的討論的作品極多，參考矢內原忠雄著、
　　周憲文譯，《日本帝國主義下的臺灣》（臺北：帕米爾，1987）；涂照彥，《日本
　　帝國主義下的臺灣》（臺北：人間，1995）；黃紹恆，〈從對糖業之投資看日俄戰
　　爭前後臺灣人資本動向〉，《臺灣社會研究季刊》，23（1996.7），頁99-146；久保
　　文克，《植民地企業經營史論：「準國策會社」の實證的研究》（東京：日本經濟
　　評論社，1997）。

[160] 河原林直人，《近代アジアと臺灣：臺灣茶業の歷史的展開》（京都：世界思想
　　社，2003），頁56-66。

示茶葉則包含了兩重利益目標,對於臺灣茶商而言,參加日本國內博覽會具有打開日本市場的功效,對在臺日本茶商而言,則除了可以拓展市場外,也希望擴大日人對臺茶業投資,以與外資和華商資本對抗。果物的展示受限於其易腐的特性,故在歐美完全不展出。此外,在日本國內主要大型博覽會中,殖民政府會特別強化其在臺統治績效,藉以爭取其在國內政界與人民對殖民地特別法域差異統治的權力,然而在歐美則不需考慮此點。在歐美所欲展現之臺灣,為「宗主/殖民」關係的臺灣,藉以證明日本具有參與歐美帝國「俱樂部」的資格,並且進一步宣示其對這塊土地資源的擁有與開發績效。參展經費的限制則進一步強化了殖民政府在選定展示品時,必須緊扣其所欲主打的「精品」。

　　從以上的說明,我們可以看到,從1895至1910年間,臺灣在日本及歐美歷次博覽會中的展示,累積了豐富的經驗,並從中發展出一套展示臺灣的策略思維,在形象的建構元素的層面,從直接移植臺灣建材以複製再現一個「宛如臺灣」的館舍,到抽繹蒸餾凝結為一個包裝著日本外型的臺灣館舍,臺灣館總以其鮮豔奪目的色彩與「中國式」的建築造型,在日本國內博覽會場中,對比著一成不變仿歐西文藝復興式全白的館舍建築,藉由建築造型與色彩的差異,持續傳遞「文明進化/野蠻未開化」的圖式,藉由這種差異圖式,以表達日本得以開發殖民地的可能性、保持政治結構中臺灣特別法域存在之必要性。臺灣館舍在整體博覽會場中持續被區隔於日本國內各府縣館舍或主題館舍之外,一方面反映了這種差異的思維,另一方面則在進入二十世紀之後,博覽會逐漸由「教化」民眾的功能,轉變為庶民消費娛樂的節慶空間下,「臺灣喫茶店」提供了會場中遊憩娛樂的功能,與眺望帝都美景的空間。在展示內容的層面,則在拓展日本及國際市場和吸引日本資本的目標導向下,在日本推展米、糖、樟腦等物產,以及迎合庶民大眾對於異文化好奇

心下對於臺灣藺草、林投、蓪草手工藝製品的需求和「熱帶果物」的需求；在歐美市場中，則承續清末以來茶、樟腦在國外市場的基礎、妥協華商與外商資本勢力的現實，並探尋臺灣編織手工藝在歐美市場發展的可能性。

　　總體而言，所有這些展示活動的基礎，都在於從「實體」的臺灣中，抽繹、轉置某些元素而構成博覽會中「臺灣館」的面貌，它只是臺灣的「再現」形式，換句話說，博覽會只呈顯了「臺灣館」，而非呈顯「臺灣」。要展示實體的臺灣，還有待其他條件的配合，我們將會在以下兩章中逐一鋪陳這些條件。

　　在殖民政府不斷參與日本國內及歐美博覽會的同時，臺灣內部也開始舉辦各種規模不等的展示活動，這些展示活動，從制度的層面而言，移植了日本自明治維新以後學習西方所發展出來的綿密展示體系，這套體系包括從地方農村的品評會，到縣市級單位的共進會。我們在下一章中，將進一步鋪陳這套體系在日治初期成為殖民政府得以動員徵集展品以參加國內外博覽會的基礎，也成為殖民政府調查、收集臺灣內部產業情報並進一步傳遞日本所欲達到的，符合日本商品習慣的「標準規格」。同時，總督府在參與國內外博覽會時，總向臺灣內部宣傳參展的成功訊息，這些訊息也勾起在臺日人，以及臺灣商人希望能在臺灣舉辦博覽會的欲望。殖民政府如何在臺灣「展示臺灣」？這也將是下一章所欲探討的重點。

第四章

攬鏡自照
──臺灣島內的展示活動

　　發軔於1851年的萬國博覽會，不僅要展示歐美各帝國政治經濟與文化的強盛和進步，也要展示各帝國所控制之殖民地的統治成果，以藉此呈顯帝國對殖民地的文明教化，是以1867年法國巴黎萬國博覽會乃首度安排殖民地人民在會場展示者，其後1883年荷蘭在阿姆斯特丹舉辦「國際殖民地及環球技術博覽會」（Internationale Koloniale en Untvoerhandel Tentoonstellung）更擴而增之，設立了殖民地的模型村，將荷屬加勒比海和東南亞地區的原住民置於村中，展示原住民自身生活樣態。歐美各帝國不僅在其母國舉辦博覽會，也意猶未盡地要在殖民地推廣此一展示活動。首度在歐洲帝國轄下殖民地舉辦的博覽會為1879至1880年間在澳洲雪梨所舉辦的「雪梨萬國博覽會」（Sydney International Exhibition）主要展示澳洲豐富的農畜牧業。隔年又在墨爾本舉辦「墨爾本萬國博覽會」（Melbourne International Exhibition），繼之則為1883至1884年間在印度加爾各答舉辦了「加爾各答萬國博覽會」（Calcutta International Exhibition），1886年於倫敦舉辦的「殖民地與印度博覽會」（Colonial and Indian Exhibition）可謂英國與其殖民地系列博覽會中之集大成者。此會有鑑於法國巴黎1878年萬國博覽會中殖民地的展示引起極大的注目，

同時也希望呈顯大英帝國下的殖民地已由文明邊陲之地教化為文明之域，也凸顯殖民地對帝國的貢獻，進而加強帝國與殖民地之間的聯繫。這場在倫敦南方肯辛頓市皇家園藝學會公園（Royal Horticultural Society Gardens）所舉辦的博覽會，占地24英畝。參展者身分只能是殖民地住民及商人。由於各殖民地的發展遲速有別，參展品無法放在同一套知識基準下分類，基於「公平」的考量，博覽會的展示品不區分任何部類，而由各殖民地自行決定其參展形式與內容。雖然如此，會場展示空間仍然明顯看出殖民地與帝國間的親疏關係。印度占據了四分之一的空間，次則為加拿大、澳洲和紐西蘭合計共占去其他的半數空間，剩下的四分之一則分給其他的殖民地。各殖民地除了展出其貿易和農牧工業產品外，也介紹各地社會文化與政教制度；同時也有原住民村落展示其原本生活樣態[1]。在英國引領風騷下，法國也不甘示弱地於1902年首度在它的殖民地安南舉辦了一場博覽會，用以展示法國殖民統治中南半島的政績[2]。

　　日本於明治維新後致力參加舉辦大大小小的展示活動，藉由這些展示活動，成功地落實了明治時期「殖產興業」與「文明開化」的目標。憑藉此一經驗，1895年統治臺灣之後，它也雄心勃勃地要將此一展示經驗延伸到臺灣來，作為其殖民的統治與宣傳工具。首先登場的，是在臺灣農村所舉行的各種品評會。

---

1 John E. Findling ed., *Historical Dictionary of World's Fairs and Expositions, 1851-1988*, N. Y.: Greenwood Press, 1990, pp. 72-75; 78-79; 82-83; 95-97.

2 有關此次博覽會的梗概，參見第三章第一節有關河內博覽會的討論。

第一節 從品評會到共進會

一、農產品評會展示體系的建立

博覽會既是要展現一個國家政治、經濟及社會的實力，則任何一個博覽會的開設，勢必要依賴社會既有的動員網絡與動員能力，而存在於社會中原有的市場網絡及社群組織，就是形構博覽會最重要的動員基礎。本書第二章已略述日本明治維新後各地興盛的品評會和共進會，即具有這種效果。日本統治臺灣後，在地方上舉辦的各種「物產品評會」和設置「物產陳列所」，就是為大型博覽會預作準備的組織體系。

日本統治臺灣初期，曾針對臺灣的水產及煤、金等礦藏進行調查，然而大規模對於臺灣島內各項資源進行調查，以進一步制定殖民地經濟產業政策，卻要等到1898年第四任總督兒玉源太郎上任之後才開始。兒玉將殖民地臺灣的經濟政策定位於開發臺灣資力與改進農業生產的方向，其中兒玉特別強調振興糖業、挽回茶業之頹勢、森林開發利用、米作改良、豬隻繁殖、保護牛隻、栽培菸草，此外，藍靛、苧麻、黃麻、紙張等物產，鳳梨、香蕉、柑橘等水果也都是他任內積極開發的對象[3]。這些農產品就成為日後舉辦各式物產品評會的重要展示內容。

日本統治臺灣後，最早在臺灣舉辦的物產會，當屬明治31年（1898）2月26至31日間於臺北舉辦之「內地物產展覽會」。同年3月18日頒布「物產陳列館規程」則為規範展覽的法令依據[4]。不

---

[3] 井出季和太著、郭輝編譯，《日據下之臺政》（原名：《臺灣治績志》）（南投：臺灣省文獻委員會，1956），頁409-12。

[4] 臺灣經世新報社編，《臺灣大年表》（臺北：臺灣經世新報社編輯局，1938），頁29。

過，早在這項法令頒布之前，臺南縣即已於明治30年（1897）8月
成立了「物產陳列場」，開幕之初，即吸引了1,147人次觀覽[5]。然
而上述物產會均屬為日本產品打廣告的商業活動，與品評會無涉。
第一次以臺灣物產為基礎所舉辦的品評會，則為明治32年（1899）
11月1至7日在臺南市范進士街所舉行之「臺南縣農產物品評會」[6]。
根據臺南縣為此次品評會所頒布的「品評會規程」，整個展示品的
審查組織分為審查長（1人）、審查官（8人）及審查員（16人）三
級，每次審查由至少三名審查員組成，進行初步審查，交由審查官
作為評定等級的依據，最後再由審查長做最後的定奪[7]。審查官
裏，只有一名臺灣人，至於16位審查員中只有2名日本人[8]。由於
審查員是評定等級的關鍵，因此以漢人為主體的審查組織較不易引
起漢人自身的疑慮，也有助於漢人對審查結果的認同。這次品評會
總共包納了南部14個辦務署轄區內的農產物2,403件，受到官廳褒
賞的物品有360件，獎勵件數達14.98%。儘管受獎的物品為數不
少，但是代表臺南官廳日方的審查官對於參展的農作物卻給予頗低
的評價。例如米、麥、番薯、胡麻等農作「種類駁雜、調製粗
漏」；砂糖「製作法不完全、品質不良」；在這樣嚴苛的審驗下，
代表出品人的臺南士紳王雪農只能在品評會開幕式中以極為恭謹的
態度說，這次品評會「合古者重農本意、行政要圖，造福黎元非淺
鮮也。……臺南輸出品物，以砂糖為大宗，米次之，苧麻、菁子、

---

5 《臺灣日日新報》，131（明治31年1月18日），漢3版。

6 《臺灣日日新報》，260（明治32年3月17日），漢3版。

7 不著撰人，《明治32年臺南縣農產物品評會報告》（臺南：臺南縣產物品評會，
　1899），頁23-26。

8 臺灣人中唯一出任審查官者為擔任臺南縣屬的林觀吾，而被臺南縣選為審查員的臺
　灣人中，不乏當地著名的士紳，如王雪農、楊聯登、翁煌南人。不著撰人，《明治
　32年臺南縣農產物品評會報告》，頁36。

薑黃等亦不一而足，二百年來，未曉改良新法，果能切實講求，必有進步，不致日就衰替。……自茲以往，敢不竭力考究，凡栽培灌溉之法，日新不已，以仰負列憲裁成至意，庶幾利途日啟，智識日開，殖產興盛，比隆內地，豈不懿歟！」[9]

這次品評會還有另一項值得注意之事，即將參加的農產品，按照當時新式的農學概念，將之分為普通農產物、特有農產物、農產製造品、蔬菜、草木、家畜家禽及水產等七部，另設參考品，作為比較參考之用[10]。

就日本殖民統治的角度來看，1899年的農產物品評會對於根植殖民政府農經調查的工作也有其重要意義，因為有名的「臨時臺灣舊慣調查會」，以及農會系統，都是在四年之後（1903）才開始運作[11]，因此農產物品評會等於是為日後舊慣調查工作，以及農會組織奠立了先期性的基礎工作。

有了臺南縣物產品評會的經驗後，基隆、臺北、新竹、臺中、彰化等縣也紛紛效法[12]，其中臺北縣更為了配合明治36年（1903）大阪內國勸業博覽會而舉行了「臺北縣物產品評會」，先期進行物

9　不著撰人，《明治32年臺南縣農產物品評會報告》，頁39。

10　不著撰人，《明治32年臺南縣農產物品評會報告》，頁11-13。

11　明治34年（1901）10月25日總督府以敕令第196號發布「臨時臺灣舊慣調查會規則」，在調查會中設立第二部，負責調查有關農工商經濟等相關事務，然第二部的工作要等到明治36年（1903）之後才開始正式運作。見持地六三郎，〈敘言〉，《臨時臺灣舊慣調查第二部調查經濟資料報告》（臺北：文岡圖書公司據明治38年版影印，1979），頁1-2。

12　基隆於明治33年12月7日由基隆辦務署主辦，《臺灣日日新報》，783（明治33年12月8日），漢3版；新竹則於明治33年12月3日舉行，《臺灣日日新報》，783（明治33年12月8日），漢3版。臺北縣於明治34年10月21日至11月4日舉行，《臺灣日日新報》，1045（明治34年10月25日），漢3版；臺中縣《臺灣日日新報》，1367（明治35年11月21日），漢3版；彰化縣於明治35年12月5至15日舉行物產品評會，見《臺灣日日新報》，1363（明治35年11月16日），漢3版。

品調查與收集之工作[13]。臺北縣的物產品評會在規模上比臺南更大，一共有兩千餘名參展者，展出物品4,954件，其中米與茶就占了一半以上。經過審查後被推薦的物品才有資格送至大阪參加展覽。這種專為日本國內博覽會舉辦的品評會，正好說明了品評會功能的擴大與轉變，亦即品評會不僅具有調查、審核、制定臺灣農業生產內容與目標的功能，還成為大型博覽會徵集、動員物資的初階準備作業。

農產品評會能夠在各地推行，意味著殖民政府在地方上對於物產動員能力的延伸，而使這種動員能力得以伸展的制度，就是保甲組織與農會。日治時期保甲組織乃承襲清代的傳統，總督府於1898年8月31日頒布「保甲條例」及「保甲條例施行規則」作為地方基層治安組織的法源，至明治34年（1901）時，奉命擔任保甲局長及保正的臺灣人計有3,259人。保甲組織原本以維持地方治安為主要任務，但是日後凡與地方上殖產興業及教育衛生事務的推動，都由保甲系統擔任最底層的執行單位，農產品評會正是其中一項必須執行的任務。從近年出版的《水竹居主人日記》中，我們可以看到保正在地方上作為動員物產以參加品評會的角色。日記的主人張麗俊從1899至1918年為止，連續二十年在豐原下南坑第一保擔任保正，張氏的日記則始於1906年。豐原一帶在日治初期被選定為栽植黃麻的地區，1906年2月，張麗俊即被要求要對保內每甲田地可以配種多少黃麻進行調查[14]。7月3日他調查保內黃麻「何人最高大茂盛，要錄名報告，以定後日品評會」[15]。四天之後，他向街役場

---

13 《臺灣日日新報》，604（明治33年5月9日），漢3版。

14 張麗俊著，許雪姬、洪秋芬編纂解說，《水竹居主人日記》（第1冊）（臺北：中央研究院近代史研究所，2000），頁13（以下簡稱張麗俊著，《水竹居主人日記》[第1冊]）。

15 張麗俊著，《水竹居主人日記》（第1冊），頁84。

報告了保內種黃麻額數，另選出21名報告要出品者。8月4、6兩天他先在保內審查黃麻，然後在8月10日才帶領出品者至豐原（時稱葫蘆墩）役場正式品評[16]。除了種植黃麻之外，保正還要協助地方政府調查保內土地利用方式、地租水準、推動種植樟腦、「共同秧苗」制度及度量衡標準化等工作，是以張麗俊在日記中抱怨保正工作「法網愈密，規約愈加，事無大小，屬保正之責者，難以枚舉……」[17]。從張氏的日記裏，我們可以看到保甲制度在動員地方人力物資上所產生的作用，透過保甲制度，日後殖民政府才能動員物資至日本，向日人展現其在臺灣統治的「績效」。

從1903年以後，農產品評會就成為地方上農業生產的重要活動，隨著日本對臺灣農業政策的細緻化及專業化，各地逐漸形成專業的生產區，農產品評會也就逐漸分化為各種專門的品評會，如臺北地區的茶葉品評會、新竹地區的柑橘品評會、中部地區的水稻競作會、南部地區的甘蔗品評會等等。藉著這些品評會，傳遞了日本對於農業生產規格化與標準化的要求。以稻作為例，日治時期臺灣稻作事業最重要的方向，就是要使不適應日本風土及飲食習慣的稻種，改變為符合日本標準的稻種，蓬萊米種的出現正是因應這種需求而有的研發結果。在「標準版」的蓬萊米尚未問世之前，殖民政府就是透過水稻品種的馴化與集中，以達到稻米的規格化，進一步為稻米商品化建立基礎[18]。從前述臺南農產品評會中審查官的主要意見中我們可以發現這種希望將臺灣稻種「規格化」的意圖。地方農產品評會雖然不是推動、執行稻種改良的技術研發與執行單位，但卻是宣示這種「標準化」規格與價值的重要場所。

---

16 張麗俊著，《水竹居主人日記》（第1冊），頁84-100。

17 張麗俊著，《水竹居主人日記》（第1冊），頁14。

18 川野重任著、林英彥譯，《日據時代臺灣米穀經濟論》（臺北：臺灣銀行經濟研究室，臺灣研究叢刊第102種，1969），頁29-34。

　　農產品評會多半以一定行政區域的農村為動員、展示的範圍，
要將展示的規模加以擴大，還需要其他條件的配合，其中尤以鐵道
系統的布建，對於展示規模的擴大和展示體系的建立，具有絕對重
要的影響力。

二、縱貫鐵道通車與展示規模的擴張

　　1900年以後品評會逐漸在臺灣地方農村成為一種定制化的活
動，同一時間裏，臺灣的物產也在日本國內及歐美各地出現，這點
我們在前面兩章中已有詳細討論。臺灣既然在島內外已累積豐富的
展示經驗，然而島內除了農村地區的品評會外，卻從未舉辦過較大
型的展示活動，這個現象一直要到1908年才有了轉變。這一年有許
多大事件發生，年底時光緒皇帝及慈禧太后相繼過世，清朝正處於
危急狀態。在臺灣，沉寂多時的抗日活動，在前一年11月15日爆
發了北埔事件，顯示各種島內外的展示活動所製造出來的統治績效
形象，與臺灣內部實質殖民統治的問題不相契合。在政治對立矛盾
問題之外，1908年另一件影響臺灣日後歷史發展的重大事件，正升
火待發準備啟程，此即縱貫鐵道的全線通車。

　　在博覽會史上，交通運輸工具的革新與整備，對博覽會而言，
具有極為重要的意義，來自世界各地的展品要能順利且完好無缺地
運至會場展覽，若無迅速而有效率的運輸系統，博覽會是無法順利
完成的，這點早在1851年水晶宮博覽會時，英國即已向世界證明了
鐵路系統如何成功地輔翼博覽會的演出。1908年縱貫鐵路全線通
車，既被殖民政府視為治臺十三年之後最重要的一項建設成果，自
然要大肆慶祝一番，而舉辦相關的展示活動，就被視為最佳的慶祝
方式。本年間官方與民間均共有四項重要的展示活動，民間為在臺
日本商人所發起的「汽車博覽會」，在官方，則包含了十月間舉辦
慶祝鐵道全通的共進會、閑院宮載仁親王訪臺主持鐵道全線開通儀

式，以及總督府博物館的成立[19]。

1. 汽車博覽會

當縱貫鐵道預定於1908年全線通車的消息傳出後，在臺日本商人立即發現鐵道全線通車所具有的龐大商機，而謀思加以利用。1908年1月時，原任《臺灣日日新報》主筆的木下新三郎和臺北茶商三好德三郎二人聯名發起要藉鐵道全通之際，舉辦一場「汽（火）車博覽會」，這個想法得到鐵道部的支持後立即展開。這個名為「博覽會」的活動，實際上全以商品展示為主，木下及三好兩人的構想，乃向鐵道部借列車車廂十台，招募有興趣參加的商人，將日本商品如美術品、吳服、女性服飾化妝品、書籍、玩具、飲料，以及雜貨、罐頭、糕點與藥品等商品裝置於車廂內，同時還在車廂內設計了「臺灣喫茶店」與啤酒屋，另附和洋餐點供人食用，然後在全臺各主要火車站各停留一至三日不等。列車所到之處，除可吸引人上車參觀車廂陳設並獲鐵道部贈送之《臺灣案內》手冊外，更可推銷車廂中之商品，而有意利用火車車體刊登廣告者，更可以向之收取廣告費；此外利用福引券（彩券）的方式亦可達吸引人潮之效，可謂一舉數得[20]。這個既可藉移動式火車為縱貫鐵道全通宣傳，又能藉吸引人潮之機大發利市的想法，得到不少臺日商人的回應，臺人中如辜顯榮、林熊徵、黃南球、吳鸞旂、吳德功、林月汀、王雪農等人均為贊助者[21]。這列載滿商品的火車，於明治41年5月22日

---

19 總督府博物館的成立，實代表了近代展示體系的擴延，關於這個課題，本書第五章會有更進一步的討論。

20 〈汽車博覽會〉，《臺灣日日新報》，2909（明治41年1月14日），2版；2934（明治41年2月15日），6版；〈汽車博覽會認可〉，《臺灣日日新報》，2910（明治41年1月15日），2版。

21 〈汽車博覽會〉，《臺灣日日新報》，2934（明治41年2月15日），6版。

由基隆出發一路南下，途經沿線重要大站停靠，招徠觀眾，整個行程於6月5日結束[22]。所停留的各站，沿著火車站外的街道都經過一番布置，例如基隆，在沿著港口沿岸遍插竹筒火把，夜晚燒燃，照耀整個海岸[23]，臺北則在北門平交道附近興建一座高大的綠門，上書汽車博覽會之外，並懸以萬國國旗及紅燈籠。由於這是一次新奇的商品展示，因此在各處都吸引了相當多的觀眾，以臺北而言，估計就有一萬五千人以上來觀[24]。不過中途如桃園、新竹、苗栗、九曲堂和鳳山等地，由於停留只有二至三小時，效果較為有限[25]。

　　這個被《臺灣日日新報》指稱「實則為勸工場，或有如現在流行語中的デパートメントストア（department store，百貨公司）」的博覽會[26]，不論從哪個角度來看，它都只是假博覽會之名，行商品販賣之實的活動，或者用今日的眼光來看，它更像是官方支持的一列大型而華麗的流動攤販。但是我們也不能忽略其中所蘊涵的意義。首先，從廣告行銷的角度來看，將火車車廂的造型賦予商品櫥窗的功能，在當時甚少有商品櫥窗的年代裏，它確實是一種創新的手法；火車所代表的近代技術文明，填充以日本商品，一方面添增日本商品的「進步性」，另一方面則藉此拓展日貨在臺的銷售市場，是以《臺灣日日新報》指陳，這次博覽會具有探查日本商品在臺銷售市場潛力的功效[27]。

22 〈汽博彙報〉，《臺灣日日新報》，3012（明治41年5月17日），5版。

23 〈汽車博覽會第一日——基隆〉，《臺灣日日新報》，3017（明治41年5月23日），5版。

24 〈汽車博覽會——臺北〉，《臺灣日日新報》，3019（明治41年5月25日），5版。

25 〈汽車博覽會〉，《臺灣日日新報》，3020-3029（明治41年5月27日-6月6日）。

26 〈汽博出品概況〉，《臺灣日日新報》，3019（明治41年5月25日），3版。

27 〈汽博の效果〉，《臺灣日日新報》，3026（明治41年6月14日），3版。不過該文指責此次汽車博覽會原本展示的商品，似乎只為了島內數萬日本人而設，未曾考慮臺人的需求與購買力，因而到了苗栗、彰化一帶，發覺臺人對於價廉的日用物品，

2. 臺北物產共進會

除開民間純粹藉縱貫鐵道全通之際大發利市的「汽車博覽會」之外，官方正正式式地在十月間為鐵道全通舉辦了一場「共進會」，此即 10 月 24 日至 11 月 13 日之間，於臺北舉辦的「臺北勸業共進會」。

1908 年臺北市人口計 96,794 人，其中日人 21,931 人，臺人 68,935 人。在日本統治之後的十二年間，臺北正處於新舊交替的轉變期，首先是 1900 至 1903 年間將原臺北府城城牆拆毀，不過，利用原址興建的四條「三線道路」則要到 1910 年才著手動工。1905 年 9 月 11 日起，臺北市核心區域的路燈照明設備正式啟用[28]，1906 年 4 月 18 日，開始動工興建臺北水道。市區內也開始出現了一些新式建築，在 1908 年這年間，包括新起街的八角堂市場，以及專為鐵道全通而設計建造的臺北鐵道旅館和總督府官邸等。然而，這些建設全部集中在以火車站及總督府附近的區域，臺人集中的艋舺及大稻埕則沒有什麼太大的變化，每遇夏季颱風暴雨時，臺北市即水患頻仍。縱貫鐵道全通的當年，總督府才於四月間宣布著手改正艋舺市區[29]。

如浴衣（ゆかた）、洋傘、火柴及玩具的需求及購買力均極高，才慌忙臨時從臺北調貨供應，因此評者認為此次汽車博覽會並未藉機向臺人展示「文明日本的商品」，乃是最大的失敗。不過，該論以為，藉汽車博覽會之機，讓日本人知曉臺灣人對於日本商品喜好的趨向，算是一次不錯的市場調查機會，將來可作為日本商人欲向島內推銷商品時的參考，同時還不忘列出全臺每一個主要城市在汽車博覽會中最受歡迎的幾種商品：浴衣、陶器、洋傘、玩具、下駄（即木屐）、大甲帽、林投帽、貴重金屬、藥品、蚊帳、和服及雜貨，以促日本商人能把握此一訊息，推展這些商品在臺的銷路。

28　臺灣經世新報社編，《臺灣大年表》，頁 59。

29　例如明治 31 年（1898）8 月 6 日的暴風雨，全臺北市共有 1,390 戶遭水患之害，85 人死亡；明治 33 年（1900）9 月間的暴風雨則使 5 人失蹤 2,500 人無家可歸。臺灣經世新報社編，《臺灣大年表》，頁 31, 39。

外，殖民政府並未完全控制臺北市的衛生條件，1907年間臺北地區爆發鼠疫，死患者達2,280人，同年又有霍亂流行[30]。作為一個全新都市以展示日本殖民建設的裝置仍然十分貧乏。

　　事實上，本次共進會原本由臺北廳農會主辦，最初計畫只是農會會員農產物的展示，因此初期預算只有五、六千元左右，但是後來殖產局收集了一般商工品，且考慮共進會期間正逢縱貫鐵道全通之際，日本會有許多貴賓來臺，故總督府將其規模加以擴大，總預算提高至12,000元，其中6,000元由總督府補助，6,000元由地方稅特別賦課支應，臺北農會另支付2,000元。然而規模擴大後，場地反而難覓，曾考慮原砲兵隊兵營地、艋舺公學校及彩票局等處，前二者被評估為不適宜之場地，彩票局場地雖合適，然已被指定為博物館預定地，是以最後才選定竣工不久的新起街八角堂市場為會場[31]。儘管以今日的眼光觀之，這棟八角堂市場在臺灣建築史中占有一席之地，其結構造型富有特色，但放回當時的歷史脈絡來看，將作為市場買賣的空間用於共進會展場並不合適，是以會場的選擇，已決定了此次共進會所具有的商業性格和其局限。八角堂至九月底時仍在趕工[32]，而在開會前一星期又有漏雨之失[33]。參加之展品於九月中旬即陸續抵達臺北，在主場地八角堂遲遲未完工的情況下，為了安頓這些紛至沓來的展品，總督府只得臨時以臺北廳舍內

30 溫振華，〈二十世紀初之臺北都市化〉（臺北：國立臺灣師範大學歷史研究所博士論文，1986），頁131-40。

31 〈臺北共進會——堀內副會長談〉，《臺灣日日新報》，3141（明治41年10月17日），1版。

32 八角堂工事原預定9月30日完工，然至九月底時仍有部分地方尚未完成，故延至10月3日之後，展品才能移入擺設。〈臺北共進會彙報〉，《臺灣日日新報》，3125（明治41年9月29日），3版。

33 〈共進會彙報〉，《臺灣日日新報》，3139（明治41年10月15日），3版。

剛竣工之農會倉庫作為展品暫時堆放處[34]。

　　這場共進會雖由農產共進會擴充而來，但擴充之後的展品內容則工藝產品的數量遠超過農產品，而這些工藝品絕大部分均為在臺日人從日本徵集而來者，而觀其細目，農產品中之果實蔬菜、工產品之金石、動植物手工藝品、窯業品和化妝品等，均為可以立即發賣的商品（參見表格4-1）。換言之，這類展品與其說具有「普及技術」或者「刺激技術進步」，不如說只是為了尋求即時發賣的市場通路更為恰當。展品也良莠不齊，水果類雖為臺灣展品大宗，但許多果物送至會場時早已腐爛。本會雖設有審查制度[35]，然而，到了開會前五天，審查長還對《臺灣日日新報》記者表示「品評人難尋」[36]。從各方面來看，這場共進會雖由官方主導，但其商業性質卻與五個月前的汽車博覽會並無二致，是以連共進會副會長崛內次雄也不得不說，本會「有如勸工場」一般[37]。

　　本會的商業性格還表現在會場的配置上。進入八角堂之後，首先看到的，是市場中林立的賣店，包括澤井組的緞通店（綢緞店）、升五漆品金物店、村井及丸福兩家歐美雜貨店、東京中澤氏的工藝製作品店、奈良屋的和洋雜貨店及臺北玩具商組合，最後是八角堂中央サンデリヤ商店以128盞燈泡串成的彩燈燈飾，然後才

---

34 〈臺北共進會彙報〉，《臺灣日日新報》，3117（明治41年9月18日），3版。

35 本會設有審查長，以下第一至第六部各有審查員各一名，而由審查員指揮品評人進行初審後再由審查員複審，最後由審查長做最後決定。〈共進會彙報〉，《臺灣日日新報》，3130（明治41年10月4日），3版。

36 品評人之來源，原本設計由民間相關業者中選充擔任，然各業者皆因害怕傷同業感情而不欲就。〈共進會彙報〉，《臺灣日日新報》，3139（明治41年10月15日），3版。

37 〈臺北共進會──堀內副會長談〉，《臺灣日日新報》，3141（明治41年10月17日），1版。

表格4-1　1908年臺北物產共進會出品內容

部別	細目	臺北廳	島內	島外	計
農產	糙米及其他穀菽	936	726	10	1,672
	種子及苗木	1	5	0	6
	果實蔬菜類	800	200	71	1,071
	嗜好飲料	384	198	2	584
	糠類	243	85	18	346
	工藝品及原料	6	43	0	49
	繭及生絲	4	0	1	5
	藥草及其製品	25	1	8	34
畜產	家畜家禽	17	2	0	19
	家畜家禽生產物	5	0	0	5
工產	金石手藝工作品	65	51	1,059	1,175
	動植物手藝工作	820	271	1,196	2,287
	窯業品	60	165	52	277
	脂油護膜類	43	139	9	191
	飲料及釀造品	115	85	50	250
	染織	155	23	267	445
	染料顏料塗料	60	33	4	97
	薰香料及化妝品	120	13	5	138
	人造肥料	1	0	12	13
	粉麵糕餅糖漬類	100	46	53	199
林產	木竹材及工藝原料	59	77	0	136
	食用及藥用品	0	0	1	1
	木炭及附產品	8	8	0	16
水產	食用水產物	47	120	406	573
	工藝用材料	2	8	3	13
礦產	礦物及礦石	17	6	0	23
	製品及副產物	19	6	15	40
雜	產業相關器械雕形圖畫	35	53	16	104
	產業相關統計圖	55	11	0	66
	產業相關之圖畫	0	6	0	6
小計		4,202	2,381	3,258	9,841

資料來源:《臺灣日日新報》,號外(明治41年10月19日),3版。

正式進入會場空間。會場左側為米、麥、豆等農產物及鮑魚、鹹魚乾等海產物，「皆以玻璃罐盛之」。右側以工藝品為主，包括陶瓷器類、瑪瑙、水晶細工、獸皮、紡織品、木屐及帽子、袋子及鳥獸皮標本等；冷凍庫前左側擺設書櫃、鏡檯及硯箱等美術木工藝品，外加精米機及內地來展的銘酒及名物、糕餅等[38]。另外，日後在百貨服飾業中逐漸被採用的蠟像模特兒，也首度由資生堂公司引入臺灣，不過，所展示者為顏面、臀部和手足長了麻疹或各種瘡毒的模特兒，被認為雖具有學術價值，但卻有礙觀瞻[39]。這些紛然雜陳的物品置放在八角堂這座市場中，讓會場更具有市集的味道。會場內還有一家「臺灣喫茶店」，其特色與所有日本參加歐美博覽會中出現之臺灣館如出一轍，美女侍者招待外，店內另附以茶樹為裝飾。這個屢屢在異域博覽會中充具有象徵臺灣作用，但卻又被充作娛樂休閒的空間，現在轉回來在展示臺灣的共進會會場裏出現，顯示總督府及在臺日商無法忘懷海外博覽會中「臺灣喫茶店」博得眾人目光的經驗，也顯示1900年以降參展外國博覽會所累積的再現經驗在臺灣的移植。此外，儘管名為「臺灣」喫茶店，它卻具有相當大的階級與民族的差異性。在《臺灣日日新報》所刊登的〈共進會彙報〉中，就指責喫茶店內許多苦力混雜其中，與「紳士們同席」，認為有失紳士身分，希望主辦者能區隔「優待席」與「公開席」，以維體統[40]。

　　這個慶祝全島鐵路系統完工通車的共進會，引起多大的反響？我們可以從表格4-2參觀人數的起落中看出其端睨。

　　由上表可以看出，在開會最初的一個星期內觀眾人數計有

---

[38]〈共進會の案內〉，《臺灣日日新報》，3141（明治41年10月17日），1版。

[39]〈共進會彙報〉，《臺灣日日新報》，3140（明治41年10月16日），3版。

[40]〈共進會彙報〉，《臺灣日日新報》，3136（明治41年10月7日），3版。

表格4-2　1908年臺北物產共進會觀眾人數

日期	觀覽者	賣約金	《臺灣日日新報》資料來源	備註
10/24	7,354	84.265	10/26/號外（4）	賣約61件
10/25	7,110	117.24	10/27/3148（3）	星期天，日本觀眾極多，臺人相對較少
10/26	5,914	51.78	10/28/3149（3）〈共進會彙報〉	
10/28	4,155		10/29/號外（3）〈共進會彙報〉	
10/29	9,953	56.13	10/31/3151（3）〈共進會彙報〉	
10/30	6,607	71.218	11/1/3152（3）	
10/31	2,600	52	11/3/3153（3）〈共進會彙報〉	開會以來人數最少者，內地與本島人約各半
11/2	1,505	77.865	11/5/3154（3）〈共進會彙報〉	
11/3	4,765	68.66	11/5/3154（3）〈共進會彙報〉	
11/4	1,025	25.26	11/6/3155（3）〈共進會彙報〉	
11/7	2,738	74.40	11/10/3158（3）〈共進會彙報〉	
11/8	3,750	72.98	11/10/3158（3）〈共進會彙報〉	
11/9	385	21.84	11/11/3559（3）	
11/10	1,563	51.21	11/12/3160（3）〈共進會褒賞授與〉	
11/11	2,378	46.84	11/13/3162（3）〈共進會彙報〉	
11/12	970		11/14/3162（2）〈共進會彙報〉	入場人數因雨銳減
11/13	1,839	265	11/15/3163（3）〈共進會彙報〉	

43,693人次，然而從11月1日開始，觀眾人數就每況愈下，最少者甚至一天只有385人來觀。最初觀眾顯然因為好奇而來，但經過一星期之後，這種好奇新鮮感就消失了。對於觀眾日漸稀少的現象，《臺灣日日新報》將之歸責於此會雖名為「臺北物產共進會」，然而由日本來的物品喧賓奪主，反而沒有臺灣趣味所致[41]。從各方面來看，這場共進會都是失敗的展示活動。不過，它還是在臺灣本土上舉行的展示活動中留下一些開創紀錄。首先，最值得注意的是，為

---

41 〈物產共進會概觀〉，《臺灣日日新報》，號外（明治41年11月19日），3版。

了這場鐵道全通式，不僅吸引了閑院宮載仁親王來臺觀禮，更重要的是，為了藉由此一機會以展現臺灣風土民情，總督府終於設立了「臺灣總督府博物館」，作為日後展示臺灣自然風物與人情社會的常設機構。有關此一機構的歷史，我們在第五章中還有較為詳細的介紹。除開此一極具歷史意義之機構的成立之外，1908年的這次展示活動，就展示手段而言，仍有值得一書者為首度在展示活動中運用夜間照明裝飾的手法，這個手法在十九世紀末葉西方及日本的博覽會中均已出現，而臺北物產共進會也立即引入。這套方法，或許對於剛才成長的臺灣電力事業，具有刺激民眾使用電燈的效果[42]。

3. 閑院宮載仁親王的臺灣巡禮

　　這場共進會對於日本殖民政府而言，最重要的工作之一乃是迎接閑院宮載仁親王的造訪，這是日本統治臺灣之後，第一次有皇室身分者來臺，對日本人而言，閑院宮的來臨，意味著日本對總督府殖民統治成功的肯定，因此對於親王的造訪，自然不敢怠慢。閑院宮於10月22日到達基隆後隨即抵臺北，總督府特別動員了提燈行列的民眾於夜晚歡迎他的來臨。24日他南下至臺中，主持鐵道全通儀式，這個儀式共計有一千二百餘名來賓參加，還包括遠從清朝派來的官吏。25日抵臺南，參觀北白川宮能久親王的遺跡及赤崁樓；26日造訪高雄參觀當地的製糖工場，27日返北途次停留於安平鎮製茶試驗所，28日返臺北參觀共進會會場及專賣局工場、苗圃等地，30日離開臺灣。他所經之處，總督府都要特別整備城市道路，動員民眾歡迎。在這系列行程中，臺北物產共進會只是被編入附屬於閑院宮「巡禮」中的行程之一，鐵道全通所具有的意義也遠大於這次

---

42 〈共進會のイルミネーション〉，《臺灣日日新報》，號外（明治41年10月20日），
　　5版。

共進會所欲展示的（商品）臺灣。換言之，<u>縱貫鐵道的全通，為展示「實體」的臺灣提供了契機，閑院宮的造訪也為展示實體臺灣提供了某些觀看的元素</u>[43]，更重要的是，鐵道全通之後所帶來的運輸能力，將使得實體臺灣展示於所有旅者眼前，總督府已不能再單純地展示「臺灣館」。那麼如何展示臺灣？在什麼時機展示臺灣？

　　儘管輿論對1908年臺北物產共進會的批評聲浪不斷，但是希望能在臺灣本地舉辦博覽會的呼聲仍然此起彼落。島內既有品評會和共進會開設的經驗，島外歷次參加日本國內及歐美博覽會，又獲得良好的成績，臺灣本地自身是否有機會和能力舉辦一場博覽會呢？這個問題在1910年日英博覽會期間已浮上檯面。《臺灣日日新報》在是年6月9日的社論中即宣揚臺灣應該自行舉辦博覽會，以廣為宣傳殖民統治的成績[44]。該社論一出，即引起臺北日人政商界的討論。臺灣銀行柳生一義頭取（董事長）及下坂藤三郎副頭取、三十四銀行支配人龍本美夫及木下新三郎等人均在報上發表意見。綜合而言，他們均認為從宣傳工具的角度來看，博覽會不僅只是要讓日本知曉臺灣狀況而已，更應讓全世界了解日本殖民臺灣的情況，因此臺灣的確有必要舉辦一場博覽會。但是若考慮財政經濟及臺灣產業的現況，則大多數人則以為五年後（1915）利用紀念始政二十年之際舉辦或許較為適當，而總督府可以在這五年間全力準備建設及理番事業。至於舉辦的性質及地點，眾人則眾口異說，有些人著眼於臺灣與世界的交通運輸能力仍然不足，無法招徠足夠的觀眾，且島內亦無足夠旅館容納眾多觀覽者，因而建議在日本東京舉行一「植民地博覽會」，廣邀世界各殖民地地區參與，以為相互「觀摩比較」，不過大多數人則支持在臺北舉行，<u>場地則可以預計1915年竣</u>

---

43 有關這點，詳見本章第三節的討論。

44〈社說──博覽會開設議〉，《臺灣日日新報》，3365（明治43年6月9日），1版。

工的總督府新廈和新博物館為會場[45]。

我們並不清楚總督府對於這些輿論的立即反應為何，不過從後來的發展來看，顯然總督府傾向於1915年舉辦博覽會的構想，而此一傾向多少反映了總督府的隱憂。如果對照第三章第一節有關1902年總督府博覽會委員長柳本通義參加法國舉辦的河內博覽會之後對於該會嚴辭批評的討論，我們或許可以細細地讀出其中的意味。柳本直言河內博覽會之失敗，反映當時法國駐河內總督統治的違誤，除了展示品缺乏明確主題、展品本身又極粗惡之外，更反映了法國總督不僅不獲當地人之認同，甚至無法獲得在河內法國人支持的窘境[46]。大阪博覽會臺灣館為日後所有在海外展示臺灣樹立了無法抹滅的「典範」，而根據總督府在公開文書中的報告，海外臺灣館的展示事業又極為成功。這些成功的經驗難道不足以在臺灣舉辦一場博覽會嗎？

總督府對於在臺舉辦博覽會的遲疑態度或許可以用「樣本」與「母體」之間的緊張關係來對喻。在統計學上總會面臨其所抽取的樣本，究竟在多大範圍內，可以正確地代表母體的難題，這個難題，其實也可以用在殖民政府在海外博覽會展示臺灣，與其要在臺灣展示臺灣之間的緊張關係上。也就是說，總督府過去在日本及海

---

45 〈臺灣博覽會開設に關する意見（一）〉，《臺灣日日新報》，3638（明治43年6月12日），3版；〈臺灣博覽會開設に關する意見（二）〉，《臺灣日日新報》，3639（明治43年6月13日），3版；〈臺灣博覽會開設に關する意見（三）〉，《臺灣日日新報》，3640（明治43年6月15日），3版；〈臺灣博覽會開設に關する意見（四）〉，《臺灣日日新報》，3642（明治43年6月17日），5版；〈臺灣博覽會開設に關する意見（五）〉，《臺灣日日新報》，3644（明治43年6月19日），3版；〈臺灣博覽會開設に關する意見（六）〉，《臺灣日日新報》，3645（明治43年6月22日），3版。

46 〈總督府技師柳本通義提出河內博覽會ニ關スル出張復命書〉，《臺灣總督府公文類纂》永久保存第808冊，第2門「官職官規／出張類」第1號，明治36年2月13日。

外所展示的臺灣，是經過篩選抽樣之後所得之樣本組裝起來的「樣品屋」臺灣，這些樣本可以比較精確地反映總督府所希望呈顯給世人看到的臺灣，所以經過精心策畫和成功包裝之後，臺灣館變成是一個固定的形象。如果要在臺灣展示臺灣，就算財政充裕，總督府還是會擔心，當人們走出夢幻的博覽會場之後，迎面而來看到的臺灣「母體」若與會場中夢境的「樣本」截然不同時，該如何處理？尤其是過去歷次在博覽會中作為對照文明與野蠻之別的原住民族，他們在博覽會中如此溫馴，表現出全然受到文明教化洗禮之後改過遷善的面貌，但是萬一在臺灣舉辦博覽會時，「野番」又再度「反叛」，或者漢民族的「土匪」又再度舉事，對於殖民政府欲藉博覽會以展示其成功統治臺灣的企圖，豈不當場拆穿！所以這場有關是否在1910年近期內舉辦博覽會的短暫討論，就暫時劃下休止符。不過，他們所提出的許多意見，的確在六年之後都一一實現。

第二節　1916年臺灣勸業共進會（Taiwan Industrial Exhibition）

　　從1910年開始到1916年間，臺灣及世界各地均有極大的變化。1911至1912年間辛亥革命爆發和中華民國的建立，以及1912年7月日本明治天皇過世，代表了兩國帝國歷史的重大轉折；1914年歐戰爆發，不僅衝擊了亞洲各帝國勢力的結構，使得美日兩國趁勢在歐戰期間填補了原本歐洲帝國在亞洲退縮之後留下的缺口，並加深二者之間激烈的競爭與對立；歐洲帝國力量的消退也同時給予亞洲殖民地民族自覺運動得以伸展的機會。面對亞洲逐漸高漲的民族自覺運動，日本內部與殖民地之間，在政治及教育文化也開始在同化政策上產生尖銳的對立。1912至1915年間，陸續有林圯埔事件、土庫事件、苗栗羅福星事件、六甲事件及日治時期最大武裝反

抗運動的噍吧哖事件。 1910 至 1915 年間，第五任總督佐久間左馬太著手執行的「五年理番事業」，意欲鎮壓山區原住民族以達進一步控制臺灣山區豐富的林業、樟腦與礦業資源，然而也引發了原住民更大的反抗。這些事件顯示日本治臺近二十年，漢人武力對抗的態勢並未完全消滅。與武力對抗反向發展的，則為 1914 年板原退助來臺訪問並創立同化會，在臺掀起一股同化論的攻防戰[47]，臺人欲藉同化政策爭取更多的政治權利，而反對同化論者乃冀希加強日本人移民臺灣事業以為對策。 1913 年東鄉實出版《臺灣農業殖民論》一書，序言中即表明撰作此書動機之一，在於考察世界「植民地土人的民族自覺會有危及將來殖民地政策的可能，料想他日臺灣亦必有此一情況出現，為防備此一民族自覺之出現，實行母國農業移民實為必要舉措」[48]。此外，欲利用臺灣作為日本向中國華南及東南亞伸張勢力之跳板的「南進政策」亦於此時浮現[49]。在這樣的環境背景下舉辦「始政二十周年臺灣勸業共進會」，它所具有的目標其實是非常多重的。首先當然是要藉回顧治臺二十年的歷史，以向世

---

[47] 參考陳培豐，《「同化」の同床異夢：日本統治下臺灣の國語教育史再考》（東京：三元社，2002），頁 141-93；小熊英二，《〈日本人〉の境界：沖繩、アイヌ、臺灣、朝鮮植民地支配から復歸運動まで》（東京：新曜社，2002），頁 168-214。

[48] 東鄉實，《臺灣農業殖民論》（東京：富山房，1914），頁 2。日本統治臺灣初期即已有少數私營農業移民的事例，如賀田組於 1906 年移民福島及愛媛 385 名日人至東部從事蔗作及樟腦事業；1909 至 1910 年愛久澤直哉分別於臺中及高雄經營「源成農場」與「南隆農場」，移入 366 名日人；1907 年大日本製糖會社於嘉義引入 168 名日人從事蔗作等。然因成效不佳，1910 年在東鄉實的建議下，由官方接手，開始官營移民的時期。參見張素玢，《臺灣的日本農業移民：以官營移民為中心（1909-1945）》（臺北：國史館，2001），頁 41-48。

[49] 中村孝志，〈「大正南進期」臺灣〉，《南方文化》，8（1981 年 11 月）（譯文見卞鳳奎譯，〈大正南進期與臺灣〉，收入中村孝志著、卞鳳奎譯，《中村孝志教授論文集：日本南進政策與臺灣》〔臺北：稻鄉，2002〕，頁 1-74）；矢野暢，《南進の系譜》（東京：中央公論社，1997）。

界誇耀殖民臺灣的成功經驗；其次則是藉博覽會吸引日本資本及人口移入臺灣，三則是在臺灣展示中國華南及東南亞的物資，以進一步吸引日人投資臺灣作為南進事業的基地。第四則是藉共進會向臺灣漢民族招手，以化解其間可能潛在的民族自覺意識（這點在報章宣傳中，用了比以前較為和緩溫柔的用語可以為證），第五則是要展示佐久間以來「五年理番事業」的成績，以向世人證明殖民臺灣不僅只是物資勞力的「開發」，更包括了「啟迪民智」[50]，而作為野蠻象徵的原住民族，則要在這場共進會中扮演改過遷善，一心向化的「開化之民」。

這些目標在大正5年（1916）年3月3日及3月13日《臺灣日日新報》專門向日本宣傳的「內地號」裏，為此共進會所做的特輯中表達得最為清楚。這個號稱為「世界性的南洋博覽會」，除了網羅日本殖民地北海道、樺太、朝鮮和滿洲等地的物品外，還邀集了華南、香港、法屬中南半島、暹羅、英屬印度、馬來半島、爪哇和美國殖民地的菲律賓等地的物產，其目的即在於「將我臺灣豐富的熱帶經驗」作為向華南及東南亞發展熱帶事業的「模範」。總體而言，這次共進會最重要的目標，就是要吸引日本資本及人口移入臺灣。這一層用意，當福建省特派觀察員張遵旭到達臺灣，臺北廳長加福豐次拜訪他時表達地特別清楚[51]。

由於這是日本統治臺灣以來，第一次大開門戶，讓日本國內及

---

50 〈內地號〉，《臺灣日日新報》，5633、5643、5653（大正5年3月3、13、23日），4版。

51 張遵旭詢及此次共進會的目的時，加福豐次回以：「一為發達工商業，一使一般日本人知臺灣內地經營之成績如此、設備之完全如此、各種機關已日趨發達，無非引起日本人多移住此地，以實行其殖民政策也。」見張遵旭，《臺灣遊記》（臺北：臺灣銀行經濟研究室，臺灣文獻叢刊第89種，1960），頁74。有關張遵旭此行之記述，下文將會述及。

其他各國參觀臺灣的大型展示活動，因此總督府投入了相當大的人力財力加以準備。共進會的組織架構以總督府民政局長下村宏為共進會的會長，事務委員及由總督府事務官及臺北廳技師等組成，事務部則由殖產局長高田元治郎擔任，工務部由土木局長角源泉擔任，因此可見總督府負責有關展示架構的設計、展場規畫與布置的事務。此外則引入日本過去博覽會及共進會的經驗，首度在臺灣成立「臺灣勸業共進會協贊會」以為展示活動之輔翼。這個主要由民間組成的團體，以臺灣銀行總裁櫻井鐵太郎為會長，臺灣銀行副總裁中川小十郎及臺北廳長加福豐次為副會長，另有顧問二人及由各廳推舉出的評議員447人。協贊會的會員採募集制，除名譽會員由會長推薦、評議員決議認可之外，捐贈金額達百圓以上者為特別會員、五圓以上者為贊助會員，會員於博覽會中參加各項活動及觀覽均享有優待福利。協贊會的主要功能為協助展示中有關宣傳、入場券、觀覽券的印製發賣（由協贊會會計係負責）；設備係掌管迎賓館、奏樂堂、接待所、演舞場及市街裝飾及電器水道設施等事項；賣店係則負責會場內飲食店、休憩所及物品販賣等相關事項；勸誘係負責行銷、來賓招待、廣告及其他大會主辦相關事項；接待係負責觀覽者行銷、會員接待、翻譯及住宿交通安排等事項；另有餘興係，負責音樂、演舞、煙火、彩券等事項。協贊會的工作人員計有883人[52]。

　　為了能表現上述共進會開設的目標，本次共進會的展品共分為十一個部類：第一部為教育（含學術及衛生）、第二部美術工藝、第三部為農學（及園藝、畜產、蠶絲業）、第四部乃林業及狩獵、第五部是水產、第六部飲食品、第七部為礦業、第八部乃工業、第

---

52 臺灣勸業共進會協贊會編，《臺灣勸業共進會協贊會報告書》（臺北：臺灣日日新報社，1916），頁1-92。

表格4-3　1916年臺灣勸業共進會出品部類及展品人件數

各部出品		展品件數	參展人數
第一部	教育、學術、衛生	442	146
第二部	美術工藝	176	83
第三部	農學、園藝、畜產、蠶絲業	16,407	14,707
第四部	林業及狩獵	1,136	665
第五部	水產	609	371
第六部	飲食品	3,425	2,535
第七部	礦業	203	99
第八部	工業	3,807	1,599
第九部	機械及機關	77	27
第十部	土木、建築、交通	40	16
第十一部	番俗	121	33
計		26,443	20,281

資料來源：《臺灣日日新報》，5674（大正5年4月12日），3版。

九部屬機械及機關、第十部是土木、建築、交通，最後第十一部則
為番俗。總計十一部的展品數達26,443件，參展人數則達20,281
人。

　　除開上述參展品之外，另以「參考品」方式展出的物件有
23,069件，參展人數則為3,051人，總計整個共進會的參展品達
49,512件、23,332人。不過，由於展品遠超過預估，場地愈見狹
窄，許多遲誤報名者多有向隅，因而引發大阪地區商人之不快[53]，
許多有意參展人則以為實際上總督府廳舍內之陳設過於空蕩，而第
二會場之展品又過於龐大，認為總督府並未善加規畫整體空間[54]。

---

[53]〈共進會と大阪：大層な評判〉，《臺灣日日新報》，5637（大正5年3月7日），7
　　版。
[54]〈野呂（寧）技師講演：大正協會主催紹介共進會內容〉，《臺灣日日新報》，5637
　　（大正5年3月7日），漢6版。

表格4-4 臺灣各廳參展品件數

出品地區	展品件數	參展人數	出品地區	展品件數	參展人數
臺北廳	3,679	2,165	桃園廳	2,355	2,002
臺南廳	3,603	3,012	南投廳	1,943	1,502
臺中廳	3,571	2,896	宜蘭廳	1,249	981
新竹廳	3,307	2,308	澎湖廳	587	261
阿緱廳	2,682	2,300	臺東廳	387	290
嘉義廳	2,681	2,281	花蓮港廳	378	283

資料來源:《臺灣日日新報》,5674(大正5年4月12日),3版。

表格4-5 華南、東南亞各地及臺灣各廳參考品數

地區	件數	人數	地區	件數	人數	地區	件數	地區	件數
中國	749	117	暹羅	18	1	臺北廳	1,220	臺南廳	30
爪哇	428	15	新南洋	12	1	新竹廳	115	阿緱廳	26
香港	111	11	華南南洋計	1,526	169	嘉義廳	96	花蓮港廳	11
法屬安南	78	7				宜蘭廳	78	桃園廳	3
新加坡	51	14	朝鮮	702	24	臺東廳	60	臺中廳	2
婆羅洲	46	2	關東	76	12	澎湖廳	31	南投廳	1
英領印度	33	1	樺太	39	19			臺灣小計	1,673

資料來源:《臺灣日日新報》,5674(大正5年4月12日),3版。

表格4-6 日本各府縣參展之參考品數

府縣	件數	人數	府縣	件數	人數	府縣	件數	人數	府縣	件數	人數
鹿兒島	2,230	20	靜岡	493	25	福岡	242	46	岡山	61	21
大阪	1,847	176	石川	488	74	福井	204	49	熊本	56	7
東京	1,462	147	愛媛	464	93	德島	204	43	千葉	54	35
京都	1,098	77	群馬	446	187	和歌山	200	37	大分	53	5
廣島	1,084	170	奈良	420	77	神奈川	178	9	茨城	40	19
栃木	820	200	滋賀	395	102	佐賀	178	38	宮城	36	3
長崎	794	48	三重	319	65	岐阜	155	25	福島	21	3

兵庫	761	112	沖繩	290	87	北海道	143	50	山形	20	8
高知	649	54	香川	274	58	岩手	92	21	鳥取	20	1
山梨	638	31	富山	267	58	秋田	75	9	埼玉	13	6
島根	587	20	新潟	243	64	長野	72	27	宮崎	9	3
愛知	567	112							小計		

資料來源：《臺灣日日新報》，5674（大正5年4月12日），3版。

　　從展品數量來看，則可顯示分類的主次概念與實際展品數量之間的落差。儘管教育學術和美術工藝被尊列為最前面兩部，然而其展出件數卻相對稀少，整個展品件數中，仍然以農林業展品為主，至於置放在圖書館內的美術工藝品，亦仍以日本展品為主。不過，值得注意的是飲食品、工業品展品數量較過往歷次展示活動增長甚多，可以表現此一時期臺灣輕工業正值歐戰期間，日本中小企業欲向殖民地擴張企業與資本的趨勢[55]。除了展品數量未能凸顯分類架構的主次安排之外，實際展示空間的安排則完全混淆了這種分類的意義。

　　這些為數近五萬件的展品安置在兩個主會場內，一為總督府新廈，總建坪為10,237坪；二為面積52,387坪的林業試驗場，此外，位於總督府新廈西側的圖書館則陳列日本內地美術工藝品。部類設計反映了殖民政府試圖將歐美及國外行之有年的分類架構移植進來，在此中尤為引起吾人注意者，為美術作品類。雖然只有八十餘位參展者，但在臺灣文化史上應具有首創之意，因為由總督府主導的「臺展」要到十一年後才開始，臺人自主創設的「臺陽美展」則要等到1936年，也就是「始政四十周年記念臺灣博覽會」結束後一

---

55 歐戰前後日本對於臺灣及其他殖民地的投資活動，可參考金子文夫，〈第一次大戰後の對植民地投資——中小商工業者の進出を中心に〉，原文發表於《社會經濟史學》，51:6（1986.3），本文參考之版本為收入柳沢遊、岡部牧夫編，《展望日本歷史・20：帝國主義と植民地》（東京：東京堂，2001），頁132-65。

圖版4-1　尚未完工的總督府作為1916年臺灣勸業共進會會場。入口前
　　　　　特別設計噴泉及水牛造景

資料來源：轉引自程佳惠，《臺灣史上第一大博覽會：1935年魅力臺灣 Show》（臺
　　　　　北：遠流），頁20。（遠流資料室提供）

年才展開[56]，因此，此次展覽活動當具有開創性的意義，然而，在
當時的大部分記述中，這次展示的內容卻完全沒有引起人們的注
意。

　　作為第一會場的總督府大樓此時尚未完工，這棟耗資三百餘萬
元的建築，工程期達七年（1912至1919），當初在規畫設計及編列
預算時，即引發不少爭議，被斥為過度浮誇浪費。此次作為共進會

56 謝里法，《臺灣美術運動史》（臺北：藝術家，1992），頁78-94；148-82。

的會場，或許有消除這些反對輿論的目的。整棟五層樓的總督府建
築中，一至四樓展示配置如下：

　　一樓：展出臺灣產穀菽類、植物纖維類、蠶業、茶葉、砂糖、
殖產局糖務課出品物和統計圖表、農商務省出陳柑橘園模型、農科
大學統計表，以及殖產局農務課、澎湖、嘉義、南投、臺東、花蓮
港、桃園等各廳出品物。

　　二樓：展示臺中、新竹、宜蘭、阿緱、臺南、臺北各廳出品；
在臺日本商人進口之日本物產、殖產局礦務課各項出品；另有三越
吳服店展出大正皇帝即位式模型。

　　三樓：展出朝鮮、滿洲、樺太、日本內地府道縣各機關的學
術、交通出品、農林產物、水產飲食品、漆器、窯器等家宅用具、
雜工品、金屬製品及礦業用具、文房用具及有關衛生各項出品，另
有郵船和商船會社、白木屋吳服店等私人公司的展品。

　　四樓：展出島內各官廳之參考品、專賣局、學務部、戶口調查
部、統計課、稅關、財產局研究所、工事務、土木局、通信局、警
察本署、鐵道部、殖產局及農事試驗所、營林局等各單位的出品[57]。

　　從水晶宮開始的博覽會，對於物品展示的安排是逐漸朝向以物
件「性質」配合當時對於知識結構的理解而建立一套分類架構，並
以空間上出場的先後順序尊遇其優先等第，因此部類架構及其空間
安排，可以反映一個時代對於其物質文化與產業實力的認知、想像
與希望。從以上有關此次共進會部類與空間安排的討論來看，此次
共進會引入了過去數十年間在日本逐漸發展出來的展品部類架構，
在規模上超越過去只側重農產展示的「品評會」，也稍袪除八年前
火車博覽會與臺北物產共進會染有過深商業色彩之弊，以總督府為
主展場的單一館舍性質也有利於以統一的分類架構安置展品，不過

57〈臺灣勸業共進會〉，《臺灣日日新報》，5648（大正5年3月18日），3版。

從實際的空間安排來看，原本按物件性質的分類方式，卻被另一種更為重要的元素：空間差異所取代了。來自日本二萬餘件的展品均以「參考品」的名義安置在總督府的三樓，而與臺灣各廳展品區隔開來，就有如臺灣展品在日本各地以「參考品」的名義被區隔一樣。經過此一展場錯離的設計，不但物件之間失去了比對的基礎，物件本身乃消融於地域整體而模糊的單元之中。這種錯差也重複表達了「內地」與「外地」兩者截然有別，不能同置一室的想法，也與歐美博覽會中區隔殖民地與帝國展品的位階差異想法相呼應。

　　在長野宇平治為總督府設計的原建築圖中，最初並未規畫要設立高塔，但後來為強化其君臨天下的權威感，才變更設計，加上了高塔[58]。這座180尺高塔，「俯視臺北平原十里，若在几席，洵東洋第一大土木也」[59]。在本次共進會中，這座中央高塔設有升降機，於白天時供觀覽者自由升降以便俯看全臺北市。升降梯共分兩段，一為自一樓至四樓，收費5錢，二為自四樓至高塔頂點，往返一次收費10錢。共進會開會後，每日登塔者約千人以上，只到達四樓者每日亦有數百人，光是升降梯一日收入就可達150元以上[60]，足見登塔遠眺更勝於進入總督府內觀覽那些靜態的展品。從1889年巴黎萬國博覽會建設巴黎鐵塔之後，登高望遠已成為其他各國在博覽會會場中踵繼效法的重要設施，甚至成為博覽會或者該城市的地標。總督府的高塔設計，原本為了要加強其君臨天下的威赫之感，然而在1916年的博覽會裏，它被用為俯看遠視的工具，開放給民眾

---

58 總督府的建築最初是經評審員選定長野宇平治之作品，後經森山松之助修改，將中央入口處高度由六層樓改為九樓。整個建築於1912年6月1日開工，1915年6月25日主體部分完成並舉行上棟式，全部完工的時間則至1919年3月，總工程費為二百八十萬元。見李乾朗，《臺灣近代建築》（臺北：雄獅，1987），頁51-52。

59 〈野呂（寧）技師講演〉，《臺灣日日新報》，5637（大正5年3月7日），漢6版。

60 《臺灣日日新報》，5675（大正5年4月16日），漢5版。

飽覽臺北市市容，以當時臺北市所有建築高度而言，唯有此座鶴立雞群的高塔才能有此最佳視野，不過這可能是往後近八十年間，唯一一次將此高塔作為娛樂設施的事例了。總督府正門前的廣場亦仿效日本及歐美博覽會會場的布置，建立了一座噴泉瀑布和兩座水池，夜間佐以照明設備，「由電光光線作用，各有淡紅色及淡綠色之噴水，自下而上，踰丈愈細，作散沫若游龍夭矯飛舞，旁峙椰子，綠意繽紛，標榜熱帶的固有之色彩」[61]。總督府入口玄關處則有一尊北白川宮能久親王的銅像，凡入館者，必須脫帽敬禮[62]，顯示會場內結合著一種禮儀與教化的目的。

　　第二會場以林業試驗場為展場，總面積52,387坪。場內栽植各種熱帶植物，相較於展示權威的總督府廳舍而言，本會場娛樂性極強。在進入第二會場正門前，沿途裝飾電燈以為入夜後夜景之布置外，進入正門左側設有「太虛幻境」的魔術表演場，「樂隊喇叭吹奏，時有觀客擁擠門口」，其旁則有書畫展覽室，然後為一長列的臨時商店，陳列洋傘、瓷器、糕點，「觀客隨手購買者亦不少」，接續而來者為奏樂場和喫茶店，「環列長椅，時有觀客在彼休憩」[63]。經過這一區紛雜的商店街後，迎面而來者才是第二會場內的七個主題館：

　　第二會場中占地最廣者即為「南支南洋館」，華南地區來者包括上海之絹絲刺繡筆墨、漢口之茶與生絲、汕頭錫器、香港雜貨、廣東工藝品及紫檀桌椅、福州之沈紹安漆器「燦然大有可觀」，和廈門之水果蜜餞菸草茶葉等。然而《臺灣日日新報》卻評這些展品

61〈夜中之共進會〉，《臺灣日日新報》，5671（大正5年4月12日），漢5版。

62〈觀覽者宜注意〉，《臺灣日日新報》，5677（大正5年4月18日），漢2版。

63〈共進會彙報：第二會場一瞥〉，《臺灣日日新報》，5672（大正5年4月13日），漢5版。

表格4-7　第二會場主題館

館　別	面積	展出內容
南支南洋館	587坪	南洋及南中國各地物產品，包括香港、英領印度、暹羅、菲律賓等地
機械館	377坪	各種發電機、各種電器器具、製染織機械、工場模型設計等。
番族館	312坪	各原住民族之食衣住行一般生活狀況，多以實物或模型介紹說明，另有番地產物介紹。
家畜館	240坪	臺灣特產之家畜
園藝蔬菜館	50坪	本島特有園藝植物
菲律賓廳農舍		菲律賓人的居住生活及農業狀況（乃臺中《臺灣新聞》社長松岡富雄所設）

「雖則精巧，尚未能脫手工舊式，而進化為機械為化學應用」[64]。同館的「南洋」之部，則多以油畫及照片介紹馬來半島之採錫、婆羅洲人之汲水用竹筒、爪哇大火山及爪哇裸體男女染紗人、新加坡柔佛河畔；另有廈門南普陀照片數十幀。另外菲律賓區陳列木材、菸草、椰實、單寧、染料與各種植物纖維織品。這些展品在報刊上的評價則為：

> 臺灣介在南支南洋之間，參以日本化，勞銀騰貴，是故手工之製作，不及南支；亞熱帶地，是故熱帶之樹木，不及南洋。臺灣纖維之應用製麻製苧，尚未甚盛，惟林投帽子及大甲帽蓆，稍有可觀耳。[65]

如果對照十三年前大阪博覽會時，對於臺灣自然條件讚不絕口

---

[64] 〈南支南洋館一瞥〉，《臺灣日日新報》，5677（大正5年4月18日），漢2版。

[65] 〈南支南洋館一瞥〉，《臺灣日日新報》，5677（大正5年4月18日），漢2版。

的描述，今日對臺灣自然條件的貶抑，則頗有喜新厭舊之味，不過有趣的是，把臺灣貶抑為既不如東南亞渾然天成的原始又不及日本之文明開化，其原因之一是「參以日本化」。而對東南亞的陳述，亦強調其原始野蠻與未開發的面貌，言其「椰子檳榔之蓊鬱，是其色彩；文身裸體之野蠻，是其種族；弓矢、腰刀、吹筒之類，是其武器；鱷魚、蜥蜴、玳瑁、攀爬崛強之流，是其動物；椰子、橡皮、菸草、纖維、穀類之採取，是其富源」[66]。在這裏，我們看到了殖民者既想同化臺人但又不欲同化過深的矛盾心態，臺灣之所以特殊，就在於它有著與日本截然不同，帶有一些「原始味」的特質，一旦這種原始味被染上「日本化」之後，它的特殊性就消失了。因此，從統治安定的角度而言，同化是消除臺灣島內反對聲浪的一種手段，但在文化價值與日常感受上，臺灣被同化之後，就失去了它「原始」的價值。

　　走出南支南洋館後，則為日本富商松岡富雄所建之菲律賓農舍，「內陳男女比律賓土人各一」，這兩名年約五十歲的男女，「服裝炫異，長裙拖地如燕尾」，而其所展出之物「以其物略近臺灣番產品，觀客亦喜新奇，紛來攘往，且觀且評」[67]。松岡富雄展示此農舍，其目的在「促我臺人植民進取」[68]。如同本書第二章第一節所言，從一八八〇年代開始，菲律賓的原住民族就已成為美國展示其帝國進步與殖民政策最重要的「物件」，然而，既非日本殖民地的菲律賓，在臺灣所舉辦的共進會中，卻以相同的面貌被日本商人展示，其間顯示既要與美國互別苗頭，又要與其共爭菲律賓資源的意味十足[69]。

66〈南支南洋館一瞥〉，《臺灣日日新報》，5677（大正5年4月18日），漢2版。
67〈共進會彙報〉，《臺灣日日新報》，5672（大正5年4月13日），漢5版。
68〈比律賓之農舍〉，《臺灣日日新報》，5677（大正5年4月18日），漢2版。

　　第二會場除了南洋館外，另一重點為機械館，館中「電火光明，機械輪轉不息」，此外尚有基隆礦區新式之空中運炭機模型，以及正在萌發的家電用品如電扇及電燈等[70]。由於機械館在動線安排上為接續「南支南洋館」，藉由該館「落後原始」的展示，正好凸顯以日本機械電器為主之產業進步的形象。

　　除上述主題館外，另有迎賓館、演藝館、奏樂堂、賣店、接待所、休憩所等設施。迎賓館乃二層樓建物，仿京都金閣寺之造型，全部用阿里山檜木所建；演藝館則可容納760人。除此之外還有馬戲團、音樂演奏、電影、猴戲等娛樂設施，填滿這些設備之後，「第二會場雖廣，殆無餘處」。

　　第二會場另一個重要的設施即為原住民區。在第二章中我們已述及日本治臺後，數度將原住民帶至日本「觀光」，希望達到「文明教化」的目的，而大阪勸業博覽會開始，則首度模仿歐美人種展示之惡例，建設人類學館，因而引發「人類館事件」的喧然大波。其後在其國內舉辦的共進會和博覽會中不再敢大張旗鼓地展示人種，然而在海外地區，為了與歐美國家互別苗頭，人種展示則仍時而有之。臺灣本已為日本政治鞭長莫及之地，藉「番人觀光」以行人種展示與「教化」的活動，其實從治臺初期即已如縷不絕地進行。首次招攬原住民至平地「觀光」，為明治28年（1895）9月帶大嵙崁之泰雅人至臺北觀覽並會見當時的總督樺山資紀，其後較大規模的招徠活動則包括明治38年（1905）10月選派全島原住民代表至臺北參加臺灣神社祭儀，而後來霧社事件的領導者莫那魯道亦在列

---

69 菲律賓的展品，據云原本要將其參加前一年（1915）在舊金山舉辦之巴拿馬太平洋博覽會之參展品全數運來臺灣展出，然運送該展品的船隻「地洋丸」卻遭難沉沒，因而只展出少數物件。《臺灣日日新報》，5643（大正5年3月13日），4版；5677（大正5年4月18日），漢2版。

70〈共進會彙報〉，《臺灣日日新報》，5672（大正5年4月13日），漢5版。

中，而明治41年（1908）3月警察本署長更將原住民帶至平地觀光，列為轄下有番界之各廳每年一至二次的例定工作，將轄下原住民帶至平民觀光，而帶至臺北觀光則一年一至二次為宜。然而許多原住民無法適應平地的氣候與食物，更難適應所謂觀光的旅行，因而到達平地後感冒及患腸胃炎者不少[71]。從以上回顧中，我們可知，將原住民帶至平地觀看日本建設及工業技術，一直是日本治臺後，對原住民「教化」的一種舉措，一方面教化，另一方面則被觀看。1916年的勸業共進會裏，原住民自然是不可缺少的構件之一。

位在第二會場內的「番族館」，陳設竹製煙管、木雕人像、背負籠，以及各原住民風俗習慣與生活內容的模型展示，以及原住民傳家寶物之展出，如恆春原住民展示有五、六百年歷史之柄身雕有祖先人像之劍；阿緱廳、枋寮支廳和潮州支廳內之原住民族所刻之守護神裸體木像，另外，牡丹社事件時為日軍嚮導之平埔族潘文杰，於明治31年（1898）被帶至臺北觀光時，收到乃木希典贈予之村田式獵槍、臺灣憲兵隊長立花中佐賜贈之虎徹銘刀等等。「番俗館」所展示之物品大部分均為現場可立即交易的商品，為防不肖商人從中剝盤，交易由原住民自行處理，不假他手。現場並配有介紹原住民生活風俗之手冊免費發送[72]。這些原住民均通日語和漢語，他們到達會場後，亦多生不適應之問題，常向《臺灣日日新報》記者抱怨會場內人聲嘈雜，「使人頭痛」。

對於日本人而言，這些會場中的原住民最重要的一項工作，即為閑院宮載仁親王來臨時，要「面謁」親王。這場禮儀教化的戲碼於4月24日上午展開，由總督安東貞美帶領泰雅、鄒、排灣、阿美

---

71 鈴木作太郎，《臺灣の蕃族研究》（臺北：臺灣史籍刊行會，1932），頁382-92。

72〈蕃族館之異彩〉，《臺灣日日新報》，5634（大正5年3月4日），漢6版。

及雅美等族之代表130人至閑院宮行邸。閑院宮於接見時表示：「向
來番族中，雖曾不遵官命，今既悔過遷善，故特蒙拜謁之光，不但
爾等名譽，可謂番人全體名譽，爾等宜奉體一視同仁之天恩……」，
而原住民代表則回以「今日蒙拜訓示，不敢復抗官命，歸社後，對
一般社眾，詳將此意為之傳說」[73]。並向親王表示永遠改過遷善，
放棄野蠻，學習文明[74]。如果對照西方博覽會中之人種展示時，我
們就可以發現，其純粹只作為一種觀看的對象，藉由觀看以對照文
明與野蠻之別，並沒有特別企圖想要在會場中上演文明教化的戲
碼，但是，在1916年的共進會裏，原住民除了要作為被人觀看的娛
興之外，還要扮演被日本教化的儀式。而這套儀式則承襲傳統中國
王化綏遠的想像。

　　除了靜態展示之外，會期間亦有許多活動，這些活動顯然也承
襲歷次歐美博覽會及大阪、東京勸業博覽會的規格。這類活動主要
有三，一為展示學術知識進步的活動，包括邀請東北大學校長北条
時敬、關西醫科大學校長和新渡戶稻造來訪，另外赤十字社臺灣支
部則邀請醫學博士北里柴三郎和泰佐八郎來臺訪問，二人除於4月
21日主持「全島醫學大會」之外，並於總督府醫學校講堂演講關於
歐美及日本肺結核之預防措施[75]。除了學術活動之外，還包括4月
15日於鐵道旅館所開之「全國新聞記者大會」及4月19日召開之
「全島實業大會」等。全島實業大會中提出多項有關改變臺灣產業
環境的提案，包括於臺灣設立實業學校、商業會議所、全島生產調
查及砂糖消費稅使於本島財政復活、仿效日本及朝鮮之例，利用島

---

[73]〈殿下引見番人〉，《臺灣日日新報》，5685（大正5年4月26日），漢5版。

[74]〈殿下引見番人〉，《臺灣日日新報》，5685（大正5年4月26日），漢5版。

[75]《臺灣日日新報》，5648（大正5年3月16日），7版；5684（大正5年4月25日），
漢5版。

內郵便貯金充當本島產業資金等等[76]。

　　第二類活動則是規畫一套參觀臺灣的行程。這種手法，在歐美的博覽會中已行之有年，本書第三章中也曾詳細討論日本在1903年大阪博覽會中藉大規模招待臺灣紳商參觀日本國內風土以收臺人「敬慕上國」之效。這次首度在臺灣舉辦大規模的共進會，除了要日本觀客參觀共進會會場的陳設之外，更重要的當然是要他們順道旅行臺灣，藉臺灣這個大展場以實地了解總督府的統治成果。為了消除日本一般民眾視臺灣為生番土匪猖獗之地的成見，民政長官下村宏在共進會開會前親自走訪日本關西地區，宣傳共進會及臺灣治績，特別強調臺灣「素尊重老者舊慣，益感泣皇恩深渥……所慮蕃界深入，其餘平地斷無匪害之虞……」以消除日人疑慮[77]。對於來臺訪問的日人及外國人，也特別規畫了一個星期與兩個星期的全島旅行[78]，一方面要讓日本人真正多體會了解臺灣的現狀，另一方面則希望藉此觀看，引發日本人移民或投資臺灣事業。共進會協贊會並配合此一政策，向日本及國外廣發來臺參觀旅行的邀請函五千封，據該會粗略估計，因這些宣傳聞風而至臺灣參觀旅遊的日本及中國來賓約一千人左右，觀光團體的人數也有五百人之譜[79]。

　　除開學術及行政類的大會之外，還包括各種運動競賽，例如《臺灣日日新報》於4月22日主辦全臺首次的馬拉松競賽，利用新築完工的「三線道路」作為競賽場地，共繞三圈計八哩長[80]，但將

---

76 《臺灣日日新報》，5690（大正5年5月1日），7版。

77 〈下村長官巡迴關西地方講演〉，《臺灣日日新報》，5640（大正5年3月10日），漢5版。

78 《臺灣日日新報》，5643（大正5年3月13日），4版。詳細行程規畫另可見臺灣勸業共進會協贊會編，《臺灣勸業共進會協贊會報告書》，頁219-24。

79 臺灣勸業共進會協贊會編，《臺灣勸業共進會協贊會報告書》，頁180。

80 一般馬拉松全長25哩，但《臺灣日日新報》考慮此乃過去從未有過之比賽，擔心若

參賽者區分為甲（日人）、乙（臺人）兩組，免生紛擾[81]。這種藉博覽會以展示「現代進步身體」的活動，還包括「身高競賽」，亦區分日人及臺人兩組，最後臺人組由後壠區長沈賜記奪魁[82]。此外還有於5月6日舉行之「全島自轉車（腳踏車）競走大賽」和5月7日之「全島庭球（網球）」大會等[83]。整體規格皆可看到仿效1893年芝加哥萬國博覽會及1904年聖路易萬國博覽會安排奧林匹克運動會的模式。

　　為了避免讓人感覺這些遊樂設施只是為了服務日本人，《臺灣日日新報》還不忘宣傳第二會場內「諸事雖稍側重內地人，然亦選擇適于本島人之趣向」[84]。其中為迎合臺人傳統休閒娛樂的習慣，首度將臺灣廟會活動導入共進會節目中，以創造人潮，由於會期間正值媽祖誕辰日，大會特別安排了北港媽祖於共進會期間至臺北遶境[85]。這個遶境活動對於宗教活動廣告化具有深遠的影響，將在第五章時再進一步陳述。除了藉傳統廟會活動以招徠人潮外，特別自大陸招聘天仙戲班來臺演出[86]，則為另一項藉助民間傳統娛樂以吸引人潮的手法。本書第二章第一節已說明，自1867年巴黎萬國博覽會之後，音樂節目即為博覽會會場中不可或缺的教養娛樂節目之

按標準規格徵選參賽者，最後合格者恐難覓得，故縮短為8哩，繞三線道三圈。〈空前の壯舉：全島マラソン競走〉，《臺灣日日新報》，5652（大正5年3月23日），4版。

[81]《臺灣日日新報》，5696（大正5年5月7日），7版；5697（大正5年5月8日），7版。

[82]《臺灣日日新報》，5680（大正5年4月21日），漢6版。

[83]《臺灣日日新報》，5680（大正5年4月21日），漢6版。

[84]〈熱鬧之第二會場〉，《臺灣日日新報》，5633（大正5年3月3日），漢3版。

[85]《臺灣日日新報》，5640（大正5年3月10日），漢6版。

[86] 此劇團實為辜顯榮出資四千元邀請而來。見臺灣勸業共進會協贊會編，《臺灣勸業共進會協贊會報告書》，頁205。

一，此次共進會中音樂節目自亦不可缺。共進會協贊會安排了「臺北音樂隊」和大稻埕與艋舺兩區樂團，會期間每日分早中晚三時段於第二會場音樂堂各表演西樂及傳統臺灣音樂[87]。最後一項吸引人潮的手法即是在會期間安排了六次夜間施放煙火的節目[88]。總體而言，這場展示活動雖名為共進會，但所有日本及歐美博覽會中所應有的基本元素，都在這次共進會中一起呈顯，在臺灣展示史上，實具有重要的里程碑。

　　這類節目的安排其最重要的目的之一，即在製造各種吸引觀眾至臺北參觀共進會的機會，而這些節目似乎也的確達到了創造人潮的效果。共進會於大正5年（1916）4月10日開幕後，立即湧入大批觀眾觀覽，以至於原本定於5月9日閉會，因應觀眾要求，延期一個星期至5月15日方才結束。總計36天的會期內，共湧入809,830人次觀覽。

表格4-8　1916年臺灣共進會參觀人數

場地別	參觀人種別	人數	小計	總計
第一會場	日本人	146,335	525,367	
	本島人	378,711		
	外國人	321		
第二會場	日本人	112,270	284,463	
	本島人	171,885		
	外國人	308		809,830

　　從上表來看，即便第二會場安排了眾多具有娛樂效果的設施，但是至第一會場觀覽的人數，還是超過第二會場將近一倍，而臺人

---

87 臺灣勸業共進會協贊會編，《臺灣勸業共進會協贊會報告書》，頁207。

88 臺灣勸業共進會協贊會編，《臺灣勸業共進會協贊會報告書》，頁209。

至第一會場的人數甚至超過日本人一倍以上。我們今天已難以考察，這些進入總督府新廈為數五十餘萬的觀眾，究竟是想要一窺館內的展品，或者是被這棟當時全臺灣最大面積之建築物及可以極目四望的高塔所引誘？此處我們將引用住在豐原的保正張麗俊的日記，進一步討論臺人觀覽此次博覽會的觀感。

張麗俊原本預定1916年4月15日欲與友人一起北上參觀共進會，他在當天凌晨二時就到了豐原火車站，但班班火車客滿，一直等到六點半好不容易才買到了一張往新竹的票，只好先在新竹住了一晚，隔天才到達臺北，住在轆轢街和全隆米棧蔡水田樓上。張麗俊4月16日一早就到了會場，他對於總督府新廈發出了驚訝的讚嘆聲：「基礎之鞏固、規模之宏廠（敞）、形勢之高超、構造之精巧，統全島而未有也」[89]。他兩度進到總督府觀覽，但所欲觀看之重點，卻與他人不同。他說：

> 晴天，自己仍再入第一會場遊玩，蓋我之主旨與他人不同也，他人只玩物件，信步而過，我則重在此會場係總督府官衙，今日充作會場，故任人縱覽，不然何能到此也，而且羅列中外奇珍異品，貴賤精粗之物，無一不備排列順序，不知費盡多少心神，自入口至出口，測量有十二里之遠，故我所以加一番領略也。[90]

這棟在張麗俊筆下描繪為「漫把靈臺誇共樂，經營不藉庶民攻」的殖民最高權威的建築，可能一生只有這次機會可以「任人縱覽」，甚至可以仿效總督君臨天下一般，登上最高塔，極目四望，他藉此

---

89 張麗俊著，《水竹居主人日記》（第4冊），頁321。

90 張麗俊著，《水竹居主人日記》（第4冊），頁327。

機會，得以站在森山松之助修改建成的高塔上，寫下了眼前的感
懷：

> 登十層樓二絕
>
> 高超絕頂白雲低，四面晴光入眼迷，
> 北望負山西望海，稻江風景畫中題。
>
> 選勝登臨意氣豪，寄身如在半天高，
> 山川雲物都經眼，愧少新詩落彩毫。[91]

張麗俊知道，站在這「如在半天高」的位置，不僅只是提供他「登
臨意氣豪」的詩性而已，在另一首題為〈總督府衙〉的詩中，他也
清楚地知道，站在這個高處的權位，是要「登臨定爾觀民隱，豈獨
咸熙庶績凝」[92]，總督及殖民政府正要藉著統治（文明）的高位，
定期考核「民隱」。

　　張麗俊除了很注意總督府新廈，他也認真地觀看了展場中各展
室的內容。在日記裏，他非常仔細地記下了每一樓層每一展室的名
稱，卻沒有描述展室內的陳設內容，不過，他對於其中一臺「自動
旋轉女人牽絲布機」頗為注意，還為此寫了一首詩[93]。值得注意的
是，他對於兩張統計圖表上的內容，倒是記得十分清楚，一是桃園

---

91 張麗俊著，《水竹居主人日記》（第4冊），頁335-37。

92 詩的內容為：
　巍峨寬廠（敞）勢排空，磚石堆成白映紅，漫把靈臺誇共樂，經營不藉庶民攻。
　計畫維周結構精，嚴疆首治樹先聲，登臨定爾觀民隱，豈獨咸熙庶績凝。
　見張麗俊著，《水竹居主人日記》（第4冊），頁335-37。

93 題名〈旋轉機模型〉，詩曰：「旋轉機憑織女兒，三盆繰罷手中披，條分縷析人工
　巧，何患棼而嘆治絲。」見張麗俊著，《水竹居主人日記》（第4冊），頁338。

廳出品的地理、人口、土地統計表，二是位於五樓全臺灣資產及生產推定表，此外，他在回到豐原後，整理數日參觀共進會的心得而寫下的詩句，多半與他所見到的「模型」有關。這些記述，讓我們可以稍加揣測這位中部傳統鄉紳在此次共進會中的觀看心態與眼界。筆者以為，這個心態與眼界反映了他在此次展覽會中的兩個現象，一是他利用數字呈顯的「全景」來理解「臺灣」，第二是他對地理模型的關注，說明他受到博覽會觀景與再現視域影響後的刺激，例如他看過了澎湖島的模型後，寫下「山川歷歷形如見，恍似親身列島中。」的詩句，觀看地景模型圖可以讓他「恍似親身列島中」，觀看阿里山伐木作業所的模型可以讓他想像「旋螺隧道氣車攢，萬里崎嶇往復難，密爾森林陰蔽日，何時斫盡見崗巒。」張麗俊雖為中部著名詩社「櫟社」的成員，在休閒娛樂及許多生活細節上也保持了傳統臺灣鄉紳的特質[94]，但是他身負保正之職，必須經常負責調查地方產業、土地、人口的動向，甚至還得為地方政府繪製林野開墾調查地圖，保正日常工作的規訓，使得他對於數字與地圖較為敏感。張麗俊的日記同時反映了兩種觀看博覽會的視界，一是來自於保正職務訓練下所形成的一套知識觀，這套知識觀與近代國家或者殖民統治的治理技術相銜，亦即透過數字與全景式觀覽的視域來理解生活環境；但另一方面，他在觀看的同時，詩人的習性使得他同時在尋找可以入詩的題材，並且以詩的形式，而非探究原

---

[94] 例如，他在日常生活中最常有的休閒活動之一，即是看戲，當然，張麗俊對於近代的機械似乎也有種迷戀，豐原設立了臺灣第一家機械生產的「臺灣製麻株式會社」，張麗俊經常在日記中記載他到該工廠「玩」，他也非常喜歡看他朋友蓋的洋樓新廈，反映他在休閒生活與物質生活中的兩種面向。有關此一問題，請參見筆者於2004年11月28日臺中縣文化局、中央研究院近代史研究所主辦「水竹居主人日記研討會」發表的〈老眼驚看新世界──從《水竹居主人日記》看日據時期保正的生活與休閒活動〉一文。

理的形式，再現他所觀看的博覽會。

　　另一個值得注意的是他觀看其他會場的反應。他對於位在苗圃的第二會場的記述是：

> 　物品亦甚多，係中華來出品者，各件精良，記不勝記、言不
> 勝言，但會場廣大，生蕃出品物件並蕃社模型、蕃人住宿處，
> 各處牛豬、機器、工場，白鶴、孔雀珍禽、映火燈、噴泉池奇
> 觀，種種狀況亦難以筆記，遊玩者何止萬千。[95]

　　張麗俊雖然參觀了來自對岸中國的展品，也言其「各件精良」，但他似已無力氣再為這些展品多加著墨，只能說「記不勝記，言不勝言」。換句話說，在展場中代表中國的物品，其實並沒有辦法引起張麗俊深刻的好奇，也無留下深刻的印象。

　　張麗俊這番對於中國展品的觀覽心得，很可以與來自中國大陸觀眾相互對比，他們有來自民間商人團體，包括由僑廈居廈門臺商及當地商人組成的觀光團，於4月21日抵臺參觀共進會。政府部門則包括廈門道尹汪守珍出席了4月18日共進會的開會式；北京政府則派遣農商部參事廖世綸和高近宸出席閉會式[96]。福建由於地近臺灣，省政府特別指派了張遵旭及汪子實二人赴臺考察此次共進會。張遵旭日後對此行不但撰寫了有關共進會展示內容的考察報告，另外還留下了一本《臺灣遊記》，記述其來臺十八日的心得。

　　他於4月5日抵臺，19日返廈，其間最初五天均觀察共進會準

---

95 張麗俊著，《水竹居主人日記》（第4冊），頁325。

96《臺灣日日新報》，5678（大正5年4月19日），漢6版；5705（大正5年5月15
　　日），2版，高近宸並於閉會式發表〈將來彼此商民互相提攜，共謀事業上之發展〉
　　的祝辭。

備及開會情形，4月12至15日則南下訪臺中、嘉義、臺南及高雄等處，16日返臺北繼續參觀共進會展覽，19日離開臺灣。在他的記述中充滿了感慨感嘆之情，也不經意地透露出與日本人分享使用一些共有的語彙與價值。感慨來自與「故國遺老」的接觸與故國土地歷史的撫思，也來自於對岸政局動蕩的刺激。例如他到達臺灣不久，即發生廣東獨立事件，讓他對中國政治不安深感可恥；他在南下至臺中臺南與當地士紳接觸時，一方面有「海外諸兄弟，離懷不可說」之憾[97]，一方面則又揣想臺人「似於吾等有無窮之希望也」，因而希望日後「宜組織團體，時來視察，彼此借鑑，獲益定非淺鮮」。顯示他對於殖民政府對外來訪者嚴格監視制度之無知。

　　張遵旭的記述中也時時可見他分享了殖民政府刻意安排行程中所欲傳遞的語彙和價值觀，例如最讓他驚訝的，是「罕見罕聞」的番俗館，對於內部陳列之油畫、雕像和木板畫評以「一望而知為未開化人類之製造品」，得知原住民無文字，計數用結繩，商賈尚在物物交換，亦無貨幣，則評以「經濟幼稚，可想而知」。4月9日他抽空走訪淡水，見其市街「人語喧嘩，仍沿中國習氣。女子多纏足，形極可慘，至今猶不知改，殊可痛也」。他除了參觀會場陳設外，在南下走訪主要城市時，亦多發嘆語，如到達臺中時，檢閱當地統計數字，得知各種農林產量逐年增加，則「回顧我國寶藏山積，而國民蟄伏於多年腐敗政治之下，隱忍苟活，不識時局之變遷……坐棄厚利，良可嘆也！」參觀嘉義營林局伐木工場則「嘗聞閩省內地，巨材大木到處盡是，惜交通不便，無人經營，坐棄厚利，殊為可惜！」到達屏東，觀當地血清作業所有關牛疫之防治工作，則聯想「吾鄉夏秋之交，亦時有獸疫發生，奈鄉人不諳預防之法，

官府又不為之講求，……坐任蔓延，聽諸天命」。從他的筆調中，我們看到「臺灣」這個大展場傳遞給張遵旭一個同樣的政策價值觀：殖產興業，並且恨鐵不成鋼地也希望對岸福建及中國也能利用機械與技術開發「寶藏山積」[98]。

其實，不僅張遵旭捕捉到了總督府在共進會場及其他觀光行程中所欲傳遞的「開發」信念，日本至臺灣的觀客亦似乎也接受了這種信念。例如大日本麥酒會社社長馬越恭平就「以老軀遠涉參列，渡臺前，即聞本島之進步，今觀臺北市街，如斯整頓，實出意外，真所謂耳聞不如目見也」。他也希望藉參觀共進會之機，擴張在臺及東南亞的市場銷路[99]。那麼此次共進會是否真的具有原本設定吸引日本人移民投資臺灣與東南亞的效果？或許我們可以從統計數字來一窺其效果。

從上表中，我們可以很明顯地看到，在1916年臺灣勸業共進會結束後，1917至1919年間，不論日資企業或臺資企業數都明顯快速增長，1914至1916年間全臺日資企業數為36家，臺資為10家，但1917至1919年間則快速增長到日資139家，臺資亦有81家之多，而投資於工商業者即達84家，而其資本規模則多屬一萬至五十萬元之間的中小工商業者。根據金子文夫的分析，這些日本投資者，有一部分是治臺最初十年間即來臺發展的日本人所投資，另一部分則為1917年以後由日本來臺發展者。不論先來後到，我們都可以看到1917年以後，日本對臺投資的活動的確較往常高漲[100]。當然，這個階段裏正逢歐戰爆發構成亞洲經濟勃興，日本資本向海外殖民地尋找投資出口的大環境背景有關，日本資本不僅向臺灣投資，在朝鮮

---

98 張遵旭，《臺灣遊記》，頁69-96。

99〈本邦麥酒之擴張〉，《臺灣日日新報》，5677（大正5年4月18日），漢2版。

100 金子文夫，〈第一次大戰後の對植民地投資〉，頁141-44。

表格4-9 1895-1919年間日本資本與企業對臺的投資趨勢

業　別	家數	資本金／出資金	企業設立年代					資本規模					
			-1907	1908-10	1911-13	1914-16	1917-19	-1	1-	5-	10-	50-	100-
農林（日）	25	6,272	0	2	2	3	18	3	6	3	12	0	1
農林（台）	16	1,516	0	0	2	2	12	2	6	2	6	0	0
水產（日）	10	1,158	0	0	3	1	6	0	3	0	7	0	0
水產（台）	4	237	0	0	1	0	3	0	2	1	1	0	0
礦（日）	10	8,875	0	0	0	0	10	0	0	1	6	2	1
礦（台）	4	463	0	0	0	0	4	0	1	1	2	0	0
工業（日）	56	16,386	2	2	5	13	34	5	12	10	18	10	1
工業（台）	26	1,811	0	0	7	1	18	2	10	10	3	1	0
製糖（日）	18	87,965	4	2	2	0	9	0	1	3	2	3	9
製糖（台）	3	2,300	0	2	0	0	1	0	0	1	0	1	1
電氣（日）	9	17,463	0	0	3	0	6	0	0	3	5	0	1
電氣（台）	3	355	0	0	0	2	1	0	0	1	0	0	0
運輸倉庫（日）	21	2,928	0	1	4	5	11	1	9	5	4	2	0
運輸倉庫（台）	8	342	0	0	3	1	4	0	5	2	1	0	0
商業（日）	35	1,892	1	1	5	6	22	8	10	11	6	0	0
商業（台）	13	761	0	0	1	2	10	1	7	2	3	0	0
銀行金融（日）	6	39,747	1	1	2	2	0	0	3	1	0	0	2
銀行金融（台）	18	12,450	1	0	1	1	15	0	0	2	12	1	3
其他（日）	47	4,343	6	4	8	6	23	6	24	6	9	1	1
其他（台）	18	2,540	0	1	3	1	13	1	9	3	4	0	1
合計（日）	237	187,029	14	13	34	36	139	23	68	43	69	18	16
合計（台）	113	22,775	1	3	18	10	81	6	40	25	34	3	5

說明：表中資本金／出資金之單位為千元，資本規模別之單位為萬元。業別中之「日」表示日本企業，「台」表示臺人企業。

資料來源：金子文夫，〈第一次大戰後的對植民地投資〉，頁149。

及滿洲的投資亦快速增長。是以1916年的共進會，未必是促使日本資本向臺灣投資的唯一因素。不過，我們或許可以說，1916年的共進會正逢其時，順勢推舟，給予有意到臺灣發展的日本人一個觀看臺灣投資環境的管道，讓他們加強了到臺灣投資的信念，同時也引動了臺人資本家投資新興工商業的機會。不過，儘管投資臺灣工商業者日漸增加，但東鄉實等人所欲藉共進會以吸引日人移民臺灣的目標並沒有達到，甚至在此之前由總督府經辦的花蓮港廳移民事業，也因經營不善，而於共進會結束後一年亦宣告停頓[101]。

　　不過，儘管共進會在吸引人力進入臺灣未見成效，此會欲宣傳開發東南亞的目標，卻在日後漸收效果。中村孝志認為，始政二十年共進會「不僅使來臺的內地人更進一步地瞭解臺灣實情外，又明白華南、東南亞的現狀，並再確認臺灣成為南方鎖鑰的重要位置[102]。在共進會舉辦的當年一月，專為提供茶業發展資金的新高銀行成立；共進會結束後三年，也就是1919至1920年間則有華南銀行及南洋倉庫會社成立。這些意欲向中國華南及東南亞開發的機構得以成立，背後固然與總督府持續執行的南進政策關係密切，但藉由共進會的宣傳，或許讓更多人注意並接受總督府的政策，應該是使南進政策得以進一步落實的重要因素。

　　進入大正年間以後，臺灣的展示活動開始進入蓬勃發展的時代，1916年臺北勸業共進會結束後的二十年間，臺灣舉辦之展示活動，以品評會為名者有39次，展覽會之名者則達114次，大型的共進會在這二十年間亦舉辦了4次，其中尤以1935年所舉辦的「始政四十周年記念臺灣博覽會」規模最為龐大。1916年臺北勸業共進會之後，乃形成每逢十年即舉辦以「始政記念」為名之大型展示活動

---

101 張素玢，《臺灣的日本農業移民》，頁120-48。

102 中村孝志著、卞鳳奎譯，〈大正南進期與臺灣〉，頁23。

的慣例。這一系列的始政共進／博覽會，均由總督府主辦，往往以展示並回顧十年間殖民統治的「績效」為主題，以強化其統治臺灣的正當性，因此具有高度的政治象徵性。除了總督府主導的始政系列博覽會之外，地方政府在1926至1935年間也舉辦了兩次中等規模的展示活動，包括1926年由臺中市役所主辦的「中部臺灣共進會」，以及同年在新竹舉辦的「新竹產業共進會」。前者在短短十天的會期間，即吸引了七十餘萬人次觀覽。除開這類始政系列博覽會之外，1916至1935年間最引人注目的，就是有大量「展覽會」活動湧現，不僅主題相當多樣，如副業展覽會、化學工業展覽會、衛生展覽會、發明品展覽會、山岳展覽會、海的展覽會等等，主辦者也不限於官方，民間商工會也往往熱衷舉辦各式商品展覽會，顯示展示活動逐漸深入社會生活的各種層面。而在這些展示活動中，我們也隱然看到「地方意識」的建構與地方意識的抬頭。例如1926年在臺中舉辦的「中部臺灣共進會」，舉辦此會的表面理由為慶祝「行啟記念館」落成，實際目標則為中臺灣香蕉、大甲蓆帽、甘蔗等產物宣傳促銷。這種地方意識的抬頭，也在九年之後殖民政府所舉辦最大規模的「始政四十周年記念臺灣博覽會」中表露出來。

表格4-10　1895-1945各種展示活動統計表

期別	品評會	展覽會	共進會／博覽會
1895-1905	6	3	0
1906-1915	11	11	3
1916-1925	24	37	1
1926-1935	15	77	3
1936-1945	4	28	0
小計	60	156	7

資料來源：由程佳惠，《臺灣史上第一大博覽會》及臺灣經世新報社編，《臺灣大年表》等書資料整理而成。

第三節　始政四十周年記念臺灣博覽會

一、楔子

　　1935年10月10日上午九點半，臺北市公會堂前響起了隆隆炮聲，天空煙花四起。第十六任臺灣總督中川健藏緩緩走上公會堂內的舞台，宣布「始政四十周年記念臺灣博覽會」正式開幕。十一時博覽會開幕式結束時，公會堂外再次響起煙火，一千五百隻傳信鴿振翅高飛；而臺灣國防義會的義勇號飛機則在會場上空劃空而過，五色彩紙隨即自天而降，各會場同時開放參觀，立刻湧入大批人潮，場面極為熱鬧[103]。這場耗資1,119,407元的博覽會，在五十天的會期中吸引了2,738,895人次到臺北市的主展覽場參觀，這些數字都表明了這是一場規模極為盛大的博覽會。然而，博覽會開幕式中代表和平的信鴿與代表戰爭的飛機卻也襯托出這個博覽會的時代背景。

　　這一年臺灣、日本與全世界其實都處在擾攘不安瀕臨戰爭的邊緣。在臺灣，1935年有兩件極為重要的歷史事件，一是地方自治改正案終於通過，並且在4月1日公布法令[104]，臺灣人初次享有了部

103　整個開幕儀式由九時半至十一時。最初由大會的事務總長中瀨拙夫（總督府殖產局長）先報告籌備經過，博覽會會長平塚廣義（總督府總務長官）宣讀式辭、中川健藏宣讀告辭，以及內閣總理大臣、拓務大臣、朝鮮總督等內外嘉賓之祝辭之後，最後由大會的總務部長須田一二三（總督府殖產局商工課長）宣布禮成，同時會場外施放煙火及和平鴿1,500隻，還有飛機劃空而過以為慶祝。十一時博覽會各展覽館正式開放對外參觀。參見鹿又光雄編，《始政四十周年記念臺灣博覽會誌》（以下簡稱《博覽會誌》）（臺北：始政四十周年記念臺灣博覽會，1939），頁532-34。

104　為了避免選舉會干擾臺民參觀博覽會的焦點，總督府還特別把選舉日期延到博覽會結束之後。參見《臺灣日日新報》，12499（昭和10年1月19日），漢4版。

圖版4-2　以「和平鴿」作為象徵的始政四十周年記念臺灣博覽會海報設
　　　　計

資料來源：轉引自程佳惠，《臺灣史上第一大博覽會》，頁132。（左圖：莊永明提
　　　　　供；右圖：遠流資料室提供）

分的選舉權。就在同月21日，新竹及臺中州發生大地震，奪走了
2,249條人命，兩個月後仍然餘震不斷[105]。在日本，美濃部達吉1月
時提出「天皇機關說」，無疑是日本當代政治史上的另一次大地
震。1935年中日在長城邊上則是戰火不斷。然而，動盪的時代氣氛
仍然無法遮掩殖民政府欲在統治臺灣四十年後，完整展現其在臺灣
「輝煌統治」成果的意念。秣馬厲兵四十年之後，殖民者想要給世
人看見何種模樣的臺灣？

---

[105] 1935年5月11日總督府發布災後損失調查報告，死亡人數2,249人；傷者11,993
　　人，財產損失二千萬元。見臺灣經世新報社編，《臺灣大年表》，頁242。

二、緣起與籌備

　　舉辦大型博覽會需要有迅速而完善的交通系統，和提供充分的旅宿環境，更重要的是，當人們到達臺灣，整個臺灣能否呈現總督府統治施政的成功形象？1908年縱貫鐵道全通，以及基隆港的整頓，在交通上提供了必要的基礎；臺灣的旅館在1915年時總計有一百八十餘家，1935年時則增至三百餘家，旅宿條件也逐漸改善，臺北及臺南更有當時最豪華的「鐵道旅館」。臺北市在統治四十年間，都市經歷三次市區改正計畫，道路翻新、下水道及自來水與電力系統鋪設率占大約全體戶數的四分之一；此外四十年間許多新式建築紛紛完成，如總督府官邸、總督府、兒玉—後藤記念博物館、勸業銀行、總督府圖書館，1928年成立的臺北帝大則在教育與文化上象徵殖民地文化的變貌，而臺人兒童就讀新式學校的比率也提高至40%以上。經濟上1925年蓬萊米的問世象徵殖民地農業科學的進步，樟腦事業則在一九二〇年代開始大量提供提煉芳香油以支撐日本國內日益發達的化妝品工業，也代表殖民地化學工業的進展。嘉南大圳和日月潭電力事業則可表現殖民地工程技術的進步。在殖民地人民的關係上，臺灣的武裝抗日運動自1915年噍吧哖事件之後，即轉化為體制內爭取政治權力的非武裝抗爭，左翼運動則在一九三〇年代被殖民政府強力鎮壓而停頓。原住民的問題一直是殖民政府最為棘手的課題，1930年第二次霧社事件後，原住民的武力反抗力量也被剷除。從日本整體戰略角度而言，臺灣在進入準戰爭體制中，扮演南進政策最重要的基地，總督府有意讓臺灣的政治、產業及教育的統治經驗，作為向華南及東南亞輸出的範本，進一步吸引日本及國外資本投資臺灣，以及臺灣資本輸出華南及東南亞，就變成是始政四十周年記念臺灣博覽會最重要的政經戰略工具。總體而言，1920年開始，臺灣無論在政治、經濟、社會、教育各方面，都有了極為激烈

的變化。研究日治時期的人都知道 1920 年是一個重要的分水嶺，有些學者更以 1920 年前後作為分期斷代的標準。從後人的角度來看，這意味著 1915 年之後的二十年間，臺灣經歷了極為快速的變遷。

正因這二十年發展極為快速，因此到 1934 年時，即已有官員認為在始政四十年時，應該舉辦一個更為盛大的活動，藉以展示這四十年來日本殖民統治的具體成果。這個建議立刻獲得總督府的同意，並且在 1934 年 6 月時即先著手在下年度預算中編列了 600,000 元作為補助經費 [106]。另外臺北州補助 150,000 圓，各州廳補助 95,000 圓，最初的總預算為九十萬元 [107]。博覽會的人事安排，則指定總督府總務長官平塚廣義為博覽會的會長，並且調派總督府一級單位的局長、地方州廳知事、總督府評議會員及臺北州協議員等共組成「準備委員會及發起人會」，另指派總督府評議會松木幹一郎、河村徹及後宮信太郎等三人為「博覽會協贊會」的正、副會長，以便動員民間力量投入籌備事宜 [108]。

除了人事與經費的安排之外，博覽會的展示主題更關乎整個大會的精神與成敗。為此，總督府在昭和 10 年（1935）1 月 9 日召開「準備委員會」，策畫整個博覽會的初步方向及組織架構與運作流程，初步決定博覽會的會場將利用臺北市公會堂及公會堂以南至小南門的三線道路為第一會場；臺北市公園為第二會場，另設第三會場於草山溫泉地，以及後來加設於板橋林家「板橋鄉土館」參觀會場。事實上場地選址原本另有五個考慮點：第一候補地為上埤頭高砂麥酒株式會社附近；二為昭和町（七號公園預定地）；三為三橋

---

[106] 1935 年總督府的歲出預算為 123,943,000 元，博覽會預算占了 0.68%。1935 年度總預算資料參見黃通、張宗漢、李昌槿合編，《日據時代臺灣之財政》（臺北：聯經，1987），頁 2。

[107] 鹿又光雄編，《博覽會誌》，頁 27。

[108] 鹿又光雄編，《博覽會誌》，頁 3-10。

町;四為水道町及古亭町一帶;五為圓山一帶[109]。<u>最後決定仍在臺</u>
<u>北市公會堂附近及以南三線道路;第二會場則在臺北公園內</u>。總督
府提出的表面理由是上述五個候補場地距離市中心稍遠,往來較不
方便。以今日的眼光來看,上述五個區域到所謂的「市中心」其實
並不算太遠;1935年時臺北市中心區內的公共運輸系統其實已經相
當發達,因此若能藉著舉辦博覽會的機會,落實1932年公布「大臺
北市區計畫」的道路網絡,更可藉著博覽會發展臺北的腹地;再從
地價角度來看,上述選定五個區域的地價都相當低,若徵用徵收或
承租土地,雖然會增加大會的經費九至十六萬元[110],但是若開發得
當,其潛在的經濟利益卻絕對會超過這十幾萬的負擔。總督府最後
並沒有選擇上述五地恐怕還是考慮缺少開發上述地區交通、下水道
的經費,外加新竹大震災的財政排擠效應,而使用公會堂及新公園
則無須擔負任何代價。正因經費有限,籌備會在最初編列預算時完
全沒有考慮任何有關收購或承租土地的費用[111]。

　　從上述籌備事項我們可以發現,<u>始政四十周年記念臺灣博覽會</u>
<u>不論經費籌措、人事安排、場地選擇乃至於主題設定,在在都由總</u>
<u>督府決定主導</u>,這是過去四十年間重要展示活動的一貫特性,但是

---

109 三橋町為今日中山北路以東、林森北路以西、長春路以南、南京東路以北一帶;
　　古亭町即今國立臺灣師範大學一帶,約為今日古亭市場以東、新生南路以西、和
　　平東路以南、晉江街以北之地;水道町較近國立臺灣大學附近,即師大路以東、
　　基隆路福和橋以西、龍泉國小以南、新店溪以北之地;至於圓山,即今中山運動
　　場、市立美術館一帶。參見臺北市文獻委員會編,《臺北市路街史》(臺北:臺北
　　市文獻委員會,1985),頁50-55。

110 五個備案地址的地價如下:圓山町每坪15元、三橋町25元、古亭町27元、水道町
　　15元、昭和町不詳。若以規畫的6,000坪場地面積來計算,圓山町、水道町徵收土
　　地的成本為90,000元,三橋町150,000元,古亭町則為162,000元。地價資料參見臺
　　北市役所編,《臺北市政二十年史》(臺北:編者自印,1943),頁172-78。

111 鹿又光雄編,《博覽會誌》,頁27-35。

表格4-11 博覽會支出一覽表

科目	預算（円）	實支（円）	實支比重	增減差額（円）
事務費	309,525	314,954	28.21	-5,429
警備費	5,341	4,949	0.44	392
衛生費	5,517	4,847	0.43	670
會議費	2,863	2,863	0.26	0
宣傳費	53,054	48,927	4.38	4,127
接待費	27,346	27,147	2.43	198
建築設備費	449,305	459,873	41.18	-10,568
出品費	30,039	30,381	2.72	-342
陳列裝飾費	89,200	91,843	8.23	-2,643
儀式費	24,182	24,172	2.16	10
鑑查費	2,817	2,817	0.25	0
整地費	38,996	39,752	3.56	-756
補助費	51,136	51,136	4.58	0
預備費	26,174	12,305	1.10	13,869
總計	1,116,195	1,116,630	100	-435

資料來源：鹿又光雄編，《博覽會誌》，頁27-35。

值得注意的是，在總督府還在籌畫博覽會相關事宜的初期，地方的商紳就已對總督府場地及主題的安排有不同的意見，這一點卻是過往大型展示活動所無者。首先發難的是臺南與臺北互爭展示主題；其次則是臺北大稻埕商人要求在當地設置分館的問題。

臺南市在1935年年初時，即由市民組成博覽會協贊會，希望在臺南運河邊尋一空地，以便籌建水族館及工業館[112]，但是此一計畫卻遭到臺南市官方的否決，理由是基隆已決定興建水族館；臺北市主場地內亦有水族館及工業館，展示主題不宜重複[113]。臺南市民間

112《臺灣日日新報》，12497（昭和10年1月16日），漢4版。

113 水族館似乎是地方人士頗為青睞的展示主題，因為除了臺南市之外，基隆市、高雄市都曾提出要以水族館作為博覽會地方分館的計畫。《臺灣日日新報》，12531（昭和10年2月19日），和3版。

在不得已情況下再次提出興建「熱帶園藝館」，以迎合博覽會「南進政策」的主題。不過，這個計畫卻好事多磨，三個月後，臺南市政府以經費不足為由停止了此一計畫[114]。最後才確定在臺南以展示「臺灣史料」為主[115]。

除了臺南市民相當積極外，臺北市的臺商也不落人後。長期以來日本殖民政府對於臺北市區的規畫與整建，總讓臺人感到重市區而輕大稻埕、萬華，例如大稻埕一帶的道路雨天泥濘不堪，晴天則塵土飛揚；而且缺乏公園設施；再加上供電設施不善，時有停電現象等等，這些問題一直是大稻埕人長年以來詬病之處[116]。舉辦博覽會又同樣發生重日人區輕臺人區的故態，因此大稻埕商紳乃於1935年1月23日組成「大稻埕分館期成同盟會」，由總督府評議會員郭廷俊為代表，並聯絡辜顯榮、陳天來、陳清波、蔣渭川等人聯名要求殖民政府能在大稻埕另闢第三會場[117]，總督府最後決定順從臺人之請，將「南方館」（暹羅、菲律賓、福建省特產物紹介所等之展覽場）移至大稻埕[118]。

總督府最後同意大稻埕設立分館的理由，除了稻江商人願意負擔部分經費之外，也與總督府對博覽會空間設計安排的考量有關，即認為大稻埕會場安排南方館是為了與周圍「本島人街景可以渾然融合，使介紹南支南洋實情的效果增大」[119]，這似乎也暗示了臺灣

---

114 《臺灣日日新報》，12538（昭和10年2月26日），漢4版；12623（5月23日），和4版。

115 《臺灣日日新報》，12614（昭和10年5月14日），漢3版。

116 溫振華，〈二十世紀初之臺北都市化〉（臺北：國立臺灣師範大學歷史研究所博士論文，1986），頁305。

117 《臺灣日日新報》，12503（昭和10年1月23日），漢4版。鹿又光雄編，《博覽會誌》，頁67-68。

118 《臺灣日日新報》，12503（昭和10年1月23日），和3版；《臺日新報》（2月28日）。

119 鹿又光雄編，《博覽會誌》，頁74。

人所爭取來的展示場地，總督府特意將之安排為邊陲及「南支南洋主題」，而與主會場展示日本本國及統治成果的內容要有所區隔，換言之，大稻埕附近已有的街景，其實也變成是展示的內容之一。

　　大稻埕確定要設立分館後，當地商人立刻開始綿密的籌備，而且積極利用各種商業宣傳的手法拉高此一分場的知名度，包括計畫邀請媽祖遶境、藝姐舞蹈來吸引臺人[120]、設立馬事參考館及兒童乘馬場來吸引遊客[121]；同時更積極赴大陸邀請梅蘭芳及京班劇團到臺演出[122]；最後還設計了選美活動[123]。這些設計都顯示出臺灣商界靈活的行銷手法，也顯示經歷多次參與及「協贊」各種大小展示活動之後，臺灣商人已極為嫻熟各種博覽會展示的方法。

　　博覽會籌備期間另一項重大的事件即為4月發生的新竹、臺中大震災。這個大災難除了使總督府的預算吃緊之外，並沒有影響到整個博覽會的籌備工作。最主要的原因就是臺北市並沒有受到地震的影響，而且所有博覽會會場的建築都還沒有開始興建，不致影響博覽會的準備工作。

　　整個會場的興建工作在昭和10年（1935）6月展開，工事進行相當順利，所有主要會館的建築都在9月時即已完工。大稻埕南方館的建築進度則較為落後，一直要到10月會期已經展開之時，福建特設館完工後，南方館的所有建築才全部完竣。

　　以下我們將進入會場，讓讀者們一窺整個博覽會的會場布置及其中所欲傳達的意義。

---

120 《臺灣日日新報》，12615（昭和10年5月15日），漢4版。
121 《臺灣日日新報》，12619（昭和10年5月19日），和3版；12620（5月20日），漢6版。
122 《臺灣日日新報》，12670（昭和10年7月9日），漢3版；12679（7月18日），漢3版。
123 《臺灣日日新報》，12742（昭和10年9月19日），漢3版。

三、會場及會期活動

博覽會會場分為由總督府直接設計承建並展示的「直營館」，以及由總督府及地方政府勸誘民間參加而具有商品陳列、地方風土與企業宣傳性質的「特設館」兩大類。前者包括產業館、交通土木館、第一、二府縣館、興業館、第一、二文化施設館、國防館、南方館、觀光館等；而特設館則包括代表臺灣商工發展的糖業、林業、電氣、交通、專賣，以及代表日本產業的三井、日本製鐵、礦山、船舶等館和代表帝國內各地方特色宣傳的滿洲、朝鮮、樺太、北海道、東京、大阪、京都、愛知名古屋、福岡等館。

從會場中各館面積的大小，可以初步判定此一博覽會的主要重心。從表格4-12可以看出，在博覽會中占據最大面積的，是來自日本各縣市的「府縣館」，整個展示場地中有三分之一的面積是屬於此類，如果再將具有推銷地方商業目的的「特設館」也放進來看的話，那麼始政四十周年記念臺灣博覽會只是另一場在臺灣舉辦的「內國勸業博覽會」。展示空間中占據第二位的則是宣揚日本治臺政績的「產業館」、「交通土木館」及第一、二文化施設館。而專門凸顯臺灣及南洋特色的大稻埕「南方館」，其面積只不過占總面積的百分之三強。

就如同本書先前一再強調，博覽會展示的分類架構是落實並決定整體展示概念的核心元素，在歐美及日本歷次大型博覽會中，部類架構一方面反映了整體政治、經濟、社會與文化的樣貌，另一方面也凸顯了知識分類概念的變遷。經歷四十年統治之後的臺灣，在此次記念博覽會中，是以何種分類的樣貌呈顯？根據大會的規程，參展品共計二十四部248類（參見表格4-13），不論就部類架構及參展內容而言，較之過往的展示活動誠屬規模龐大，比對1916年的臺灣勸業共進會之分類架構，可以看到始政四十周年記念臺灣博覽會

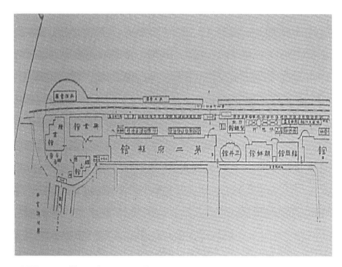

地圖 4-1　第一會場平面圖

資料來源：轉引自鹿又光雄編，《博覽會誌》，頁72。

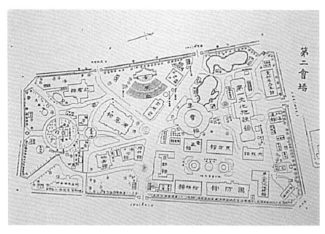

地圖 4-2　第二會場平面圖

資料來源：轉引自鹿又光雄編，《博覽會誌》，頁74。

表格4-12　博覽會各主題館的面積及建拆時間

場地名	建坪（坪）	百分比	動工	竣工	拆除	建築者
府縣館	2031.364	30.73	1935/6	1935/9	1936/1/10	陳海沙
第一府縣館	1005.012	15.20			1936/1/10	
第二府縣館	1005.012	15.20			1936/1/10	
產業館	942.700	14.26	1935/6	1935/9	1936/1/10	大倉土木株
國防館	331.990	5.02	1935/6	1935/9	1936/1/10	林堤灶
南方館	314.000	4.75			1936/1/10	米重和三郎
興業館	288.750	4.37	1935/6	1935/9	1936/1/10	太田組（江原節節）
第二文化施設館	200.000	3.03	1935/6	1935/9	1936/1/10	
草山分館	187.250	2.83	1935/6	1935/9		神戶駒一
林業館	120.000	1.82	1935/7	1935/9	1936/1/10	神戶駒一
交通土木館	103.000	1.56			1936/1/9	池田好治
福建特產物紹介所	30.000	0.45	1935/10	1935/10	1935/12/4	米重和三郎
暹羅館	28.000	0.42	1935/9	1935/9	1936/1/10	米重和三郎
菲律賓館	24.000	0.36	1935/9	1935/9	1936/1/10	米重和三郎
總建坪	6611.078	100.00				

資料來源：鹿又光雄編，《博覽會誌》，頁81-141。

展示分類架構異於前者之處有五：一是原先部類的細分化，如工業一項，分別為化學、紡織、製作等部，反映了一九二〇年代以降臺灣工業發展的方向；第二是比起二十年前增加更多有關人文社會展示的部別，如美術工藝之外，另增加意匠設計，其他如商業經濟與社會事業，均為二十年前之共進會所無；第三則是凸顯時局政策的主題亦在此次更為鮮明，如國防、警察、司法等項；第四則是具有強烈商品陳列廣告性質的「特設館」在本會中出現，意味著日本資本企業進一步向臺灣擴張力量；第五則是，儘管大會依展品性質而規畫了此一分類架構，但實際陳設上的分類思維，仍是以地理空間作為主軸，因而同一性質的展品，既在展示「臺灣」的產業館中出

表格4-13 展示分類架構比較與展品在各館中的配置

部　別	1916年臺灣勸業共進會	1935博覽會	1935博各部展示配置
第一部	教育、學術、衛生	農業	產業館、府縣館
第二部	美術工藝	林業	產業館、府縣館
第三部	農學、園藝、畜產、蠶絲業	水產業	產業館、府縣館、糖業館
第四部	林業及狩獵	礦業	礦山館、府縣館
第五部	水產	機械及電氣	產業館、府縣館、興業館
第六部	飲食品	化學工業	產業館、府縣館
第七部	礦業	紡織工業	產業館、府縣館
第八部	工業	食料品工業	產業館、府縣館
第九部	機械及機關	製作工業	產業館、府縣館
第十部	土木、建築、交通	商經業及其他	產業館、府縣館
第十一部	番俗	專賣	專賣館、府縣館
第十二部		意匠、圖案及特許	產業館、府縣館
第十三部		通信、交通及運輸	交通土木館、府縣館
第十四部		土木及建築	交通土木館、府縣館
第十五部		教育及學藝	第一文化施設館、府縣館
第十六部		社會事業	第一文化施設館、府縣館
第十七部		美術工藝	第一文化施設館、府縣館
第十八部		保健及衛生	第二文化施設館、府縣館
第十九部		警察及司法	第二文化施設館
第二十部		理番	第二文化施設館
第二十一部		國防	國防館
第二十二部		南支及南洋	南方館
第二十三部		觀光	觀光館
第二十四部		其他	相關館舍

資料來源：鹿又光雄編，《博覽會誌》，頁149-54、914。

現，又在展示「日本」的第一、二府縣館中陳列。此外，根據《博覽會誌》所載，第一至十八部的展品同時會在代表日本及臺灣的相關館舍中陳列，但是唯獨理番、警察及司法等項，僅在展示「臺灣」

的館舍中陳列，顯示了政治法律領域中「內／臺」差異的鴻溝仍不可逾越。

不過，儘管展品分類架構比以前規模更大、區分更細，但由於實際的館舍建造並未採取單一部類單一館舍的安排，使得上述的分類並不能明確地在空間中反映出來。

會場內部各展覽館的設計理念也值得注意。除了大稻埕南方館中的暹羅、菲律賓館各以當地建築特色作為代表之外，其他位於第一、二會場內各館的設計顯然是深受1933年芝加哥「進步世紀」（Century of Progress Exposition: Chicago, 1933）博覽會以現代主義為主的建築設計之影響。現代主義的建築風格在1925、1931年的巴黎萬國博覽會及1929年巴塞隆納‧塞維爾（Barcelona and Seville）博覽會中受到歡迎，其後更在1933年芝加哥博覽會中大放異彩[124]。臺灣在一九二〇年代末期即已引入這種建築風格，混合著前期的式樣建築而形成「折衷主義」的建築形式，代表作即如博覽會期間作為博覽會「儀式大會堂」的公會堂[125]。這種強調線條流暢，重視機能的建築形式，在博覽會的各個展覽場一再重複，甚至有些設計明顯取材自芝加哥博覽會，如第一、二會場的正門鳥翼形的設計即與芝加哥博覽會交通館的設計神似；而位於第一、二府縣館中間的拱形陸橋，則是延續一九一〇年代以來在臺灣建築鋼骨橋梁形式的影響[126]。

此外，燈光及顏色在博覽會中也變成重要的項目。大量運用色彩及燈光以達到吸引觀者注意，是近代廣告行銷手法中最重要的一

---

124 Robert W. Rydell, John E. Findling and Kimberly D. Pelle, *Fair America: World's Fairs in the United States*, Washington: Smithsonian Institution Press, 2000, p. 78.

125 李乾朗，《臺灣近代建築》，頁116-18。

126 拱形橋是二十世紀初期日本在臺灣興建橋梁時最喜採用的一種形式，1901年完成的明治橋（即後來之中山橋）、1925年完工的臺北橋，均是拱形橋的代表作。參見李乾朗，《臺灣近代建築》，頁172-83。

種特質[127]，這個概念也充分表現在始政四十周年記念臺灣博覽會會場之中，尤其是燈光部分，不僅展示會場內大量利用燈光導引觀眾注意展示內容的特點，燈光更大量運用於夜間，博覽會期間使用的「臨時電燈」數高達46,999個，比當時整個高雄市46,834個還多，夜晚的燈光「紅的像血一樣紅，黃的像黃金一樣黃」[128]。

　　鳥瞰式地了解了會場的整體相關位置後，我們再進入各主題館，一探各館所欲展示的內容[129]。

1-1. 第一會場展示動線

　　安置了博覽會的「直營館」（即博覽會組織直接設計的展覽館），各館均安排了參觀的動線：可由「大和門」或「京町門」進入[130]，在二門之間設置北白川宮記念館及滿洲館。若由京町門入，則首先看見是「儀式大會場」（即公會堂），繞過公會堂，左側是交通特設館，然後到達公會堂後的交通土木館，參觀此館後則進入產業館、林業館，然後可經過「陸橋北門及南門」進入第一府縣館，緊接著到達福岡館、朝鮮館、日本製鐵館、三井館等「特設館」；之後映入眼簾的則是第二府縣館及興業館、礦山館，最後到達糖業館，然後由南門出第一會場。

---

127 David Nye, "Electrifying Exposition, 1880-1939," in Robert W. Rydell and Nancy E. Gwinn ed., *Fair Representations: World's Fairs and the Modern World*, Amsterdam: VU University Press, 1994, pp. 140-56.

128 吳政憲，《繁星點點：近代臺灣的電燈發展（1895-1945）》（臺北：國立臺灣師範大學歷史研究所專刊[29]，1999），頁353-55。

129 由於整個博覽會的展示品高達三十餘萬件，不可能一一介紹其中每一個館的展示內容，因此，本文只探討整個博覽會展示的空間結構及其意義，細部的討論，將另文再作處理。

130 大和町門的位置即在今日永綏街與博愛路的交界處；京町門的位置約為今日武昌街與博愛路的交界處。

1-2. 第一會場特性

　　揭開整個展示動線第一幕的館舍是滿洲館。九一八事變後，1932年3月9日溥儀出任滿洲國「執政」，隨即與日本關東軍簽署「日滿議定書」，同年9月15日，日本政府正式承認滿洲國為獨立國家，至1934年3月1日滿洲國由執政政治改為立憲君主制，溥儀正式登基再為皇帝[131]。最初參與勸進溥儀登基的臺灣新竹人謝介石被認命為滿洲國駐日大使，他在1935年以滿洲國代表的身分出席了此次始政四十周年記念的博覽會。對於當時許多抱持著某種夢想的日本人而言，滿洲國是實現他們心目中「民族協合」的理想國度，而在臺灣，謝介石的特殊身分則表明了在帝國體系下，臺灣人在政治宦途上最高的可能性。不論如何，日本擁有滿洲國乃是完成其整體帝國大夢的一大步，而這一大步怎能在始政四十周年記念這樣一個深具歷史意義的活動裏缺席呢？因此，滿洲館不僅要向臺灣人介紹滿洲的種種現況，也要表明「工業技術國日本、原料滿洲」的「兩國技術資源提攜的日滿經濟圈」的面貌，而日滿提攜，被認為是「東亞和平的第一條件」[132]。因此，滿洲館一反過去在其他博覽會中的中國式建築造型，改採現代洋風式建築[133]，以凸顯在日本營建下，滿洲已邁向現代化之途。不過，對於大部分參觀民眾而言，滿洲館中最引人入勝的，乃是電動「撫順炭礦」模型和大連港模型[134]。

---

131 有關滿洲國歷史最新的研究，可參考Louise Young, *Japan's Total Empire: Manchuria and the Culture of Wartime Imperialism*, Berkeley: University of California Press, 1998; Prasenjit Duara, *Sovereignty and Authenticity: Manchukuo and the East Asian Modern*, Lanham: Rowman & Littlefield Publishers, 2003, pp. 41-86。

132 鹿又光雄編，《博覽會誌》，頁372。

133 鹿又光雄編，《博覽會誌》，書首之圖版。

134 鹿又光雄編，《博覽會誌》，頁372；另外，下文將會提及《尨某看博覽會新歌》之歌仔冊，第一場景就以相當篇幅介紹了撫順炭礦。

　　產業館堆滿了島內的各種產品，用以說明殖民統治四十年的成績。進入此館的先導場景，是代表臺灣農業的茶、米農作，然後依序是漁業、手工業、商業貿易，代表日本投入大量資本以改變南臺灣農業條件的「嘉南大圳」，自然也是產業館中的宣傳重點。產業館最後是「土產品」展示，特別繪製一幅「旅客拎著土產品走向臺北驛」的圖樣，強烈暗示觀者在觀看之後，別忘了購買「代表臺灣」的土產，以作為觀看博覽會旅遊臺灣的「紀念」，這些「土產品」包括了螺溪硯石、各種手工編織物品、動物獸角手工製品等等。而賦予這些「土產品」意義的，則是產業館的最後一幅場景：「農工業的過去、現在與未來」，以進化史觀強調傳統與現在農工業將由「手工、人力」轉換為未來一切由機械所取代的世界[135]。產業館中除了上述由總督府所主導設計的展示場面外，尚有不少由各公司自行裝設的展示，例如「臺灣纖維株式會社」、「臺灣製麻株式會社」、「臺灣肥料株式會社」、「臺灣茶業宣傳協會」、「日本炭酸株式會社」及生產肥皂藥品的「東光株式會社」等等，亦夾雜其間，一方面表現一九三○年代以來臺灣工業的變化，另一方面則為自己公司的產品宣傳[136]。

　　交通土木館及交通特設館均為展示統治四十年殖民政府在臺灣交通建設的成果、日本交通工業的進步技術，以及新進發明的交通工具等內容。例如，步入交通館首先陳列的是日本自動車會社所生產的「自動三輪車」，其後則有一系列表現最新產品的展示，如當時已問世的「寫真電信機」（傳真機）、「幻燈機」等，均可在本館中一窺堂奧，而當時各國爭相研發的電視，在此次也以「テレビヨン電話實驗室」的姿態呈現在觀者面前，中川健藏總督還親自操作

---

135 鹿又光雄編，《博覽會誌》，頁 277-92。

136 鹿又光雄編，《博覽會誌》，頁 292-302。

了臺灣電視史上的首次錄製工作；此外，1928年開始在臺灣開播的廣播設備，也是重頭戲之一。土木展示方面，陳設了洋式建築的美觀與耐用；為了配合五月才發生的新竹臺中大震災，土木展示特別規畫了「震災都市模型」、「震災復興都市模型」，以及「未來都市模型」等三個場景，在這三個場景中，傳遞傳統臺灣土埆、亭仔腳建築不具耐震功能且街道過於狹小，交通不便且無法排水，致使大地震及天災造成重大傷亡的訊息；震災後的都市復興則冀望透過市區計畫的手段，整理街衢和排水系統、獎勵將家屋改良為具耐震效果、配置小公園、栽植路樹等等設計以一新耳目；而未來都市則是以美國都市景觀作為想像的藍本，強調未來都市具有高速流動特質、高層大樓林立且能於屋頂提供直升機（電梯）起降、都市土地利用區分完善整全[137]，這三個場景具體地映射了博覽會舉辦的同一年，殖民政府所頒布之「臺灣都市計畫令」的藍圖。展示土木技術的另一個重要場景，則是嘉南大圳水利系統與烏山頭水庫。

交通特設館的展示以吸引民眾趣味為主，在本館中，除了回顧鐵道在世界、日本及臺灣的發展歷程之外，最引起民眾騷動的，恐怕是臺灣史上首度展出的以無線電遙控的機器人「桃太郎」、利用音波和光波控制的「人造大龜」，以及即將在臺灣問世的飛機和機場設施等。

第一府縣館安排的是在地理及經貿上與臺灣關係密切的日本各個地方縣分，包括長崎、佐賀、熊本、大阪、大分、鹿兒島、兵庫、神戶、高知、愛媛、德島、奈良、香川和靜岡等縣市：第二府縣館則是關係較淺的日本地方產品。如前所述，府縣館內的展品在分類性質上與產業館中的臺灣產品並無太大差異，唯一不同者，府縣館中商品宣傳的意味更為濃厚，因此在總督府所編的《博覽會誌》

---

137 鹿又光雄編，《博覽會誌》，頁306-20．

中，仍不免批評該館宣傳該地產品的意味濃厚，仍「不脫勸工場的
樣式」[138]。除開上述館舍之外，原本與臺灣關係最為密切的日本九
州一地，要獨立設立一館，但因參展品不足及準備不及，最後以福
岡館取而代之。

　　在第一會場中，最為引人注目的當屬興業館。本館展示各種利
用臺灣天然資源進行的試驗研究，以及各種具有「未來性」的發明
品及機械設備，包括總督府中央研究所工業部之實驗研究、臺灣纖
維工業資源、蘇打及肥皂工業等等，而各種電力試驗與電器用品，
更是本館展示的主題。除了介紹水、火力發電裝置外，也透過「機
器人管弦樂團」展示電力在日常生活中的娛樂功能。

　　整個第一會場的展示配置可以說藉由各種比較的手法，達到凸
顯日本統治臺灣的特色及其成功之處。這種比較的元素是以時間及
空間為經緯。在空間上的安排，直營館主要展示的主題都是與日本
統治臺灣的成就有關的內容，尤其是「產業館」，幾乎把日本治臺
四十年的主要建設成果都包納在此一館內。看完此一內容之後，隨
著展示動線離開臺灣，沿著具有連接意象的拱形陸橋進入代表日本
領土的「府縣館」[139]，則可以藉由比較得知臺灣與「內地」之間的
差異。看完空間的差異比較之後，此一動線安排的終點是「興業
館」。這個主題館主要放置「具有未來性的實驗性的工業資源及工
業、機械、電器設備」[140]，因此，它的目的是在參觀完「現在」的
統治成果之後，以「興業館」作為勾勒未來美麗新世界的遠景。因
此，第一會場展示的第二個比較元素「時間性」就在藉著現在與未

138　鹿又光雄編，《博覽會誌》，頁320。

139　拱形陸橋的實質功能是為了避免參觀人潮過多，影響了通往西門町的交通順暢，
　　因而設計了陸橋，讓觀眾從公會堂一帶的展場可以經陸橋直接到達府縣館，不必
　　橫越馬路。《臺灣日日新報》，12492（昭和10年1月11日），漢3版。

140　鹿又光雄編，《博覽會誌》，頁152；331-40。

圖版4-3　第一會場中之日本製鋼館

資料來源：轉引自鹿又光雄編，《博覽會誌》，書首圖版。

圖版4-4　第一會場內之儀式大會堂（即今中山堂）

資料來源：轉引自鹿又光雄編，《博覽會誌》，書首圖版。

圖版4-5　第一文化施設館（今國立臺灣博物館）

資料來源：轉引自鹿又光雄編，《博覽會誌》，書首圖版。

來的比較中凸顯出來。

2-1. 第二會場

位於今日之新公園內。此區的直營館有第一、二文化施設館（附番屋、望樓、穀舍及實演場和國防館），還有第三類特設館，計有愛知名古屋館、北海道館、大阪館、船舶館、京都館、電氣館、東京館、專賣館等。

2-2. 第二會場展示特色

由於第二會場是在公園內部，因此這一會場充分發揮了公園原來具有的休閒及教化功能。就教化功能的意義而言，第一文化施設館利用原有之「兒玉—後藤記念博物館」（即今日新公園內之國立臺灣博物館）的空間重新改裝而成。主要展示內容為日本治臺之後的教育變遷與現代化教育設施的引入過程，除了回顧並介紹治臺四十年間教育制度的變革與現狀外，也欲表達學校體育衛生教育在塑

造現代國民身體的作用，此外，更藉由「國民典型的生活」展示，向臺人宣傳尊崇神道教[141]。除了教育之外，第一文化館的另一展示重點為「社會事業」，展示殖民政府在失業、疾病、貧困和犯罪等議題上的作為，其中「部落改善的現況」及「模範農村住宅模型」等場景，透過「新舊產床」、「舊式住宅與改良住宅」、「部落今昔」、「聘金媒介結婚與神前結婚」、「村祭與部落集會所」及「舊式葬禮與改良葬儀」等六個場景，鋪陳「舊式」臺灣村落雜亂、污穢，人民迷信愚騃，因此不僅舊有分娩方式無法保護新生兒，已長成的女子則有如商品一般透過聘金媒婆仲介買賣；反之日本則將西方文明帶入臺灣，給予進步的西醫生育法，並改進住宅與居家環境；男女婚娶只要在神社由神庇祐即可成婚，更為節約省錢；葬禮應該要一改漢人在自家前庭舉行，應於「葬儀堂」行祭儀較為進步。這種意圖對比新／舊、進步／落後的手法，也同樣地在第二文化館中出現。

　　第二文化館由於是由警務部策畫，因此展示內容與警務部的業務有密切關係，其中共有二大主題，一是對於原住民統治狀態，二是對於漢人在衛生生活習慣上的「教化」。在這棟館舍裏，警察以「犧牲奉獻」的形象出現在世人面前，策展者的「警察協會」特別設計了「警察官招魂碑」以凸顯四十年間「為躍進臺灣建設」所犧牲的4,578名警察，在臺灣島模型旁還有「人命救護」的標題，依序展開警察在臺灣的「保甲監督」、「戶口事務」、「阿片警察」及「助長行政援助」，以及「消防防災」等工作項目[142]。當然，將警察描繪成親民愛民形象的手法，早在1924年由總督府所舉辦的「衛生

141「國民的典型生活」共有神詣、祭禮、結婚、地方選舉及葬禮等五個場景，欲向臺人宣傳崇敬神道教的各種場合，即使是現代公民行使選舉投票權利時，仍要在放置有「神棚」的投票箱前投票。鹿又光雄編，《博覽會誌》，頁237-40；340-48。
142 鹿又光雄編，《博覽會誌》，頁240-42；348-54。

展覽會」中即已出現，當時海報以「南無警察大菩薩」為題，繪製了警察在各種生活層面中對於人民生命財產安全救護的貢獻[143]，始政四十周年記念臺灣博覽會仍然承續了這個形象，而在這個形象中，涉入「人命救護」最相關的工作，當屬各種衛生行政工作的執行。第二文化館的另一個展示重點即在於治臺四十年間公共衛生政策執行的成效。館中藉中央研究所衛生部及警務局的展示，一方面向世人炫耀因殖民地醫學技術進步而使各種難於臣服的瘧疾、傷寒等傳染疾病得以制服，二方面則再次透過歷史回顧，展現治臺四十年間衛生工作如何由瘧疾、鼠疫肆虐到死亡率下降逐見成效的過程[144]。

　　文化設施的展示可以說是本次博覽會最為特殊的設計，因為在統治的四十年間所參與、舉辦的大大小小的展示活動中，從來沒有一次像此次博覽會那樣，特別設立了兩個館舍展示與社會文化相關的內容。本書第二章在討論日本國內舉辦博覽會的歷史時，曾經指出明治時期的博覽會特別著重美術作品的展覽，用以表徵日本文明的進步，進入二十世紀以後，受到「國民文化」思潮的影響，博覽會展示的內容增加了許多有關社會、教育與文化的課題，用以凸顯日本國民文化的水準，達到進一步教化「國民」的目標。然而有關臺灣社會與文化的內涵，從來沒有在臺灣島內或者日本國內舉辦的博覽會中出現，從這個角度來看，第二會場中占地廣大的文化施設館，的確是此次博覽會最為特殊之處。然而，文化施設館裏所展示的，仍然只是關乎日本如何「教化」、「改變」臺灣的政策「功績」，臺灣社會既有的文化特質，仍然不見於會場內，而足以呈顯當時臺灣文化樣態的美術展覽，在此次博覽會裏，只以「意匠」作品的方式被收納展示，這一點固然受到1920年以降裝飾藝術受到國

143 程佳惠，《臺灣史上第一大博覽會》，頁26。

144 鹿又光雄編，《博覽會誌》，頁352。

際重視有關[145]，也與此類作品能和商業廣告的實用需求相衝，然而一般定義下的「美術」（Fine Art），在大會籌備及實際展示的過程中，仍然被忽視了。如果說1916年始政二十年臺灣勸業共進會時，臺灣還沒有受到日本畫風影響的畫家[146]，致使當年的共進會無法展示足夠數量與分量的作品，尚屬情有可原，然而經過二十年的推廣，臺灣早已出現許多才華出眾的畫家、雕刻家，如曾被入選「帝展」的黃土水、陳澄波、陳植棋、廖繼春、李石樵和陳進，曾被入選法國秋季沙龍的顏水龍均是著例。總督府在1927年時也仿效帝展而舉辦了首屆的「臺灣美術展覽會」，透過此一美術展示評比機制，挖掘出許多新一代的創作者，到了1935年時，臺灣美術界實已人才濟濟，在這個蓬勃發展的美術環境下，始政四十周年紀念臺灣博覽會會場內，卻無任何空間放置這二十年來重要的美術成果。臺灣美術作品在始政四十周年紀念臺灣博覽會中缺席，正顯示出殖民政府藉著控制物品能否展示以達到獨占文化控制的霸權。

　　1934年11月，以臺灣畫家為主幹的「臺陽美術協會」成立，並且於始政四十周年紀念臺灣博覽會舉辦的同一年的五月舉辦首次「臺陽美術展」[147]。臺灣畫家另立門戶，成立團體、舉辦展覽，凸

---

145 1925年巴黎首度舉行了「裝飾藝術」萬國博覽會（Art Deco），將過去被「正統藝術」忽視的「應用美術」納入展示的範疇，也開啟各國重視裝飾藝術的風潮。有關此一課題，可參考 Charlotte Benton, Tim Benton and Ghislaine Wood ed., *Art Deco 1910-1939*, Boston, Mass.: Bulfinch Press, 2003。

146 日據時期臺灣重要的畫家中，黃土水（1895）、劉錦堂（1895）、陳澄波（1895）、郭柏川（1901）、廖繼春（1902）、王白淵（1902）、李梅樹（1902）、藍蔭鼎（1903）、顏水龍（1903）都是在1906年以前出生，而石川欽一郎到達臺灣的那一年（1907），林玉山、陳進、楊三郎、陳慧坤及李澤藩也都在是年才出生。黃土水於1915年赴日，劉錦堂則在1916年始政二十年臺灣勸業共進會舉辦之年入東京美術學校。參見謝里法，《臺灣美術運動史》，頁253。

147 謝里法，《臺灣美術運動史》，頁151-53。

顯了由總督府所主導的「臺展」只是另一個歧視與壓抑臺灣文化的工具，完全無法反映臺人在美術上的冀求與成果，臺陽美展正是要跳脫官方獨占文化解釋與控制權力，另闢蹊徑，並且對抗殖民政府壓抑臺灣文化運動的作為。

　　第二會場內部另一個重要館舍為國防館，其內容也與教化有密切關係，由於中日之間已戰雲密布，國防館的主要目的即在配合當時的戰爭動員，希望藉著各種武器的介紹，戰史說明及戰爭動員與後勤補給系統的介紹，讓參觀民眾認識並能配合當時的戰時準備需要[148]。

　　公園的另一個特性是休閒及娛樂，第二會場也配合此一空間特性，於是有許多與休閒娛樂相關的展示空間，例如演藝場、映畫館、水族館、特產館、音樂堂，以及「兒童王國」等設施[149]，旨在藉娛樂以創造參觀的人潮。「異文化驚奇」是達致娛樂最重要的元素，東京館、京都館、大阪館、愛知名古屋館等日本地方館，既要表明這些地區產業經濟與臺灣關係密切，藉此進一步推銷當地的特產和民俗，對於大多數未曾去過日本的臺灣民眾而言，參觀這些日本地方館正是一種異文化驚奇之旅[150]。「科技文明」是第二種具有「異文化驚奇」元素的展示，由臺灣電力株式會社所負責的「電氣館」提供了人們在這個改變二十世紀面貌最劇的電力事業下，種種未來世界「新生活」的驚奇與想像。電氣館裏特別設置了一個「電氣家庭的一天」的展示，透過「清晨六點炊事」、「早上八點化

---

[148] 鹿又光雄編，《博覽會誌》，頁242-43；355-60。

[149] 兒童館雖然有為一般兒童設計的遊戲器具，如鞦韆、滑梯、木屋、飛行塔等遊樂器材之後，還不忘在其中達到教化目的，因此特別設計了「日ノ丸仰拜館」，把日本歷史關鍵事件的國旗（參與甲午戰爭及日俄戰爭的國旗）掛於場中讓參觀兒童「參拜」，見《臺灣日日新報》，12652（昭和10年6月21日），漢8版。

[150] 鹿又光雄編，《博覽會誌》，頁392-415。

圖版4-6　第二會場中夜晚舉行的「番人舞蹈」

資料來源：轉引自程佳惠，《臺灣史上第一大博覽會》，頁155。（梁志忠提供）

妝」、「早上十點裁縫時間」、「下午兩點招待訪客」、「下午四點
清掃家屋」、「晚上七點複習功課」等六個場景，說明電鍋、吹風
機、燙髮器、電暖器、電扇、收音機、桌燈等家電用品在未來臺灣
「中流」家庭生活中所扮演的角色。其他如電力驅動的「雷神ロボ
ット（robot）」、「美女ロボット（robot）」、「電氣稻荷」等電動機
器人的展示，都是藉由趣味、驚奇讓人們一窺電力在生活各方面無
遠弗屆的影響力[151]。第三種具有異文化驚奇元素者，則為原住民的
展示，附屬在「社會事業」部類下的原住民「番屋」和「望樓」，
既要凸顯「理番」政策的成功，又具有「文化驚奇」的目的，尤其
將原住民及其歌舞作為大會「娛興節目」的安排，仍然不脫進步主
義意識形態下，藉原住民以更凸顯現代文明的「進步」。

---

[151] 鹿又光雄編，《博覽會誌》，頁401-404。

3. 南方分館

含有南方館、暹羅館、比律賓（菲律賓）館和福建省特產物紹介所、馬產軍用犬及軍用鴿舍等特設館。此區的主題是展示日本南進政策的現況及未來目標，因此，雖然各館的建築風格具當地異國情調，但走進館內，觸目所及仍都是與日本開發南洋物資的資訊為主。南方館另有演藝及雜技二「助成施設」（包括摩托車曲藝乘[特技表演]、奇物園及迷路[迷宮]等）。可以看出，南方館比起第二會場更接近遊樂園（amusement park）的功能。不過，第一、二會場中交通土木館和興業館裏的「驚奇」，代表的是人們對於科學技術創造之技術與秩序的驚奇，南方館裏的驚奇則充滿了「野趣」，是一種理性秩序無法理解的「驚奇」。

4. 板橋鄉土館

板橋鄉土館是利用板橋林本源宅邸作為展覽的場所，展出內容包括當時海山郡轄下各街庄的物產及工藝品、板橋林家與北臺灣文化資料，以及林家私藏的書畫、玉製品、銅陶器和佛像等，另外夾雜著北白川宮能久親王、樺山資紀、兒玉源太郎、佐久間左馬太等人的書墨。由於這是板橋林家難得向世人開放參觀的機會，因此在會期間吸引了13萬人次參觀人潮。

除了臺北及板橋的會場之外，大會另外在新竹市、臺中市、嘉義市、阿里山、臺南市、高雄市、臺東街、花蓮港街等地均設有分館。新竹分館以展示新竹州轄下風景名勝、「躍進的新竹」風貌、州境內各地的土特產品，以及設立娛樂設施競馬場。臺中分館特別定出「山岳館」的主題，以介紹州境內著名的山峰和日月潭的美景。嘉義分館則與阿里山的資源相連，展示日人開發嘉義山區森林資源的成果。臺南分館為歷史史料展，包括專門展示北白川宮能久親王遺物的特別會場；第一會場專門展示平埔族、鄭成功及清朝統

治歷史，尤其重視1874年「牡丹社事件」史料的展示；第二會場則是荷蘭時代相關史料展。高雄分館的主題設定為「觀光館」，但是主要展示內容仍為州境內各地的土產品。此外，臺東街和花蓮港街也都有設立「鄉土館」，展示內容則較偏重當地原住民的器物與文化[152]。整體而言，始政四十周年記念臺灣博覽會主會場在臺北，各地另設有分會場的安排，充分示現了總督府欲將整個臺灣都當成博覽會會場展示的意念，而期間的旅遊活動則是串聯各分會場的觀覽行為。不過，有關旅遊活動與博覽會觀覽活動之間的內在關係，將在下一章中再作說明。

5. 會期活動

　　始政四十周年記念臺灣博覽會與前此在臺灣各地所舉行的共進會另外一項不同之處，即在於會期間除了靜態展示之外，更安排了多種動態的活動。這類活動包括了各種政府、民間與學術團體所舉辦的大會、運動會，以及指定某一天為具有某種特殊意義之「特別日」。這種會期間的活動，早在十九世紀末法國巴黎萬國博覽會、美國芝加哥萬國博覽會及聖路易萬國博覽會中即已出現，這些活動不僅具有吸引創造人潮的效果，更具有群體參與和認同的「文化建構」意義。本書第二章即已介紹過1904年美國聖路易萬國博覽會舉辦各種學術會議、邀請國際知名學者與會發表演說，其目的乃在加深博覽會的「知識與學術」之性質，同時也為提升美國在世界文化上的地位。此一元素，在1916年始政二十年臺灣勸業共進會時即已率先引入，而此次四十周年記念臺灣博覽會更擴而大之，且加入了一些新的內容，例如10月17至20日舉辦的「朝鮮、滿洲、臺灣對抗野球（棒球）賽」、11月16至17日舉行的「朝鮮滿洲臺灣對抗陸

---

152 鹿又光雄編，《博覽會誌》，頁730-86。

上競技大會」，以及11月24日舉行的「全島角力大會」等，均是藉由運動凸顯殖民地人民與母國人民在「國民體魄」上的表現，這是二十年前始政臺灣勸業共進會所無者；10月14至15日舉行之「大日本米穀大會」、10月25日之「全國茶業者大會」、10月30至31日舉行之「全國水產大會」、「全國初等教育者大會」，以及11月5至6日舉行之「日本礦業大會」等等，這些屬於全日本範圍之社會、工商團體將一年一度之年會移至臺北召開，一方面具有宣傳、提升參觀人氣等效果之外，也象徵著臺灣在這幾項產業在整個日本產業中之地位。而除開產業、實業團體於會期間舉行定期之年會外，醫學、藥學與鍼炙學會之年會則為加強始政四十周年記念臺灣博覽會之學術氣氛。更值得一提者，為11月5日及11月10日分別舉行之「臺灣佛教徒大會」和「臺灣基督教徒大會」，則是總督府首度利用博覽會展示其動員整編宗教團體的第一次[153]。

　　設計各種「特別日」的主要目的乃為加強宣傳某些特定項目，有些是為特定產品宣揚，有些則是為特定地區宣傳，某些則是應政府之規定而有之宣傳。例如，為了因應戰爭的需要，臺灣軍司令部在會期間籌畫了四次「國防日」，以宣揚「臺灣島民守護南方第一防線、男女老幼一致強化國防、發展航空事業與防空」等目標。在「國防日」當晚，還由臺灣軍兵器部用強力探照燈照射夜空以吸引觀眾[154]。用於戰爭防空的探照燈，在承平時節裏，卻提供了創造燈光夜景（illumination）的娛樂驚奇效果。

四、博覽會的效果

1. 參觀人潮

　　整個博覽會總共吸引了3,346,972參觀人次，其中到臺北市參觀

---

153 鹿又光雄編，《博覽會誌》，頁673-77。
154《臺灣日日新報》，12766（昭和10年10月14日），漢3版。

的人潮即高達2,738,895人次。這個數字不但遠遠超過了最初估計的四十三萬人[155]，與日本1903年在大阪舉辦的「第五回內國勸業博覽會」相比，也不遑多讓；若與1932年在芝加哥舉辦的「世紀進步」博覽會相較，始政四十周年記念臺灣博覽會的參觀人氣也絕對不輸。總督府在動員及宣傳方面下了極大的準備工夫有以致之。例如，早在開會前一年，籌備會就在報紙上密集報導博覽會的相關新聞；其次透過各種團體加以動員，不但要求各地方團體加入博覽會的協贊會，還特意安排各種團體在博覽會期間至臺北市舉行各種大會[156]；同時為吸引臺灣人的注意，特地安排希望梅蘭芳能在會期間來臺表演[157]，或者在會期間舉辦傳統廟會活動；此外，在縱貫鐵路沿線架設大型看板以告知旅客。更有利用飛機散發宣傳單[158]，這在當時來講，都是極為新鮮吸引人者[159]。除了上述方法外，商業行銷中的手法也廣被應用，例如發動民間組織「協贊會」，即是一種動員手法，以給予贈品來吸引商家製造商參加展示也是一例，更有甚者，因此次博覽會兼具政治宣傳與商業目的，因此在總督府的補貼下，博覽會的門票採取壓低票價的政策，以廣招徠[160]。正因博覽會

---

155 博覽會籌備處最初預估會有四十三萬人參觀，平均每天一萬人次，五十天應有五十萬人次。見《臺灣日日新報》，12492（昭和10年1月11日），和3版。

156 《臺灣日日新報》，12622（昭和10年7月1日），漢8版。

157 《臺灣日日新報》，12624（昭和10年5月24、31日），漢3版。

158 《臺灣日日新報》，12631（昭和10年6月18日），漢8版。

159 首度用飛機宣傳博覽會的活動，是1933年芝加哥萬國博覽會，其後也被其他國家採用，見Robert W. Rydell, *World of Fairs: The Century-of-Progress Expositions*, Chicago: The University of Chicago Press, 1993, pp. 92-114。

160 博覽會入場券普通券20錢，軍人學生兒童等10錢；團體入場券按人數多寡給予一至三折折扣。夜間入場券則為上述票價之半。籌備會原來估計入場券收入預定70,000圓，展覽場租45,000元。總督府壓低門票金額來達到吸引人潮的目的顯然奏效，昭和11年（1936）3月20日初步決算時，門票收入達162,795圓，比原來的預期還要超過一倍以上。見《博覽會誌》，頁554-57。

宣傳動員的工作極為賣力，才會有如此龐大的參觀人潮。

　　由於博覽會並沒有統計每一個主題館的入館人數，因此我們無法得知哪些主題館最具吸引力。不過從《博覽會誌》留下的統計資料，我們還是可以看出參觀人潮的一些趨勢。從表格4-14可以看出，五十天的會期裏，至第二會場的人數達1,200,484人次，第一會場為876,646人次，是第二會場的三分之二；大稻埕南方館則有539,691人次。第二會場人氣所以如此旺盛，除了它是整個博覽會中唯一夜間開放的場地之外，恐怕也與第二會場的展示具有較多的商業與娛樂性有關，第二會場集中了東京、大阪、名古屋等日本大城市的「特設館」，這些主題館展示的內容，既可滿足在臺日人思鄉情緒及帝國優越感，對於臺灣人也具有十足的「異國風味」；會場中的原住民文化更對於臺灣人及日本人都具有強烈的異文化驚奇感，我們只要從10月18日晚上第二會場舉辦「番人舞蹈」表演，當晚即吸引二萬五、六千人入場參觀[161]，即可知這種「異文化」驚奇（exoticism）的元素，在第二會場吸引人潮上所具有的重要性[162]。同樣的因素也反映在大稻埕南方館的參觀人潮上。南方館所占的面積只不過是整個博覽會的4.75%，卻吸引了五十餘萬參觀人次。如前所述南方館具有更強烈的娛樂性質，這裏不但有特技表演、兒童騎馬，還有各種戲曲表演活動，十分具有娛樂效果。南方館引起眾多人的注目，也與當時總督府大力推動南進政策有密切關係。在博覽會期中，福

---

[161] 當晚由屏東郡排灣族三十餘人圍火一圈表演鼻笛及歌舞等節目，引起觀眾極大的好評。《臺灣日日新報》，12769（昭和10年10月18日），漢4版。

[162] 利用異文化驚奇感的刺激來達到吸引人潮的手法，是博覽會相當重要的元素之一。這種元素日後也成為百貨公司重要的行銷手法。參見 Rosalind H. Williams, "The Dream World of Mass Consumption," in Chandra Mukerji and Michael Schudson ed., *Rethinking Popular Culture: Contemporary Perspectives in Cultural Studies*, Berkeley: University of California Press, 1991, pp. 198-208。

表格4-14 博覽會各會場星期參觀人次統計

星期別	10/10 -10/12	10/13 -10/19	10/20 -10/26	10/27 -11/2	11/3 -11/9	11/10 -11/16	11/17 -11/23	11/24 -11/28	12/1 -12/5	計
第一會場	15,733	108,897	141,309	162,699	102,503	98,386	121,163	125,956		876,646
第二會場	13,725	147,012	170,281	225,904	146,602	148,782	159,799	188,379		1,200,484
大稻埕	5,065	47,113	76,980	96,348	66,150	60,386	78,099	109,550		539,691
草山分館	1,760	20,275	24,961	27,891	19,153	11,701	7,697	8,636		122,074
板橋林家	7,864	21,364	14,903	33,852	8,997	9,434	4,779	4,663	2,950	108,806
總計	36,283	323,297	413,531	512,842	334,408	319,255	366,758	432,521	2,950	2,847,701

資料來源：鹿又光雄編，《博覽會誌》，頁561-63。

建省不但在南方館有「特產物紹介所」，省主席陳儀還親自到臺灣來參觀博覽會，並且與中川健藏總督達成「經濟提攜」的協議，由臺灣協助福建發展米作、果樹及林業的技術，而福建則提供臺灣高級的福杉木材[163]。

2. 商業效果

　　舉辦始政四十周年記念臺灣博覽會雖然具有強烈的政治宣傳目的，但是它也與所有的博覽會一樣具有商業的目的和效果。始政四十周年記念臺灣博覽會的商業效果表現在展覽的會場內，也表現在對臺北市商業買氣的刺激上。

　　就會場內的商業活動而言，會期間湧入的龐大人潮帶給會場內各食堂、特產品店極大的商業利益。從表格4-15即可知，光是五十天的會期，會場內各食堂、賣店就進賺了183,956.32元，著名的森

---

163 近藤正己，《總力戰と臺灣：日本植民地崩壞の研究》（東京：刀水書房，1996），頁93-98。

表格4-15 會場內各賣店販賣成績表 單位：円

第一會場				第二會場			
商店別	販賣額	家數	平均每家獲利	商店別	販賣額	家數	平均每家獲利
日本歷史館	1,410.00	1	1,410.00	レ號賣店	30,284.65	38	796.96
八號賣店	24,020.74	29	828.30	特許館	20,954.80	39	537.30
國產館	21,333.39	37	576.58	來來軒食堂	4,546.28	1	4,546.28
陸橋食店	746.48	1	746.48	水族館	9,807.99	1	9,807.99
ホ號賣店	2,667.09	7	381.01	海女實演館	13,563.37	1	13,563.37
家庭文化館	11,116.52	22	505.30	宮崎食堂	950.00	1	950.00
卜號賣店	2,521.11	5	504.22	祇園茶屋	1,781.90	1	1,781.90
來來軒食堂	2,771.20	1	2,771.20	民眾食堂	557.80	1	557.80
チ號賣店	4,024.79	4	1,006.20	日ノ丸食堂	970.45	1	970.45
民眾食堂	611.11	1	611.11	テ號賣店	979.91	2	489.96
大眾食堂	1,215.00	1	1,215.00	森永製果出張販賣店	12,979.04	1	12,979.04
森永製果出張販賣店	1,041.29	1	1,041.29	場外ネ號賣店	4,646.11	16	290.38
計	73,478.72	110	667.99	場外ナ號賣店	867.22	5	173.44
				新公園露店組合	4,582.08	24	190.92
				國昌食堂	30,06.00	1	3,006.00
				計	110,477.60	133	830.66
				總計	183,956.32	243	757.02

資料來源：鹿又光雄編，《博覽會誌》，頁426。

永糖果公司在會場中獨賺14,020.33元；來來軒食堂則有7317.48元的收益。會場賣店平均每家的獲利達757.02元，這種成績是平常時節任何商店都不可能有的業績。

除了服務參觀人潮的賣店之外，各主題館內的展示品一樣可以買賣。根據大會的規定，這種買賣分為現場交易（即賣）與契約交易（賣約）兩種。從表格4-16可知，五十天的會期這兩種交易共

表格4-16　直營館內即賣及賣約成績（排序表）　　　　　　單位：円

館名	州廳名	現場交易	契約交易	合計
產業館	臺北州	8,084.97	514.35	8,599.32
	臺中州	624.05	308.68	932.73
	臺南州	361.83	269.60	631.43
	新竹州	148.72	399.10	547.82
	澎湖廳	498.99	0.80	499.79
	花蓮港廳	27.90	257.30	285.20
	高雄州	31.71	30.20	61.91
	臺東廳	1.80	3.90	5.70
	計	9,779.97	1,783.93	11,563.90
交通土木館	臺北州	17.80	39.00	56.80
	臺南州	20.00	40.00	60.00
	計	37.80	79.00	116.80
第一府縣館	長崎縣	7,318.67	97.93	7,416.60
	靜岡縣	2,516.85	477.89	2,994.74
	熊本縣	2,673.10	137.72	2,810.82
	神戶市	2,506.24	234.99	2,741.23
	鹿兒島縣	2,073.41	72.60	2,146.01
	大分縣	1,981.39	102.75	2,084.14
	那霸市	1,587.55	46.00	1,633.55
	高知縣	1,465.22	86.68	1,551.90
	香川縣	1,303.13	14.90	1,318.03
	大阪市永田寅吉	1,130.73		1,130.73
	愛媛縣	938.25	15.05	953.30
	佐賀縣	749.24	7.20	756.44
	德島縣	277.83	366.27	644.10
	奈良市	445.71	30.00	475.71
	都城市	254.71		254.71
	計	27,222.03	1,689.98	28,912.01
第一文化施設館	臺北州	3.00	38.00	41.00
	計	3.00	38.00	41.00
興業館	臺北州	38.66	12.48	51.14
	臺南州	0.60		0.60
	計	39.26	12.48	51.74

第二府縣館	廣島縣	2,078.87	1,163.23	3,242.10
	神奈川縣	2,491.69	726.69	3,218.38
	新潟縣	767.63	974.48	1,742.11
	山口縣	1,585.07	132.35	1,717.42
	埼玉縣	696.31	902.12	1,598.43
	長野縣	999.67	419.90	1,419.57
	石川縣	837.28	305.00	1,142.28
	三重縣	1,010.93	5.15	1,016.08
	岐阜市	1,003.65	1.20	1,004.85
	富山縣	936.39	63.80	1,000.19
	岩手縣	928.00	52.60	980.60
	和歌山縣	512.12	343.71	855.83
	岡山縣	628.28	199.59	827.87
	滋賀縣	345.68	311.07	656.75
	山梨縣	518.45		518.45
	島根縣松江市	462.05	7.00	469.05
	福島縣	443.48	6.06	449.54
	樺太廳	265.50		265.50
	臺北州	221.60		221.60
	岐阜縣高山町	221.43		221.43
	福島若松市		96.60	96.60
	秋田縣	2.37	57.42	59.79
	臺中州		35.00	35.00
	計	16,956.45	5802.97	22,759.42
第二文化施設館	臺北州	34.50	329.00	363.50
	臺東廳		174.06	174.06
	高雄州	3.00		3.00
	計	37.50	503.06	540.56
南方館	香港丸山今二郎	6,176.80	2,512.98	8,689.78
	福建特設		5,520.66	5,520.66
	南洋廳	398.74		398.74
	計	6,575.54	8,033.64	14,609.18
合計		60,651.55	17,943.06	78,594.61

資料來源：鹿又光雄編，《博覽會誌》，頁267-68。

78,594.61元，第一、二府縣館是其中買氣最旺的兩個館，其次則是南方館的14,609.18元，再次則是產業館的11,563.90元，而以宣揚未來產業發展之「先進性」的興業館，只有51.74元的業績。這個數字似乎表現了博覽會的政治宣傳雖以統治臺灣為主軸，但是會場內的商業交易卻出現宣揚日本貨品的主軸。不論就臺灣商人或日本商人而言，「產業館」中展示的臺灣各州的特產品並沒有受到熱烈的注目。而各州的出品中，又以臺北州的展品銷售最好，其他州都只有數百元的交易，高雄州甚至只有61.91元的行情。

如果仔細分辨「現場交易」與「契約交易」的數額，我們就會發現，第一、二府縣館的展品若能在臺灣即時脫手，則可免去龐大的運費，因此這兩館的買賣都以「現場交易」為主。相反的，大稻埕南方館中的商情則集中在契約交易，尤其是福建省特產物紹介所的物品，全部都是契約交易。從長遠的角度來看，契約交易是建立兩地中長期商業往來的表徵，因此契約交易的多寡反映博覽會在長期商業網路上的效果。從這個角度來看，整個博覽會並沒有為臺灣特產品銷日建立長期的商網，只發揮了「南進政策」中與對岸福建之間的關係。

博覽會的第三種商業效果是對臺北市商業的刺激。會期間湧入近三百萬的參觀人潮對於任何商店而言，均是極為龐大的商業機會，因此早在博覽會籌備階段，臺北市各商業團體就已摩拳擦掌，集合全市各商業團體及賣店、市場攤販，準備在10月1日至11月30日間舉辦全市「聯合大賣出」，希望此一活動能為全市商家帶來三百萬元的利潤[164]。這個希望雖然沒有完全實現，但是整個會期還是為臺北市各商家帶來225萬元的商機。其中靠近第一會場的榮町、京町及本町三地的商店，五十天內即賣出了1,438,300元；大稻

164《臺灣日日新報》，12560（昭和10年3月20日），漢4版。

埕一地也有324,400元的佳績。正因有利可圖，不肖商家甚至還想到偽造入場券以牟利[165]。不過，就全市各行業的營業情形來看，博覽會期間只有與交通相關的旅館、汽車業，以及番產店比平時多出三倍的利潤；糖果店、水果店較平日多一倍業績；以及作為旅行紀念和可以餽贈日本親友的臺灣水果罐頭等商品價格上揚之外，其他行業並未因博覽會而增加獲利（參見表格4-17及4-18）。

　　博覽會期間造福的商業還包括了一般市場的供應商及零售商。五十天的會期裏，臺北市中央市場及家畜市場的銷售額都較前一年同期（9至11月）平均提高了125.61%及177.87%；各零售市場如西門町、永樂町、千歲町、新富町及御成町的市場銷售額也都較前一年同期提高136.47%[166]。

　　除了商家之外，勞動階級在博覽會期間的收入也普遍較平時為高。根據博覽會主辦單位的統計，市內各種行業工人在會期間的工資較平日提高將近一倍，日人工人為88.8%，臺人為96.2%。其中與出版業相關的活版植字工及製書工，以及木工、木匠等，都因會期間需要印製大量的宣傳物品和建築各主題館的需要而工資上揚。

3. 都市建設效果

　　博覽會不僅具有極大的商業效果，對於都市容貌也同樣具有改頭換面的作用。博覽會無疑是都市打形象廣告最好最佳的時機，因此許多歐美國家的城市在舉辦博覽會時，都把都市更新當作是博覽會的重要目標之一，為博覽會而興建的建築物，也往往成為該都市的新地標與景點。例如開萬國博覽會先河的1851年英國倫敦博覽會，最受人矚目的水晶宮建築，一直維持到1937年才毀於祝融。

165《臺灣日日新報》，12782（昭和10年10月31日），漢12版。
166 鹿又光雄編，根據《博覽會誌》，頁801-802各表統計而成。

表格4-17　博覽會期間聯合大賣出的商況

團體別	營業額（円）	團體別	營業額（円）
榮町賣出會	817,800	千歲町市場	29,000
京町商友會	360,200	臺北南飲食店組合	26,300
大稻埕	324,400	御成町商工會	25,000
本町賣出會	305,300	川端町	4,300
西門市場	197,100	古亭町市場	2,400
新起會	122,000		
兒玉町會	36,200	計	2,250,000

資料來源：鹿又光雄編，《博覽會誌》，頁807。

表格4-18　各種商業於博覽會期間營業額增加率

營業別	賣上增加率%	摘要
番產品店	300	珊瑚細工品／文石／水牛角加工品／手杖／內地土產的巴拿馬草帽
旅館營業	300	
汽車營業	300	
糖果店	100	主要日本及西洋糕點
水果禮品店	100	在內地行銷的本島產果實及罐頭類
食料品零售市場	38	騰貴商品：豆類／肉類／調味料／蔬菜／乾貨；下跌商品：果實／罐頭／漬物／鮮魚
百貨店	30	價格在40至50錢左右的玩具及糕餅均跌價
coffee營業	30	
綿布批發商	極少	
食料品批發商		
吳服反物（布匹）店	極少	

資料來源：鹿又光雄編，《博覽會誌》，頁808。

1889年的法國巴黎萬國博覽會更留下艾菲爾鐵塔這座代表巴黎及法國的地標。建築之外，博覽會也往往有促進都市土地開發利用的作用。歐美早期舉辦博覽會多半會利用都市閒置或尚未開發的土地作

表格4-19　臺北市勞資及指數

行業別	1935下期				1935上期			
	日給		指數		日給		指數	
	內地人	本島人	內地人	本島人	內地人	本島人	內地人	本島人
染物工	1.70	1.50	10.80	150.00	1.50	1.30	62.50	130
金屬機械器具仕上工	1.50	1.20	58.30	85.70	1.50	1.00	58.30	71.40
鍛冶工	—	1.20	—	80.00	—	1.10	—	73.30
磚瓦製造工	—	0.80	—	88.80	—	0.75	—	83.30
爆竹製造男工	—	0.80	—	114.20	—	0.75	—	107.10
爆竹製造女工	—	0.35	—	100.00	—	0.30	—	85.70
桶工	1.70	1.00	68.00	125.00	1.50	1.00	60.00	125.00
製麵工	—	0.86	—	95.50	—	0.80	—	88.80
活版植字工	2.50	1.80	125.00	138.40	2.95	1.76	149.00	135.30
石版工	2.70	1.30	108.00	100.00	2.10	1.07	84.00	82.30
製書工	2.40	1.30	104.30	130.00	2.47	1.27	107.30	127.00
靴工	2.20	0.90	100.00	75.00	2.20	0.80	100.00	66.60
木匠	2.80	1.50	80.00	83.30	2.80	1.20	80.00	66.60
電工	1.70	1.30	88.50	72.20	1.60	1.50	83.30	82.80
其他38種平均	—	—	88.80	96.20	—	—	88.10	94.90

資料來源：鹿又光雄編，《博覽會誌》，頁806。

為會場，並且建立完整的聯外道路系統，以及鋪設下水道、電力等
基礎設施。等到博覽會結束後，該地往往可以另作它用，成為城市
大型公共活動的場所。美國的1876年費城博覽會、1893年芝加哥
市哥倫比亞博覽會及1904年聖路易萬國博覽會，都是舉辦博覽會促
進都市發展的範例[167]。

　　但是日本在臺灣舉辦的始政記念系列博覽會卻非如此，1916年
總督府第一次舉辦始政二十年記念共進會時，使用的會場是當時還

---

[167] Robert W. Rydell, John E. Findling and Kimberly D. Pelle, *Fair America*, pp. 3-77.

在興建尚未完工的總督府。同樣地，1935年始政四十周年記念臺灣博覽會時，則是在原有的新公園及三線道路上興建會場。換言之，當時並未有專為博覽會而興建新建築物的做法，就連展覽會期間作為「儀式大會堂」之用的臺北公會堂，其興建目的原本是紀念昭和皇帝登基而建[168]。建築之外，始政四十周年記念臺灣博覽會也與都市計畫的關係不大，因為影響臺灣都市規畫最重要的法令「臺灣都市計畫令」是在博覽會結束之後一年（1936年8月）才公布，因此這個對都市空間規畫影響深遠的法令與始政四十周年記念臺灣博覽會的舉辦沒有直接關係[169]，而博覽會似乎也不是促成當年公布都市計畫令的主要原因。換言之，總督府並沒有利用舉辦博覽會的機會，重新打造臺北市的都市空間。相反的，整個博覽會卻是在早已發展成熟的都市中，以換裝變身的方法改動既有的空間功能，以為博覽會之用，博覽會結束之後，這些展覽空間也就在拆除之中煙消雲散了。博覽會的各主題館在會期結束後三個月內就全部拆除完畢，其他的善後工作一直持續到隔年的五月才告一段落。會期後對於臺北市具有較大影響的部分，首先是使臺北市使用電燈的戶數由1933年的157,578戶增加為193,446戶[170]，促使臺北市朝向更為電氣化的生活邁進。其次，在市容的改變上，則將公會堂及西三線道路（今中華路）一帶的路面重新整修，而且將原本作為路樹的榕樹改為臺灣楓；另一個較大的改變則是臺北市公園（今新公園）內的

---

168 根據葉肅科的研究指出，臺北市的主要公共建築，大體上在1937年以前都已興建完成。也就是說，臺北市並沒有哪一棟建築是因博覽會而生。葉肅科，《日落臺北城：日治時代臺北都市發展與臺人日常生活》（臺北：自立晚報文化出版部，1993），頁185-86。

169 黃世孟，《臺灣都市計畫史年表》（臺北：國立臺灣大學土木工程學研究所都市計畫研究室，1988），頁27-29。

170 鹿又光雄編，《博覽會誌》，頁865。

復舊工程，包括重新植木、修人行道路、兒童遊樂園改築及造園等。而展覽品則捐贈給臺灣總督府商品陳列館、臺北帝大、臺北高等商業學校、太平公學校等文教單位[171]。總體而言，這些零星的空間改動，並沒有為整個城市創造更為嶄新的面貌，博覽會像是在既有的空間裏興造出來的空中樓閣。從這個角度來看，始政四十周年記念臺灣博覽會不妨可以將它當成是一種「表演事業」：一切的活動都是在這個宛如節慶般的幻影空間裏舉行。當節慶結束後，都市就立刻回復它本來的面貌。

　　不過，若與過往在臺灣所舉行的大型展示活動相比，此次始政四十周年記念臺灣博覽會表現出更大的「表演」企圖，蓋過以往舉辦大型展示活動，展示的空間往往局限於展示會場，並未有刻意要展示整座城市，但始政四十周年記念臺灣博覽會顯然要人們除了觀看博覽會場外，還要觀覽整個殖民地首府的容貌，整修道路、種植路樹，設立各種街頭美化裝置，都是為了達成此一目的，而從善如流地在大稻埕設立南方館，更是一種重要的「盯視」（gaze）手段。藉由展示大稻埕「純然漢人風味」的建築、街道與人群，讓參觀者「宛若置身南洋」，亦即整個臺北城被裝扮成兩個重要區域，一是已經在總督府銳意經營下，具有強烈殖民現代性色彩的博覽會會場區，這裏面有四十年來最重要的建設成果，二是帶有「南方色彩」的大稻埕、萬華，以及代表臺灣富有人家生活樣態的板橋林本源宅邸。同時讓博覽會觀者觀看這兩個在空間形式上截然不同的區域，其最主要目的，仍然是藉對比以凸顯現代化建設下的日人生活區，以及在日本治理下，具有部分現代化元素但仍然落後的臺人生活區，這個帶有「南方色彩」的臺人區之所以存在，就是為了要凸顯日人的進步及在臺教化。

---

171 鹿又光雄編，《博覽會誌》，頁272-76。

五、臺灣人的反應

　　這場博覽會主辦的主要目的，是向全世界展示日本殖民統治的成果，因此吸引了臺灣內外二百七十餘萬人次的觀覽人潮，甚至當時任福建省主席的陳儀，還兼程率領訪問團到臺灣來參觀這次博覽會。可是舉辦博覽會的目的不僅只是取悅外賓而已，它更希望能讓臺人也能一同觀看，藉著觀看來認知日本殖民統治的成功。那麼臺灣人又如何看待這次的博覽會？報紙公式觀點的紀錄未必能真正表現臺人的心理反應，然而私人著述所留下來的記述史料卻頗為有限，是以筆者只能試著從有限的史料中，大致歸納出臺人四種對博覽會的態度。這些史料包括了《臺灣日日新報》的記述、朱點人的小說〈秋信〉、林獻堂《灌園日記》、張麗俊《水竹居主人日記》，以及庋藏於國立臺灣大學「楊雲萍文庫」中的一本歌仔冊《尪某看博覽會新歌》。

　　我們曾在前面利用《臺灣日日新報》的報導，鋪陳了各地方人士及商人對於博覽會抱持高度興趣，並且欲積極參與展示，但其所欲展示的目標卻與總督府的設計不同調，這其中隱含了地方民眾、商人與總督府之間，對於博覽會所欲傳遞之訊息的落差。

　　從1851年英國舉辦第一場萬國博覽會後，世界各列強國家莫不紛紛藉著舉辦博覽會來展現自己國家的國力，以向世界誇耀。因此博覽會從一開始就具有相當濃厚的政治象徵符號。日本在臺灣舉辦的始政記念勸業共進會、博覽會也都具有這種展示帝國統治績效的目的，因此，1935年舉辦的這場始政四十周年記念臺灣博覽會，等於是一種歷史的回顧，希望藉著回顧過去四十年的統治概況以向世人證明日本殖民統治的成功果實。這一想法具體表現在直營館「產業館」內各種展品的安排與詮釋上。

　　不過，如果說始政四十周年記念臺灣博覽會的展示主題是歷史

回顧與歷史解釋，那麼這場博覽會一開始就面臨「誰的歷史」、「誰可以參與歷史」與「誰可以解釋歷史」的糾葛。總督府原本在設計整個博覽會體系時，將臺北以外的其他場地都定位為展示「鄉土文化」，因此板橋林家，以及各州所成立的分館，都被總督府歸類為「鄉土」，以有別於臺北主場地代表帝國中心的進步歷史。然而，地方人士卻不接受這樣的安排。臺南地方士紳與臺北爭奪展示主題，表面上是殖民政府中央與地方行政權上的爭執，實質上更具有爭奪歷史參與權和解釋權的意味。只是總督府最後利用財政和行政的手段將爭執壓了下來。至於大稻埕的商紳則似乎對於博覽會的本質有完全不同的認知。博覽會歷史回顧的教化意味，對大稻埕紳商來說恐怕太過沉重，因為從一開始大稻埕的紳商其實已經把舉辦博覽會當成是鞏固、改善生活環境與增加商業利益的機會，他們更關心現實的生存問題，換言之，他們重視「現在」與「未來」的生活機會更甚於「過去」。正因為如此，大稻埕分館的展示一開始就脫離了始政四十周年記念臺灣博覽會「歷史回顧」的主題，在尋求驚奇娛樂與購買物品的消費活動中，參觀大稻埕分館的庶民大眾早已把殖民者「歷史回顧與認同殖民榮光」的企圖輕輕地消解掉了。

　　除了「歷史回顧」的主題外，籌備過程中的經費來源也透露出這個博覽會的一些特質。由於整個活動經費的主體，都是由總督府及地方官廳財政挹注，因此這幾乎是純粹官辦的博覽會，與美國或歐洲以民間及商業團體主辦的性質不同。民間舉辦的博覽會具有更為強烈的商業傾向[172]，是以歐美的博覽會到二十世紀初期時已從展現國家繁榮強盛的目的，一變而為謳歌消費世界的天堂樂土。因此民間博覽會與人民的日常生活與記憶更為貼近。始政四十周年記念臺灣博覽會是日本人「紀念」統治臺灣四十年而辦，一開始即具有

172　Robert W. Rydell, John E. Findling and Kimberly D. Pelle, *Fair America*, pp. 78-87.

極為強烈的政治目的，因而沖淡了它的商業色彩，也同時與臺灣本土住民的生活記憶產生落差。這種落差，在萬華出生的小說家朱點人所寫的一篇短篇小說〈秋信〉中表達得最為清楚而激烈。

〈秋信〉藉著一位前清遺老陳秀才去臺北看博覽會的故事反映臺人對清朝歷史消逝後物換星移的失落感。故事一開始就用陳秀才左鄰右舍趕熱鬧般一窩蜂地看博覽會的氣氛，烘托這位前清遺民與當時大眾潮流的格格不入。大家想去看博覽會，因為「聽說博覽會是自有臺灣，也未曾有過的鬧熱啦，看一次，就是死也甘願！」陳秀才後來禁不住他遠在日本的孫子寫信勸說，終於坐火車到臺北來一窺究竟。由於他很關心教育，所以走進第二會場的「第一文化施設館」，想要知道四十年間臺灣教育的變化，但是由於不懂日語，在會場中遭到日本學生的譏笑，喚起了他遭受民族歧視的傷痛。為了撫平傷痛，他想去看看「撫臺衙」，但是沒想到昔日代表大清政權的巡撫衙門和布政使司衙門，早就拆除改建為公會堂了，只剩下一棟建築被移到植物園。他坐三輪車到了植物園，在晚秋微風裏，看著外孫請他去看博覽會所寫的信，信紙不經意地在秋風裏隨著枯枝敗葉飄落而去[173]。

殖民政府舉辦始政記念博覽會，其主要目的就是要藉著博覽會來展示統治四十年的功績，因此，博覽會具有十分鮮明的歷史回顧意義。從這個角度來看，朱點人的小說剛好反映了一種心理事實，即小說的主人翁（以及作者本身）完全不能接受殖民政府在會場中

---

[173] 朱點人，〈秋信〉，收入施淑編，《日據時代臺灣小說選》（臺北：前衛，1992），頁169-81。有關〈秋信〉的意涵，陳芳明另從「抗拒『遲到的』現代性」詮釋朱點人的這篇小說，參見陳芳明，〈三〇年代臺灣作家對現代性的追求與抗拒〉及〈現代性與殖民性的矛盾——論朱點人小說中的兩難困境〉，俱收入陳芳明，《殖民地摩登：現代性與臺灣史觀》（臺北：麥田，2004），頁51-72；95-114。

所安排的「歷史回顧」，那個已被日本政府拆除改建的「撫臺衙」才是陳秀才一心一意想要追尋的歷史原點。整個故事中，參觀者與博覽會設計者之間絲毫沒有任何的交集，包括最基本的語言。〈秋信〉代表了光譜的一個極端，而朱點人藉著小說將臺灣人激烈抵制博覽會的心理狀態充分反映出來。

　　然而，就像光譜分布一般，在色彩最鮮明的中間，總有漸次混沌的灰色地帶。林獻堂與張麗俊二人日記中對於此次博覽會的記述多少代表了這中間晦暗之所。我們曾在前面提及張麗俊曾在1916年時特別風塵僕僕地從豐原趕至臺北參觀始政二十年臺灣勸業共進會，詳細記錄了他所參觀過的陳列品，還有數首詩篇記懷他看到總督府新廈建築和澎湖港、阿里山等會場中的地理模型。1926年臺中市舉行「中部臺灣共進會」時，張氏在日記中寫道：

　　　所觀半是十年前臺北總督府衙所曾見之物，無甚新奇，亦無甚珍異，所謂五嶽歸來不看山者也。[174]

　　1935年3月31日起，張麗俊赴日旅遊23天，途中參觀了吳市國防博覽會、橫濱博覽會，看到了「繁華的大阪」及「層樓疊閣，高聳雲霄，殊令人目想神遊」的東京，看過了日本的「五嶽」之後，張氏於1935年10月23日隨同豐原水利組合的成員一同北上，主要行程為參觀北部桃園大圳的水利設施，並於參訪活動結束後順道遊歷博覽會。張麗俊才走馬觀花地看了一下第二會場，就因隨行女眷跌入水溝折斷牙齒，隔日只好伴其回豐原。他在10月30日的日記上寫道：

---

[174] 張麗俊著，《水竹居主人日記》（第7冊），頁27。

> 我一生好漫遊，前日北上觀博覽會尤其次也。到中壢，往大
> 崙，到桃園，西往大園，東入石門，此廣我眼界而寔獲我心
> 也。[175]

　　二十年前張麗俊初次乍見共進會時的驚豔，至今已不存在，遊
覽臺灣本地山水，才能「寔獲我心」。相較於張麗俊對此次博覽會
不甚在意的態度，林獻堂在他的日記中，倒是記錄了他參觀博覽會
的簡單行程，讓我們知道他首先在10月9日參觀了位於草山（陽明
山）的觀光館，隔日參加博覽會開幕式後，「專看產業館、府縣
館、南方館」，11日則入第二會場觀看第一文化館、國防、京都、
海女館，並赴板橋林家的「板橋鄉土館」，12日返回霧峰後，隨即
與其子成龍、瑞安等商量，安排一新義塾的女學生參觀博覽會，11
月1日，他再度造訪博覽會會場，並參觀了滿洲、交通土木館、產
業館、府縣館、朝鮮館及糖業館，11月2日則看了專賣、國防、電
氣等館，並且在迎賓館休息時，應館人之請寫了「空前盛會」書
翰。11月3至5日則遊歷了花蓮，並參觀設於當地的博覽會陳列
館，11月7至8日再度參觀了第二文化館、國防、京都、專賣、北
海道、東京及特產等館。林獻堂在日記中保持一貫的平淡語調，對
於所參觀過的館舍，他未曾留下任何感想或心得的文字，然而在他
觀看博覽會前後的日記中卻有四段文字，頗值得玩味。林獻堂參觀
博覽會之前，在9月21至26日間，他也無獨有偶地安排了一次登峰
之旅，到達了玉山主峰。他在途中記曰：

> 杉、松、檜、柏大可數人合抱，實為壯觀。櫟樹亦不少，莊
> 子謂其無用，不知其皮可為酒瓶塞，成為今日之大用。櫟社亦

175 張麗俊著，《水竹居主人日記》（第10冊），頁126。

然，本以詩為無用，不知今日之漢文得延一線之曙光者，實惟此是賴焉。[176]

他回到平地後，曾兩次在公開場合中提及登玉山的感想與收穫為「觀自然之偉大，以開曠胸襟；訓鍊冒險精神；理番事業之所以成功」[177]。登玉山冒險犯難的精神，使他勇氣倍增，體悟過去「櫟社」藉櫟寓詩為無用，今日詩乃為延續漢文化之「曙光」。他在10月28日向臺南州觀光團成員說：

　　臺灣之人口每年增加十四、五萬，若再二十年當增加三百萬，臺灣島中將無立錐之地。余曾對總督、長官進言撤廢旅行券，獎勵臺人往南支南洋發展，然此大問題殊不容易解決，第因人口之增加，而耕作地自然不足，農人遂大起競爭，每年升租換佃到處皆然，以致農人之生活不能安定，似此欲圖農事之改良實難奏效，若欲收改良之實責，非有長期間贌耕之契約不可也。[178]

這個觀點也在他與拓相永井柳太郎對話時再次強調：

　　臺灣人口增加，當留土地與臺人開墾，內地移民當從事於商工業，方可保共存共榮；對於初等教育之施設，當無使兒童入學難。[179]

---

176 林獻堂著，許雪姬等共同註解，《灌園先生日記》（第8冊）（臺北：中央研究院臺灣史研究所籌備處、中央研究院近代史研究所，2004），頁335。

177 林獻堂著，《灌園先生日記》（第8冊），頁343, 345。

178 林獻堂著，《灌園先生日記》（第8冊），頁380。

179 林獻堂著，《灌園先生日記》（第8冊），頁397。

　　11月5日的日記裏，他錄下了林柏壽由花蓮返臺北途中贈予他的詩，其中有「已逐征蠻歸教化，更勞奪主闢蓬萊」、「獨教番童工舞唱，強留沃野長蒿萊，無聊甚欲求同醉，叵奈新停濁酒杯」[180]等語。

　　如果我們回想舉辦始政四十周年記念臺灣博覽會的主要目的，在於推動新一波的南進政策，此一政策包括了向東南亞的發展、開發東臺灣，以及進一步強化「同化政策」，就可以知道林獻堂日記中的話語，乃針對南進政策中，臺人無法進步參與的問題，他憂心在此政策下臺灣土地資源將進一步被日人所奪，他也一針見血地指出，儘管總督府在農業技術上銳意改良，然而人口增加、耕地日漸不足，即便再好的農業技術，「農事之改良實難奏效」。亦即農業問題不僅只是「技術」問題而已，更涉及了「分配」問題。在始政四十周年記念臺灣博覽會光彩奪目的展示內容中，清一色謳歌農業技術改良的成效，對於「分配」的問題卻隻字未提，這才是博覽會展示中掩蓋真實社會的面向，而他錄下林柏壽贈詩之句「獨教番童工舞唱，強留沃野長蒿萊」，正是對此一問題的批判。登玉山給他的啟示，正是要不屈不撓地保留漢文最根深柢固的詩文傳統，以此對抗同化政策中對於漢文的打壓。不過，博覽會所欲傳遞的訊息極為豐富複雜，它也包含了種種新知新技術的展示，對於青年學子而言，是很好的學習機會，因此他才鼓勵並安排一新義塾的學生要北上觀覽。林獻堂日記所流露的，應是他對於博覽會「選擇性接受」的一種態度。

　　相較於林獻堂得以在較為高位的視野觀看博覽會，二百七十七萬餘的觀覽人潮未必完全能看出此博覽會背後所包裝的統治企圖，他們多半被這目眩神移的展覽所吸引，在會場中追逐著各種驚嘆與

---

180 林獻堂著，《灌園先生日記》（第8冊），頁392。

新奇的事物，並且從中獲得了短暫的樂趣。位於嘉義西市場內「玉珍漢書部」所出版的一本《尪某看博覽會新歌》[181]，非常貼切地反映了庶民大眾在博覽會裏追逐樂趣的心態。

　　這本歌仔冊可說是用福佬話所寫的一本博覽會導覽手冊，如果與張麗俊、林獻堂日記中寥寥數語的記載相比，這本歌仔冊可以說相當詳盡地以庶民語彙盡可能地描述了整個博覽會中各館舍的展示內容。從歌仔冊的描述中，我們看到了幾個重要現象：一是整個歌仔冊的介紹乃依循著大會所擬定的參觀動線而行，先由第一會場的滿洲館啟始，接續交通土木館及特設館、產業館、府縣館、福岡館、朝鮮館、三井館、礦山館，然後進入第二會場。儘管介紹各館的內容前多後寡，但幾乎所有的館舍都包羅無遺。第二，儘管介紹內容循動線而行，但是蘊涵在展館安排背後的分類架構，在歌仔冊中全然沒有反映出來，亦即庶民所觀者乃展示陳設的表象，而非背後的原理，例如滿洲館內介紹滿洲炭礦會社，歌仔冊的描述為「閣能品品甲旁旁，……也能欺欺甲橇橇」，又如前述利用無線電控制的桃太郎機器人，在歌仔冊中的描述是：

> 　　一介囡仔直直崇，囡仔閣能猫猫動，身軀个肉紅紅紅，……
> 這款有影真巧氣，能開能合真即奇，愛開着用手皆比。

　　對於其他電動偶具則稱其為「死物能行也能走」。第三，歌仔

---

181 本歌仔冊藏於國立臺灣大學圖書館楊雲萍文庫。原件鉛字排版印刷，共有四冊，每冊各八頁。該歌仔冊是由嘉義市西門町一丁目17番地之「玉珍漢書部」發行，於昭和11年（1936）2月17日印刷、同月22日發行。出版項中雖無作者，然於內文中則屢有「邱壽編乎玉珍印」、「編出這歌邱清壽」、「編歌邱壽伊一人」、「編歌臺北邱清壽」等語，作者似為臺北人邱清壽。本歌仔冊之全部內容詳見本書附錄。

冊中充滿了走馬觀花的敘述，告訴聽眾不必細看也不必細究，「有看不通閣延遲，換看別位恰次味」、「換看別位恰希罕，招娘著恰趕時間」等語句，此起彼落地穿插文中，催促著觀者不斷往前行進。第四，整體而言，歌仔冊中著意描述的內容，都屬動態的展示居多，而其中對於各種機械、電力所產生的活動現象尤其注意，然而對於會場中展示的傳統產業，卻不似知識分子般地悲情，認為其落後，例如在第一會場中的糖業館，總督府用了很大力氣描繪治臺四十年間糖業由傳統蔗廍變為機械榨糖的「功績」，但在庶民眼中，只說「用牛塊拖恰干苦，……舊个蔗廍無外大，用二隻牛店塊拖」。第五，在朱點人小說中刻意營造文化館中臺日文化差異的場景，在歌仔冊中卻毫無知覺，他們只覺得文化館中展示教育變革的人偶頗為逗趣：「換看育教个業類，手提算盤夯鐵槌，有三个人做一位，二个產產一个肥，一个肥肥二个產，三个閣格做一班。」此外，歌冊中以活潑而混雜的語言呈顯博覽會中熱鬧紛雜忙亂的氣氛，例如在多處地方以日語片假拼音表記福佬話，或者直接用日本外來語押韻。最後，整個歌冊中表現出肯定觀看博覽會的價值，言「近來个人恰開化，全用機器恰看活」，肯定機器所代表的「開化」，但是，在歌仔冊，我們也看不出庶民在觀看博覽會之後，有興起日本產物比臺灣好的高下之比，對於放在第一、二府縣館的日本展品，歌仔冊中只稱第二府縣館「甲古典」的評價。又言看過博覽會後「有看歲壽能加添，……有人看甲生校生，……看了心肝加倍清」的字句，在歌仔冊中俯拾皆是。這些語句無疑具有廣告宣傳的性質，但是此一廣告宣傳用語不是以博覽會可以啟迪知識、增廣見聞的角度強調它的功效，而是以「添壽」、「清心肝」等戲謔但漫無目的語句來形容，而其背後，則映射了「看熱鬧」的心態。如果博覽會對於庶民有任何重要的貢獻，那麼其中之一應該就是它提供了四十年統治間難得一見「看熱鬧」的機會，在庶民「看熱鬧」

的眼界中，悄悄地植入了「機械開化」的景象。由此看來，殖民政府欲藉博覽會傳遞「歷史回顧與認同統治」的目標，未必真正落實。當然，在這場「驚奇之旅」的過程中，博覽會所展示的當代及未來世界的生活圖像，究竟對一般民眾的日常生活模式是否產生了影響？這個問題也許要等到我們對於日治時期臺灣庶民日常物質生活的圖像更為清楚之後，答案才會逐漸浮現出來。不過，可以肯定的是，博覽會展示體系所引發的制度性連鎖效應，的確在五十年的統治中逐漸發酵，博物館、商品陳列館、百貨公司，以及日益蓬勃發展的各種展示活動，正是博覽展示體系影響下的產物，這將是下一章所欲鋪陳的主題。

第五章

觀看文化的興起與浸透

　　博覽會不僅只是展示一個國家的形貌與實力，它在近百年世界歷史變遷過程中，同時也映照了庶民大眾生活變遷的軌跡。成千上萬的觀眾湧入博覽會場，他們所見者，不僅是謳歌機械文明的威力，更看到了對於新時代生活的場景，人們在目眩神移中透過想像，體會豐饒富裕的生活內涵。博覽會所展示者，乃是一種意欲將雜亂無端的世界，編入到一種具有理性秩序的空間裏。在本書中，我們一再提及博覽會中各種物品展示分類的架構，正是一種將龐雜物件放置於理性秩序的表現，這種藉由空間理性秩序以安排物件的要求，是十九世紀歐洲文明的普遍心性[1]，博物館研究者班奈特將這種博覽會、博物館之間極為密切相關的展示／權力關係，稱之為「展示叢結」（exhibitionary complex），用以說明近代世界將一切事務轉為「可視化」（visible）的過程[2]。稱之為「叢結」，乃因博覽會蓬勃發展的年代裏，除了博覽會這種展示活動之外，還有兩類與展示體系密切相關的機制，彼此糾纏叢結，相互發明相互影響：由國家

1　Tony Bennett, *The Birth of the Museum: History, Theory, Politics*, London: Routledge, 1995, pp. 1-6.

2　Tony Bennett, *The Birth of the Museum*, pp. 59-88.

主其事者，乃為博物館，由民間創發者，則為百貨公司。前者意欲布置國家歷史文化的圖像，後者則鋪陳出消費社會的景致，是以展示叢結不僅表現在博覽會會場中，更滲透到其他各種具有現代性的制度裏，不論在具有嚴肅知識探求目的的博物館，或者滿足大眾娛樂消費的百貨公司，我們都可以發覺這種理性秩序的痕跡。不論政治意圖或商業目標，博覽會、博物館與百貨公司都顯示了透過物品分類以建構理性世界的秩序。

　　日本在明治維新後，其實也經歷了這種展示叢結的變革，而在殖民地臺灣，展示叢結的現象最先發生於產業經濟，其後漸漸發展出博物館，最後浸透於大眾消費活動的百貨公司，並且更進一步擴延至旅遊活動。本章將回顧博物館、商品陳列館與百貨公司和旅遊活動的基本面貌，以進一步探究這套「展示叢結」在臺灣生根發展的歷程。

第一節　典藏臺灣：博物館、商品陳列館的建置與發展

　　日本最初接觸「博物館」，乃1860年（萬延元年）因與美國交涉修好通商條約而派出使節團至美國，該使節團成員除進行外交交涉外，亦參觀了史密森博物館（Smithsonian Institution）及專利局（Patent Office），這兩個機構同樣都收集了世界各國及美國國內自然史及民族資料，但在性質與功能上卻不盡相同。使節團最初接觸此二機構時，對於「museum」的名稱該如何翻譯眾說紛紜，例如成員之一的村名五八郎就把專利局書以漢字「博物館」附上片假拼音パチントオヒス（Patent Office）表記，其餘成員則有稱之為「寶藏」、「物品館」、「器械局」、「百物館」等等，顯示雖然使節團成員容或知曉博物館的功能與目的，但卻沒有將「museum」找到一個合適相應的名稱。1867年福澤諭吉出版《西洋事情》一書，將「museum」

譯成「博物館」，使得此一名詞成為家喻戶曉的用語。1872年明治政府舉辦第一回內國勸業博覽會時，新成立的文部省順勢成立了「文部省博物館」，是為日本首度有「博物館」名稱之機構的開端[3]。

　　除了明治初年出使歐美之使節團將「博物館」此一名詞引入並加以利用的契機外，明治初年西力衝擊下日本古文物不斷流失，迫使有志之士欲藉博物館以收集保存古文物，亦為建立博物館的重要背景。例如新成立的文部省最初之所以會建立博物館，與明治初期〈神佛分離令〉頒布後，日本佛教文物開始大量破壞，田中芳男為拯救這些他認為能代表日本歷史與文化之物，因而提議應全面調查收集寶器珍物，以保存傳統之文物制度。這種想法與本書第二章第二節所提日本舉辦博覽會的動機可謂一脈相承，亦即面對明治維新以後西歐經濟文化強力的入侵，日本政府意圖以博覽會提振國產對抗西歐商品，而受到西力衝擊下日漸消失的日本古文物，則希冀以設立博物館的方式保存[4]。在這些力量的推動之下，明治時期逐漸發展出兩個博物館的系統，一為隸屬於內務省系統的博物館（由內務省博覽會事務局衍生而來的博物館），一為隸於文部省下的「教育博物館」[5]。在中央政府的推動下，地方亦出現建立博物館的風潮，計有秋田、金澤、新潟、名古屋、京都、大阪、廣島、福岡和長崎等縣立博物館在明治前期的二十年間誕生。然而進入到明治後期，這類縣立博物館卻陸續廢止，取而代之的，是具有強烈「殖產

---

[3] 椎名仙卓，《日本博物館發達史》（東京：雄山閣，1987），頁15-32。

[4] 椎名仙卓，《日本博物館發達史》，頁140。

[5] 內務省於明治8年（1875）3月設立博物館，明治14年（1881）4月改隸於農商務省博物館，即今日之東京國立博物館；文部省系統下的博物機構，原有「博物局」、「博物館」、「書籍館」及「小石川藥園」等四機構，後於明治14年（1881）8月改組成立「東京教育博物館」，即今日「東京國立科學博物館」之前身。見椎名仙卓，《日本博物館發達史》，頁45。

興業」目標的「物產陳列場」[6]。

　　日本最初的博物館建構經驗與明治維新之後近代國家建立的過程息息相關，也與當時既思仿效西方，又怕被西方文明侵奪的矛盾心理有關，博物館於是變成一種仿效西方之制度，但用以保存日本文物、器物的融合產物，透過這個融合產物，以及藉由博物館的教育功能，使得博物館成為形塑國家文明極為重要的場域。成立於1908年的總督府博物館，是否也與日本的博物館具有同樣的性質？

一、臺灣總督府博物館

　　最早出現在臺灣的典藏文物機構，是明治32年（1899）4月3日，臺灣總督府民政部殖產局商工課下所設立的「商品陳列館」（物產陳列館）。館內蒐集陳列臺灣各地農商品及工藝品、風俗品，此乃日後總督府博物館之前身。此一常設展示機構的設置，一如其名，乃日本殖產興業概念延伸至臺灣的產物，其主要目的乃在刺激商工業發展，而與純粹學術研究的博物館不同。1900年由在臺的日本法官、官吏所組成的「臺灣慣習研究會」，是日後總督府博物館最重要的催生者，研究會的成員經常鼓吹應在臺灣設立博物館或召開博覽會，以「介紹新領土的事實真相與經營成績」[7]。1903年大阪第五回內國勸業博覽會設立「臺灣館」是慣習研究會這種心願的初步嘗試，但設立一座常態展示臺灣的館舍，卻要等到1907年「慣習研究會」解散之後的隔一年（1908）才得以落實。

　　1908年在殖民統治史上具有極為重要的意義，代表殖民統治現代化建設成果的縱貫鐵道於本年完工通車，為了讓海內外人士知曉

6　椎名仙卓，《日本博物館發達史》，頁44-56。

7　李子寧主張「臺灣總督府博物館」真正的催生團體，即為「臺灣慣習研究會」，見李子寧，〈殖民主義與博物館──以日據時期臺灣總督府博物館為例〉，《臺灣省立博物館年刊》，40（1997.12），頁243-44。

殖民統治的成果，總督府籌辦了一場盛大的通車儀式，並在臺北舉行了首度的共進會，日本商人則藉機利用火車舉辦了「汽車博覽會」（詳本書第四章）。縱貫鐵道通車的消息受到日本皇室的重視，特別派遣閑院宮載仁親王到臺灣來主持全線通車儀式，總督府為了要將治理臺灣的成果展示給載仁親王觀覽，才使得數年來建立博物館的呼聲得以落實。明治41年（1908）5月24日，臺灣總督府頒布第八十三號訓令：「臺灣總督府民政部殖產局附屬博物館設置於臺北廳下，掌理蒐集陳列有關本島學術、技藝及產業所需之標本及參考品，以供公眾閱覽之事務。」在此法源下，總督府博物館正式成立，同時該訓令亦指定利用臺北市舊彩票局廳舍（即日後總督府圖書館原址）作為博物館館址，並公布博物館編制與組織。首任館長川上瀧彌為殖產局技師、農事試驗場植物病理課長兼國語學校教授，其下設有學藝委員（由三人組成），評議委員則由殖產局農務、商工、林務、礦務、權度及農事試驗場之主管擔任委員，另外直接之組織則為資料蒐集與陳列解說者，共分動、植、礦物與歷史部等四部。

　　1908年8月26日，總督府以「告示第九十六號」公布臺灣總督府民政部殖產局附屬博物館規程，其中第一條明訂本館的位置在臺北廳大加蚋堡臺北城市書院街，第七條則訂立本館陳列品分為十二大類：

表格5-1　臺灣總督府博物館的藏品分類

類　別	名稱	類　別	名稱
第一類	地質及礦物	第　七　類	林業
第二類	植物	第　八　類	水產
第三類	動物	第　九　類	礦業
第四類	人類（番族）	第　十　類	工藝
第五類	歷史及教育	第十一類	貿易（輸入）
第六類	農業	第十二類	雜

資料來源：歐陽盛之、李子寧，〈博物館的研究——一個歷史的回顧〉，收入李子寧主編，《臺灣省立博物館創立九十年專刊（1908-1998）》（臺北：臺灣省立博物館，1999），頁117。

　　儘管常態展示臺灣的博物館至此已有了法源依據、正式組織，但是以原先設計作為彩票局的建築作為博物館棲身之所，卻顯現總督府因陋就簡草率成事的一面。當時負責籌備展品以供載仁親王觀覽的工作人員森丑之助，曾憶及1908年10月23日載仁親王造訪博物館時的情景：

> 　　進了大門之後，馬上引人注目的是林產部分大空間裏以富麗堂皇的隨草造花盒子為中心，四周為產業方面的各種模型，周圍是農產標本，高臺處儼然放置著這裏的主人──抽籤器。……富有學問上知識的淵源和社會高尚的目的所建立起來的這一座博物館，被放在性質上完全矛盾的致富場內，縱使是廢物利用，仍不由會感覺到奇妙的對比。……恰如由妓院轉變成醫院的那種感覺。[8]

　　博物館棲身於原彩票局建築，一直是早期博物館館員抱怨不已的問題，雖然在公布博物館規程的前兩年（1906）年，就已經決定要建築一座博物館，以為紀念總督兒玉源太郎及民政長官後藤新平之治績。這項建築案是由接任後藤新平職位的民政長官祝辰巳倡議興建「兒玉總督暨後藤民政長官之紀念建築物」，並組成紀念興造物建設委員會，向全島官民募款。地點則決定拆除原臺北市新公園內的天后宮舊址。興建館舍的工程於1913年4月1日正式動工，費時兩年方竣工，隨即由委員會捐獻給總督府作為博物館館舍，1915年8月20日遷至新館，原彩票局舊址則以分館名義開館，供人參觀，主要陳列南洋各島參考品[9]。1917年6月商品陳列館於臺北市

8　森丑之助，〈臺北博物館的回憶〉，收入李子寧主編，《臺灣省立博物館創立九十年專刊（1908-1998）》，頁269。

南門町復館，乃將博物館內有關殖產類標本移至商品陳列館，使博物館的性質由綜合性成為真正的自然史博物館。1922年7月將陳列品分類改為地質及礦物、動物及水產、番族、歷史及教育、南支那及南洋和雜等六大類。1926年以後，原屬內務局轄下的博物館改歸文教局掌管，此後之館長由社會課長兼任，博物館主任由社會課員兼任[10]，換言之，直到1927年以後整個博物館的組織架構才算完全確定下來。

　　除開組織更迭之外，博物館的收藏亦是觀察此一博物館功能與定位的重要面向。大體而言，1908至1916年間乃博物館藏品擴充最為快速的時期，這段期間館藏數量由創館之初的12,723件激增至23,000件，其中尤以動、植物及地質礦物類的藏品為三大核心，此外，番族與歷史兩部的藏品在1930年以前，也一直維持在兩千件以內的水準。至於創館初期規畫的農、林、水產、礦業、工藝與貿易等項，則在1917年總督府商品陳列館復館之後移轉至該館。由藏品結構可以看出，這座博物館在創館初期欲朝向綜合性博物館發展，但在1917年以後則轉變成為以自然、歷史為主的博物館（參見表格5-2）。總督府博物館藏品之所以會集中於自然史，主要原因之一乃首任館長川上瀧彌積極推動臺灣自然史研究所致，他除了出掌首任博物館館長外，1910年還成立了「臺灣博物學會」，致力推動研究臺灣動物學、植物學、礦物學、人類學、地理學與氣候學等領域，是以在他任內該館大量收集並保留有關臺灣自然史的標本[11]。除開此一人為因素的影響外，自然史研究不僅可呈顯臺灣生物世界的多

9　該分館維持一年餘之後，1917年3月15日正式廢止，同時將陳列品移至總館之新設南洋陳列室。

10　歐陽盛之、李子寧，〈博物館的研究〉，頁123。

11　李子寧，〈殖民主義與博物館〉，頁250。

表格5-2　臺灣總督府博物館歷年館藏品類別數量統計

年代	地質	植物	動物	番族	歷史教育	農業	林業	水產	礦業	工藝工業	貿易	華南南洋	雜	合計
1908	906	3,998	3,722	712	100	1,811	455	179	372	152	316	－	－	12,723
1914	1,618	1,906	12,578	1,903	1,042	800	621	92	7	2,829	－			23,396
1919	1,285	1,906	4,115	1,649	1,181	182	120	93	44	374	－			10,949
1924	1,438	－	2,357	1,419	1,790	－	－	－	－	－	－	354	249	7,607
1930	1,794		2,512	1,647	2,266							828	366	9,413
1935	2,526	389	3,440	3,068	2,873							1,156	286	13,738
1940	－													14,871
1943	2,330	－	5,024	3,194	2,935							1,239	201	14,923

說明：原資料中列有每年之各類藏品數量，某些年份變動不大，故於本表中僅臚列變
　　　動較劇之年份的資料，以為對照。

資料來源：歐陽盛之、李子寧，〈博物館的研究〉，頁117。

樣與珍奇、自然資源的豐沛與獨特，表達「異國情調」之外[12]，就
殖民者的文化邏輯而言，自然史的研究，正足以凸顯日本欲藉其
「文明開化」思想與技術，馴服臺灣這塊「天惠之地」，藉由近代西
方的知識系譜，為臺灣的動植物加以收集、整理、重新命名並分
類，正是此一知識馴化的過程，而知識馴化的實用性，則表現在利
用動、植物資源成為「殖產興業」的原料。

　　這種以日本文明為核心的觀點，更為明確地表現在博物館歷史
部的館藏方向。根據總督府博物館所出版的導覽手冊可知，該館所
保存的歷史物件，幾乎全與日本歷史有關者才被收錄，例如先史時
期收錄「貝塚石器：彌生式石器」，與臺灣原住民有關的物件，則
為〈豐臣秀吉之高山國招諭文〉、〈高砂國遠征訓令書〉等等；荷
蘭時代的「濱田彌兵衛威迫圖」，或者清代收藏〈西鄉從道書翰〉、

---

12 李子寧，〈殖民主義與博物館〉，頁252。

「牡丹社事件」時「歸順番社保護旗」等；日治時期則幾乎全面收集日人達官顯貴的物品，如北白川宮能久親王在臺所留下的遺物、相片，或者如〈樺山總督領臺諭示〉、〈皇軍澳底登陸寫真〉等等，均是著例[13]。由此可知總督府博物館歷史部的所欲保存之歷史記憶的主體，乃「日本人在臺灣的歷史」，而其他民族的歷史則僅居於次要、配角的地位，甚至被湮滅不彰[14]。

　　1915年首任館長川上瀧彌積勞成疾去世，往後十年間博物館館長均由總督府農務課、商工課或文教課課長兼任，由於主事者缺乏專業，預算經費又極為拮据，幾無添購標本展品的經費可言，再加上1921年商品陳列館成立後又分走大批農工商業標本，致使館藏數量大幅萎縮。儘管1920至1930年間博物館的參觀人潮經常維持在每年二十萬人次左右的規模，1921至1925年間平均每日的參觀人數甚至超過千人以上，但是仍招致「死的博物館」或「廢墟博物館」之譏評[15]。是以一九二〇年代末期，關心此一博物館命運的人士乃大聲疾呼，希望將此一博物館重新定位為更具社會教育功能之博物館。他們於1933年博物館成立二十五週年之際，共同成立了「臺灣博物館協會」，並發行《科學臺灣》作為該會之機關報，藉由此份刊物向大眾介紹總督府博物館的藏品，以及臺灣島內外各博物館的

---

13 《臺灣總督府博物館案內》一書中有關歷史部的介紹，共計有48件，其中與日本歷史相關者即達24件，清代歷史則以「土匪征討圖」、〈乾隆敕建臺灣平定碑文〉、〈劉銘傳畫像及筆跡〉、〈劉銘傳鋪設鐵路之一端〉，甲午戰爭時期則以「臺灣叛徒之國旗（按：即臺灣民主國國旗）」、〈劉永福像及諭示〉等件呈顯。轉引自王飛仙，〈在殖民地博物館展示歷史——以臺灣總督府博物館為例（1908-1945），《政大史粹》，2（2000.6），頁145-46。

14 這些與日本相關的藏品，實際上均為複製品，而非真跡，此一性質更加凸顯博物館歷史部的館藏，其目的在於重新撰寫一部只有以日本為核心的臺灣歷史。見王飛仙，〈在殖民地博物館展示歷史〉，頁127-46。

15 李子寧，〈殖民主義與博物館〉，頁254。

表格5-3　臺灣總督府博物館觀覽人數期別平均統計

年期	年間平均參觀人數	年間每日平均參觀人數
1908-1918	47,236	164
1919-1929	246,294	850
1930-1942	277,185	968
1934-1942	214,087	657

資料來源：由李子寧，〈博物館的研究〉，頁127之表重新計算而成。

動態，同時協助博物館舉辦「臺灣博物館週間」的活動，希望藉各種展示、演講活動，吸引更多民眾參觀，以達「社會教育」之目標。首度的「博物館週」活動於1934年11月1至7日舉行，除了透過當時最新的宣傳利器──廣播，播放館長王野代治郎及山中樵等學者之演講，另外也舉辦了專題演講、館內展品導覽、夜間開館等活動，同時舉辦「全島博物採集競技會」並展出其採集成果的活動，藉以吸引更多民眾來參觀。此項博物館週的活動至1939年一共舉辦了五屆[16]。然而，這項功能與定位的轉向並未讓觀覽人數有所提升。由下表可知，總督府博物館創立的最初十年間，年平均參觀人數不過47,235人，每日來館不到165人，但在1919至1929年間卻提升了將近六倍，1930至1942年間雖然觀覽人數較前十年間為高，但這其中最主要的因素是1935年始政四十周年記念臺灣博覽會期間，創造了極為龐大的參觀人潮所致，若扣除該年的特異數字，則1930至1942年間的年平均參觀人數只有194,459人次。

　　這座以保存、典藏臺灣自然史文物為主，兼以日本歷史記憶的博物館，究竟能否吸引一般臺人的注意？從觀覽民眾性別與族群的分析中，我們可以發現，儘管博物館所欲呈顯的臺灣歷史充滿了日本的觀點，但是臺人參觀人數卻較日人為高。1932至1938年間，

16 李子寧，〈殖民主義與博物館〉，頁254-58。

平均每年男性觀眾大約比女性多60%，顯示博物館所欲傳遞的自然
史知識，在吸引觀眾的層面上具有明顯的性別差異，此點與當時男
性受教比例較女性為高有關。若就參觀者的族群比例來看，則臺灣
觀覽者的人數，平均每年都比日本觀眾多了11%，其中臺灣男性觀
眾較日本多7%，女性則多了23%（見表格5-4）。臺人觀覽人數明
顯較日人為多的現象，顯示博物館所欲傳遞的自然史知識頗受臺人
注目，他們可以藉由參觀博物館這個現代性裝置，以西方的知識結
構進一步了解臺灣的自然資源，也顯示博物學知識對於臺人當具有
相當影響，例如臺灣第一位醫學博士杜聰明，在他的回憶錄中即曾
提及，在總督府博物館創建期即開始擔任礦物部資料收集與解說工
作的岡本要八郎，由於經常將他所發現的北投礦石示以杜聰明觀
看，並向其解說礦石所發出的輻射線之原理與應用，對於杜氏日後
研究學問的態度，影響極大[17]。

表格5-4　臺灣總督府博物館觀眾結構分析（1932-1938）　　　　單位：%

年度	日男	日女	臺男	臺女	合計男	合計女	總計	日平均
1932	30.17	15.98	36.38	17.10	66.77	33.23	100	424
1933	30.13	17.01	34.38	17.95	64.92	35.08	100	567
1934	26.23	15.03	27.90	23.26	61.61	38.39	100	909
1935	31.62	18.26	24.77	24.16	57.31	42.69	100	5,358
1936	31.26	18.93	28.72	20.91	60.12	39.88	100	534
1937	26.32	18.69	32.24	22.45	58.74	41.26	100	829
1938	27.74	17.30	32.25	22.09	60.41	39.59	100	511

資料來源：李子寧，〈博物館的研究〉，頁128。

---

[17] 杜氏於回憶錄中兩度提及岡本要八郎對於他專注學問的影響，他說：「岡本要八郎
先生對研究礦物的態度，（我）亦受影響，對開業完全無興趣，精神注在將來決心
要從事基礎醫學之研究。」杜聰明，《回憶錄》（臺北：龍文，2001），頁39-40,
67。

二、商品陳列館

　　如果說臺灣總督府博物館典藏並且展示了臺灣的自然資源，呈現了日本利用近代理性秩序觀對這個「天惠之地」重新加以「發現」、命名並分類的過程，那麼，商品陳列館則更具有實用性的意義，它的出現，表達了日本人如何利用這些自然資源轉化於可以應用在經濟生產的過程。商品陳列館不僅是博覽會「展示叢結」下的產物，它更提供了庶民消費的視野，也提供了建立商業網絡的管道。理解商品陳列館的功能與角色，不僅可以讓吾人對於日治時期臺灣商業發展與商業網絡的新圖示，更重要的是，商品陳列館更聯繫了庶民大眾消費活動的面向。在近代百貨公司尚未在臺灣問世之前，我們可以說商品陳列館具有描繪豐饒社會生活圖示的功能。

　　本書第二章中曾提及，日本於明治維新時期，不但學習到大型博覽會對於促進落實殖產興業目標的重要性，這個思維也同樣在1895年統治臺灣之後，延伸到它的殖民地。殖民政府除了戮力參加並經營國內外大型的展示活動之外，也透過最基層的農村品評會，落實並深化此一展示活動在技術傳遞、產品標準化、商情交換等面向的影響力。如果從博覽會在商業、經濟的功能來看，我們可以將舉辦品評會、設立商品陳列所及產業展覽會等活動，視為博覽展示行為的擴延線索。本書第四章已勾勒日治時期臺灣地方品評會的歷史及其在展示體系中的作用，以下將說明商品陳列所這個機構設立目的，以及其所發揮的作用，以進一步呈顯博覽展示活動在日治時期臺灣社會所構成的複製與擴延的過程。

　　日本最早設立商品陳列展示的機構，為明治23年（1890）11月於大阪所設立之「大阪商品陳列館」。不過，此一機構的靈感卻是來自歐洲。一八七〇年代以降，歐洲大陸各國明顯感受到英國商品輸入的威脅，欲謀求海外市場之獲得，以為對抗。1880年比利時乃

於布魯塞爾首創了「商業博物館」的機構，藉由此一機構，執行展示商品樣本與解說、商業行銷情報收集之工作，日本政府則在1883年即注意到此一機構並於《工務局月報》中介紹此機構的法規。其後外務省、文部省及農商務省雖然均有設置商品陳列機構的構想，但卻未能付諸實行。直到明治23年（1890）在大阪府的推動下才成立了日本第一所的商品陳列館。甲午戰爭之後，日本為求擴張貿易，在東京商人的呼籲下，農商務省於明治30年（1897）成立了「農商務省貿易品陳列館」，在中央政府的帶動下，地方政府及商人亦紛紛成立地方型的商品陳列機構[18]，至明治38年（1905）時，全日本已設了31所商品陳列機構，同年並成立了「全國陳列所協議會」，整合彼此資源，推出全日本各地內外貿易品巡迴展示活動，並進而求取商品改良之道[19]。不過，地方成立之商陳機構通常規模都很小，在31所商品陳列館中，年度經費低於3000元以下者即達22所，經費超過一萬元以上者，只有東京、大阪兩地，以至於大部分的地方商品陳列所的主要功能限於商品展示、介紹與商業通信服務等。至大正9年（1920）農商務省頒布「道府縣市立商品陳列所規程」，將此一機構正式併入地方政府監督保護之下，明定此一機構之統一名稱為「商品陳列所」，其主要任務為「商品樣本及參考品之陳列展覽、商品試賣、各種商品相關之調查、商業交易之仲介、圖書及各種相關刊物之發行蒐集與展覽，以及其他商品改良和

---

18 日本地方最早成立商品陳列機構者，為明治4年（1871）私立石川勸業博物館，其後則有明治11年（1878）官民合立之「愛知工藝博物館」，及明治16年（1883）鹿兒島縣立「興業館」，以「物產陳列所（場）」為名者，最早則見於明治21年（1888）在北海道、福島、茨城及大分縣所成立之機構。見高嶋雅明，〈商品陳列所について〉，收入角山榮編著，《日本領事報告の研究》（京都：京都大學人文科學研究所研究報告，1986），頁174-75。

19 高嶋雅明，〈商品陳列所について〉，頁158-63。

販路擴張之必要事項」[20]。至此各地商品陳列機構在法源及經費上乃開始有了明確的規範與運作。總體而言，明治中期開始設立的各級商品陳列機構，不僅只局限於靜態商品的展示與陳列而已，它是日本在明治維新後，龐大經貿情報網路下的環節之一[21]，是以商品陳列館最終的目標，乃在蒐集建立商業情報，以提供商工業者掌握市場商情，並謀求改進擴張之道的訊息基礎。

農商務省成立「貿易陳列所」三年之後，臺灣總督府亦仿效此一規制，於明治32年（1899）4月3日，在總督府民政部殖產局商工課下設立「商品陳列館」（物產陳列館），該館內蒐集陳列臺灣各地農商品及工藝品、風俗品，此乃日後總督府博物館之前身。此後由於1908年縱貫鐵道開通之機而成立總督府博物館，其目標乃朝向「自然史博物館」而行，因而與原先之商品陳列功能脫離。總督府最後乃在大正6年（1917）另成立由殖產局主管之商品陳列館。地方政府最早有此一設施者，當屬明治35年（1902）成立於臺中市之「臺中廳物產陳列所」。隨著臺灣商工業的發展，總督府除了利用大型博覽會與共進會作為推廣商工市場的戰略手段之外，地方政府也在一九二〇年代開始，不遺餘力地建設商品陳列館，以推廣地方產業。在這股風氣下，臺南（1923）、高雄（1926）及新竹（1929）

---

20 高嶋雅明，〈商品陳列所について〉，頁159。

21 整體經貿情報網路，國外情報來源之一為派遣海外見學實習的留學生和農商務省直轄設於海外的商品陳列所，這些駐外商品陳列所乃定期為國內蒐集海外商情，傳遞給農商務省再傳達至日本國內各地商品陳列所；另一個管道為日本駐各地的領事定期撰寫的領事報告，傳遞回日本國內之外務省，由外務省透過各式《商工報告》刊行物發送給地方自治團體、商業會議所及商品陳列所等中介機構，最後傳達至商工業者及農民等生產者，而由生產者所生產及需要的經貿訊息，亦可經由上述系統回溯至駐外領事館。見角山榮，〈はしがき〉，收入角山榮編著，《日本領事報告の研究》（東京：同文館出版株式會社，1986），頁iii。

等各州均相繼於該州之主要城市設立商品陳列館[22]。

　　每個商品陳列所均有其主要的目標任務。總督府商品陳列所的業務項目包括了：本島物產之蒐集陳列、展示各種參考品、相關商品之調查研究、介紹商品、商品販路擴張、各種商業交易之仲介與斡旋；也包括了意匠圖案調查、產業相關之圖書資料之收集及刊物發行；以及舉辦各種講習會和其他一切必要措施。這七項業務大體可以顯示商品陳列館的主要功能，也符合大正9年（1920）農商務所頒布之商品陳列所規程中的要求，不過其他四個商品陳列館亦各有其發展的特色，例如新竹、臺南及高雄商品陳列館強調其具有委託試賣商品的服務，總督府商品陳列館及新竹、高雄之商品陳列館均有意匠圖案與產業美術及發明之調查與指導；此外個別州立之商品陳列館亦有其獨特之目標，如臺中州物產陳列館特別著重「州下土產品之調查與改善指導」，而後起之秀的高雄商品陳列館，不僅具有上述基本業務，還包括商品研究與創造、商品樣本蒐集展覽、商工經濟詢答及南支南洋事情調查研究及介紹。由於高雄商工獎勵館的經費較其他四館更為充裕，因此不僅具有南支南洋調查的任務，在組織之下，還在昭和12年（1937）設立「徒弟養成所」。

　　由上述條規的介紹，可知商品陳列所首要任務之一，即在於蒐集各種工商業樣品模本，以供需求者觀覽，那麼，各個商品陳列所究竟蒐藏了何種物件？由於資料的限制，我們只能藉由總督府商品陳列館來說明這些常設展示陳列機構所收藏的物品內容。由表格5-5至5-7可知，最初設立商品陳列館時，所收藏與展示的物品計8,713件，其中日本製品所占比重較大，例如岐阜縣的提燈、扇子，以及日式草蓆、酒類與化妝品就占了其中的半數，臺灣製品中的林、礦產物則以標本形式收藏，作為研究觀察之用，並不具有立即

---

[22] 臺灣總督府商品陳列館編印，《本島商品陳列館一覽》（臺北：編者自印，1938）。

表格5-5　臺北物產陳列所收集物品數量

藏品品名	數量	藏品品名	數量	藏品品名	數量
岐阜提燈扇子類	1,385	木竹工柳行里	302	麻製品	61
花莚	1,031	罐頭類	295	鐵器	57
清酒	891	陶器	189	銃	53
化妝品	831	刺繡品	130	本島製家具	45
火柴	681	寫真數	120	度量衡器	43
袋物類	671	漆器類	93	福州製食品	37
農產水產礦物標本	452	硝子（玻璃）器類	89	教育品類	28
挽物（車工工藝）細工	330	林產物標準	89	防水布ノ類	23
織物	307	番產物標本	82	生絲	12
傘	306	玩具	73	美術雕版	7

資料來源：《總督府民政部事務成績提要》，5（明治32年份），頁181-82。

表格5-6　商品陳列館館藏品按地區別

年份	本島品	內地品	南支南洋品	計
1929	1,256	802	523	2,590
1930				
1931	7,930	640	870	9,440
1932	9,230	180	420	9,830

資料來源：《總督府民政部事務成績提要》，35-38（昭和4至7年份）。

表格5-7　總督府商品陳列館受託展示地區別

年份	臺灣	日本	年份	臺灣	日本
1923	512	102	1928	3,028	125
1924	615	106	1929	2,740	
1925	2,135	133	1930		
1926	2,816	12	1931	5,830	
1927	2,580	137			

資料來源：由《民政提要》，29-33（大正12至昭和6年份）整理而成。

的商業價值，而具商業價值的臺灣產品則集中於刺繡、家具等類。由此可見，最初設立商品陳列館的主要目標，是為日本商品打入臺灣市場而設。不過，這種情形到了大正年間開始有了明顯的轉變。臺灣生產製造的絹織刺繡、植物纖維製品、竹工和樟腦等物成為總督府商品陳列館的主要藏品，這種由日本商品轉向臺灣商品陳展的情形到一九三〇年代尤為明顯，例如1929年時，總督府商品陳列館中臺灣製館藏品的數量為1,256件，日本製品為802件，四年之後，臺灣製品的藏量就已高達9,230件，而日本製品卻只剩180件。

　　館藏品地域別的變化，其實也反映在委託展示的活動上。由表格5-8可以明顯看出，臺灣商人愈來愈了解商品陳列館對於介紹產品並打開通路具有重要作用，因而委託商品陳列館展示自身產品的案例逐年增加。1923年時，商品陳列館受託展示品的地域分類，臺灣委託者有512件，但至1931年時，臺灣物產委託展示的物件數就已快速上升至5,830件。統計數字的變化至少說明了臺灣商人一方面透過博覽會了解此種展示活動的目的與作用，而且他們也充分理解這種常設商品展示單位的功能，並且也知曉充分運用此項資源以擴張商業版圖。

　　商品陳列館的功能不僅只在靜態典藏展示商品物件而已，自行舉辦各式產業展覽會、組織商工考察團、邀請相關學界及企業人士

表格5-8　1932年總督府商品陳列所仲介案件事

地域別	件數
本島間	247
對內地	125
對外國	12
計	384

資料來源：由《民政提要》，38（昭和7年份）整理而成。

舉行座談會，或者參加其他地區商品陳列館所舉辦的活動，實則為
商品陳列館賴以擴張商品通路與發揮提供與收集工商業資訊情報功
能的重要手段，是以臺灣各地的商品陳列館每年均會舉辦規模不等
的展示活動，也會參與其他商品陳列館的活動。例如新竹州商工獎
勵館幾乎每年都會舉辦「州下土產品」或「特產品」的即賣會，另
有特定項目物品的即賣會（促銷會），如「紅茶廉賣會」、「金魚即
賣會」等，同時也提供日本國內物產至該館展示發賣的空間，如昭
和6年（1931）6月23日至7月2日間舉辦為期十天的「九州名產品
展示即賣會」，展出九州一地3,710件當地特產；昭和7年（1932）6
月25日至7月10日則舉辦為期16天的「中國四國名產品展示即賣
會」，此次展出物件更達13,817件 23。高雄州商工獎勵館則在昭和
10年（1935）參加了大阪、漢城及河內的三項展覽；昭和11年
（1936）除參加濱松市的博覽會外，還舉辦了南支南洋視察團，並
在考察結束後舉辦座談會，發表考察觀感與心得；昭和12年（1937）
參加名古屋汎太平洋博覽會，舉辦南支南洋座談會，同時為深化對
東南亞的了解，特別組成每月一會的南方研究會；此外還有英語、
北京語講習，以增進商工人士的語言能力 24。商品陳列館也經常受
日本各地商品陳列館或博覽會之邀請，將其館藏品參展，或者代主
辦單位徵集物品參展，以擴大各州產業之銷路。例如臺北商品陳列
所於大正13年（1924）分別參加了岡崎市商品陳列所的「發明獎勵
展覽會」、長崎市商品陳列所之「子供（兒童）用品博覽會」、愛媛
縣商品陳列所之「商品陳列大會」、埼玉縣商品陳列所之「全國納
涼品展覽會」、京都市商品陳列所之「內外陶瓷器展覽會」等活

23 由昭和3至12年之《新竹州管內概況及事務概要》整理而得，見新竹州役所編，
　《新竹州管內概況及事務概要》（昭和3至12年份）（臺北：成文影本，1985）。
24 臺灣總督府商品陳列館編印，《本島商品陳列館一覽》。

動；新竹州商工獎勵館則在昭和8至12年（1933-1937）間，藉由多次參加日本國內各地舉辦之博覽會、展覽會，將州內著名之產品如木工、藺草加工品、大甲藺製品、帽子及白粉，大力向日本廣島、奈良、佐賀、熊本、高知、東京等各地推銷[25]。

　　各地商品陳列館的營運狀況與其所能握有的財政資源密切相關。由表格5-9可知，大體而言，各地商品陳列館的經費均頗為拮据，每年的預算大約只有一萬餘元，扣除人事費之外，可以用於展示、推廣與市場研究的經費其實頗為有限。前面曾經述及明治末期日本各地商品陳列館之經費通常只在三千元以下，若以此與臺灣各地商品陳列館的預算相比，則臺灣商品陳列館的經費算是較為充裕者[26]。如以臺灣島內五所商品陳列館相較，則高雄州商工獎勵館因肩負向華南及東南亞發展的任務，獲得較多經費支持，此乃其所舉辦之活動較其他四地之商品陳列館更為活躍的主要原因。

　　此一商品陳列展示的機構，究竟對於民眾有多大吸引力？由表格5-10和5-11可知，就觀眾族群別統計而言，臺人參觀數大約是日人的一半，但是若就前述商品陳列館館藏及展示品逐漸趨向展示臺灣商品的趨勢來看，則日人參觀商品陳列館人數較臺人為高，其意

---

25 例如昭和8年（1933）廣島市之「全國名產品陳列即賣會」、奈良市「奈良市觀光產業博覽會」、東京市「萬國婦人小供博覽會」、佐賀市「全國特產品及工藝品展覽會」、大連市「滿洲博覽會」；昭和10年（1935）朝鮮京城「始政二十五周年紀念朝鮮產業博覽會」、熊本市「新興熊本大博覽會」、東京三越百貨店和丸之內與三菱分別主辦之「臺灣震災地方特產品即賣會」；昭和12年（1937）別府市「國際溫泉觀光大博覽會」、高知市「土讚線全通記念南國土佐大博覽會」、朝鮮平壤市「朝鮮平壤普通學校落成祝賀展覽會」等，新竹州均積極將州內之竹木、編織工藝品參展，以擴大知名度及銷路。參見新竹州役所編，《新竹州管內概況及事務概要》（昭和2-12年份）（臺北：成文影本，1985）。

26 當然，明治末期日本各地商品陳列館的經費與一九三〇年代的預算一定不同，這種比較是較缺乏相同基礎的比較。

表格5-9   各商工陳列機構之預算   單位：円

館別	1938	1937	1936
總督府商品陳列館	11,546	11,546	11,546
新竹商工獎勵館	9,078	7,465	7,315
臺中州物產陳列館	12,559	11,249	11,952
臺南州產業館	8,425	9,575	11,518
高雄州商工獎勵館	59,834	23,613	21,051

說明：高雄州商工獎勵館之預算1937年時未將南支南洋調查費10,500円及工業徒弟養
　　　成所費4,744円計入事業費內，故預算只有23,613円，若將此二款項計入，則
　　　1937年之預算為38,857円，但隔年則將之編入預算科目中合併合計，故1938年
　　　之預算均較往年為高。

資料來源：臺灣總督府商品陳列館編印，《本島商品陳列館一覽》。

義當為日人比臺人更需要透過商品陳列館以了解臺灣商品的內容、
形式、價格與商業價值，以作為尋找、開發市場的資訊來源。而就
年度參觀人數的變化來看，1917至1932年間，平均每年參觀人數
為90,695人次，其中1922至1925年間因分別舉辦了「家內工業展
覽會」、「生產品展覽會」、「副業獎勵展覽會」及「化學工業展覽
會」等較大型的特定主題展示活動[27]，因而參觀人數大為提高，如
果扣除這四年的活動，則年平均參觀人數只有39,209人次。不過，
儘管年平均參觀人數遠較總督府博物館少，但自1922年以後，商品
陳列館的參觀人數就持續緩慢地成長，顯示1925年以後，商品陳列
館作為商品展示、商情交換、商業交易的功能逐漸強化。由此可
見，藉由此一常設展示機構的設置，商業展示與觀看的活動在一九
二〇年代以後，逐漸深入到臺灣社會，不論何種族群，均有需要透

---

27 家庭工業品展覽會於1922年7月30日舉行；生產品展覽會為1923年4月18至27日
　舉行；副業獎勵展覽會於1924年5月至7月一連舉行兩個月，其中5月在臺北、6
　月在嘉義及臺南市、7月在高雄及臺中市舉行；化學工業展覽會則於1925年11月
　20至26日舉行。見《民政提要》，11-14（大正11至14年份）之各年紀錄。

表格5-10　總督府商品陳列館參觀人數月別統計表

月	1917	1918	1919	1920	1921	1922	1923	1924	1925	1926	1932
1			1,747	1,752	1,495	1,804	21,49	1,698	1,748	2,578	2,800
2			1,573	2,487	1,556	1,874	408	1,655	2,012	2,601	2,702
3			2,245	3,139	2,164	2,695		3,134	3,500	3,082	4,275
4			2,032	2,856	2,907	2,619	63,763	1,507	3,493	10,588	3,577
5			1,828	2,853	1,867	2,226	226	25,632	2,599	3,949	3,891
6	656		1,617	1,611	1,409	2,249	1,878	1,314	390,017	2,019	3,245
7	1,552		1,790	1,183	1,054	35,205	1,876	1,822	1,645	1,851	3,023
8	1,599		1,332	1,546	1,154	146,015	1,881	1,804	2,813	2,233	2,690
9	1,452		1,918	1,215	1,175		1,628	1,612	2,443	2,777	2,735
10	2,786		4,387	4,917	2,609	1,986	2,427	2,445	2,404	3,097	6,199
11	3,623		3,076	2,469	2,049	3,410	3,343	133,825	5,816	5,809	5,160
12	1,096		3,579	1,480	2,665	2,409	1,775	1,337	10,275	3,319	3,593
計	12,764		27,124	27,508	22,104	202,492	81,354	177,785	428,765	43,903	43,889

說明：觀覽人數統計至1926年止，1927以後民政提要改變統計方式，不以月別統
　　計，改用民族別統計，是以資料無法連續。改變方式後的數據資料，參見表格
　　5-11。

資料來源：由《民政提要》，23-38（大正6至昭和7年份）整理而得。

表格5-11　商品陳列館參觀人數民族別統計

年別	本島人		內地人		外國人		計	
	男	女	男	女	男	女	男	女
1927	12,629	3,486	20,588	11,751	635	398	33,852	15,635
1928	11,239	3,926	19,343	9,824	584	338	31,166	14,088
1929	14,824	5,303	23,881	15,078	739	346	39,444	20,727
1930								
1931	15,115	6,274	23,184	14,906	233	176	38,532	21,356

資料來源：由《民政提要》，33-37（昭和2至6年份）整理而成。缺1930年之資料。

過商品陳列館來認識臺日雙方的產業與商業。而各地的商品陳列館亦常成為當地的景點，引來民眾駐足流連，甚至合影留念，例如梁啟超訪臺期間，中部著名詩人團體櫟社成員，即安排與梁氏於臺中公園內之商品陳列館合影留念，臺灣文化協會成員及霧峰林家成員亦常在該館前合影[28]，這些照片無意間見證了商品陳列館不僅具有商業展示與交易的功能，也是當時民眾認知「現代」空間與物質文化的重要管道。是以商品陳列館除了展示館藏品及舉辦商工業展示活動外，實也提供地區民眾多種展演的空間，例如新竹商工獎勵館在昭和5至7年間即分別舉辦過「新竹素人寫真展覽會」、「新竹神社祭典奉祝生花（插花）陳列大會」、「帝展及文展入選及新進畫家揮毫繪畫展覽會」、「第一回墨繪新竹展覽會」、「商業美術展覽會」、「西洋草花展覽會」、「朝顏展覽會」（牽牛花展覽會）等文藝展覽活動[29]，顯示商品陳列館不僅具有商業展示的功能，也逐漸成為地區性重要的現代文化展演空間。

　　商品陳列館功能的擴延並非是一種孤立的現象，放在更大的社會脈絡下來看，它與同一時期社會上愈形蓬勃發展的展示活動表現出同一的趨勢。例如臺北州在1927至1934年間一共在臺灣島內舉辦了64次的品評會、競技會，另參加島外之展覽、博覽會亦極夥，計參加日本舉辦者為44次，朝鮮為3次，中國2次[30]。新竹州在1928至1937年間，由各商工、教育、社會團體和商品陳列館所舉辦的展示活動就達158次，其中93次為在新竹及臺灣本島所舉行之展

28 臺中市立文化中心編，《臺中市珍貴古老照片專輯》（臺中市：臺中市立文化中心，1995）。

29 新竹州役所編，《新竹州管內概況及事務概要》（昭和5至7年份）（臺北：成文影本，1985）。

30 由昭和2至9年之《臺北州管內概況》整理而得。臺北州役所編，《臺北州管內概況及事務概要》（昭和2至9年份）（臺北：成文影本，1985）。

示活動，65次則為參與日本、朝鮮各地之博覽展示活動，這些展示活動並非全部由州廳政府主辦，臺、日的民間團體或公司自主舉行的活動亦不在少數，例如前述在新竹州商工獎勵館舉辦的金魚即賣會，就是由新竹州水產會主辦，「朝顏（牽牛花）展覽會」則由新竹園藝同好會主辦，「美術展覽會」乃出自新竹美術研究會之手。而日本各地方舉辦之展覽活動，也有許多是日本民間百貨公司主辦者，最早將臺灣物產放置於百貨店展售者，為明治44年（1911）三越吳服店舉辦「第二回美術及美術工藝品展覽會」展示了臺灣竹細工藝品及新竹、阿緱兩廳的竹器製品[31]。大正、昭和年間日本各大百貨店展售臺灣商品的紀錄也不絕如縷，如大阪的高島屋百貨公司曾於1930年8月8至30日舉行為期23天的「高島屋臺灣博覽會」，臺北、新竹兩州均曾出品參展；同月11至20日名古屋的松坂屋則舉行了「松坂屋名古屋拓殖博覽會」；昭和10年（1935）6月1至15日，東京三越百貨店和丸之內與三菱分別主辦之「臺灣震災地方特產品即賣會」等等。而總督府為了因應日本國內對臺灣特產品的市場需求，還在昭和8年（1933）7月18日於東京丸ビル設立「臺灣物產紹介所」，此館為總督府直營之機構，為陳列、買賣臺灣物產及商況調查之機構[32]。

展示次數的不斷攀升、展示內容兼具商展與文藝展覽的多元化、民間商工團體更積極參與主辦各種展示展售活動，這些豐富熱鬧的展演訊息共同交織出一幅重要的歷史圖景：<u>近代的展示文化已然在一九二〇年代的臺灣逐漸成形，殖民統治最初三十年間不斷舉辦的品評會、共進會提供了展示臺灣政績的臨時舞台；1915年開張</u>

---

31 《民政提要》，17（明治44年份）。

32 以上資料由臺北州役所編，《臺北州管內概況及事務概要》（昭和5年份）（臺北：成文影本，1985）及新竹州役所編，《新竹州管內概況及事務概要》（昭和5至10年份）（臺北：成文影本，1985）整理而得。

的總督府博物館搭建了常設的臺灣自然史知識的展示空間；1898年成立的商品陳列館經歷了三十年的發展，造就了展示臺灣商品的櫥窗；1927年首度由總督府主辦的「臺灣美術展」則勾勒出帝國殖民地下美術文化的圖像，而在各個百貨公司展示場地裏川流不息的臺灣物品，則構築了臺、日雙方商業貿易的管道，並且進一步刺激勾引庶民消費的欲望，在這股欲望的驅使下，1932年在臺北開張的「菊元百貨店」開啟並滿足了都市中產階級消費生活的需求。如果將這幅展示文化圖式的框景再加以擴大，那麼進一步被框入的畫面，是將整體臺灣，而馳騁於「臺灣」這個巨大舞臺下的觀展行為，則是日益發達的旅遊活動。在討論展示臺灣的旅遊活動之前，我們將簡單回顧日治時期臺灣百貨公司的歷史，以呈顯消費社會在臺灣發軔的軌跡。

第二節　消費臺灣：廣告、消費與百貨公司的興起

　　博覽會所引發的一連串現代性裝置，除了前述常設性的展示機構的出現之外，更刺激了近代廣告業和百貨公司的興起，而這兩者一起共築了近代消費社會的圖像與遠景。李察（Thomas Richards）即曾指出博覽會與近代英國商品消費的關係極為密切，博覽會提供近代廣告重要的語意資源，這些語意資源包括：一、透過紀念儀式將商品放入了具有歷史縱深的價值；二、為消費主義創造了一種「民主主義」的外衣，使得人們認為藉由消費可以改變其社會身分屬性；三、將商品轉化為語言；四、創造了「消費的主體性」的概念；五、發明了「豐饒社會」的神話，使得大眾沉浸在以購物來滿足躋身豐饒社會的想像[33]。而將博覽會豐富語意加以轉換並擴散到

---

33 Thomas Richards, *The Commodity Culture of Victorian England: Advertising and Spectacle,*

一般日常生活中的媒介，即為近代的廣告技術與事業。

博覽會的展示特質之所以異於一般的商品販賣之處，即在於它最原初的意圖，只為達到「眼目教化」的目標，在博覽會會場中展示的東西，是只能觀看不能觸摸，也不能即時購買的物品；或者，即使可以購買，但也不是可以立即使用消費的商品，它只是純粹的「物件」。如果從純綷的、立即的生活物品使用價值來看，博覽會往往展示「不實用」的東西[34]。許多在博覽會場中奪人目光的展品，可能只表現出工匠精美絕倫的技藝，但這種技藝也只限於視覺上的美感，未必具有生活上的實用價值，換言之，這類物品的製作，純粹為了「展示」。對於升斗小民而言，在日常生活中，或者要在自己居家生活中放置一些純粹觀賞，而沒有任何實質使用價值的物件，這種想法對於二十世紀初期的人，即使是中產階層者，可能都是一種奢侈。英國著名的史家霍布斯邦即曾指出，就在舉辦英國及歐洲最熱衷舉辦博覽會的十九世紀末葉，英國一般人民的收入所得及消費水準其實仍然是很低的。那麼，這些既不實用也無法讓人擁有的物件，究竟要展示給觀眾什麼圖像？質言之，觀看博覽會豐美華物的經驗，會給人民帶來一種對於生活與時代環境的想像，博覽會製造了豐饒富裕的景象，讓人相信他們是活在盛世年代裏，儘管現實生活中人們不一定有立即購買消費擁有這些物件的能力，但是博覽會製造的富裕社會景象，提供了群眾消費的觸媒，為二十世紀歐美消費社會勾勒遠景，並且預先做好心理的準備。百貨公司的出現，落實了藉消費以實現富裕生活的渴望[35]。

博覽會不僅構築了虛幻世界的想像和欲望，它在實質的層面上

1851-1914, Stanford: Stanford University Press, 1990, p. 58.

34 Thomas Richards, *The Commodity Culture of Victorian England*, pp. 33-35.

35 Rosalind H. Williams, *Dream Worlds: Mass Consumption in Late Nineteenth-century France*, Berkeley: University of California Press, 1982, pp. 58-106.

貢獻良多，因為它提供極為豐富的語彙和語意，成為挑動大眾消費欲望的符碼。當代生活中諸多物品陳列展示的觀念與技術，都是來自於博覽會的刺激，舉其大者，包括燈光設計、色彩搭配、造形，並且結合玻璃櫥窗的運用、空間位置和動線安排等等，其目的都是企圖引誘人們將目光投射到他們所欲展示的物品身上。這其中光線和玻璃展示櫥窗的運用最具代表性。上述概念及技術不是一蹴可幾，它經歷了漫長的試驗和演化變遷過程，以美國為例，包括室內裝潢、商品櫥窗及燈光照明等商店設施，雖然在歐戰之前即已出現在一些大商號或百貨公司，但這些改變整體店舖氣氛以吸引顧客的概念及作為，卻要到一九二○年代以後，才真正普遍起來[36]。歐美如此，那麼這個由博覽會啟發、新聞媒體帶動而生成的新廣告世界，在日治時期究竟發展到什麼樣的地步？

　　1935年舉行的「始政四十周年記念臺灣博覽會」為我們展示了日治時期日漸成熟的廣告系統，正好可以作為案例加以分析。此次博覽會撥用於宣傳的費用為48,926.87元，占總經費的7.4%，僅次於建築設備費、事務費和陳列裝飾費之後，居第四位[37]。由經費的撥列與使用，可以得知宣傳工作在此次博覽會中扮演極為重要的角色。由於經費頗為充裕，因而始政四十周年記念臺灣博覽會所採用的宣傳方式亦極為多樣繁複，計有文書宣傳、展出宣傳、大眾媒體宣傳、活動宣傳及物品宣傳等五大類[38]。文書宣傳包含寄發邀請函、印製紀念明信片三萬張、臺灣全島及各地觀光導覽手冊、博覽

36 William Leach, "Strategists in Display and the Production of Desire," in Simon J. Bronner ed., *Consuming Visions: Accumulation and Display of Goods in America, 1880-1920*, N. Y.: W. W. Norton & Company, 1989, pp. 119-32.

37 蘇文清，〈始政四十年臺灣博會宣傳計劃與設計之研究〉（臺北：國立臺灣科技大學工程技術研究所設計學程碩士論文，1998），頁75。

38 蘇文清，〈始政四十年臺灣博會宣傳計劃與設計之研究〉，頁104。

會簡介與導覽、廣告等。展出宣傳則包括：海報、宣傳看板、霓虹
燈廣告塔、可貼於玻璃的貼紙、廣告燈罩、燈籠等。大眾媒體宣傳
則計有透過新聞報紙和雜誌報導及購買廣告版面、發行《博覽會會
報》、利用廣播節目宣傳、電影宣傳、創作博覽會歌曲宣傳及航空
宣傳、汽車遊行宣傳等。活動宣傳的內容更是多元，包含民眾預購
入場券可摸彩、徵文和徵廣告詞徵歌曲、舉行宣傳之夜及煙火大
會、促銷宣傳浴衣和邀請在日頗負盛名的博多民俗技藝團來臺表
演，又於11月27日舉行日本傳統民俗舞蹈祭典，同時也結合傳統
臺灣社會民俗而舉行划龍舟競賽、媽祖遶境遊行，又吸收廣告新技
術用於活動宣傳，如舉辦櫥窗比賽、化妝表演；此外，在博覽會期
間更有各種不同內容的「主題日」活動，藉以集中宣傳焦點並吸引
人氣[39]。以現代新聞術語來說，始政四十周年記念臺灣博覽會的廣
告與宣傳，可謂極盡所能運用當時所有可能的宣傳資源，達到了充
分運用「複合式媒介宣傳」（media mix）的境界[40]。為了完成這些
龐大複雜的廣告文宣工作，此次博覽會還動員了臺日五十餘家廣告
社及美術社共同執行此任務，而在臺北的相關廣告設計公司就有十
六家之多[41]。

　　始政四十周年記念臺灣博覽會所運用的各種廣告技術，是否只
是曇花一現的技法？或者這些廣告手段已成為當時普遍運用的宣傳
方式？

　　就燈光照明技術的運用來說，石油輸入、火柴普及、油燈燈具
流通廣泛等三種現象，在清末臺灣即已出現，1885年劉銘傳修築臺
北城並在行轅裝上電燈，乃臺灣使用電燈之嚆矢，日本據臺之後，

---

[39] 蘇文清，〈始政四十年臺灣博會宣傳計劃與設計之研究〉，頁76-102。

[40] R. E. Hiebert, D. F. Ungurait & T. W. Bohn, *Mass Media VI: An Introduction to Modern Communication*, N. Y.: Longman, 1991, p. 183.

[41] 蘇文清，〈始政四十年臺灣博會宣傳計劃與設計之研究〉，頁56。

1896年6月由山下秀實等人投資之「臺北電燈株式會社」乃臺灣第一
家電力公司,其後五十年間電力事業經歷了民營、官民營的發展,
並且成立了臺灣電力會社、臺灣合同電氣株式會社、臺灣電燈株式
會社及東臺灣電力株式會社等四大供電系統。由於電力日趨普及,
民間使用電燈的比率也日漸提高,至1942年時全臺電燈用戶的普及
率為38%[42]。電燈照明不僅用於一般家戶,在商業廣告上的應用更
為廣泛,不僅商家旅店食堂以裝設電燈作為其誇示豪華新派的象
徵,以電燈照射招牌或以電燈排列圖案作為廣告的手法,也廣為利
用。首開此例者,乃1900年臺南至打狗鐵道全通式,以四千餘盞燈
球懸於會場之門,其後1908年縱貫鐵道全線通車時,三好德三郎等
人所舉辦的「火車博覽會」也大肆利用燈火夜間照明以吸引群眾[43],
1916年在臺北舉辦之「始政二十年臺灣勸業共進會」,更以54公尺
高布滿燈泡的高塔讓全臺北市任何地方日夜都可看見它的光亮[44]。
在共進會裝置手法的刺激下,商家紛紛開始採用電燈廣告塔作為店
面廣告以招徠客戶,流風所及,還出現了專門幫商家設計電燈廣告
的「電燈意匠師」,而1918年臺灣日日新報社二十週年慶時,更特

---

42 吳政憲,《繁星點點:近代臺灣的電燈發展(1895-1945)》(臺北:國立臺灣師範
　　大學歷史研究所專刊[29],1999),頁11, 30, 39-81, 362。

43 參見本書第四章火車博覽會一節之描述。

44 吳政憲,《繁星點點》,頁548;鄭建華,〈臺灣日治時期博覽會活動設計及其視
　　覺傳達表現之研究〉(臺北:國立臺灣科技大學工程技術研究所設計學程碩士論
　　文,1999),頁35-36。高塔配以燈飾照明的手法,首度出現於1889年法國巴黎萬
　　國博覽會建成之艾菲爾鐵塔,日本則於1895年在京都舉辦的第四回內國勸業博覽
　　會中襲用,1903年大阪第五回內國勸業博覽會會場中,大阪商船會社建立了一座
　　飾以6,700盞燈泡的高塔,轟動一時,此後以夜間燈飾作為廣告的手法乃如火如荼
　　地擴散,因需求甚廣,1910年還出現了一家專為商店搭建、設計電飾的「日本電
　　飾株式會社」。見山本武利,《廣告の社會史》(東京:法政大學出版局,1984),
　　頁199-200。

別舉辦了一場「商店廣告燈競技會」的比賽[45]。然而,將電燈裝飾發揮到極致者,當屬1935年的始政四十周年記念臺灣博覽會。

商品櫥窗的運用,大概在1920年以前就已在臺灣出現,例如被日人稱為「民間總督」的三好德三郎,從最近出版有關他的家書文集中的照片裏,我們可以看到三好所經營的「辻利茶行」,店舖裏茶葉及茶壺的陳設,就用了不少玻璃櫃。三好是歷次臺灣在日本及國外博覽會喫茶店的經營者,因此他深諳博覽會展示手法的運用[46]。不過,一九二〇年代以前使用商品櫥窗者尚寡,一直要到一九二〇年代以後才逐漸盛行,並且將之視為新型的廣告行銷手法而加以宣傳推廣。根據趙祐志的研究,首度將商品櫥窗作為推廣活動者為1925年6月基隆商工會所率先舉行之商品陳列窗裝飾比賽,其後宜蘭、臺北、嘉義和臺中等地乃先後效法,舉行了多次的商品陳列窗競技會[47]。至一九三〇年代,各地商工會藉由舉辦「商業美術展」或者「廣告祭」等活動,進一步推展商品櫥窗的應用,並且發展出評判櫥窗優劣的標準,例如1935年高雄商工會舉辦商品陳列窗比賽及1937年臺北商工會主辦「商工祭」時,即明列「引人注意」、「愉悅感」、「美觀」、「顧客心理」、「商品介紹」、「刺激購買欲」、「商品信賴感」和「促進購買決心」等原則[48],而1937年的臺北商工祭,更出現了蠟像模特兒的運用,既宣示了「成衣」時代的來臨,在臺灣廣告史上也具有開風氣的意義[49]。商品陳列窗的引入,

---

45 吳政憲,《繁星點點》,頁548-49。

46 波形昭一,《民間總督三好德三郎と辻利茶舖》(東京:日本圖書センター,2002),書首是該茶舖昭和10年左右的照片。

47 趙祐志,《日據時期臺灣商工會的發展(1895-1945)》(臺北:稻鄉,1998),頁202-203。

48 趙祐志,《日據時期臺灣商工會的發展(1895-1945)》,頁208-209。

49 趙祐志,《日據時期臺灣商工會的發展(1895-1945)》,頁207。

雖為日本人之力，但臺人採用的情形與日人相比亦不遑多讓，例如
前述之臺北商工會，基本上即是以臺灣商人為主體，因此舉辦此類
性質的商品陳列展示活動，正代表了臺灣商人能善於應用這類新技
術與方法。又如張文環在1942年7月發表的著名短篇小說〈閹雞〉
中，以1924年前後作為故事場景，描述鄉庄市鎮間鄭三桂和林清標
兩戶人家的複雜關係。鄭三桂原本有一間在地方上頗負盛名的中藥
舖「福全藥房」，但後來為了投資土地買賣需要資金，不得已只好
將祖傳的藥房頂給林清標，林清標接手該藥房後：

> 店名仍沿用原來的福全藥房，不過店面則取消了木板窗，全
> 部改用玻璃，以便求個面目一新……讓它（藥房）多少有一點
> 文化味，嵌上玻璃，改善店內的光線，使人有完全不同的感
> 覺。50

在這篇小說裏，具有臺灣文化形象的藥房行業也認為將臺灣式
的木板窗改為玻璃窗「多少有一點文化味」，藉由這種對當地人而
言屬新穎的店鋪陳設，似乎可以吸引更多的顧客。小說後來的鋪陳
也支持了這樣的心理，描述林清標接手福全藥房後生意蒸蒸日上，
使得鄭三桂懊悔不已51。小說中的場景雖未必有確實的人事對證，
但多少反映了一九二〇年代以後臺灣民眾相信展示櫥窗具有招徠顧
客效果的想法。

除開上述利用新工具技術作為博覽廣告的資源外，在臺灣舉辦
的博覽展示活動還結合了臺灣傳統宗教遊藝的資源，從而創造了一

---

50 張文環，〈閹雞〉，收入張恆豪主編，《臺灣作家全集‧短篇小說卷／日據時代
篇：張文環集》（臺北：前衛，1992），頁222。

51 張文環，〈閹雞〉，頁227。

種全新的廣告手段：藝閣與蜈蚣閣。根據宋光宇的研究，清代臺灣即已於廟會活動時出現喜好「抬閣」的遊藝節目，既用以酬神，更用以娛眾。日治時期首度將迎神賽會與殖民政府公眾事務相連者，即為1916年始政二十周年臺灣勸業共進會時，邀請北港媽祖至共進會場遶境的創舉。隔年，臺灣開始出現第一次以抬閣的行頭作為廣告招徠的紀錄[52]。抬閣活動與共進會期間舉辦的「假裝（化妝）遊行」實屬性質相近的活動，媽祖遶境原為祈求平安，但在共進會裏，它所具有之吸引人潮的功效首度被人發覺，連帶地抬閣也因此成為日後臺灣重要的商品宣傳手段，我們可以說，博覽展示活動首度將宗教儀式商品化、廣告化。

　　博覽會除了刺激新廣告技術的發明外，也與近代傳播媒體關係極為密切。首先，博覽會本身就是超大型的廣告複合體，它創造並結合了前述各種吸引視覺的廣告手法外，博覽會更提供了可以立即直接觀看商品的機會，並且透過商品櫥窗的設計勾引著消費者購買的欲望。但是若從時間頻率來考慮，往往一至數年才會舉辦一次為期數月的大型展示活動，在沒有舉行此種大型展示活動的空檔中，報紙等媒介在時間縱深上就提供了極為綿密的補強功夫。藉由報紙在日常生活中不斷地介紹，民眾才能增加對於商品的印象與認識。其次，二十世紀以降的日本許多博覽會，本身就是由報社所舉辦。報社願意投資舉辦博覽會，最重要的原因，就是博覽會是一種極為典型的「新聞創製事件」（Media Event），這類事件乃傳播媒體為創造讀者群，而希冀藉舉辦各種活動以吸引人們閱讀報導這些活動的新聞，從而增加閱報甚至訂報率[53]。由此可見新聞媒體、博覽會主

---

52 宋光宇，〈蜈蚣閣、藝閣、電子花車──一個歷史的觀察〉，《歷史月刊》，82（1994.10），頁74-82。

53 所謂新聞創造事件（media event），意指經由報紙、廣播電臺等媒體策畫舉辦的大型活動（如正文所提及的報社主辦之博覽會、探險活動或者棒球等運動競賽）；或者

辦者和參展者之間，形成了網紋極為細密的共生關係。那麼，日治時期在博覽展示活動與近代報紙媒體所提供的環境下，究竟有多少廣告，以及什麼樣的廣告，在日治時期的臺灣平面媒體中出現？

首先讓我們來看看平面媒體中的廣告表現[54]。以下擬根據電通社《新聞總覽》中《臺灣日日新報》廣告行數的統計資料，進一步討論平面廣告數量的趨勢變遷、廣告主的地緣特性，以及廣告內容的特性等三個面向。

由圖表 5-1 可以看出總體的趨勢，在不斷成長的廣告行數趨勢中，我們大概可以區分三個不同的階段，1913 至 1919；1920 至 1933；1934 至 1941。第一個階段是廣告量處於萌芽的階段，這七年間廣告量的成長速度非常緩慢，但是到 1920 至 1933 年間，在歐

經由媒體大力宣傳既存的社會活動（如王室婚禮、奧林匹克運動會），以及經由媒體報導，使得原本為突發性的社會事件，變成具有對全體社會影響深遠的事件（如黛安娜王妃過世）。參見吉見俊哉，〈メディア・イベント概念の諸相〉，收入津金澤聰廣編著，《近代日本のメディア・イベント》（東京：同文館，1996），頁 3-30，以及本書所收錄各篇關於近代日本「新聞創造事件」的研究成果。

[54] 這個主題，近年來已有許多人開始注意。日本方面，山本武利可以說是相當早注意到這個現象的學者，參考山本武利，《廣告の社會史》。另外相關的日本廣告史研究還可參考內川芳美編，《日本廣告發達史》（東京：電通社，1976）。有關日治時期臺灣廣告史的研究，則以林惠玉的博士論文〈日本統治下臺灣の廣告の研究〉為先驅作品。林惠玉在她已發表的論文中，很細緻地指出了臺灣廣告商品在商品種類上的特質，這個討論跳脫了《新聞總覽》中以廣告行數作為統計的標準，而能夠更為仔細地看到廣告所呈顯的實質商品內容。她並且挑選了三項相當具有代表性的消費品，進一步分析這些商品的廣告內容及銷售通路，並且評估這些商品對於臺灣社會生活的「日本式影響」。林文也特別舉出，廣告的效果必須關聯到語言使用的情境，也就是日治時期一直存在著臺／日語雙重語言系統的問題。她並且以日本產品使用福佬話廣告詞為例，以證明商品對臺灣民眾的滲透力很強。不過，這兩者之間的關聯性，還需要進一步的檢證。林惠玉，〈日本統治下臺灣の廣告の研究〉（4-6），《日經廣告研究所報》，191-193（2000.6-2000.11）。

圖表5-1　《臺灣日日新報》廣告行數及廣告主地區分類趨勢

資料來源：電通社編，《新聞總覽》（1913至1941年份）（東京：日本電報通信社）。

戰結束後亞洲地區經濟普遍成長，廣告量也呈飛躍之勢，即使經歷1929年的經濟大恐慌也沒有動搖此趨勢；但是1934年以後，中日戰雲密布，外加經濟恐慌的效應，所以儘管廣告量再向上衝高，但波動起伏極大，中日戰爭爆發後，受到戰爭及統制經濟的影響，廣告量乃開始明顯下滑。如果將平面媒體廣告量與展示活動的頻率與週期相比對，則我們將會發現，1913至1933二十年間，不僅平面媒體的廣告量大幅成長，透過實體展示活動所進行的商品促銷活動也與這個趨勢若合符節。例如對照本書第四章表格4-10，我們即可發覺，平面媒體數量大幅成長的1920至1933年間，正好也是各種品評會、展覽會蓬勃發展的階段，1916至1925年間共舉行過24次品評會、37次展覽會；1926至1935年間則品評會15次、展覽會則高達77次之多，數字趨勢所表現的兩者之間的契合，正足以說明經歷

歐戰之後，日本經濟的發展，不僅資本需要向殖民地輸出，商品更需要尋找殖民地的市場，因而促成了展示展售活動與廣告數量快速成長的趨勢。那麼，是什麼樣的商品，哪種性質的廣告主在其中活躍？

如果按廣告主的地域分別來看，則大阪地區的商人是臺灣最大的廣告買主，東京次之，而臺灣在地商人（包括在臺日商及臺灣商人）敬陪末座。從圖表5-1中我們還可以看到，實際上東京及臺灣本地廣告主的購買量一直保持相當緩慢平穩成長的態勢，因此，真正主導廣告量變動的，是大阪地區的廣告買主。由廣告主的區域分布，我們可以看到臺灣與大阪在物質生活及商業的網路上，比東京或日本其他地方更為緊密。這一點也與本章第一節所述商品陳列館展示體系與商業網絡之間的關係相符，亦即在臺、日雙邊舉辦的展示展售活動中，關西地區一直是臺灣商品積極參展的區域，而來臺參展的日本商品中，關西地區也往往占有重要比重。

就廣告物品分類來看，由圖表5-2可知，賣藥、化妝品、圖書、食料品等四項，一直是《臺灣日日新報》中廣告物品的四項大宗，不過，如果按時間演變的歷程來看，則只有藥品一直保持向上成長的趨勢，書籍和化妝品廣告在1920年以前的數量並不十分顯著，低於雜品廣告，但是到了1920年以後，化妝品及圖書廣告的數量就開始快速上升，圖書廣告量在1933年以前超越化妝品，而在1933年以後則化妝品廣告的數量明顯超越圖書。到了戰爭期間，化妝品在戰時體制下被歸類為奢侈品，進口也相對困難，因而在1939年之後，廣告數量就急速下滑[55]。圖書廣告數量在一九二〇年代以後的成長，剛好與這個階段新臺灣教育令發布，學童就學率以及中

---

55 林惠玉，〈日本統治下臺灣の廣告の研究〉（4），《日經廣告研究所報》，191（2000.6-2000.7），頁73-75。

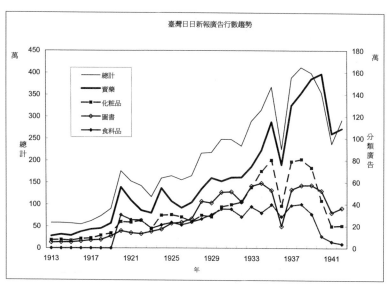

圖表5-2　《臺灣日日新報》廣告行數中物品分類趨勢變化

資料來源：電通社編，《新聞總覽》，1913至1941年分。

等學校、專門學校數量增加的趨勢若合符節。化妝品廣告行數的增加的原因，則必須注意原來《新聞總覽》中化妝品分類所包含的項目，除了女性用的化妝品、香水、化妝粉之外，還包含了各式各樣的清潔用品，如肥皂、牙膏、洗潔劑和洗衣粉等，由於這類用品並非只有上流階級才有能力使用，其市場包含的層面應較女性化妝用品更為廣泛。清潔用品也與日治時期整體臺灣社會對於衛生清潔習慣的變化有密切的關係，而這個部分也與藥品廣告之間存在著一種相生相隨的關係。根據林惠玉分析，藥品廣告中，有關腸胃藥、口腔及呼吸器官藥品、婦人病藥品和治療性病的藥品占最多數，而前二者又與臺灣既有的風土病有密切關係[56]。

---

56 參見陳紹馨，《臺灣的人口變遷與社會變遷》（臺北：聯經，1979），頁60-82。

　　如果核對主宰平面媒體中的廣告物品和博覽會展示物品，則我
們會發現兩者之間存在著相當大的歧異性，報紙廣告過度集中於上
述化妝品、藥品及食品等特定類別商品的現象，並未在博覽會展示
中出現，其主要原因，乃博覽會所欲展示者，除了消費性的物件
外，仍須肩負各種政治、經濟與社會文化宣傳的功能，報紙廣告物
則無須擔負此種任務，故其較集中於某些特定類別的物品，是以儘
管博覽會具有強烈的廣告創新元素，但其肩負宣傳面向遠較報紙廣
告更為多元，因而其所展示之物品類別就比報紙廣告物品面向更
廣。儘管報紙廣告內容在類別上與博覽會展品之間有如此的歧異
性，但是二者之間仍然存在著相互為用的關係。

　　首先，博覽會的審查與授賞制度為各種商品提供一套對於製品
權威化的論述，使得商家得以利用這項保證加強其商品的權威性。
在日本統治臺灣之前，商品的權威往往建立在三種基礎之上，一是
來自於歷史的保證，二是來自於匿名宣傳，三則是來自於眾人的評
價，日治時期博覽會的授賞則提供了第四種商品建立權威的來源。
只要翻開日治時期報紙廣告，即可發現，有許多商品廣告會特別強
調其曾獲得博覽會的獎項作為其品質的保證，這些善於運用博覽會
授獎作為宣傳其產品品質的商號，又多半是眼光獨到，率先願意投
資於廣告的大廣告主。以一八七〇年代起在日本報紙中具有影響力
的幾個大廣告主而言，如藥品界的岸田吟香（1833~1905）、守田治
兵衛（1841~1912）等[57]，在治臺初期即已將其觸角延伸至臺灣，在
當時第一份報紙《臺灣新報》上密集刊登廣告。例如守田治兵衛出
產之「素馨香」香水廣告，特別強調曾獲得「第四回博覽會賜有功
三等賞牌」，並且因此獲「宮內省御用」，作為其產品品質的權威保

---

[57] 山本武利，《廣告の社會史》，頁8-12。
[58]《臺灣新報》，153（明治30年3月16日），4版。

證[58]。另外大阪府堺市出產的「龜澤酒」，亦經常在報端購買大幅廣告，強調其獲得「各國大博覽會最優等賞牌」[59]，或者如第四回內國勸業博覽會中由平尾贊平商店製造的 Diamond 牙膏[60]。受到此一影響，臺灣的商工業者也逐漸也運用博覽會、共進會獎賞作為標榜其品質的保證，如臺灣製糖株式會社即曾於 1912 年元旦刊登廣告，特別標明其曾獲得「米（美）國聖路易萬國大博覽會金牌受領、第四回內國勸業博覽會一等賞受領、日英博覽會名譽大賞牌受領」等得獎紀錄[61]。1927 年位於臺北市宮前町的臺灣製革合資會社，即在《臺灣日日新報》刊登廣告，強調其所做成之皮革製品「博覽會、共進會賞牌受領」[62]；同年元月又有位於新竹的「新竹化妝工業合資會社」刊登廣告，註明其產品獲「新竹州產業共進會二等賞」[63]，而位於鹿港頗負盛名的「鄭玉珍餅舖」，因大正 15 年（1926）曾獲得「全國銘菓調查會」糕餅品評大獎，這些獎狀至今仍懸掛在鄭玉珍餅舖的店內，更張貼於其所架設的網頁上[64]，由此可見博覽展示活動所提供的權威保證，對於參展人的影響，至今仍然存在。

其次，這些善於利用博覽會作為權威保證的商品，通常在博覽會展示期間，也絕對不會放過此一大好的宣傳機會，而博覽會主辦單位也往往需要這些廠商的廣告費，因而形成了另一種共生的關係。以 1935 年始政四十周年記念臺灣博覽會為例，大會即規定了休憩所、案內所、廣告塔、噴水塔及壁面廣告等設施，讓參加博覽會協贊會的成員可以在會場內外設置相關廣告設施。大會並製定廣告

59《臺灣新報》，151（明治 30 年 3 月 13 日），4 版。

60《臺灣新報》，105（明治 30 年 1 月 14 日），4 版。

61《臺灣日日新報》，4166（明治 45 年 1 月 1 日），61 版。

62《臺灣日日新報》，9584（昭和 2 年 1 月 5 日），1 版。

63《臺灣日日新報》，9582（昭和 2 年 1 月 3 日），1 版。

64 參見其鄭玉珍網頁：http://www.jyj.com.tw/story.asp。

設施的收費辦法，規定廣告物必須支付每坪10至25元或者每尺50
錢至2元不等的土地使用費，另外協贊會會員則有優惠，按廣告表
面積計算，每平方尺收費50錢至1.5元不等[65]。在此規範下，包括
古倫美亞唱片公司（第一會場）、勝利牌收音機、篠崎、澤之鶴等
公司之廣告塔和味之素之噴泉塔（第二會場）分別矗立在會場內[66]，
而臺灣日日新報社、臺灣新聞社、臺南新報社、臺灣新民報社等四
大報，以及虎標永安堂、資生堂藥舖、王冠紅十字葡萄酒、臺灣茶
業宣傳協會等單位則分別設立休憩所以招徠顧客[67]，草山巴旅館則
在會場設立印有其店名的垃圾桶、龜甲萬醬油則設了許多公共座
椅，此外，在會場設立直屬之賣店，更是最直接的促銷手段[68]。此
外，在會場外，由臺北火車站起至會場間的道路沿線，亦是商家廣
告必爭之地，板橋林家投資的「大成火災海上保險會社」、菊元百
貨店、和日系的辰馬商會、日本糖業聯合會等單位，均在臺北火車
站前設立霓虹燈廣告[69]。

　　廣告數量大幅成長、展示展售活動次數快速增加，是代表消費
時代來臨極為重要的指標[70]，1932年在臺北成立臺灣第一家的百貨
公司：菊元百貨，則是走在消費時代前端的表徵。

　　近代百貨公司的出現，本來即是博覽會的刺激產物。1851年水
晶宮萬國博覽會舉行後的隔年，第一家具有近代意義的百貨公司

65 鹿又光雄編，《博覽會誌》，頁912-13, 929-30。

66 除廣告塔外，另有臺北市杉森堅造及臺北市福井現代社等兩家所設置之「廣告入公
　德箱」，鹿又光雄編，《博覽會誌》，頁421。

67 鹿又光雄編，《博覽會誌》，頁417-21。

68 蘇文清，〈始政四十年臺灣博會宣傳計劃與設計之研究〉，頁57-62。

69 鹿又光雄編，《博覽會誌》，頁420-21, 427-28。

70 參考 Roy Porter, *English Society in the Eighteenth Century*, London; N. Y.: Penguin Books,
　1990, p. 190。

「購物樂」（Bon Marche）在巴黎開張[71]，緊接著則是三年後成立的「東方羅浮」（Oriental Louvre）。在盛行舉辦博覽會的十九世紀末葉，歐美各國的百貨公司也紛紛成立[72]，其間兩者的關係，不僅只是出現的時間相近而已，更重要的是，博覽會標舉的「眼目教化」，烘托了一種濟慈（Keats）所謂的「想像的真實」（truth of imagination）[73]，眼目所見者，不僅是傳遞工業技術與文明進步的知識教化，更刺激了人們對於物質生活的想像，而十九世紀末葉以後慣常在博覽會場展示殖民地文化的做法，則提供了對於遠端異文化想像的空間，而給予新興百貨公司行銷的靈感泉源[74]，而博覽會場中眼目所睹卻無法觸碰的時麾物品，在現實生活中，百貨公司填補了此一欲望的缺憾，是以百貨公司不只是販賣商品的場所（site of consumption），更是視覺消費的場域（sight of consumption）[75]。

　　日本在明治時期不但於國內舉辦了一連串的內國勸業博覽會，也同時由政府出面，建立了許多「勸工場」，此即日本百貨公司的前身。不過，第一家百貨公司，卻要等到1895年11月在東京日本橋開張的「三越百貨店」為嚆矢。由三井吳服店轉型而成的三越百

---

[71] 實際上「購物樂」在一八三〇年代時即已存在，乃經營極為成功的大零售商，但是轉型為百貨公司卻要等到1852年。參見 Michael B. Miller, *The Bon Marche: Bourgeois and the Department Store, 1869-1920*, Princeton: Princeton University Press, 1981, p. 27, 39-47.

[72] 例如，即使在博覽會活動並不盛行的普魯士，至歐戰爆發前，境內已經有超過四百家的百貨公司，參見Tim Coles, "Department Stores as retail innovations in Germany: A Historical-geographical Perspective on the Period 1870 to 1914," in Geoffrey Crossick and Serge Jaumain ed., *Cathedrals of Consumption: The European Department Store, 1850-1939*, Aldershot: Ashgate, 188, p. 73.

[73] 轉引自Rosalind H. Williams, *Dream Worlds*, 1982, p. 65 。

[74] Rosalind H. Williams, *Dream Worlds*, pp. 70-79.

[75] Brian Moeran, "The Birth of the Japanese Department Store," in Kerrie L. MacPherson ed., *Asian Department Stores*, Honolulu: University of Hawaii Press, 1998, p. 159.

貨,不但成為日本百貨公司的創始者,更是日本百貨業的領導者。
三越與傳統小店舖的販售方式極為不同,且極為靈活。例如在1895
年時,即與藝術家結合,依照季節變化,推出不同時節的衣飾,創
造出了依季節變化的「流行感」,這是源自法國的靈感,而三越則
透過歌舞伎表演所穿著的服飾,打響其在衣飾設計及創造流行的名
聲與通路。三越第二個重要的創新,即在發行公關雜誌《時好》,
透過此份雜誌,不僅將其行銷網路擴大,而且更創造了一種消費文
化。第三個創新處即在靈活的廣告手法,例如1903年首度利用「廣
告宣傳車」的手法、1906年發行「禮券」,同年更開始使用電話訂
購及郵局滙款方式,將其商品通路延伸到全日本,1906年更利用當
時已相當細密的鐵道系統,首度舉辦了「汽車博覽會」,將商品運
至全日本各主要大都市販售。這個做法後來在兩年後臺灣鐵道全通
式時,也被三好德三郎等人襲用。1896年首度在東京的新橋驛、上
野及大阪梅田驛等火車站張貼「美人海報」。三越所創造的廣告詞
在當時更是風行一時,如「今日之帝劇,明日之三越」、「未訪三
越,勿語流行」等,都是膾炙人口的廣告詞。

　　三越不僅是第一家百貨公司,它更創造了一種日本消費的文
化。此一文化,表現在它利用與知識界、藝文界的資源,提升其物
品的「文化價值」。此一手法,表現在它廣結藝文人士,舉辦各種
藝文活動。1905年6月,在三越的新副支配人日比翁助的推動下,
成立了「流行研究會」,參加者皆為當時文藝界的名流,如將印象
主義畫風引入日本的著名洋畫家黑田清輝、文學家森鷗外、劇作家
吉井勇、民俗學之父柳田國男、新渡戶稻造等,均為此一研究會的
會員。他們固定每個月集會一次,討論社會風俗與各種流行的議
題,而討論的內容,則刊登在三越的機關報《時好》上。此一做
法,不僅藉助文藝名流炒熱某些流行議題,也藉助這些名流為三越
建立「上流」的形象。這個具有「沙龍」功能的團體,成為三越上

流品的代言人與背書者[76]。

　　三越在日比翁助的轉型下，也刻意朝向上流社會消費品的方向發展，1904年9月德國霍亨索倫親王（Carl Anton Von Hohenzollern）造訪三越，開啟了日後外國名流參觀三越的開端，而此舉在明治維新全力仿效西方的氛圍下，無異抬高了三越成為上流社會消費的象徵，不僅外國名流來訪，日本皇族及政商要人如久邇宮親王、伊藤博文、井上馨、大隈重信等，亦曾造訪三越。三越不僅是百貨公司，更成為日本招待國賓的場所[77]。

　　百貨公司（三越）不僅成為國賓招待所，它也是日本市民模仿西方生活文化的一扇窗口，代表了市民現代生活的尖端。1911年白木屋百貨公司率先在店內裝設電梯及旋轉玻璃門，三年後三越也跟進，並且還加上了手扶電梯。儘管手扶電梯載客效率不如電梯，但日本百貨公司大多願意加入此一設施，因為它代表了一種「先進」與「現代」，在大正初年，日本只有像日本銀行或像三越這樣的大財團建築裏，才可能有電梯。

　　日本統治臺灣後，本國的百貨公司並未在臺灣成立支店，其對臺灣的市場，採取通信販賣及「出張販賣」兩種方式。例如高島屋百貨公司於1899年5月成立「地方係」負責通信販賣業務，同年10月三井吳服店亦成立「外賣通信係」，展開通信販賣，至1908年該係改組為「通信販賣部」，並且區分業務範圍為東北、中國、北海道、臺灣（含朝鮮及山陰）、清韓部及外國部等六部[78]。隨著殖民政府在臺通信系統逐步穩定擴張，日系百貨公司在臺的通信販賣事業也日漸發達。其通信販賣的內容，除了吳服之外，以各種提袋、香

---

76 初田亨，《百貨店誕生》（東京：三省堂，1993），頁85-86。

77 Brian Moeran, "The Birth of the Japanese Department Store," p. 152.

78 黑住武市，《日本通信販賣發達史》（東京：同友館，1993），頁184-95。

水、洋傘、帽子、男用枴杖、皮鞋皮包及法蘭絨和嗶嘰等高級毛料
製品在臺灣的銷售成績都相當亮麗[79]。除了通信販賣外，第二種在
臺通路則是「出張販賣」，即每年固定一段時間，將其商品運至臺
灣巡迴發賣。例如1927年3月三越吳服店即在臺南的「南座」及高
雄「高雄劇場」兩地巡迴販賣四天，並且強調有「洋服裁縫技師」
現場服務量身訂作[80]。　1929年高島屋亦於臺北鐵道ホテル舉行兩天
的出張販賣，所賣之品為「大阪、京都、東京今夏流行品、新款吳
服、實用雜貨」等超低價格商品[81]。這類出張販賣活動，儘管時間
都很短暫，但銷售成績卻非常驚人。例如1931年高島屋及江東物產
到嘉義舉辦廉賣會，短短三天即銷售二萬餘元商品[82]。不過，也由
於日本百貨公司這種出張販賣常常搶奪了臺灣本島日臺商人的商
機，因而迭受本地商人的反感。尤其1929年世界經濟大恐慌後，臺
灣本地商人對於這類資本雄厚的百貨公司來臺傾銷的活動倍感威
脅，因而抵制其出張販賣的活動亦在此時出現。這類抵制活動且由
各地商工會領頭，可見其間商業利益的爭鬥[83]。

　　一九三○年代臺灣的人口快速成長，交通運輸及郵政電信系統
日益發達，都市化程度日益提高，中產階層人口的消費力量逐漸增
強，而零售商業卻仍處在小本生意的規模。在1932年臺灣第一家百
貨公司菊元百貨店成立以前，臺北市傳統零售店面的營業狀況，可
以表格5-12得知，當時全臺北市經營和洋雜貨、日用雜貨及棉布綢

---

79 林惠玉，〈臺灣の百貨店と植民地文化〉，收入山本武利、西沢保編，《百貨店の
　　文化史：日本の消費革命》（京都：世界思想社，1999），頁118。

80 《臺南新報》，9019（昭和2年3月15日），1版；9024（3月20日），1版。

81 《臺灣日日新報》，10430（昭和4年5月3日），1版。

82 《臺灣新民報》，357（昭和6年3月28日）。

83 趙祐志，《日據時期臺灣商工會的發展（1895-1945）》，頁276-78；林惠玉，〈臺
　　灣の百貨店と植民地文化〉，頁119。

表格5-12　1927年臺北市和洋雜貨、日用雜貨及棉布綢緞零售店營業額
　　　　　等級

營業稅額等級	家數
5,000 －	1
2,000 － 5,000	7
1,000 － 1,999	16
500 － 999	32
100 － 499	146
－ 100	402

資料來源：由栗田政治編，《臺灣商工名錄》（臺北：臺灣物產協會，1927）整理而得。

緞等物品的零售店，規模最大者為三井物產會社臺北支店，年繳營業稅額達10,080元，次為小林惣次郎經營的日進商會，營業稅額4,314元；第三為株式會社盛進商行，營業稅額4,020元，而日後成立菊元百貨店的菊元商社則位居第四。全市日用零售商店大體上均屬於小資本經營且規模極小的商店，年營業稅額不滿百元的商店多達402家，五百元以下者也有146家。以當時首善之區的臺北零售業，資本及營業規模普遍狹小的情形來看，日系大資本的百貨公司想要在臺灣設立分店，爭霸臺灣零售市場，各種條件均屬有利，為何日系百貨公司直到日本結束統治臺灣為止，都沒有在臺設立支店？

　　日本百貨公司在殖民地僅採取通信及出張販賣的手段，卻無設立分店，主要著眼於日本人口占殖民地總人口數的比例仍然很低，臺灣的同化主義未見發達，在日語仍未見普及、生活風俗習慣又未日本化的背景下，要設立日系的百貨公司顯然不符成本與商業效益的考量，相對而言，通信及出張販賣，既可省卻設立支店所需的建設成本，更不需長期擔負人事、倉儲、管理等支出，相對而言更為

有利[84]。不論考量的理由為何，日系百貨公司未在臺灣設立支店，正好給予在臺商人自行成立百貨公司的機會。

臺灣百貨公司的開端，當推1932年12月3日於臺北市榮町所成立的「菊元百貨店」，以及兩天後在臺南市開張的「ハヤシ百貨店」。菊元的創始人重田榮治乃山口縣人，大阪博覽會舉辦之年（明治36年[1903]）他到達臺灣，經過數年努力，乃創立菊元商社，經營棉布批發生意，不但擊敗了傳統中國布匹在臺的勢力，還進一步向東南亞延伸勢力[85]。1927年出版的《臺灣商工名錄》中，載明菊元商社位於臺北市太平町3-244號，主要經營和服及綢緞品批發生意，另外他還經營放貸及房屋出租等房地產金融事業。菊元商社的經營頗為成功，該年所繳納之營業稅為3,533元[86]。由於經營得法且踴躍納稅，成為1927年臺灣「第一多額納稅者」，更因此被推薦為貴族院成員[87]。

1932年重田募集了五十萬元資本成立了菊元百貨店。開店前三天內，菊元百貨店連續舉辦招待會和「敬老會」等活動，除了有六百餘名官民參加了開幕典禮外，另外招待為數眾多的七十歲以上日臺老人參觀這棟甫落成的七層樓洋式建築。這棟帶有現代主義風格的大樓，是當時臺北市最繁華地段——榮町中的最高建築。主要賣場集中在四樓以下，一樓為和洋雜貨及化妝品部，二樓為紳士用品、洋品雜貨及各式毛毯，三樓為婦人用品與吳服，四樓則為文具、玩具、臺灣土產品和家庭用品等。五樓以上則分別為食堂、休

---

84 崛新一，《百貨店問題研究》（東京：有斐閣，1937），頁254。

85 橋本白水，《臺灣の事業界と人物》（臺北：成文據昭和3年[1928]南國出版協會本影印，1999），頁487-88。

86 《臺灣商工名錄》，頁406。

87 田中一二，《臺灣の新人舊人》（臺北：成文據昭和3年[1928]臺灣通信社本影印，1999），頁168。

圖版5-1　菊元百貨店，圖片右側「羽井商行」後方六層白色建築即為菊元百貨。

資料來源：轉引自莊永明，「莊永明的臺灣古早味：臺灣映像館／菊元百貨店」網站資料，網址：http://www.readingtimes.com.tw/folk/taiwan/gallery/galleryn3.htm。（莊永明提供）

息室與事務所，頂樓七樓闢為展望台和喫茶室[88]。

　　從樓層配置來看，百貨公司其實宛如一間大型的零售市場，但它與傳統零售商店又大不相同，百貨公司需龐大的資本額乃一般零售店所無法匹敵，陳列物品的款式、尺碼及數量要盡量求全，也與零售店小規模或較為分化分工的陳售物品形態不同，百貨公司的銷售方式大量結合了近代裝飾設計與廣告手法，除了商品櫥窗、燈光設計等硬體設備外，百貨公司的銷售強調「隨意瀏覽」、「自由購

---

[88] 林惠玉，〈臺灣の百貨店と植民地文化〉，頁114。林惠玉乃根據1932年12月至1941年1月《臺灣日日新報》中相關記載及廣告整理出菊元百貨公司樓層配置。不過，不同時期的配置似有變動。例如開幕初期，菊元曾於《臺灣日日新報》刊登「歲末大奉仕（服務）」的廣告，其中一樓為男性用白襯衫、皮鞋和各式帽子，二樓為各種毛料、毛織品、女性用披肩，三樓則為男女用衣服及婚禮禮服，四樓為絹織品。《臺灣日日新報》，11738（昭和7年12月11日），2版。

表格5-13 臺灣三大百貨店樓層配置

樓別	菊元百貨店	ハヤシ百貨店	吉井百貨店
一樓	和洋雜貨 化妝品 旅行案內（1934年起）	和洋雜貨（如和洋糕點、肥皂、女性雜貨、食料品、酒、菸草等）化妝品	和洋雜貨 化妝品
二樓	紳士用品 洋品雜貨 毛毯	紳士用品 洋品雜貨 毛毯、毯子 兒童服裝	紳士用品 洋品雜貨（如洋傘、皮包、鐘錶等）
三樓	布匹、綢緞、和服衣料 婦人用品	布匹、綢緞、和服衣料 婦人用品 洋反物（洋式綢緞衣料） 婦人小孩服飾	布匹、綢緞、和服衣料 婦人用品
四樓	文房具 玩具 臺灣土產品 家庭用品	文房具 玩具 學校用品 家庭用品 和食堂	文房具 玩具 家具 家庭用品
五樓	食堂	洋食堂 喫茶室	食堂 兒童樂園
六樓	休息室、事務室	展望臺	屋上庭園
七樓	展望臺、喫茶室		

資料來源：林惠玉，〈臺灣の百貨店と植民地文化〉，頁114。

買」、「單一售價」、「售價公開」等方式，也與傳統零售店價格不公開、主顧相互殺價、不得瀏覽物品等方式大異其趣，加上結合郵購通路、會員制等方式，更是傳統零售店難望其項背。由於資本雄厚、物品繁多、行銷手法複雜，百貨公司所需要的人力、組織和管理系統也不得不比傳統零售店的組織與人事規模更為龐大複雜。此外，百貨公司不僅只提供物品買賣的空間，它還具有比傳統零售店更強的社交功能，並且營造了一種全新形態的消費文化，百貨公司裏不僅有餐廳還有展望台的設計，或者甚至有演講交誼展演空間，正是百貨公司建構消費文化的表徵。最後，為容納如此龐大的物

品、組織與吸納更多客源，百貨公司往往需要更大的建築空間，並且在造型上力求具現代感，使得百貨公司往往成為都市建築的地標之一。上述各項特點，其實在百貨公司出現之前，都已個別在某些零售行業中出現，但能將這些眾多特性集結在一起而成為大型零售通路者，厥為近代百貨公司[89]。遺憾的是，上述這些具有極為豐厚意涵的延伸課題，由於菊元等臺灣三大百貨店所留下的史料極為殘缺不全，目前無法更進一步理解這些百貨公司的組織、行銷與業績，也就無法更進一步探究日治時代百貨店對於當時消費行為究竟構成了何種影響。

　　雖然無法了解當時百貨店的營運狀況，但是仍然有些材料可以稍微讓我們一窺時人對於臺北這座最先進的百貨公司的印象。菊元百貨店開幕後一個多月，林獻堂因參加大東信託會社新年懇親會北上臺北，曾與陳炘於1月9日參觀了這間百貨店，但林獻堂並未進一步描述他所看到景象為何[90]。不過，住在豐原的保正張麗俊在他日記裏留下了一小段寶貴的文字。1933年9月，張麗俊因產業組合

---

[89] Geoffrey Crossick and Serge Jaumain, "The World of the Department Store: Distribution, Culture and Social Change," in Geoffrey Crossick and Serge Jaumain ed,, *Cathedrals of Consumption: The European Department Store, 1850-1939*, Aldershot: Ashgate Publishing Ltd., 1999, pp. 1-45。有關百貨公司新形態零售方式的討論，另可參見同書 Claire Walsh, "The Newness of the Department Store: A View from the Eighteenth Century," pp. 46-71；有關行銷手法的討論可見同書 Donald Weber, "Selling Dreams: Advertising Strategies from Grands Magasins to Supermarkets in Ghent, 1900-1960," pp. 160-88; Marie-Emmanuelle Chessel, 'Training Sales Personnel in France Between the Wars," pp. 279-98；有關百貨公司的社交與文化意涵可見同書 Lisa Tiersten, "Marianne in the Department Store: Gender and the Politics of Consumption in turn-of-the-century Paris," pp. 116-34; Gabor Gyani, "Department Stores and Middle-class Consumerism in Budapest, 1896-1939," pp. 208-24，以及 Rosalind H. Williams, *Dream Worlds*, pp. 58-107; 213-75。

[90] 林獻堂著，許雪姬等共同註解，《灌園先生日記》（第6冊）（臺北：中央研究院臺灣史研究所籌備處、中央研究院近代史研究所，2003），頁13。

大會在宜蘭召開，張氏乃先到臺北，參觀了方才開幕不滿一年，被
視為全臺灣第一家百貨公司的「菊元百貨店」，他對這家新穎店舖
有如下的記載：

> 由陞降机上四層樓食堂，則見人來此治午者，無分貴賤男
> 女，來來往往，堂為之滿，店列百貨，其每日收益恐不及此食
> 堂也。又登第六層樓上，係賣冰、納涼之所，俯視市街雖廣廈
> 層樓俱成培僂，即總督之官邸亦不見其崇高矣。孟子云登東山
> 而小魯，此語誠然乎哉。[91]

　　十七年前張麗俊參觀當時尚未落成的總督府新廈時，曾發出
「寄身如在半天高，山川雲物都經眼」的讚美[92]，但這間菊元百貨店
竟能讓他有「登東山而小魯」的驚嘆，其規模可想而知。透過張麗
俊的描述，我們還可發現，開張一年的菊元百貨店，生意最好的地
方是四樓的食堂和六樓的展望臺。展望臺會成為百貨公司人潮川流
之所，正好表現出百貨公司所具有的「視覺消費」功能，人們進入
百貨店，不僅想要觀看店內陳設的昂貴精品，還想藉著百貨公司的
建築高度，瀏覽平日所無法眺望的遠景。眺望與觀覽正好是博覽會
所再製延續的一種強大社會力量。張麗俊能有機會參觀菊元百貨
店，主要原因是他藉著參加產業組合大會之便，想順道一遊蘭陽平
原，這種藉開會公出之名而行旅遊玩賞之實的活動，在張麗俊的晚

---

91 張麗俊著，許雪姬、洪秋芬編纂解說，《水竹居主人日記》（第10冊）（臺北：中
　　央研究院近代史研究所，2000），頁126。

92 張麗俊著，《水竹居主人日記》（第4冊），頁335-37。

93 參見呂紹理，〈老眼驚看新世界：從《水竹居主人日記》看日據時期保正的生活與
　　休閒娛樂〉，發表於中央研究院近代史研究所、臺中縣文化局主辦，「水竹居主人日
　　記」學術研討會，臺中縣清水鎮：臺中縣立港區藝術中心，2004年11月27至28日。

年生活中屢見不鮮[93]，而這位深受傳統文化影響的前清遺老、櫟社成員，一生酷愛旅遊觀覽，其實並非僅是個人的偏好而已，更是「旅遊時代」來臨的徵候。

第三節　觀覽臺灣：旅遊活動下的臺灣景象

　　1937年，由臺灣新民報社編輯出版了一本名為《臺灣人士鑑》的書籍，書中刊列了2,675名當時對臺灣具有影響力的社會領導階層的基本資料，除了戶籍、職業、教育等基本資料外，也臚列了各傳主的「興趣」。在收錄的1,576名臺籍社會領導階層中，共有960位填寫了他們有興趣從事的休閒活動。在林林總總臚列的八十餘種休閒活動中，旅遊活動僅次於讀書、園藝，成為排名第三的熱門項目[94]。五十七年後，行政院主計處於1994年公布了全臺灣民眾生活時間運用的調查報告，根據此項調查顯示，全臺十五歲以上的國民平均每日約有六小時的「自由時間」，觀看電視節目就占其中的三分之一；除此之外，與家人親友相聚聊天為第二種重要的休閒活動，參觀旅遊及戶外運動則位居第三位[95]。從這兩項相隔近一甲子的數字材料中，我們隱然看見參與旅遊者已從「社會領階層」逐漸擴大成為全民，旅遊時代已悄然在這六十年間逐漸形成。然而，臺灣在什麼樣的歷史過程中會發展出蓬勃的旅遊活動？本節的目標即在追本溯源，探詢近代臺灣旅行活動形成的過程。在回答這個問題時，筆者先將焦點集中於探討日治時期臺灣島內旅遊環境形成的過

---

94 有關《臺灣人士鑑》所呈顯的社會領導階層之休閒活動傾向，參見呂紹理，〈從《臺灣人士鑑》看日治時期社會領導階層的休閒傾向〉，發表於國立臺灣師範大學歷史系主辦，「回顧老臺灣，展望新故鄉：臺灣社會與文化學術研討會」，1999年5月。

95 行政院主計處編印，《中華民國臺灣地區時間運用調查報告》（臺北：編者自印，1995），頁17-18。

程及其所反映出來有關臺灣地理景象認知的課題。

　　日治時期臺灣旅行史的研究目前仍處於發軔階段，過去除了筆者曾稍有觸及之外[96]，劉克襄曾有專書介紹清末外國探險家在臺灣的活動[97]。進入日治時期，梁華璜曾發表〈日據時代臺民赴華之旅券制度〉一文，討論日治時期臺人在殖民政府限制下無法自由進出中國的困境，並衍生出廢除旅券的運動[98]。許雪姬則曾利用林獻堂的日記寫成〈林獻堂著《環球遊記》研究〉一文，而洪銘水則在此基礎上更進一步比較林獻堂《環球遊記》與梁啟超美國遊記之間的關係[99]。上述三篇文章對於了解日治時期臺人離境至異地的旅遊活動具有重要的參考價值，不過，有關日治時期臺灣島內旅遊環境形成的全面性研究目前仍付之闕如[100]，因此本文將針對此一課題進行先期性的探討。

　　近代旅遊活動的最大特點即在於「制度化」，本節的重點即指

---

96 呂紹理，《水螺響起：日治時期臺灣社會的生活作息》（臺北：遠流，1998），頁148-55。

97 劉克襄，《福爾摩沙大旅行》（臺北：玉山社，1999）。

98 梁華璜，〈日據時代臺民赴華之旅券制度〉，《臺灣風物》，39:3（1989.9），頁1-49。

99 許雪姬，〈林獻堂著《環球遊記》研究〉，《臺灣文獻》，49:2（1998.6），頁1-33；洪銘水，〈梁啟超與林獻堂的美國遊記〉，收入東海大學中文系編，《旅遊文學論文集》（臺北：文津，2000），頁133-64。

100 行政院文建會曾於2001年8月舉辦了「臺灣藝術與設計中折射的殖民現代性」研討會，其中收入吳密察，〈被轉化的風景──從清代至日本時代〉；島津直子，〈殖民的邂逅──日本旅遊文學對於殖民地臺灣的描述〉；渡邊俊夫，〈日本風景畫與臺灣──現代性、殖民主義和國家認同〉；廖新田，〈蠻荒之美──殖民臺灣風景畫中的冒險、旅行與漫遊〉及菊池裕子，〈現代臺灣工藝發展中折射的鄉土主義〉等文，均與本文主題有密切關係。唯大會所編製之會議手冊中上述諸文均只提供簡短的研究摘要，未能進一步了解每位作者詳細的論證內容。此外，日本學者曾山毅於2003年底出版《植民地臺灣と近代ツーリズム》一書，該書主要從鐵道交通系統的裝備、旅遊景點與觀光空間形構，山岳觀光及旅行對臺灣及日

出，日治時期是臺灣旅行活動由「個人探險」進入到「制度化」旅遊極為重要的時期，因此制度化旅遊如何形成，以及在此制度化中，旅行空間以何種方式、何種標準、透過何種權力運作被創造出來的過程，將是本文的核心課題。從制度建立的角度來看，日本殖民政府無疑是旅遊制度化最主要的建構者、發動者和參與者，因此，在本文中所討論的旅遊主體，將集中在日本人及殖民政府，至於臺人在此一制度化旅遊環境中如何參與、如何看待此一制度化環境，此一課題需要以不同的材料及視角處理，將來會以獨立的文章進一步探討。

此處所謂「旅行的制度化」，包括了旅遊組織從無到有的生成過程，以及旅遊活動的普遍化過程。組織的生成過程表現在一個社會中開始出現了專司旅遊活動的機構（如政府部門設置規畫管理旅遊活動的機構，以及非政府部門中商業旅館、旅行社等）；透過組織的力量創造開發旅遊空間，並予以固定化（如溫泉、海水浴場的開發、「風景名勝區」的指定等）。旅遊活動的普遍化過程則表現在旅遊活動媒介的普及與導引（如旅遊手冊的編製發行、風景明信片的問世，報刊媒介的宣傳，以及鐵道交通工具的普及等）；參與旅遊者在數量及階層上的逐步擴張與深化；以及人們有意無意間在制度環境的導引下進行旅遊活動，並且在旅遊中與既存制度所提供的各種地景資訊對話，從而複製、再現、認可或重詮這些資訊所傳

本的影響等面向，探討殖民統治與近代觀光旅遊之間的關係。該書的核心論旨，乃強調近代鐵路系統是殖民統治政治經濟文化力量延伸最重要的工具，而旅遊亦是在此一系統下，強化殖民統治與文化霸權力量的機制，透過旅遊，日本旅行文化得以穿透臺灣社會，並且進一步影響了戰後臺灣的旅遊文化。該書討論鐵道對旅遊活動影響的觀點與本書的論旨相近，不過該書並未進一步處理旅遊與臺灣形象之建構與再現的問題，而此一課題正是本書所欲強調者。參見曾山毅，《植民地臺灣と近代ツーリズム》（東京：青弓社，2004）。

遞的價值。

　　不論就組織生成的角度或者旅遊普遍化的角度來看，「觀看」的行為都是這兩個面向的聚焦點，旅遊組織意圖建立並提供一種「觀看」的視野，而旅者則在這個被設計的架構下觀看事物，是以布爾斯廷（Daniel J. Boorstin）認為近代發展出來的旅遊觀光活動只是一種被調製出來的「擬制事件」（pseudo-events），亦即旅行社所安排的活動只是原有生活環境的再製假象（inauthenticity），旅者雖然脫離了原有的生活環境到異地活動，但旅者只習於觀看自己所熟悉的景物，而不願（或者忽視）觀察異地的實境（reality）[101]。然而旅者觀看的行為未必千依百順地馴服於這個被設計的框限，而被觀看者也未必全然願意毫無保留地被窺伺。麥肯納爾（Dean MacCannell）即指出：每個觀光客其實或多或少都在宛如舞臺中的異地場景裏尋找自己所認定的真實情境（staged authenticity）[102]。這個被觀覽的舞臺可以區分為「前臺」（front stage）和「後臺」（back stage）。在麥肯納爾看來，旅遊環境是與社會的分化（social differentiations）的程度互為表裏的，一個分化較低的社會沒有嚴格區分何者為「前臺」，何者為「後臺」；高度分化的社會往往是被切割成無數專業的小單元，每一個單元向心而封閉，不會任意開放給外人（outsider）恣意觀看，於是會逐漸分化出可被觀看的「前臺」和難被人一窺堂奧的「後臺」。根據「前臺」與「後臺」分化的程度，麥肯納爾將旅遊地分成六個層次：旅遊者進入一個尚未成熟的觀光地，通常得如冒險般地在該社會群體的邊緣遊走，他所觀看的

101　Daniel J. Boorstin, *The Image: A Guide to Pseudo-Events in America*, N. Y.: Harper, 1964，轉引自John Urry, *The Tourist Gaze: Leisure and Travel in Contemporary Societies*, London: Sage Publications, 1990, p. 7。

102　Dean MacCannell, *The Tourist: A New Theory of the Leisure Class*, Berkeley: University of California Press, 1999, pp. 91-99.

社會既是「前臺」，也是「後臺」。第二個層次則是社會將部分場景妝點成可以觀覽的「前臺」；第三個層次則是整個社會被裝飾成可以全覽的「前臺」（如設立「觀光區」將社會百態複製於此表演展示）；第四層次則是旅者可以進到「後臺」，驚鴻一瞥地觀看該社會公眾生活可被公開觀看的部分（如博物館、展演廳、公園，以及公共建築等）；第五層次是可以允許觀看「後臺」部分經由仿製的較為私密的生活內容（例如在上班時間開放部分機構、建築、工廠等讓人參觀）；最後一個層次則是旅者已逐漸涉入「後臺」，成為當地的一分子（旅居者）[103]。一旦社會為了順應旅遊的需求而出現前臺／後臺的區分，則必然會設計指引旅者觀看的各種「標籤」（marker），一方面區隔出前臺／後臺，另一方面指引／限制旅者的視線與視野。麥肯納爾指出，探究旅遊活動時，旅者／景象／標記（tourist/sight/marker）的三重關係必須同時考慮，而吸引（attraction）則是串聯三者的元素。他利用透納的概念，指出旅者從原有環境出發到達異地的過程，其實就是一種類如宗教朝聖般的「通過儀式」（rite of passage），在異地旅遊的過程中，那些足以讓旅者感到「神聖化」（sacralization）的景致，往往是讓旅者能夠產生觀看衝動的吸引力之所。產生神聖化的場所，一方面來自觀者既有文化的脈絡，另一方面也來自旅遊當地的文化脈絡，旅者若能感覺到可以抽離自身脈絡而得以進入（儘管可能只是極為膚淺的表相接觸）異地的文化脈絡，則會有如朝聖者般的經驗，覺得自己可以轉換原有的身分、階級，脫胎換骨[104]。

對照上面的討論，我們可以發現，筆者所謂「制度化生成」的面向，正好可以和麥肯納爾的「標籤」概念相互呼應，旅遊機構是

---

103 Dean MacCannell, *The Tourist*, pp. 100-102.

104 Dean MacCannell, *The Tourist*, pp. 39-50.

前臺／後臺地景及標籤的製造者與「黏貼者」；旅遊手冊、地圖、照片、風景明信片等則是傳遞標籤語彙、語意的媒介，而旅行活動的普遍化則可對應於旅者旅行日記在標籤前臺／後臺地景指引下的解讀、對話記錄。隨著旅遊的普遍化，前臺景物逐漸擴大，部分「後臺」景物亦逐步被納入「前臺」，甚至在某些情況下後臺也逐漸開放允許觀覽展示，這種前臺／後臺場景的出現、擴大、變換與轉置，也是考察旅遊活動制度化的另一重要指標。透過麥肯納爾的概念，正好提醒我們在探討旅遊活動時，必須注意旅者、地景、文化脈絡之間的複雜關係。在以下的討論中，筆者將先描繪日治時期建構旅行標記（marker）的制度過程，其次，藉由分析殖民政府出版之旅行手冊，以了解手冊中提供了何種地景圖式及吸引目光的元素，並對照旅者的遊記，以了解旅者在此制度化旅遊活動中，解讀他們所觀看到的臺灣。

一、制度化旅遊環境的形成

　　日本在江戶時代就已發展出相當蓬勃的旅遊傳統，當時日人最重要的旅遊活動就是徒步旅行至伊勢神宮參拜，估計每年至少有五十至六十萬的信徒從各地蜂湧至伊勢神宮，為自己及親友祈福、消災。這個宗教之旅的活動對於日本制度化的旅行習慣之形成具有重要的影響。首先是集團旅行習慣的形成。由於參加進香者多半由各村中推派二至三名代表再與臨近村落集合成一較大進香團體，進香者的旅費則由村落各家戶分攤。進香團在到達伊勢的途中則有為數近千家的「御師」（或「先達」，即近似今日的嚮導）代為料理食宿問題。由於進香客的旅費是由他人負擔，因此香客在回程時一定要購買禮物作為饋贈，以答謝親友支助之情，也藉著禮物證明自己的確曾走過這趟旅程。由於進香客人數極為龐大，因此在沿途也就逐漸發展出販賣各地特產品的商業活動。到了十九世紀明治維新以

後，西方新式旅遊組織進入日本，旅遊目的不再是以宗教祈福為主，但江戶時代留下來的集團旅遊和購買禮物的習慣卻一直沿襲下來，成為日本旅行文化中最重要的特色[105]。

　　十九世紀末期日本旅遊活動另一個值得注意的發展趨勢，即在於「海外觀光」活動的誕生。伴隨甲午戰爭與日俄戰爭的勝利，戰爭賠款的獲取、工業投資的擴大，資本大為擴張，日本國內經濟頓形蓬勃[106]，國民生產毛額在甲午戰爭後的十年間成長了一倍[107]。經濟與政治力量的擴張，帶動了海外旅遊的產生。1906年由朝日新聞社主辦的「滿韓巡航旅行會」是日本海外觀光旅行團的發軔，隨後即引發日本人組團觀光韓國及中國東北的風潮。兩年之後，朝日新聞社再度舉辦環球世界九十天的觀光活動，1912年Japan Tourist Bureau（JTB，今日「日本交通公社」的前身）成立，專司招徠外國旅者赴日旅遊[108]。這些事件表明了日本在二十世紀初期，透過媒體的策畫與宣傳，海外旅遊逐漸成為大正時期日本國民休閒生活的一部分，而殖民地臺灣正是海外旅遊活動中的重要目的地之一。

　　日治時期使得旅行制度化的因素除了日本原本的旅遊文化因素

---

[105] Kanzaki Noritake, "The Travel-loving Tradition of the Japanese," *Japan Echo*, Vol. 19, No. 4, (Winter 1992), pp. 66-69. 另可參見：Umesao Tadao (梅棹忠夫), "Tourism as a Phenomenon of Civilization," Ishimori Shuzo (石森秀三), "Tourism and Religion: From the Perspective of Comparative Civilization," and Connstantine N. Vaporis, "The Early Modern Origins of Japanese Tourism," both in Umesao Tadao, Harumi Befu and Ishimori Shuzo ed., *Japanese Civilization in the Modern World, IX: Tourism*, Osaka: National Museum of Ethnology, 1995, pp. 1-38.

[106] 矢內原忠雄著，周憲文譯，《日本帝國主義下的臺灣》（臺北：帕米爾，1987），頁13。

[107] 西川俊作、阿部武司，〈概說：1885-1914年〉，收入西川俊作、阿部武司編集，《日本經濟史(4)：產業化の時代》（上冊）（東京：岩波書店，1990），頁5, 45-59。

[108] 有山輝雄，《海外觀光旅行の誕生》（東京：吉川弘文館，2002），頁1-133。

之外，是否還有臺灣的在地條件？以筆者所見，可以從政治、社會與經濟環境三方面來說明。

　　就殖民統治政治而言，旅行是促使臺人觀看日本近代性重要的管道，也是促使日人及全世界看到日本統治臺灣成功的管道，因此殖民政府花了不少力量建構各種有利旅行的條件，製造許多促成旅行的活動。例如1896年曾邀請當時著名的臺灣紳商李春生到日本遊覽[109]；1898年在臺灣仿效清代鄉禮酒飲之制而舉辦了「揚文會」，將全臺各地具有紳章資格之社會領導階層群聚於臺北。彰化詩人吳德功則因此行而寫下《觀光日記》一書[110]；1903年大阪舉行「第五回內國勸業博覽會」，殖民政府特別動員了數百名臺灣士紳至大阪參觀博覽會，順道旅行京都、奈良、名古屋和東京等地[111]。這些由殖民政府推動的旅遊活動，都是希望藉由動員臺人參觀日本的相關建設以達成臺人認同、接受日本殖民統治政策。因此這類旅遊具有高度的統治意義。反向來看，殖民政府也希望日人能到臺灣來旅遊，藉著旅行了解殖民統治的現況，展示殖民統治的成果。最著名的例子就是1915年在臺北舉辦的「始政二十周年臺灣勸業共進會」，不但對岸福建省派了觀察團來臺參觀此項博覽會[112]，日本還特別派了閑院宮載仁親王來臺觀覽[113]。從以上的描述，我們其實可以發現，不論就日人或臺人而言，旅行活動都是殖民政府展示統治

109 李春生因此遊而寫成《東遊六十四日隨筆》一書。李春生，《東遊六十四日隨筆》（福州：美華，1896）。

110 吳德功，《觀光日記》（臺北：臺灣銀行經濟研究室，臺灣文獻叢刊第89種，1960）。

111 參見本書第三章第二節的討論。

112 張遵旭，《臺灣遊記》（臺北：臺灣銀行經濟研究室，臺灣文獻叢刊第89種，1960）。

113 參見呂紹理，《水螺響起》，頁150-51。閑院宮載仁親王是繼北白川宮能久親王之後，第一個到臺灣來旅遊觀覽的日本皇族，此後即陸續有久邇宮和1923年皇太子東宮的造訪，見下文的討論。

成果的利器，而這個殖民統治的特點，正是塑造「制度化」旅行的重要政治背景。

　　就社會背景而論，都市人口的增加及都市化的趨勢是促使這種生活形態改變的重要社會基礎，作息節奏的改變，星期制的出現則為人們提供了休閒生活的時間背景[114]。此外教育過程中殖民政府也提供了培養人們享受旅遊樂趣的條件。日治時期各級學校都會在春暖花開的三、四月間舉行修學旅行；畢業生也多半會舉辦畢業旅行活動，規模小者環島一週，規模大者甚至到日本去旅遊[115]。伴隨著生活形態的改變，旅遊成為休閒生活中的重要部分，旅行不只是有閒階級的專屬活動，更逐漸成為大眾化的全民活動。筆者過去的研究已顯示，日治時期臺灣社會領導階層最喜愛的休閒活動之一就是旅行[116]。

　　就經濟背景而言，交通工具的變革，鐵道系統的鋪設、公路、汽車等交通工具的引入則為人們提供了旅遊活動的移動基礎。縱貫鐵道系統的完成無疑是促使旅行制度化最重要的條件之一。貫串西部平原的縱貫鐵道在1908年全線通車，可由基隆直抵高雄，1936年以前並且完成基隆至竹南及臺南至高雄的副線工事。以縱貫線為基礎而形成的延伸路網，包括基隆至蘇澳、竹南至彰化的海線及高雄至屏東溪州的屏東線工程則於1924年全部完工[117]。以縱貫線為

---

114 有關星期制與休閒時間出現的過程請參考呂紹理，《水螺響起》，第五章。

115 呂紹理，《水螺響起》，頁162-63；游鑑明，《日據時期臺灣的女子教育》（臺北：國立臺灣師範大學歷史研究所專刊[20]，1988），頁133, 180-82。

116 參見呂紹理，《水螺響起》，頁155-63；呂紹理，〈日治時期臺灣社會的休閒生活與商業活動〉，收入黃富三、翁佳音主編，《臺灣商業傳統論文集》（臺北：中央研究院臺灣史研究所籌備處，1999），頁357-97；呂紹理，〈從《臺灣人士鑑》看日治時期社會領導階層的休閒傾向〉。

117 周憲文，《臺灣經濟史》（臺北：開明，1980），頁828-30；呂紹理，《水螺響起》，頁91-93。

主軸，日治時期還發展出綿密的支線路網，其中以各製糖會社經營之營業線及私鐵和手押軌道最為重要。糖業鐵道營業線肇始於1909年鹽水港製糖會社開辦之新營—鹽水港區間。同年總督府頒布「臺灣私鐵規程」，以管理民間經營之鐵道。至1945年為止，私鐵的興築由最初的571.4公里成長為1943年的3024.2公里，這些私鐵多半分布在中南部盛產甘蔗的地區[118]。除了私鐵之外，在臺灣鄉間扮演重要運輸功能的交通工具當屬手押軌道。此一交通工具原為運兵以鎮壓抗日活動之用，後來才轉變為一般民間的運輸工具。1909至1931年間手押軌道的路線成長了5.11倍，成為許多窮鄉僻壤最重要的對外通路[119]。

　　路網的形成對於擴大旅行範圍具有重要影響，鐵道站間距離、速度和票價也是影響旅行活動的重要因素。臺灣鐵道的重要特點之一即在於各站間距離相當短，平均各站間距離所花的時間只有18:45分鐘，密集的停靠站分布使得鐵道成為進入各大小城鎮最重要的管道。其次，鐵道的運輸速度在日本統治的五十年間也進步神速，1908年縱貫鐵道剛開通時，急行列車由臺北至高雄約十一小時，普通車十六小時，到1923年時，普通列車的時速已縮短了一個小時以上。因此，到了一九二〇年代，火車的速度已使臺灣西部平原形成一個可以在四十八小時內南北往返一次的旅程[120]。交通路網愈趨細密，交通工具日益迅速，無異提供了旅行大眾化最重要的誘因。

　　除了上述政治、社會和經濟環境的大背景之外，還有一些制度化的條件促使旅遊活動更為普遍，此即旅行機構的建立、旅館系統

118 臺灣總督府編，《臺灣の鐵道》（臺北：編者自印，1935），頁73；周憲文，《臺灣經濟史》，頁840-41；李方宸，〈臺灣糖業鐵路經營之研究（1946-1982）〉（臺北：國立政治大學歷史研究所碩士論文，2001），頁15-45。

119 菅野忠五郎，〈軌道と牛車〉，《臺灣鐵道》（1918年2月），頁9。

120 呂紹理，《水螺響起》，頁94。

的形成和旅遊手冊的發行等。

　　首先就旅行機構而言，最早在臺灣出現的旅行機構當屬總督府交通局鐵道部下轄的運輸課。總督府每年有將近3萬元的預算用於觀光旅行宣傳，如刊印《臺灣鐵道旅行案內》、發行風景明信片、照片集等，除此之外還舉辦觀光博覽會、映寫會等活動以刺激觀光。一九三〇年代以後還加入了日本鐵道省普通遊覽券東亞遊覽券的發賣範圍，並在臺灣發行「臺灣遊覽券」，以方便遊客在臺日之間旅遊。第二個官方設立的旅遊單位是成立於1930年的「日本觀光聯盟臺灣支部」。此一組織乃因應1930年日本政府成立「國際觀光局」之後，京都市長順勢主張成立日本觀光地之聯合會而有之組織。臺灣支部設於鐵道部內，因此仍具有相當濃厚的官方色彩。中央以降，地方政府設有旅遊觀光主管單位的只有臺北市在1937年5月成立「臺北市觀光係」，該單位並於臺北火車站內設有「觀光案內所」提供市內旅遊相關資訊。除了官方機構之外，民間最早出現的旅遊團體當屬1913年由內田嘉吉、下村宏、新元鹿之助、白勢黎吉等日本官吏組成的「日本旅行協會臺灣支部」。此一團體最重要的貢獻在於提供來臺旅者相關的旅遊資訊。該團體最重要的機關刊物為英文版的《ツーリスト》（Tourist）和日文版的月刊《旅》，此二刊物均為旅者提供重要的旅行情報。1936年時該團體在全臺共有12個「案內所」（導覽所），提供旅客動態旅遊資訊。此外，1930年霧社事件之後，日本對於山區的控制力大為加強，順應當時日本內外高漲的觀光熱潮及藉觀光達成「國際親善」的目的，在1932年8月成立了「阿里山國立公園協會」，此後陸續成立了「臺灣國立公園協會」、「大屯山國立公園協會」、「臺灣國立公園臺中協會」和「大ロコ（太魯閣）國立公園協會」等組織[121]。

---

[121] 三十島祝，〈臺灣に於ける觀光機關の全貌〉，《臺灣鐵道》，1937年6月，頁25-28。

　　上述旅行機構的功能在於提供旅行資訊、規畫旅行路線及提供
必要的旅行服務，但是在實際的旅行中，與旅者最相關的莫過於旅
館，旅館是旅者在異地生活的重要據點。清代臺灣提供旅者暫宿的
機關，就政府官吏而言，有各地成立的「公館」[122]，赴販商賈則可
以投靠各地的郊商會館（如臺南有兩廣會館），一般民眾除了借宿
民宅之外，最重要的旅宿地點就屬各地的寺廟。清末開港後，因應
外商來臺經商的需要，也有一些外國人開設的旅館出現[123]。日本統
治臺灣之後，上述屬於漢人的旅社自然無法滿足他們的需求，因此
開始有了日式及西式的旅館。其中規模最宏大，建築設備最豪華的
頂級旅館當屬明治41年（1908）11月1日於臺北火車站對面築成的
「臺北鐵道ホテル」（見圖版5-2）。此旅館總面積共三層樓三千餘
坪，共有27間客房，每一層樓還有讀書室、集會室，另有理髮部及
西式、日式澡堂。一樓則有容納三百人的大餐廳，可以舉辦各種集
會和宴會，鐵道部還特別聘請法國廚師主廚，可算是臺灣最早的西
式餐廳。另外還附設有撞球間和戶外運動場等休憩設施。鐵道ホテ
ル是由總督府鐵道部經營，由於設備極為現代化，價格自然高昂，
一晚住宿費要1.60元至3.50元，在旅館內用餐則要花費一至二元不
等[124]。如此高昂的價格一般人當然無法享受，只有日本高官或者臺
灣士紳如林獻堂之輩才有此等財力住宿[125]。除了鐵道ホテル這種頂

---

122 杵淵義房，《臺灣社會事業史》（臺北：南天書局複刻本，1991），頁287-305。

123 例如德人漢諾威曾在大稻埕開設一家旅館，參見臺灣省文獻委員會編譯，《日本據
　　臺初期重要檔案》（南投：臺灣省文獻委員會，1978），頁110。不過，究竟有多
　　少間外國人開設的旅館，目前尚未可知，仍待進一步調查。

124 《臺灣鐵道旅行案內》，大正元年版，頁17。

125 由《林獻堂日記》可知，他到臺北公出時最常住的旅館之一，就是鐵道ホテル，
　　另外如高義閣也是林獻堂常住的旅館。鐵道部另在臺也設有「臺南鐵道ホテル」，
　　規模雖不及臺北，但設備仍然很豪華。

圖版5-2　臺北鐵道ホテル

資料來源：轉引自謝仁正策畫，《問候臺灣明信片集・洋樓滄桑》（臺北：
創意力，1993）。（創意力文化事業股份有限公司提供）

級旅館之外，在臺灣最具規模的旅館當屬「吾妻」旅館，在臺北、
臺中、岡山及高雄共有四家分店。這些旅館分為日式居多，臺式旅
館可以臺北「永樂ホテル」為代表（見圖版5-3），其設備其實較接
近西式，但供應餐點則為臺菜[126]。除了上述代表性的旅館之外，日
治時期的旅館在1912年時有95家，1927年時增加至116家，隨後
因殖民政府大力推動觀光事業，旅遊活動日益活絡，旅館數乃大
增，至1942年時，儘管已進入戰爭期，但在《鐵道案內》中列舉的

---

[126] 昭和16年版的《臺灣鐵道旅行案內》裏附有一份一桌三十元的菜單兩式：清湯大
燕、生炒大蝦、紅湯魚翅、翠皮燒雞、清湯水魚、半席蝦餃、鴛鴦絨鴿、神山冬
瓜、八寶煎蟳、如意片笋、杏仁豆腐和完席不忍（布丁）；另一菜色則為冬荷魚
翅、金錢蝦餅、水晶鴿卵、蔥燒小雞、蘆笋蟳羹、半席炸春餅、炸滷盤鴨、神仙
白菜和鮑魚燴肚、紅燒鮮魚、杏仁白果和完席酥餅（日本點心）。《臺灣鐵道旅行
案內》昭和16年，頁45-46。

圖版 5-3　永樂旅社

資料來源：轉引自興南新聞社編，
　　　　　《臺灣人士鑑》（臺北：
　　　　　興南新聞社，1943），
　　　　　內頁廣告。

旅館數仍有 189 家之多（參見表格 5-14）。這些旅館一般來說都有提供膳食，但是像今日觀光旅館那樣提供各種旅遊資訊的服務，除了鐵道ホテル之外，似乎在其他地方都很少見到[127]。儘管如此，這些旅館仍然是旅遊臺灣時無可或缺的據點。

表格 5-14　臺灣旅館數量的變遷

年份	旅館數	資料來源
1912	95	大正元年版《臺灣鐵道旅行案內》
1927	116	昭和2年《臺灣鐵道旅行案內》
1942	189	昭和17年《臺灣鐵道旅行案內》

---

127 呂紹理，《水螺響起》，頁155。

　　旅館提供旅者異地旅行的據點，旅行手冊則是異地旅行的導覽工具。清代出版的地方志雖然就內容而言，具有提供地方旅行情報的資訊，但就地方志編纂目的和其出版形式而言，卻不是為了一般人旅遊而設計的，最多只能說是提供宦遊者了解地方民情的手冊。日本統治臺灣之後，許多人類學家奉派至臺灣進行田野調查，也出版了不少有關調查旅行的紀錄，如伊能嘉矩的《臺灣踏查日記》、鳥居龍藏的《臺灣調查日記》等等，這類調查日記可以讓我們知曉人類學家田野調查的經過，但其編寫形式卻未必是要提供給旅行臺灣者使用，而較接近調查記實與紀錄的形式。第一本旅行手冊當屬1910年由總督府鐵道部所出版的《臺灣鐵道名所案內》，其後總督府鐵道部每一兩年就會出版一本《臺灣鐵道旅行案內》的手冊，供旅遊臺灣者使用[128]。這類的旅行手冊多半都會放在各火車站內寄售，方便旅者取得旅遊資訊。除了鐵道部及日本旅行協會臺灣支部編印之旅行手冊之外，還有一些因應特定需要而編印的旅遊導覽手冊，例如1930年臺北市民郊外踏青的風氣逐漸形成，因而有《臺灣日日新報》編輯出版的《臺日ハイキンクコース（臺北近郊篇）》（《臺日徒步旅行指南：臺北近郊篇》）[129]，此外還有民間自行出版的旅行書，如任職於臺北建成小學校之松澤聖編著的《臺內往來旅ノ栞》，以及陳石煌編輯發行之《臺灣風景紹介誌》等[130]。

---

128 目前筆者所能見到的《鐵道旅行案內》計有臺灣總督府鐵道部編印的《臺灣鐵道旅行案內》，大正元年版、昭和2年版及昭和13年版；另外日本旅行協會臺灣支部編之《臺灣鐵道旅行案內》（臺北：東亞旅行社臺灣支部印行的《臺灣鐵道旅行案內》則有昭和10、14至17年等版本。分別藏於國立臺灣大學圖書館、國家圖書館臺灣分館和中央研究院近代史研究所、民族學研究所和臺灣史研究所等圖書館。

129 臺灣日日新報社企劃部編纂，《臺日ハイキングコーヌ（臺北近郊篇）》（臺北：臺灣日日新報社，1937）。

130 松澤聖，《內臺往來旅ノ栞》（臺北：臺北活版社發行，1929）；陳石煌，《臺灣風景紹介誌》（臺北：商務印刷所，1935）。

　　以下我們將以1912、1930及1942年三個時期的《臺灣鐵道旅行案內》為基礎，討論旅遊手冊所提供的旅遊環境及其中所蘊涵的臺灣地理景象的論述。

二、旅遊手冊中的地理景觀論述

　　從1912、1930及1942三個年份出版的《臺灣鐵道旅行案內》中，我們發現這三個時期的旅遊手冊在內容及編排上有其固定不變之處，也有許多差異之點。就旅行時所需的生活資訊而言，三個時期的手冊都列舉了一些必要的項目，例如旅館名稱及食宿價格、當地政府機構和重要日本商工會社名稱、各火車站與附近鄉庄市鎮的聯絡路線和票價與旅程距離，還有各地的物產等等。不過，三個時期對於這些基本旅行生活資訊的詳略程度差異頗大，例如官衙會社一項，1912年版只臚列了各機構的名稱，1930年以後的版本則有較為詳細的地址；又如交通工具一項，1912年版只有大城市才有較詳細的資訊，1930年以後的版本則各火車站相關的路網和各交通工具的費用里程均逐一交代。各年版本中地圖的詳略差異也很大，1912年版只附了一張全臺交通路網圖，1927年以後的版本地圖資訊較為完整，附有各大城市的街道分布圖並標明重要機構的位置，1942年版雖沒有城市街道圖，但附有十五張區域交通略圖或「概念圖」。

　　其次，各時期雖然都附有各地物產資訊，但1912和1930年版都只有臚列名稱，例如新竹站的「物產」一欄內為「米、茶、苧麻、樟腦、腦油、蓪草、魚介和果實」，這樣的描述從1912年一直延續到一九三〇年代。所謂「物產」指的是當地的農工產業，而非可以供旅者消費購買的「特產」。1923年英國皇家地理學會會員魯特（Owen Rutter）到臺灣旅遊時，一路上一直抱怨無法享受觀光時逛街購物的樂趣，總督府派遣給他的導遊越村告訴他，在臺灣，唯

一可以滿足這種樂趣的地方恐怕只有臺北市，但魯特到了臺北以後卻大失所望，「連巧克力都買不到」，他的日本導遊只好安慰他，也許到東京才能大肆採購[131]。魯特的觀點當然是站在西方在十九世紀末葉以降已逐漸形成的旅遊購物消費習慣的角度來評斷，但也顯示《鐵道案內》中缺乏吸引旅客觀光消費的行銷廣告因素，所以1933年時《臺灣鐵道》雜誌上即有宮崎直介為文批評總督府鐵道部的《臺灣鐵道旅行案內》宣傳極為枯燥乏味，他以百分為滿分標準，為日本帝國境內各地的旅行手冊打分數，認為臺灣最好的宣傳文字只有40分[132]。為了改進這種缺失，到了1940年版的《臺灣鐵道旅行案內》裏，不但會介紹每個城市的「特產」，而且還明確地告訴觀光客可以到哪些商店機構購買這些特產，甚至在該年份《臺灣鐵道旅行案內》的開頭導覽部分臚列了臺灣各地特殊的街頭小吃[133]，書末還臚列了完整的「特產品」的價目表供旅客參考[134]。除此之外，伴隨各地農業專業生產區的形成，1930年以後的版本較有系統地安排各地特產品出場，例如走筆至桃園時就會有專欄介紹茶和樟腦；在新竹則專題說明柑橘生產，臺中則是米作；嘉義與森林資源和伐木有關，臺南是甘蔗王國等等，使農業物產與各地地景產生相對應

131 Owen Rutter, *Through Formosa: An Account of Japan's Island Colony*, 臺北：南天書局影本，1990，pp. 152-53.

132 宮崎直介，〈旅客誘致政策〉，《臺灣鐵道》，1933年3月號，頁28-41。

133 包括米糕粥、鹹粥、冬粉、肉粽、各種甜鹹粿和芋粿、菜頭粿、米笞目、香腸、豬血及甜點類的杏仁豆腐、仙草、豆花和綠豆湯等。臺灣總督府交通局鐵道部編纂，《臺灣鐵道旅行案內》（臺北：社團法人東亞旅行社臺灣支部，1942），頁46-48。

134 這些特產品包括各式草編之帽子、手提袋、蒲團等；水牛角及鹿角，原住民工藝品如弓、槍、瓢、神像、籠子等，樟腦製品、烏龍茶、文石、珊瑚、臺灣竹編之各式物品、原住民及臺灣人偶和蛇皮等等。臺灣總督府交通局鐵道部編纂，《臺灣鐵道旅行案內》，頁183-87。

的特定的符號系統。「特產」的出現，不僅意味著地景的「標籤化」，也意味著旅行活動不但朝向大眾化，而且開始趨向商業化[135]。

　　第三個差異變化是1912年版雖有介紹各地可供觀覽的景點及其梗概，但這些景點都只是零散的點，而沒有意識地把各孤立的點聯結規畫成一套旅遊的路徑。這個情形隨著日本皇族如閑院宮、秩父宮和東宮皇太子的造訪而開始有了改變。1923年東宮皇太子造訪臺灣之後，隔年出版的《臺灣年鑑》即將東宮太子旅遊的路徑規畫成一套簡明版本的「臺灣視察日程」。1930年的版本則可見到各大城市參觀旅行的建議路徑，但是各城市間如何形成一套整體的旅遊路線及每日該如何規畫旅遊路線等資訊卻沒有出現。一直要到1940年的版本我們才看到完整而詳細的臺灣一週、十和十七日旅遊的每日建議規畫行程[136]。旅遊行程開始有較為完整系統且細密的規畫，正是旅遊活動愈來愈「制度化」的表現。

　　第四個重要差異是圖片在《臺灣鐵道旅行案內》中的功能。1927年以前的《臺灣鐵道旅行案內》編輯的特點之一即是照片數量

---

135 特產品的出現，其實與旅行大眾化、商業化的趨勢密切相關，也是透過消費進行的一種「異文化」的想像過程，同時也是旅行的見證與記憶的聯結。有關特產品與旅行、消費社會和物質文化形成之間的關係其實還有許多值得進一步探討的課題。參見 Michael Hitchcock and Ken Teague ed., *Souvenirs: The Material Culture of Tourism*, Aldershot: Ashgate Publishing Ltd., 2000。

136 例如「豪華版」的十七日行程是由基隆上岸後前五天在基隆、臺北、板橋、淡水、北投、草山等地遊覽，第六至七天南下至臺中遊覽南投、日月潭後再南下至嘉義，第八至九天重點在嘉義與阿里山；第十天到臺南、高雄，第十一天由高雄往恆春，第十二天至四重溪、車城等地，第十三、十四天遊玩臺東和花蓮，第十五、十六天從太魯閣到蘇澳、礁溪、八堵，第十七天回到臺北，如此環島一週。上述行程總督府鐵道部有發行「臺灣觀光券」，其費用是30.83至47.73元不等。十日的觀光券價格為29.56至49.11元之間，七日遊之觀光券價格為18.20至33.80元。臺灣總督府交通局鐵道部編纂，《臺灣鐵道旅行案內》。

較多，1930年以後的版本照片明顯減少許多，1942年版甚至只有在開頭列了22張照片，其後通觀全書沒有任何一張插圖照片。就照片的內容而言，1930年以前《臺灣鐵道旅行案內》內照片有三大主題，一是殖民地的建設和建築，二是各地區的風景，三是臺灣特有的花卉植物。1930年以前《臺灣鐵道旅行案內》裏幾乎少有漢人的照片，即使有，也多半是遠景拍攝模糊不清，1942年版雖然照片稀少，但卻有清晰的漢人臉孔輪廓，而且有趣的是，照片中的人物幾乎都是女性，同時按照背後場景的不同，搭配不同族群的女性作為前景，如穿著旗袍的豐腴女子站在中國廟宇前或走在椰林道上，穿著和服女子出現在總督府博物館和神社前，身著洋裝的女子則輕快地穿過象徵近代性城市景觀的公園等。整體的女性身軀則與商品消費聯結在一起，如著洋裝的女子站在香蕉樹前作勢採摘，臺灣農村婦女手捧肥美的鳳梨等。男性出現在1942年版中只有一個畫面，就是漢人苦力揮汗如雨，費力地推著坐在臺車上身著西裝的旅客。歸納上述討論，我們可以發現，一九三〇年代以前照片在《臺灣鐵道旅行案內》中的功能是輔助、強化文字說明的功能，1942年版的照片則加入了藉由女性達成誘發旅遊的廣告元素（圖版組5-4）。

　　旅遊手冊不僅提供旅者在異地必要的生活資訊與行動準則，也提供了旅者可以觀看的地理景點。不同時期日本在臺殖民統治的方向與效果都清楚地反映在旅遊手冊選擇何處景點可供旅者觀賞，因此比較不同時期《臺灣鐵道旅行案內》提供了何種景點正可以讓我們了解總督府想讓人看到什麼？不想讓人看到什麼？想藉由看形塑何種殖民統治的形象？

　　比較三個時期的《臺灣鐵道旅行案內》，我們發現「產業」、「殖民建設」與「宗教之旅」是旅遊手冊中一貫不變的主題。不過，1912年版幾乎全是殖民產業的介紹，如北部金瓜石的煤金礦場、中壢平鎮的製茶工場、苗栗錦水瓦斯與出磺坑及遍布中部以南

圖版5-4-1 臺北建功神社前著和服 圖版5-4-2 臺中公園前著洋裝女性
　　　　　的女性

圖版5-4-3 手捧鳳梨的農村女性 圖版5-4-4 漢人寺廟前著旗袍的
　　　　　　　　　　　　　　　　　　　　女性

資料來源：以上四幀照片出自臺灣總督府交通局鐵道部編，《臺灣鐵道旅行案內》，
　　　　　1942年版書首圖版。

的製糖工廠。在都市內部著重具有西方建築風味的官衙公司的建築和具現代化都市指標的「水源地」。就宗教而言，1912年版較偏重介紹漢人各地的寺廟，許多小站附近的寺廟如新竹紅毛田的文昌宮、香山的一善堂、葫蘆墩（豐原）的聖王廟、林圯埔（竹山）的林圯總廟等都有為文介紹，甚至還會附上照片，但是到1930年以後，漢人寺廟所占篇幅愈來愈少，取而代之的是各地的神社和具有宗教及統治意涵的「北白川宮御遺跡地」，而且配合遊覽路線的規畫，各城鎮的神社往往是旅遊路線中的核心點。

在上述主題之外，1930年以後的《臺灣鐵道旅行案內》開始出現比較具有觀賞臺灣山水風景和人文景觀的報導，這是前一階段較為缺乏的部分。在城市部分，一定會介紹當地的公園和劇場及較為詳細的餐飲業資訊。近郊山區和海水浴場也是新出現的景點。就山林野趣的介紹而言，1912年版只臚列了各火車站附近可供漁獵之處的資訊，和少數溫泉景點。有關山岳旅行的資訊除了阿里山鐵道沿線景點之外，其他全部闕如。1930年以後的版本則不但有海水浴場，溫泉的報導也明顯增加。到1942年版時甚至在開頭的導覽中闢專章介紹臺灣的名山並為旅者規畫登山路線和登山須知。此外，1912年版幾乎沒有任何有關漢人生活習俗的介紹，1927年以後的版本則在書首的總論裏臚列漢人一年中重要節慶日期及活動內容，還附有漢人耕作、河邊洗濯和龍骨車灌溉的照片，以及前已述及的臺灣鄉土特產和小吃等等。同時對於坐落於大城市周邊的一些中小型漢人城鎮聚落也有較多描述。

總結三個時期旅行案內的比較，我們可以發現幾個特點：

一、景點的取擇具有強烈的「類比式」思維。早期的旅遊景點充滿了與日本國內風景的比對，那些符合日本風景特色，或者能夠喚起日人思鄉情懷的景點，是得以入選為景點的重要標準。例如日月潭之所以受青睞，是因它與「琵琶湖」相近似，北投溫泉總讓日

人想到箱根溫泉。

　　二、景點的取擇具有明確的殖民統治的指標，因此重要的官衙建築、神社、北白川宮能久親王所到之處或者日軍登臺上岸之地都在入選之列。不過，1912年版本的旅遊手冊中還比較側重傳統漢人的宗教寺廟，1930年的版本則明顯地減少了這類的篇幅，增加了各地神社的重要性。此外，早期有關溫泉的資訊比較缺乏，1930年的版本則增加了不少篇幅強調，相同的情況還有海水浴場、和公園。

　　三、景點的取擇缺乏時間性與歷史性，神社、北白川宮能久親王遺跡或者日軍登陸地雖然是「歷史事件」的發生地，但它之所以獲選，是因為這些地點具有超越時間的「神聖性」，是要讓人永遠記得這些地方。缺乏時間性最明顯的表現，就是這些風景點沒有反映臺灣季節、時間及人文風俗的節慶特性。就這點而言，畫家對於臺灣氣候風土敏銳的觀察補足了旅遊手冊中無時間性的缺點。

　　四、景點的取擇具有強烈的產業性格。早期旅遊手冊中往往只會介紹當地的重要產業，尤其是製糖工場，往往是中南部少數能夠出現在手冊中的地標。

　　五、早期旅遊手冊中稍微能反映臺人生活空間的，只有寺廟建築，這也是少數具有歷史時間性的地方。

　　六、對比麥肯納爾的「前臺／後臺」概念，我們可以發現，初期的旅遊景點可說是殖民政府將其在臺灣的各種建設作為開發旅者觀覽的「前臺」，這個「前臺」只指涉了與日本殖民統治成功建設臺灣的各種「標籤」，旅者順著標籤的指引，只能看到「日本在臺灣」，而無法進一步接觸「後臺」的臺灣實景；但是到了一九二○年代中期以後，則開始妝點部分的臺灣社會風貌，亦即將部分「後臺」景象複製於「前臺」展示。

　　從不同時期《臺灣鐵道旅行案內》內容的比較，我們看到四十年間有關旅行資訊的提供日趨「制度化」的軌跡。那麼，到臺灣的

旅者是否完全按照《臺灣鐵道旅行案內》提供的訊息在臺灣亦步亦
趨，按圖索驥？以下將以三個案例來說明旅者實際旅行活動與《臺
灣鐵道旅行案內》之間的關係。第一個案例是日本皇族閑院宮載仁
親王（1915年來臺）、久邇宮（1920）和東宮皇太子（1923）來臺
遊覽的過程；二是日本貴族院議員德富蘇峰於1929年來臺訪問；三
是英國皇家地理學會會長魯特（Owen Rutter）在1923年由北婆羅洲
途經臺灣至日本的旅行。由於這三個例子都是官式訪問，總督府均
有派員招待導覽，因此可以看到實際旅行活動與《臺灣鐵道旅行案
內》規畫的旅行活動是否一致。三種案例的旅遊行程列於表格5-15。

　　閑院宮和東宮皇太子由於具有皇族身分，因此他們旅遊的行程
自然有些地方與一般平民不同，例如只有他們才能訪視軍營，也只
有他們才有可能在官方的動員下觀看小學生聯合運動會和接見一般
官民。他們訪遊臺灣，一方面是要「巡視」臺灣殖民統治的狀況，
另一方面也是一種權力與教化的「展示」[137]。但是除開這些具有權
力展示與統治教化意味的活動之外，他們在臺灣旅行觀看的內容其
實並未跳出總督府《臺灣鐵道旅行案內》的安排，而他們行經之
所，後來更成為後繼造訪者循跡重踏的路徑。1929年德富蘇峰遊覽
臺灣，當他到達桃園角板山時，迫不及待地要去觀看曾經是閑院
宮、久邇宮和東宮皇太子居住過的角板山貴賓館，還要追想幾位皇
族曾站在同一地點俯視展望的情景[138]。比對德富蘇峰在臺一個月的
行程，可發現他完全按部就班，照著《臺灣鐵道旅行案內》裏指定

---

[137] 若林正丈曾為文主張1923年東宮皇太子造訪臺灣的過程是「秩序劇」、「教化劇」
　　和「神話劇」的表演與展示，藉由權威的展示、象徵性的模範行誼和禮儀達到
　　「內地延長主義」的統治效果。參見若林正丈，〈一九二三年東宮臺灣行啟と「內
　　地延長主義」〉，收入大江志乃夫主編，《岩波講座：近代日本と植民地／卷二：
　　帝國統治の構造》（東京：岩波書店，1995），頁87-120。

[138] 德富蘇峰，《臺灣遊記》（東京：民友社，1932），頁40-45。

表格5-15　日本皇族與德富蘇峰遊覽臺灣行程

閑院宮遊覽臺灣行程		久邇宮遊覽行程		東宮皇太子遊覽行程		德富蘇峰遊覽臺灣行程	
日期	來訪者及參觀行程	日期	來訪者及參觀行程	日期	來訪者及參觀行程	日期	來訪者及參觀行程
1915/4/16	閑院宮載仁親王及妃殿下抵臺參加勸業共進會	1920/10/20	久邇宮同妃殿下來臺	1923/4/16	東宮皇太子隨伏見宮博義王來臺、宿總督府官邸	1929/2/9	到達基隆—臺北—住臺北鐵道ホテル
1915/4/17	參觀臺灣神社、總督府、第一聯隊本部、研究所、國語學校、專賣局、中學校、高等女學校	1920/10/21	總督府、軍司令部、市內各學校	1923/4/17	參觀臺灣神社、臺灣總督府、植物園內生產品展覽會、中央研究所農業部、淡水紅毛城及芝山巖	1929/2/10	臺灣神社—劍潭寺—三橋町明石總督墓地—建功神社—植物園—龍山寺—蓬萊閣午宴—大橋町觀臺北橋—總督府博物館
1915/4/18	參觀共進會式場	1920/10/22	臺北至臺中	1923/4/18	中央研究所、師範學校、師範附屬小學校、太平公學校、軍司令部、高等法院、第一中學內教育品展覽會、醫學專門學校、御泊觀番人舞蹈、警察官及司獄官練習所、臺北工業學校	1929/2/11	訪舊友—西門市場—新店碧潭—總督府圖書館
1915/4/19	觀赤十字社支部愛國婦人會篤志看護婦人會總會、鐵道hotel、赤十字社支部、醫學校、赤十字社支部病院、愛國婦人會支部、鐵道hotel夜會場	1920/10/23	臺中神社、各學校、第三大隊、帝國製糖會社	1923/4/19	臺北至新竹、新竹州廳、新竹尋常高等小學校、臺中州廳、臺中第一中學校、宿臺中知事官邸	1929/2/12	中央研究所—參觀總督府—臺北醫院—臺北仁濟院—臺北水道水源地—中央研究所農業部—臺北帝大—專賣所參觀樟腦製造過程
1915/4/20	臺北出發至臺中、參觀臺中神社、臺中公	1920/10/24	臺中至嘉義、觀營林所製材工場、至臺南	1923/4/20	臺中至臺南、州廳、御遺跡、孔子廟、臺	1929/2/13	桃園大溪角板山—三井製茶所—番童教育

	園、水源地、中學校				南師範學校、第一公學校、第一中學校、開山神社、盲啞學校、衛戍病院、宿臺南州知事官邸觀臺灣武技提燈行列		所—生番物品交換所—貴賓館
1915/4/21	第三大隊本部、臺中出發至臺南第二聯隊本部、御遺跡所、臺南公園、中學校、盲啞學校	1920/10/25	御遺跡所、孔子廟、中學校、第二聯隊	1923/4/21	安平、臺灣製鹽會社、鹹水養殖試驗場、第二聯隊、午後至高雄州廳、第一尋常高等小學校、乘艇遊高雄港、宿貴賓館	1929/2/14	角板山—新竹—新竹神社—北白川宮露營地—蓪草會社—新竹公園—臺中
1915/4/22	臺南至打狗乘汽艇至御休憩所、臺灣製糖會社	1920/10/26	臺南至高雄、貴賓館、觀高雄港內、高雄至臺南	1923/4/22	臺灣製糖社會屏東製糖所、鳳山無線電信所、屏東飛行場、高雄山登山	1929/2/15	臺中神社—工藝傳習所—臺中公園—臺中水源地—行啟記念館—臺中物產陳列所—師範學校—芭蕉檢查所—帝糖工場—臺中州廳—臺中刑務所
1915/4/23	臺南至臺北	1920/10/27	臺南至臺北	1923/4/23	乘金剛艦至澎湖、回基隆	1929/2/16	臺中—彰化—二水—外車埕
1915/4/24	御旅館總督官邸接見番人、博物館、農事試驗場、水源地	1920/10/28	參臺灣神社、博物館	1923/4/24	到基隆、觀孤拔墓、基隆港築港工事、重砲兵大隊、回臺北、午後觀博物館及圓山運動場之全島聯合大運動會	1929/2/17	外車埕—五城—魚池—大林
1915/4/25	臺北返東京	1920/10/29	武德祭、林業試驗場、大稻埕公學校、高等普通學校、偕行社	1923/4/25	草山及北投溫泉、途中觀數千隻家鴨放飼、遣使至角板山、招待官民喝茶	1929/2/18	大林—埔里—司馬鞍水電事務所—日月潭—聽番婦杵歌—番人學校—五城—外車埕—二水—虎尾
		1920/10/30	農事試驗場、	1923/4/26	步兵第一聯隊	1929/2/19	觀覽虎尾街—

			專賣局、第一聯隊、研究所、小學校聯合運動會、武德會		閱兵、專賣局、第一高等女學校、武德殿、第三高女、圓山運動場陸上競技、宿地賜宴總督田健治郎、本島固有各物觀覽		虎尾神社—虎尾小學校—製糖場—嘉義—嘉義製材所—嘉義神社
		1920/10/31	公學校聯合運動會、北投溫泉、鐵道hotel 天長節奉祝夜會	1923/4/27	七點出發至基隆離臺	1929/2/20	嘉義—阿里山
		1920/11/1	回東京	1923/4/29	將高雄山改名為壽山	1929/2/21	阿里山—祝山—阿里山神社—學校—神木—嘉義
						1929/2/22	嘉義—臺南—臺南神社—孔廟—清乾隆諭刻龜碑—五妃廟—開元寺—開山神社—臺南市公會堂—安平—鹹水養殖試驗所—鹽田—安平製鹽會社—赤崁城—安平港—紅毛城—媽祖廟—臺南公園
						1929/2/23	臺南—烏山頭—嘉南大圳—高雄—高雄港—壽山—高雄神社—西子灣海水浴場
						1929/2/24	高雄—潮州—枋寮記念碑—南勢湖—鵝鑾鼻燈臺—石門古戰場—四重溪溫泉
						1929/2/24	南勢湖—潮州—屏東—阿緱神社—林綿順

							芭蕉園―臺糖製糖場―下淡水溪鐵橋―鳳山―曹公祠―鳳梨罐詰會社―鳳山市街
						1929/2/25	高雄―彰化―員林―永靖陳慶雲宅―北白川宮遺跡―彰化農業倉庫―彰化神社―臺中
						1929/2/26	臺中―臺北
						1929/2/27	臺北―板橋林本源宅邸―淡水―舊砲台―英國領事館―紅毛城―北投―草山
						1929/2/28	草山―七星山―竹子湖―大屯山國立公園候補地
						1929/3/1	草山―士林―芝山巖―士林園藝試驗所―北投八勝園―新莊―鷺州李氏柑橘園
						1929/3/2	臺北―澳底―北白川宮登陸記念碑―宜蘭―宜蘭神社―宜蘭農林學校―宜蘭孔廟―西鄉堤―公園―小學校―礁溪溫泉
						1929/3/3	礁溪―八堵―基隆―孤拔墓―臺北
						1929/3/4	離臺

資料來源：臺灣經世新報社編，《臺灣大年表》（臺北：臺灣經世新報社，1939）。

　　德富豬一郎（蘇峰），《臺灣遊記》（東京：株式會社民友社，1929），頁
　　12-143。

圖版5-5　德富蘇峰夫婦與鳳梨合影

資料來源：轉引自德富蘇峰，《臺灣遊記》，書首照片。

的地點一一觀覽。甚至他還要照著《臺灣鐵道旅行案內》和許多風景明信片中的場景，在嘉南平原的鳳梨田裏拍照留念（圖版5-5）。從德富與鳳梨合影的畫面中我們看到《臺灣鐵道旅行案內》提供的制度化旅行在旅者身上摹寫複製的效果和力量[139]。

　　相對於日本皇族、議員規格化制度化的旅行活動，魯特遊訪臺灣就顯得有些「脫序」。他從高雄上岸後，隨即被帶往壽山（時稱高雄山）登高觀覽高雄市景觀，然後趨車參觀阿緱製糖所，再折返高雄乘火車抵臺南，在那兒他拜訪了臺南州廳、安平、延平郡王祠、安平古堡、鹽田、孔廟、赤崁樓、天后宮、北白川宮遺跡和臺南市場，他還被安排至臺南女子小學校參觀英語教學的情況。學校特別安排一位女學生用英文唸一段課文，但那位女學生卻因為太過

---

139 論者亦謂德富蘇峰此次訪臺所希望看到的不是臺灣，而是「日本在臺灣」，參見島津直子，〈殖民的邂逅──日本旅遊文學對於殖民地臺灣的描述〉，行政院文建會主辦，「臺灣藝術與設計中折射的殖民現代性」研討會，2001年8月，頁9。

緊張而僵在臺上，漲紅了臉不知所措。他在天后宮附近發現了燈籠店，非常興奮地希望能夠拍下製作過程，但店內光線太暗，日本導遊告訴他漢人不喜歡被人拍照，怕魂魄會被攝走，他費了一番周折才拍到照片。在觀看鹽田時，他也有與日人對景象完全不同的理解。在《臺灣鐵道旅行案內》裏的鹽田，總是以介紹生產方法和日人利用新進技術達成精製鹽的水準和提高產量的說明，但魯特卻只討論鹽專賣制多麼不符合市場自由的原則[140]。相似的場景，六年後德富蘇峰到了臺南鹽田時，只在書前附了一張鹽田照片，對於鹽田的生產與經濟特性一筆帶過。魯特在嘉義的活動也與眾不同，他沒有上阿里山去，只參觀了營林所伐木工場。他的導遊越村因為只來過嘉義一次，對嘉義也非常陌生，所以就讓魯特夫婦自己在街上閒逛，他感到十分無聊，說嘉義市街乏味的程度和英國鄉村小鎮的景色沒什麼兩樣。最後在離開嘉義前發現挑著煮熟米飯的小販，覺得與倫敦街頭叫賣栗子的小販相近，所以拍了一張照片。在臺中，他被招待參觀水源地、臺中公園和商品陳列館，在陳列館他收到館方致贈的西洋杉製成的香盒。在臺中公園，他拍攝了一張公園景色（圖版5-6），避開了所有當時旅遊手冊必然出現的地標建築：公園湖心的涼亭，反而刻意地將殘存的清代省城門樓放在照片遠處的中心視點。在魯特乘火車到臺北的途中，到處可見水田沃野，他盛讚臺灣市鎮極其秀麗，但現代建築卻出奇地難看。到達臺北後，他也住在「鐵道ホテル」，他非常滿意這間旅館的服務和經營方法，甚至認為歐洲的一些旅館都該向鐵道ホテル學習。在臺北的行程非常緊湊，他被安排參觀臺灣日日新報社印刷廠、中央研究所、臺北醫院和專賣局樟腦製造所。他有一個下午的自由活動，乃赴淡水拜訪英國商務領事。淡水之旅被魯特形容是最輕鬆自在的活動，因為英

---

[140] Owen Rutter, *Through Formosa*, pp. 45-112.

圖版5-6　魯特所拍攝的臺中公園

資料來源：轉引自 Owen Rutter, *Through Formosa*, p. 130。

國人最不喜歡被人安排著走的旅行方式。這種性格在他參觀樟腦製造所時就發生了插曲。他要求要參觀鴉片製造過程，日本導遊面有難色地斷然拒絕了他的請求，而且也不必向他解釋任何理由[141]。

　　總結上面的討論，我們可以發現，上述三種案例都是官式旅遊活動的案例，但日本皇族、議員並不會對於所安排的行程有何異議，甚至對於《臺灣鐵道旅行案內》中的介紹還要希望能夠身歷其境親自模擬一番。來臺旅遊參訪的日人總會循著王公巨親曾經走過的足跡，循著相同的路徑，形成一種固定的旅行模式。參拜神社延續日本旅行文化中既有的宗教傳統的一種行進路線。按著王公巨親走過的路線或許可以看作是一種「通過儀式」的再現，模擬有權勢者的行止，想像帝國的權力，也想像自己具有相似的權力。參與官式旅遊者所觀看到的臺灣，只屬於「前臺」具有日式風格的臺灣，

---

141 Owen Rutter, *Through Formosa*, pp. 126-212.

也似乎滿意於「前臺」所傳遞的成功統治訊息。但相對於不具日本文化的外國人而言，他們不能滿意於只觀看到這個「前臺」，魯特在臺灣的行程雖然沒有超越官式安排的範圍，但一路上他卻抱持著自身文化的理解從截然不同於日人的角度來看待與日人看到的相同風景，他更希望繞過「前臺」去窺探「後臺」臺灣人生活的面貌，是以臺南街道製燈籠者、嘉義街道販賣熟米的挑販，這些對他而言才真正能表現「後臺」臺灣人生活的景象，才是他在臺灣旅行時著意觀察與獲致樂趣的泉源。魯特希望能看到「後臺」臺灣的想法，正好與一九二〇年代以降，長期居住在「後臺」臺灣的日本人的想法相互呼應。

官式旅遊制式化的安排容或可以約束那些對臺灣人生地不熟的異地觀光客，對於久居臺灣的日人和生長於斯的漢人而言，這樣的約束是沒有效力的，他們可以現居地的優勢，用徒步的方法穿越《臺灣鐵道旅行案內》的限制，在臺灣的大街小巷、鄉間陌路裏尋找他們所認定的臺灣景象。在臺灣活動的美術家，正是重新思索並且重新詮釋臺灣地景的另外一種力量。

三、脫隊與歸隊的旅行

到了一九三〇年代時，殖民政府已建立了一套制度化的旅遊活動，創造了一種制度化的觀看臺灣的方式，這個方式包含了殖民地現代化統治的成果展示，包含了神道思想的延續，包含了模仿權力再現的旅遊行為，也包含了殖民地產業特性的宣揚。然而到了一九二〇年代以後，在臺「灣生日人」的成長，逐漸取得了文化上的發言權；1920年以後日人來臺觀光的人數大增，逐漸制式而陳腐的「前臺」景象已不能滿足旅者的好奇。這些新的壓力也都使得原本規制化的旅遊空間在這種新的旅行環境及人口下必須改弦更張，其中日人藝術家及灣生日人對於這套官制版本的旅行模式提出許多不

同的見解，也挖掘出許多過去官方沒有刻意強調的旅行景點，1927
年進行的「臺灣八景票選」活動最為重要。不過，在討論上述議題
之前，我們先來回顧一下一九二〇年代逐漸形成的，以畫家為首的
有關臺灣風景觀的論述。

　　畫家所見到的臺灣，和旅遊手冊上希望人們見到的臺灣之間，
總有許多的落差。畫家獨自彳亍街頭山野，尋找他們心目中不落入
俗套的風景，並將之入畫。例如影響臺灣美術界最深的石川欽一郎
就曾在〈水彩畫與臺灣風光〉一文中，點出他所認定的臺灣風景的
基本構圖：

> 　　臺北的色彩看起來還（較日本）更加地美。紅簷黃壁搭配綠
> 竹林效果十分強烈，相思樹的綠呈現日本內地所未曾見的沉著
> 莊嚴感，在湛藍青空搭配下更為美妙。空氣中的水分恰如薄絹
> 般包圍山野，趣味極其溫雅。其他雲彩、陽光都是本島特有的
> 美，內地怎麼也無法相比。……本島風景實在是自然創造的傑
> 作，規模雄大，色彩壯麗，變化的巧妙真令人驚嘆。比起庭園
> 盆景式的內地風光。[142]

　　石川強調臺灣風景的特殊性要從光影及自然風物所呈現的特殊
色調中去找尋臺灣風景的特點，而他從這個標準出發，認為臺灣風
景的特色在於：

> 　　臺灣是全日本中色彩最鮮豔而多變化的地方。況且，類此鮮
> 豔和變的趣味，從臺灣北部逐漸向南移時便愈發明顯。到嘉義

---

142 石川欽一郎，〈水彩畫與臺灣風光〉，收入顏娟英，《風景心境：臺灣近代美術文
　　獻導讀》（上）（以下簡稱《風景心境》）（臺北：雄獅，2001），頁30。

以南，落日餘暉，天地俱沉醉在紅色的彩霞中，除了本島以外，在日本任何地方都看不到。華麗的程度與有名的印度洋落日景觀相同。看慣了這樣的美景，特別感覺日本的夕陽瘦弱，色彩貧乏。[143]

　　相同的論點也出現在〈麗島餘錄〉一文裏，說「臺灣山岳卻無論如何也沒有日本的淒涼壯烈感，我想這是因為臺灣島亮麗的光線以及色彩鮮豔的緣故」[144]。石川對臺灣風景特色總結式的評語就是：「如果形容內地是『山紫水明』的話，臺灣的山水……可以稱之為『山青水光』之鄉。」石川並且將這種觀點延伸至民族性的問題上，認為「臺灣的山水，主要是外向性格，不能說對人沒有影響。快活、享樂、熱情是大多數臺灣人的性格。我想這也和山水一樣，以表面的表現為主，缺乏內在的精神要素。或者反過來說，精神性的內面被表面性的強烈表現所遮蓋了」[145]。

　　除了歸納臺灣風景的基本元素之外，石川也試圖指點一些他認為符合上述元素而值得觀看入畫的景點，包括臺北市火車站附近、大稻埕往淡水河畔之地、圓山至士林一帶、大漢溪流的景致、板橋林家與附近農田的搭配、樹林車站附近的小河與淡水一帶，都是風景優美之地，而觀光客最喜去的北投卻被他評為充滿銅臭味[146]。而他心目中臺灣最美的景色，是保留在明治、大正初期「尚未近代化，洋溢著純粹臺灣的風貌，尤其那時的臺南看來像是奈良或者羅馬那樣的古都容顏。當時一眼望去盡是古老的美好景色，而現在走

---

143 石川欽一郎，〈水彩畫與臺灣風光〉，頁32。

144 石川欽一郎，〈麗島餘錄〉，收入顏娟英，《風景心境》（上），頁40。

145 石川欽一郎，〈臺灣的山水〉，收入顏娟英，《風景心境》（上），頁53。

146 石川欽一郎，〈臺灣的山水〉，頁53；石川欽一郎，〈初冬漫步〉，收入顏娟英，《風景心境》（上），頁36-39。

在臺灣，到處已看不見任何特色，實在令人遺憾，這也是時代潮流，令人無可奈何」[147]。

受到石川的影響，大正、昭和初期來臺旅遊活動的日本美術家也多半循著石川的眼光來看待臺灣風景，他們也都認為竹林、紅瓦的農家配上水牛是典型的臺灣風景代表，或者隨著地理區域的變化，將植物改換為北部的相思樹、中部的芭蕉、南部的椰林和榕樹[148]。

在所有討論臺灣風景的文字當中，大概屬丸山晚霞最具系統與概念化。他在〈我所見過的臺灣風景〉一文中為「風景」一詞下了定義：

> 風景就是景色，我們所稱讚的風景，具有某個特殊點，具有最佳場面才稱為風景。

他又將風景區分為「形體來看的風景」和「色彩來看的風景」，前者指「線的結合的風景」，後者則指色彩搭配的風景。而不論形體或色彩，總體構成的圖樣則可分為直線條所構成的「壯美」及曲線構成的「優美」二類。

除此之外，丸山還將風景所涵構的人文條件與心境活動加入，區分出具有歷史意義或歷史事件的「史景」與能夠引動心境的，「譬如在劇場，演出悲劇時的場面就可暫時稱為」的「情景」二類。丸山並且總結他所觀察到臺灣景色的基本構圖：

---

147 石川欽一郎，〈臺灣風光的回想〉，收入顏娟英，《風景心境》（上），頁54-56。

148 石川欽一郎，〈初冬漫步〉，頁36-39；三宅克己，〈臺灣旅行感想〉，收入顏娟英，《風景心境》（上），頁59-60；石川寅治，〈洋畫家所見的臺灣〉，收入顏娟英，《風景心境》（上），頁70。

前景是相思樹森林，即使是一棵，或者一排相思樹並道林，
或者是相思樹的小山丘，背景搭配中央山脈，水牛作為點景，
這是我對臺灣景色的第一印象歸納成的風景。[149]

　　在同一篇文章中，丸山細數了他認為值得入畫的景點，包括了
阿里山、臺中柳川的柳樹、臺南的鳳凰木、高雄港港口、壽山觀
海、高屏平原中的香蕉木瓜甘蔗園和養鴨人家、屏東街角榕樹下的
戲臺，以及具有「史景」趣味的安平和淡水等地[150]。

　　畫家執筆繪畫、提筆為文地尋找臺灣風景的特色並為其美學價
值定位，他們尋求的是牧歌式的風景，具有不受工業化與近代化污
染的臺灣，他們渲染出來的景色充滿了懷舊鄉愁氣息，同時也點出
了臺灣亮麗鮮豔的異國風景特質。他們心目中的臺灣美景與《臺灣
鐵道旅行案內》裏所強調的產業臺灣的形象南轅北轍，但他們脫離
鐵道的束縛，尋得心中美景之後，卻又把這些景色重新帶進鐵道旅
遊的圈域裏。1927年由《臺灣日日新報》仿效日本模式而舉辦的票
選「臺灣八景」活動，正是畫家觀點在游離出官式旅遊路徑之後的
反撲。

　　1927年4月東京與大阪先行發起日本「新八景票選活動」，其出
發點原為了促銷報紙銷售量，卻演變成全民參與的國土認同與國民
風景運動。臺灣則在5月時由《臺灣日日新報》推出「臺灣八景」
票選活動。其目的就是要通過大眾媒體的宣傳，誘導全民參與投
票，並由「有識之士鑑選」，共同決定新的臺灣風景視點，塑造一
套配合日本帝國文化的臺灣風景名勝。此指導小組的負責人還是官
方的木下信，實際執行的「審查小委員會」由七人組成，其中有四

---

[149] 丸山晚霞，〈我所見過的臺灣風景〉，收入顏娟英，《風景心境》（上），頁84-87。
[150] 丸山晚霞，〈我所見過的臺灣風景〉，頁87-92。

表格5-16　「臺灣八景」票選結果

表格5-16-1　1927年7月29日公布臺灣八景預定地之票數高低順序：

高雄州：1. 鵝鑾鼻、2. 壽山	臺中州：3. 八仙山	臺南州：4. 阿里山
臺北州：5. 基隆港、6. 太平山	新竹州：7. 五指山	臺北州：8. 臺灣神社、9. 淡水港
花蓮港：10. 太魯閣峽	臺中州：11. 日月潭	臺北州：12. 觀音山
新竹州：13. 大溪、14. 獅頭山、15. 出礦坑	臺南州：16. 虎頭埤	臺北州：17. 新店碧潭
高雄州：18. 旗山	臺北州：19. 雞籠山	臺中州：20. 霧社

註：景點前的數字代表得票高低順序

表格5-16-2　按照州別排序的八景預定地

州別	景勝名稱及排序
臺北州	5. 基隆港、6. 太平山、8.臺灣神社、9.淡水港、12.觀音山、17.新店碧潭、19.雞籠山
新竹州	7. 五指山、13. 大溪、14. 獅頭山、15. 出礦坑
臺中州	3. 八仙山、11. 日月潭、20. 霧社
臺南州	4. 阿里山、16. 虎頭埤
高雄州	1. 鵝鑾鼻、2. 壽山、18. 旗山
花蓮港廳	10.太魯閣峽

註：景點前的數字代表得票高低順序

表格5-16-3　1927年8月27日公告確定之臺灣八景十二勝

A. 別格：神域：臺灣神社；靈峰：新高山			
B. 臺灣八景：			
1. 臺中：八仙山	2. 高雄：鵝鑾鼻	3. 花蓮港：太魯閣峽	4.臺北：淡水
5. 高雄：壽山	6. 臺南：阿里山	7. 臺中：日月潭	8. 臺北：基隆旭ケ岡
C.十二勝：			
1. 臺中：八卦山	2. 臺北：北投草山	3. 新竹：角板山	4. 臺北：太平山
5. 臺北：大里簡	6. 新竹：大溪	7. 臺中：霧社	8. 臺南：虎頭埤
9. 新竹：獅頭山	10. 臺北：新店碧潭	11. 新竹：五指山	12. 高雄：旗山。

資料來源：宋南萱，〈「臺灣八景」從清代到日據時期的轉變〉（中壢：國立中央大學藝術學研究所碩士論文，2000），頁38-48。

位是臺灣美術界極具影響力的人：井手薰、石川欽一郎、尾崎秀真與鄉原古統。官方考慮臺灣八景的標準時，除了具有特色，史蹟價值之外，更考慮其將來開發為國家公園等公眾遊樂所的可能性，與全島的地理分布的平均性[151]。

票選風景的方法是先由民眾以明信片投票，依票數高低決定前二十名的預定地，再由上述專業人士組成審查委員會決定最後八景的地點，民眾投票結果占決選成績的30%，而專業人士的審查委員會則占70%，可見審查會才是最終決定的單位。從6月10日至7月10日一個月的時間裏，臺灣日日新報社收到的民眾投票數竟然高達三億六千萬餘票，遠比日本新八景的票選活動多出三倍。這其中當然不乏各州廳強力動員的問題，但是票選活動如此熱烈，其實正表明了民眾對此活動高度關注。1927年8月27日公布整個票選結果，除了選出八景十二勝之外，又加上了神域（臺灣神社）和靈峰（新高山，即玉山）二項[152]。這項票選結果立刻在當年出版的《臺灣鐵道旅行案內》中刊列，作為各地風景名勝的宣傳賣點。這個票選活動對臺人的影響，可以從《吳新榮日記》中的一段話印證：

> 我自己訂出臺灣八景如下：
> 新高山靈峰
> 太魯閣仙環
> 阿里山雲海
> 日月潭蕃歌
> 大屯山積雪

---

151 顏娟英，〈塑造南國美術殿堂——臺灣展傳奇〉，收入顏娟英，《風景心境》（上），頁178-79。

152 宋南萱，〈「臺灣八景」從清代到日據時期的轉變〉，頁38-48。

> 淡水河歸帆
>
> 澎湖島漁火
>
> 鵝鑾鼻鯨波
>
> 其中，日月潭及澎湖島曾於臺南商專時代遊過；大屯山及淡
> 水河曾於臺灣博覽會時順便遊過。其餘新高山、阿里山未去，
> 打算最近的將來一遊為快。遊完八景，其次十五年間，打算周
> 遊大陸。再其次十五年間環遊世界。旅程即是人生。[153]

吳新榮自選的八景，除了大屯山與澎湖島之外，其餘均與1928年的
票選結果多所雷同，而且他還在內心打算應該要全遊一遍才算快
事。吳新榮只在日記中票選了他心目中的八景，並沒有收拾行囊親
自造訪所有勝景，住在豐原的張麗俊則身體力行。 1928年12月6至
9日，張麗俊參加在高雄舉辦之全島產業組合大會，因而有機會到
南部一遊，他先在臺南下車，遊覽了赤崁樓、兩廣會館、五妃廟、
開山神社等名勝，隔天一早才到高雄，他只開了半天會，就開始遊
觀高雄，這次他特別去了才被新選為「臺灣八景」之一的壽山，另
外還遊覽了前清砲臺、燈臺之古蹟，隔天更南下屏東，觀臺灣八景
之首選鵝鑾鼻燈臺。他特別登上燈臺，「東瞻火燒嶼、南眺琉球
島，但只恍惚而已」[154]。 1930年9月17至22日，他到基隆探望女
婿，順道遊歷了臺灣八景之一的旭岡、八堵基隆水源地、金瓜石、
九份和基隆山。他對基隆山頗為鍾愛，言「若予有伴侶，有時間，
定上此峰一觀，無愧為臺灣之山祖也」[155]。 1930年11月22至26
日，他又以參加全島產業組合大會名目，遊歷了關子嶺、住在林獻

---

153 吳新榮，《吳新榮日記》（戰前）（臺北：遠景，1981），頁96。

154 張麗俊著，《水竹居主人日記》（第7冊），頁456-59。

155 張麗俊著，《水竹居主人日記》（第8冊），頁268-72。

堂最喜愛去的「洗心館」，第二天遊烏山頭觀嘉南大圳，第三天則與參加會議之組合員百餘人登阿里山，他原本有機會一遊祝山以觀新高山（玉山），但不幸染下痢，他說「此回登阿里山及上關子嶺遊烏山頭皆予素有此心久矣……心殊不甘」[156]。1931年12月的產業組合大會在新竹召開，張麗俊當然也不能放過這個機會，所以12月5日開了半天會之後，他又開始遊歷市街、獅頭山、大溪、角板山貴賓館及合脗坪番人住家[157]。1932年則是參加了北部優良街庄組合之視察活動，再到臺北，不過，這次他遊觀淡水，「東瞻大屯、西望觀音、南看稻江、北覘雲海」[158]。張麗俊對於這些景點的觀感，未必依循日人所賦予的眼光與評斷。他曾自言：

> 我一生好漫遊，前日北上觀博覽會尤其次也。到中壢，往大嵙，到桃園，西往大園，東入石門，此廣我眼界而寔獲我心也。[159]

雖然他對阿里山的景色讚不絕口，但是他一路最注意的，並不是殖民者期待人們注意的林業開發的面向，而是抱憾自己「今無李杜長篇學，恨不全圖寫景還」，無法筆墨描盡眼前景致；又如他在基隆旭岡附近的旅遊，仍然持著傳統的風水觀來觀看，因而讚嘆基隆山為「臺灣之山祖」。不過，儘管張麗俊對於臺灣山水有自身的情感與評價，但是五年之間，張麗俊幾乎遍遊了八景十二勝，指引

156 張麗俊著，《水竹居主人日記》（第8冊），頁295-99。

157 張麗俊著，《水竹居主人日記》（第8冊），頁465-68。

158 張麗俊著，《水竹居主人日記》（第8冊），頁131-36。

159 張麗俊著，《水竹居主人日記》（第10冊），頁126。文中的博覽會即指1935年始政四十周年記念臺灣博覽會。

他去這些景點觀看的線索，仍然是受到票選八景活動的牽引」，可見此次票選對臺民的影響。

　　從畫家參與並且決定「臺灣八景」的建構運動，我們看到畫家在旅遊地景取擇上的角色與力量。而這種角色顯現出在旅行隊伍中，游移於脫隊與歸隊之間的曖昧關係。畫家尋找入畫景點時雖然極力避開官式設定的「產業臺灣」的視野，但卻又借著官方的力量，希望將他們所發掘和認定的臺灣景象納入官式的觀看模式裏。換言之，「取景」的價值標準背後總包含了一種社會與政治的力量。鐵道是一種權力[160]，它使旅者得以穿越空間的障礙，到達過去所無法企及之地，但鐵道也是行動的限制，它只帶著旅者到達它所能到達的地方。旅遊手冊正是這種行動可能性與限制的表現。從一九二〇年代石川欽一郎等畫家對於臺灣風景的討論裏，我們看到畫家似乎要跳脫鐵道的束縛，離開大路，進入臺灣鄉野的小徑裏。離開鐵道代表了脫離政治權力官式標準的觀看視野，但是這些畫家離開鐵道，離開道路之後，其實扮演的角色也還是權力的延伸，他們再度進入體制裏，藉著體制的權力，要告訴還未上路的旅者「處女地」在何方，新處女地於是就會再度出現在官式的旅遊手冊裏；他們試圖拆解官方所搭建的制式「前臺」景色，將「前臺」的場景拉得更為寬廣。從這個角度來看，畫家是權力延伸的先鋒尖兵，他們在意圖跳脫官方標準的觀看角度之後，卻又再度延伸並擴展了官式

---

[160] 美國著名的地景理論者杰克遜（John Brinckerhoff Jackson）即曾指出，道路其實是形塑地景的權力場域，在近代國家尚未形成之前，道路是商運與村落之間連通的管道，但在近代國家形成的過程中，道路卻是政府延伸其統治權力的觸角。道路帶進了陌生的訪者旅客，同時帶入了不同的生活方式與價值觀。使用道路本身就是一種權力的使用，也是權力的延伸。參見 J. B. Jackson, *A Sense of PLACE, a Sense of TIME*, New Haven: Yale University Press, 2000, pp. 5-10。

觀看的權力觸角。1938年出版的《臺日徒步旅行指南：臺北近郊篇》一書中我們就看到仿效「臺灣八景」繪葉書的觀看淡水的畫面而拍攝的淡水街屋照片，證明了畫家觀看風景視野對於一般旅者的影響力（圖版組5-7）。

　　藝術家對於界定臺灣風景的作用還不只表現在參與評審「臺灣八景」的活動。從地景中他們擷取了某些元素和特質加以符號化，透過形象符號化的過程，使得地景中複雜多變而難以掌握的景象化約成簡單而可以辨識的符號，並且透過印刷媒介和各種宣傳管道，成為人們認知地景的固定形象。換言之，藝術家改造了原有官方建構的「地景標籤」，並且創造了新的地景標籤。這個新標籤創造的活動，以1935年由宮地硬介編輯發行的《臺灣名所案內》發揮得最淋漓盡致。該書挑選出31個臺灣「名所」，每一個風景點除了有簡單的文字介紹之外，最引人注目的，就是附上每一個地區代表當地形象的郵戳（見圖版組5-8）[161]，每一個郵戳都是將日人心目中能夠代表當地的符號加以組合而成的圖案。例如臺北市的郵戳以通往臺灣神社的明治橋為代表；淡水以中國式帆船的符號表示、臺中公園內的尖頂建築一直是臺中市的地標，彰化八卦山則與北白川宮紀念碑的形象相連、嘉義是北回歸線碑、北港是肥胖逗趣而親切的媽祖圖樣、臺南安平則以荷蘭人的漫畫方式呈顯、鵝鑾鼻自然就是照射南洋的燈臺。這些符號化的圖案是異地外人在對臺灣茫無所知的情況下建構的地理指標，幫助異鄉客能夠指涉自身的位置，但也反映了地景符號化與地標化的企圖，而這種企圖配合著其他歷史條件，在戰後逐漸成為一個地方「在地認同」的指標。

---

161 根據臺大歷史所王淑津小姐指出，這些郵戳實際上都出自鹽月桃甫之手。

圖版5-7-1 吉田初三郎臺灣
八景中之淡水

資料來源：轉引自李欽賢撰文，
《斯土繪影》（臺北：
立虹，1996），頁36。

圖版5-7-2《臺日徒步旅行指南》中之淡水

除了沒有漁舟和日夜景的差異外，這張照片取景的角度和圖版5-7-1吉田初三郎的畫作
如出一轍。

圖版組5-8 宮地硬介編輯,《臺灣名所案內》(臺北:編者,1935)中
之各地風景郵戳

5-8-1 基隆	5-8-2 臺北	5-8-3 草山
5-8-4 北投	5-8-5 淡水	5-8-6 新店
5-8-7 大溪	5-8-8 角板山	5-8-9 新竹
5-8-10 南庄	5-8-11 苗栗	5-8-12 臺中

5-8-13 日月潭　　　　5-8-14 霧社　　　　5-8-15 新高山（玉山）

5-8-16 彰化　　　　5-8-17 北港　　　　5-8-18 嘉義

5-8-19 阿里山　　　　5-8-20 關子嶺　　　　5-8-21 臺南

5-8-22 安平　　　　5-8-23 高雄　　　　5-8-24 屏東

5-8-25 恆春	5-8-26 鵝鑾鼻	5-8-27 宜蘭
5-8-28 蘇澳	5-8-29 花蓮港	5-8-30 太魯閣
5-8-31 臺東	5-8-32 澎湖	

四、小結

　　1895年日本統治臺灣之後，臺灣即成為日本國民旅行的新天地。對於日本人而言，早期在臺的旅遊活動較具有「探險」的意味，隨著日本在臺控制力的加強，「探險」活動乃逐漸轉向旅行與觀光的性質。1908年縱貫鐵道全線通車之後，更使在臺的旅行活動朝向「制度化」的方向發展。旅遊的「制度化」正是日治時期臺灣

旅行活動最重要的發展方向與特質。就外在大環境而言，生活作息形態的改變、星期制時間系統的出現為旅遊活動提供了時間誘因；交通路網的細密化和交通工具日趨快速則提高了旅行活動的效率和速度，而殖民政府希望藉著旅行以使人們觀看到殖民統治的進步成功，則是政治力量促使旅行成為制度化的重要推力。此外，就旅行本身的內在環境而言，旅遊機構的誕生、旅館系統的出現，以及旅遊手冊的發行等，則為旅遊提供更為方便的條件，這些都是使得旅行朝向制度化發展的重要因素。不過，從形塑旅行朝向制度化發展的內外因素中，我們大體可以看到這一制度化的發展一直與政治權力的運作息息相關。殖民政府推動旅遊觀光的目的在於透過旅行中的「觀看」活動，傳達殖民統治產業建設的成效，旅行中的觀看角度自始即與宣揚殖民統治成果的目標相聯結。為了達成此一目標，旅行機構的組建、旅遊手冊的刊行，以及旅行空間的創造，也都是配合此一目標下的產物。

此一制度化環境下創造開發出來的旅遊空間，一開始是孤立散置的景「點」，具有強烈的殖民權威、產業宣傳與神道宗教的色彩，到了一九二〇年代以後，這些散狀孤立的景點逐漸被組織成具有先後順序的圈域與路徑。在此一旅行路徑中，安排觀看先後順序的標準，是以殖民政治與神道宗教為第一核心圈域，向外延伸出代表殖民地現代性的各種建設，第三個圈域是臺灣的鄉野，最後才觸及到山地地帶。在此一系統化、規格化的旅行行程上，總是以城市中各地神社或官衙建築為起點，途中經過可以宣揚殖民現代化的水源地、公園，搭配殖民經濟產業活動的公司行號，再向外擴延到城市周邊鄉村具有服務日人休閒活動的溫泉、海水浴場，以及代表殖民地農業生產進步性的各地農特產。這些旅遊圈域的標示圈選的過程，正是旅遊地景「前臺」出現、擴大、逐步將部分「後臺」景色轉置於「前臺」，而旅遊手冊中開始注意並報導漢人農業生產內

容、漢人生活方式、鄉土小吃等內容，正表明了開放部分「後臺」給予觀覽的過程。這種「擴大前臺」、開放「後臺」的轉變，體現了旅遊活動制度化的另一個面向。

在此一規格化的旅遊行動路線下，人們對於觀看臺灣的角度和對於臺灣形象的認知也逐漸趨向固定化，使得異地來臺的旅者一想到臺北，就會浮起總督府、臺灣神社、北投溫泉、碧潭、淡水紅毛城等景象，一提及桃園，就聯想到角板山和平鎮茶，一說新竹，就會浮現出磺坑油田和五指山，一談起臺中就會跳出臺中公園湖心的尖頂建築和日月潭的山水和靈峰玉山。人到了嘉義，就會想去看北回歸線地標和阿里山神木，行經嘉南平原則不能放過當地沃野平疇的甘蔗田，進入臺南市就一定要去一趟赤崁樓和熱蘭遮城或者孔廟、開山神社（延平郡王祠），走訪高雄則非得上壽山，想到臺灣的邊境就一定會浮現鵝鑾鼻燈塔的形象。

一九二〇年代末期以後，旅行空間除了上述的政治宗教與產業的特點之外，也逐漸加入了服務民眾消費購物的商業化特性，於是人們對於臺灣地景的認知系統又加上了與各地「特產」相關的形象。臺北盆地的茶和樟腦、新竹的柑橘、臺中的米產和中部以南遍地可見的香蕉、鳳梨、檳榔、椰子、芒果，以及這些果物製成的各種乾果蜜餞，都成為另一種指涉臺灣形象的「特產」。我們是經由這些異地旅者的指引才發現了臺灣有異於其他地方的「特色」。以代表各地的水果而言，香蕉、鳳梨、椰子、檳榔、柑橘，這些在清代早已出現的果物在地方志中並沒有特別被凸顯出來，成為代表臺灣形象的符號[162]，是在日本殖民者的眼光中，這些物產才脫離了它

---

[162] 例如柑橘在清代原本以彰化一帶種植者最有名，但到日治時期時卻成為代表新竹的物產，見周鍾瑄，《諸羅縣志》（臺北：臺灣銀行經濟研究室，臺灣文獻叢刊第141種，1962），頁206；香蕉在各地方志皆有出現，並不特出，但在日治時期卻成為代表臺灣形象的果物。因為每年有大批的香蕉從臺灣銷到日本之故。

們平凡無奇的地位，成為一種指涉與認同的標的。

我們不能忘記，這些成為指涉地標的果物和特產，一開始是以農村品評會展品的姿態出現在眾人面前，經歷無數眾人調查、觀覽、評鑑的篩選，端上了國內外博覽會的供桌，供異域大眾瀏覽、食用。博覽展示系統正是促使這些物品脫離平凡無奇地位，轉而成為具有地標指涉功能最重要的一種因素，而這點也正是博覽展示活動與旅遊活動之間彼此緊密相關的表現。博覽展示與旅遊活動另一共生的關係，在於許多博覽展示活動是促成臺人出門旅遊的重要動因，前面所舉張麗俊多次藉參觀共進會、博覽會之便，得以周遊西部平原勝景，正是博覽展示活動與旅遊活動密切相結的例證。博覽展示活動最初提供了一個觀看自身與異域的「前臺」，讓觀者得以在抽繹、複製、重組的空間中觀看「臺灣館」，旅遊活動則引領旅者進入「後臺」，讓旅者在實境地表中馳騁觀看實體的臺灣，至此，臺灣的實體自然地景與人文社會，已「宛如博覽會」一般。制度化的旅遊活動不僅提供了更為全面的觀景窗，更進一步擴延了博覽展示活動所蘊涵的「觀看文化」，而旅者在各地購買「特產品」，則是旅遊實景所呈顯之物產加以商業化的結果，博覽會中商業化的傾向也循著觀覽文化的擴大而進一步滲透到實體的臺灣社會之中[163]。

觀者從「前臺」般的博覽會臺灣館進入到「後臺」的實境臺灣，其所見所聞有何異同？從前述旅遊動線與圈域的設計中，我們可以發現，殖民者採擇可供觀覽「後臺臺灣」的標準，其實與其採擇物品以供博覽會展示的標準若合符節，亦即「殖產興業」與「文

---

[163] 米契爾即曾指出，十九世紀末葉開始，博覽會即具有高度商業化的色彩，而其商業化的程度，與博覽會場外實際社會商業化發展的軌跡同步，因此從商業化的角度觀之，世界乃「宛如博覽會」。見 Timothy Mitchell, *Colonising Egypt*, Berkeley: University of California Press, 1991, pp. 10-13。

明開化」的價值觀貫穿在這兩種觀覽活動之中，其所異者則有二，一是在國外博覽會場中不再以原住民作為凸顯文明開化成果的手法，但在臺灣島內，不論共進博覽會或者旅遊活動，原住民作為文明開化成果的展示反而更為強化；二是在島內的旅遊活動中，參拜神社是極為首要的環節，這點在一九二○年代以後尤其明顯，但是在島外各種博覽會場中文明開化的內涵卻不包括神道宗教的成分，換言之，在展示觀看中的「文明開化」，包含了兩種不同的外顯方式，在面向日本及世界的島外展示活動中，文明開化要凸顯現代性對於改變殖民地的功效，以便能與當時世界的潮流接軌，但在面向島內時，文明開化的內涵則是在現代性的外衣下，包裹著日本文化與宗教的內涵。

臺人對於博覽會與旅遊活動所提供的視域又有何種反應？我們可以說，接觸博覽會的臺灣士紳，對此種展示活動充滿了既驚奇又欽羨的心態，他們藉由博覽會得以一窺現代性文明的力量，並且極力想追趕上前，博覽會提供了一扇窗口，讓他們看到了同時代世界的某個面向；但是他們在博覽會中雖然看到了仿造得栩栩如生的自身模樣時，不但沒有親切的認同，反而覺得無甚可觀，博覽會雖然複製了臺灣的外形，但卻無法吸引臺人的認同。相反的，日治時期所創造出來的制度化旅遊活動，卻提供了臺人得以進一步觀賞、理解自身環境，進一步形成某種在地認同的基礎，這點是驚奇目眩的博覽會所無法提供的。

1949 年以後，日治時期所創造出來的符號化臺灣地景和複雜的觀覽文化並沒有因為日本殖民政權的終結而消散。在政權轉化之中，一些原來具有高度權力意涵的地景逐一被轉換，具有「神域」性格的臺灣神社在戰後被轉變為忠烈祠、各地北白川宮遺跡紀念碑則全數剷除。然而那些在日本時代具有產業躍進形象，象徵臺灣沃土豐饒的水果和具有近代性建設意義的日月潭、烏山頭水庫，以及

象徵帝國最高峰的玉山，卻都悄悄地留存了下來，成為臺灣旅行的固定地標。在反共的年代裏，臺灣宣傳在中共統治下的人們生活在「新三年、舊三年、縫縫補補又三年」極度匱乏的物質環境中，而中共則向它的人民宣傳臺灣人生長在水深火熱之中，只能吃「香蕉」皮。香蕉取代茶，成為戰後初期臺灣的另一種形象符號。解嚴之後，由大陸來臺探親的人往往都要一探日月潭和登上阿里山。日治時期因著制度化旅遊所創造出來的地景符號和觀覽文化並沒有完全被摧毀，它在戰後以何種形式、何種面貌、何種政治社會與權力的條件被存留下來，將是日後可以進一步探究的課題。

第六章

結論

　　1851年英國舉辦近代世界第一場萬國博覽會時，維多利亞女王的開會致辭宣稱希望此次博覽會能藉由全體人類之間和平與高尚的競爭，促進彼此相互了解，以增進人類福祉。她的宣示成為日後百餘年各國舉辦博覽會的「正當性」理由。博覽會最終追求的是和平的理想世界，然而其背後隱含了「進步主義」的想法。進步來自於觀看比較與審查之後所生的「競爭心」，透過競爭以求日精月進，達到「進步」，而其中各種工業技術的比較、競爭與進步乃被視為可以增進福祉的不二法門。工業生產出的大量成品，需要尋找市場，工業生產也需要不斷尋找並鞏固原料的來源，工業生產更需要資本不斷的投入；博覽會提供了各種產品尋求市場銷路的管道、原料獲取的情報，並且藉由博覽會的展示，勾勒一幅幅未來市場的美景，以吸引資本持續投入。1851年水晶宮博覽會定名為「萬國」博覽會，隱含了一種世界主義與國際主義的想法，不過，在十九世紀中葉以後高漲的國族建構環境下，博覽會逐漸成為各國表現自我的場域，變成為萬「國」博覽會。英國與美國凸顯其在工業技術上的成就，法國刻意強調其不僅有工業，更有藝術文化的傳統；美國則吸取英法經驗加以整合，在1893年芝加哥博覽會與1904年聖路易

萬國博覽會中，以更具邏輯與進步主義的概念統合博覽展示的內容，並且首度在技術與藝術之外，加入了「人類智力與體能的進步」之表現，博覽會與奧林匹克運動會結合舉辦，即為表率。進步也來自於技術知識的普及，因此博覽會具有重要的「教育」目標，中產階級與知識菁英希望能教化勞動階層，增長知識，進而形成一個具有教養與文明的社會。這個想法早在水晶宮博覽會時即已出現，美國則更進一步在博覽會場中加以展示。進步的概念並不容易透過具象的形式表達，最能凸顯進步的，不是來自於歐美的技術藝術，而是來自於對比，將殖民地或者世界各地原住民族放置會場，藉由其「野蠻」「未開化」的生活，最易彰顯落後與文明的差異，因而在1867年巴黎博覽會首開此例後，直到1945年為止，大部分博覽會中一定要展示原住民族。總體而言，1851年水晶宮博覽會之後的一百年間，萬國博覽會所欲展示的，乃為技術、藝術進步的文明世界，並藉由各國展示比較，取得自身（以及其他國家）國民的認同，宣傳發揚自身文化內涵，並建構帝國強盛富裕的盛世美景，在經濟上則以吸引資本投資、掌握技術資訊、獲取市場情報並開拓產品銷路等功能。

　　作為後進發展的日本而言，1862年首度接觸歐洲博覽會之初，雖然成為歐美探尋觀看亞洲異文化的摹本，但是日本卻能敏銳地把握到此一展示活動所具有的龐大政經與文化動員的能力，並開始大力在國內倡導獎勵這種展示活動，欲藉展示以鞏固強化其本國的產業與國家形象。對於日本而言，博覽會是整體殖產興業的戰略手段之一，因此初期一直由中央政府出資主導舉辦。儘管到了大正年間以後，中央政府財政緊縮，不再直接補助舉辦博覽會，使得此後的博覽會染上更為強烈的商業與經濟色彩，然而欲藉博覽會以彰顯自身「文明開化」的想法從未間斷。向外參加國際萬國博覽會，一方面欲落實參與國際社會聯絡交誼、爭取主權平等，甲午戰爭至日俄

戰爭時期參加萬國博覽會則希冀擴大日本向世界市場的輸出、吸引歐美資本投入日本以解其財政與資本不足的問題，另一方面則與清朝一爭雄長，欲奪取其代表亞洲文化的地位，歐戰前後參與博覽會則欲消解白人在「黃禍論」風潮下引發的排斥日人與日貨運動，這些參展的政經目標雖未全竟其功，卻也引起歐美對日本文化藝術的好奇與重視，一八七〇年代以降在歐美藝術界掀起的「日本主義」風潮，正是博覽會帶給日本藝術進軍歐美世界的重要資產，而其後座力道則回向日本國內，促成日本對自身藝術的重視與發揚，並將藝術視為國力與進步文明的表徵，從而認同自身文化並進而產生優越感。

挾帶展示可達成殖產興業與文明開化之功的信念，日本在 1895 年統治臺灣以後，即將其在國內發展出來的展示體系逐步引進臺灣。 1896 年起對內舉辦以農產品為主的品評會，1916 年擴大為展示全島的「臺灣勸業共進會」，最終於 1935 年舉辦「始政四十周年記念臺灣博覽會」；對外則先參與日本地方府縣聯合共進會，1900 年首度以茶產為主進軍巴黎萬國博覽會，1903 年更欲藉大阪第五回內國勸業博覽會以向日本國內展現統治臺灣八年的政績，自此之後至 1945 年結束殖民統治為止，臺灣物產一直是日本自辦或參與國際博覽會的常客，相較於朝鮮、關東州等日後納入日本帝國版圖的地區，臺灣在這些展示活動中往往占據明顯位置且館舍空間亦較其他殖民地廣大的情形來看，展示體系裏的臺灣總是具有傳達日本成功治理殖民地經驗的意象。包裝在這個成功治理意象之下的經濟企圖，則一方面表達日本充分開發臺灣的資源，二方面則要拓展實質商業目標。總督府在參與島外展示活動時安排的展品非常明確地表現出拓展特定商品市場的企圖，例如在日本的博覽會中米、糖、樟腦及大甲蓆帽和原住民的手工藝品，是博覽會中固定展出的內容，在歐美的博覽會中則主打茶、樟腦及大甲蓆帽。米、糖等物既是日

本國內所需之物資，糖業更是日本意欲爭取國內資本投資臺灣的產業，因而特別在日本國內強調這些產品；對歐美市場則欲大力拓展臺茶的銷路，稻米因較無市場，故較少展示；糖業則因在臺糖業政策全力封鎖外國資本參與之故，因此糖業展示在歐美的比重也較低。這些差異均表現總督府的海外展示是基於精細市場區隔下的選擇性展示。

「選擇性展示」正是博覽展示權力操作的具體表徵。近代博覽會展示物品的方式、設計觀看物品的角度，一直與近代形式的統治技術的發展相互依存。現實世界先被拆解分析為各種原子單元再加以整組，然後以格狀觀景窗式（enframed）的主題館、國家館、地方館、展示櫥窗、地理模型、照片、統計圖表、樣品標本等方式重現[1]，這些博覽會會場內陳列物品的櫥窗、地理模型、統計圖表，正是傅柯所謂「全景敞視主義」物質化的表徵。在包羅萬有的萬「國」博覽會裏，地理模型、人口統計數字、國旗、國歌、代表國家最高文化的各種文物、產品、民俗、服飾、宗教、節慶、歷史淵源與發展等等，都是展示「國家權力」不可或缺的符號元素[2]。一個國家能否在博覽會中呈顯它的國民數量、地理疆界與山川形勢、物產與經濟條件、文化風俗等內容，端看它的政府是否有足夠的能力可以將原本極為複雜而異質多樣的庶民群體，透過各種調查、統計的方式獲取上述的知識。這種調查統計的技術與知識，不僅用於國內，更常用在十九世紀以降西方帝國對殖民地的控制[3]。日本在明治維新後銳意仿效西方，這套統治技術也在維新之後在日本初步實

1　Timothy Mitchell, *Colonising Egypt*, Berkeley: University of California Press, 1991, pp. 1-62.

2　Penelope Harvey, *Hybrids of Modernity: Anthropology, the Nation State and the Universal Exhibition*, London: Routledge, 1996, pp. 50-59.

3　Bernard S. Cohn, *Colonialism and Its Form of Knowledge: The British in India*, Princeton: Princeton University Press, 1996, pp. 3-15.

踐[4]，憑藉此一經驗，日本對先後併入版圖的北海道、琉球進行了土地與人口調查的工作[5]，在臺灣的調查，更因「臨時臺灣舊慣調查會」和「臺灣慣習研究會」的組成，以及本文前述的各種物產品評會，使得日本政府與學術界能以更為原子化的方式掌握理解臺灣的地理與風土[6]。大阪第五回內國勸業博覽會中的臺灣館，正是統治臺灣八年之後，各種調查、統計、測繪的成果展示，而各種照片、圖表、蠟像、標本就提供了觀者可以凝視監看臺灣的觀景框架。儘管建構這個圖像的過程中，伊能嘉矩策展理念與總督府展示治臺政績的差異，顯示了這個被製造出來的臺灣在再現過程中的矛盾，但是被呈現在觀眾面前一切可觀看（readable）的事物，其實都已經過了總督府的篩檢選擇，可觀看本身即充滿了權力的許可與運作，天皇、皇后和太子的巡視、獻納地理模型，一方面確認了這個可觀看的正當性，另一方面則在儀式上象徵性地將殖民地整合進入帝國的體系。

　　這種將殖民地「原子化」的展示技術，不僅具有政治操作的功用，更可挪借用於經濟商業與知識建構的操作，而其操作的場景，不僅在博覽會會場內，更擴延到實體社會。本書第三章的討論曾分別以1903年大阪博覽會和1907年東京博覽會中臺灣的建築差異和樟腦塔造型變遷說明了展示技術將實體社會加以抽繹、蒸餾、冷卻與重組成其所欲傳遞的政治與商品意圖，第五章有關旅遊郵戳將臺灣

---

[4] 日本在明治維新後曾進行一系列的物產風俗的調查，一方面希望藉調查民俗以將之融入歐陸習慣法的體系，另一方面則欲藉物產調查以達到「殖產興業」的目標。參見川合隆男編，《近代日本社會調查史》（Ｉ）（東京：慶應通信社，1989）。

[5] 石田雄，〈「同化」政策と創られた觀念としての「日本」〉（上），《思想》，892（1998.10），頁47-75。

[6] 有關日人調查統計與臺灣統治技術的相互關係，參看姚人多，〈認識臺灣──知識、權力與日本在臺之殖民統治〉，《臺灣社會研究季刊》，42（2002.2），頁119-82。

地景符號化的說明，都是一種將實體社會原子化再加以重新組合的例證。原子化的物件得以重新整組的基礎，在於理性秩序與知識分類架構。1903年大阪博覽會開始，日本即採用了直線軸心的空間配置各主題館舍，直線軸心的動線安排則表達了直線進化的時間概念，農業、工業、礦業、機械、交通、體育、藝術等主題館舍則落實了產業與知識結合而成的對於「物件」的知識分類架構。理性秩序與知識分類架構向實體社會的擴延，一方面表現在圖書館、博物館內對於書籍、館藏物件的分類，另一方面更透過旅遊活動，擴大了這套秩序整編實體社會的企圖。博覽會會場中的直線軸心動線換轉在實體社會中，是市區改正後棋盤狀的都市道路系統和鐵道系統，及其承載的觀看與旅遊活動，總督府鐵道部編纂的《旅行案內》則是指引觀看實體社會的導覽手冊，透過文字說明，重新給予每個地景景點相互聯繫的關係：旅遊動線以各地神社為起點，途經代表現代化政績的各種西式與日式建築、工廠，再穿越漢人居住的市街，到達未曾馴化的鄉野深山，表達了文明到野蠻和文明化的路徑與方向。在動線行經的地區則透過文字描述，給予各地功能性的定義：臺灣北部是茶鄉、桃竹地區是柑橘產地、中部地區盛產香蕉、鳳梨、南部平原見證日本糖業帝國的雄姿、東部縱谷表達日本對原住民文明開化的果實；博覽會會場中安置物件的觀覽櫥窗在旅遊活動中則由火車的車窗取代，由車窗向外觀覽的雖是不斷流逝浮動的景物，旅遊案內正好幫助旅者將瞬間即逝的景物加以原子化並凝固。本書第五章的討論，即呈顯了這整個觀看方式與觀看場景的擴延。

進步競爭、理性秩序與知識架構雖體現了現代性精神，但也同時導入了差異化，並藉由差異以建構自我認同。差異化的表現來自於五種對比：一、在會場空間布局上，將殖民地臺灣放置在軸線最遠端，藉此表達中心／邊陲的差異；二、在建築形式上，大阪博覽會和東京博覽會中丹柱碧瓦代表傳統中國文化的臺灣館，對比容受

西方文化巴洛克式的建築，在臺灣，1916年臺灣勸業共進會以樣式主義的總督府新廈及兒玉—後藤記念館對比仍處在尚未市區改正的臺北，1935年博覽會則欲以第一會場中現代主義式的建築，對比周邊艋舺、大稻埕宛如南洋風味的漢人街市；三、在物件展示上，臺灣的展品永遠停留在米、糖、樟腦、茶、編織纖維產品等農業及農產加工業，對比日本機械化、電氣化的工業技術，在社會文化的表徵上則獨尊日本美術而貶抑甚至隱藏臺灣的美術文化，至於評審標準而言，臺灣展品往往只被當成參考品看待，而無從與日本產品平起平坐相互競爭；四、透過原住民族的人種展示以凸顯日本民族的進步和「文明開化」的統治「任務」，差異化的論述並擴延至實體社會，透過博物館制度化這種差異，臺灣總督府博物館以自然史物件為主要目標，正是要將原住民族和臺灣地理「自然化」（naturalized）的手段[7]，亦臺灣原住民和漢人在展示中被放置並固定在與自然資源等同的位置；另一擴延的線索則表現在日人對於臺灣風景的論述，石川欽一郎及鹽月桃甫等日本畫家所肯定且認為值得入畫的風景，均是帶有這種「自然化」判準下的選擇。

理解了博覽會展示技術所具有的權力操作意涵之後，我們要更進一步追問：在這個意涵之下，由博覽展示會場擴延至實體社會，由「世界博覽會的時代」轉變為「世界宛如博覽會」的時代中，日本在臺殖民五十一年的統治裏舉辦數百次的大小展示活動，究竟想要達到何種實質目標？對臺灣社會構成了何種影響？

一、政治面

就短期效益而言，每次博覽展示活動總有其意圖達成的政治目

---

7 Stuart Hall, "The Spectacle of the 'other'," in Stuart Hall ed., *Representation: Cultural Representation and Signifying Practices*, London: Sage Publications, 1997, pp. 244-49.

標。對日本國內而言，一九二〇年代以前殖民政府參加日本國內的
博覽會並展示臺灣，其政治目標乃希望保持殖民地特別法域的法律
位置，以確保總督府的特權；一九二〇年代以後則轉向具有經濟策
略的兩個政策目標，一是拓展日本產品在臺灣的銷路，另一則是持
續希望吸引日本資本及日本人來臺投資甚至移民定居；前者希望塑
造臺灣是日本資本南進時最重要的（而且是成功的）投資經驗與模
範，後者則企圖以移民的方式對抗大正以降臺灣內部日漸高漲的民
族運動。

　　對島內統治而言，博覽展示則具有高度政治紀念和儀式化的目
的，也具有宣傳實質政策的功能。大規模的博覽會舉辦時間通常都
選在具有極高象徵性與紀念性的節日，例如美國1893年芝加哥博覽
會為紀念哥倫布發現新大陸四百年、法國1889年巴黎博覽會為紀念
法國大革命百年。日本在明治時期的博覽會雖然沒有強烈的紀念意
味，但進入大正期以後，博覽會往往成為重大政治事件紀念活動的
儀式活動，如御大典紀念博覽會、明治拓殖博覽會等等。因此對臺
灣島內而言，不論較大規模的始政四十周年記念臺灣博覽會，或者
規模較小的始政二十周年臺灣勸業共進會、中部臺灣共進會，都與
政治統治象徵密切相關，正意味著此一展示活動乃紀念、回顧殖民
統治成果以進一步前瞻未來發展的途徑；而舉辦中部臺灣共進會與
皇太子登基典禮有關，亦表明展示活動與儀式性的政治文化相衝。
除開此一具有高度政治象徵意涵的博覽會或共進會，其他單項的展
示活動則多半肩負宣傳具體殖民政策的功能，如衛生展覽會、家庭
副業展覽會等等，前者乃宣揚推廣公共衛生政策，後者則欲推展地
方產業經濟。

　　就政治策略所欲傳遞的價值而言，日治初期所舉辦的大型博覽
會的確達到了向臺人宣揚日本「文明開化」、「殖產興業」的觀
念，使得臺人從中學習到藉由展示活動以吸取新知的功用，並進而

積極參與大大小小的展示活動；然而，進入一九二〇年代以後，隨
著同化政策的強勢進展，反同化運動因之而生，臺灣文化協會的成
員希冀在政治與文化上與日本殖民者一爭雄長，因而對於在臺灣舉
辦與「始政紀念日」相銜的博覽會抱持著懷疑與拒斥的態度。《臺
灣民報》為文攻擊始政紀念日的功用、朱點人以小說否定始政四十
周年記念臺灣博覽會的企圖，都說明了這個挾帶著文明化、近代化
的展示活動，一旦與殖民政權的政治符號相連，則會被具有民族主
義思想的知識分子所排斥。

二、經濟面

不過，儘管在政治上人們對於博覽會的目的與認知眾說紛紜，
甚少交集，但博覽會所具有的經濟效益與功能，卻是無人否定的。
就殖民政府與日本母國而言，在日本國內及歐美舉辦博覽會時設立
臺灣館、建造臺灣喫茶店，不僅具有政治上宣揚殖民統治成功的意
圖，在經濟上更具有拓展臺灣商品於日本與歐美市場的目標，也有
吸引資本投資臺灣產業的企圖。以吸引資本而言，一九二〇年代以
前，吸引資本投資臺灣乃為殖民政府積極參與博覽會的最重要目的
之一，其後在臺灣所舉辦的始政二十周年臺灣勸業共進會與始政四
十周年記念臺灣博覽會，也都是延續吸收資本以期開發臺灣、華南
與東南亞的目標。1916年勸業共進會之後，具有向華南及東南亞投
資之目的的「華南銀行」順利成立，1935年始政四十周年記念臺灣
博覽會之後，具有開發東臺灣與東南亞的「臺灣拓殖株式會社」亦
應運而生，這兩個機構的誕生，正好說明了大型博覽展示在吸引資
本投入上所具有的效果。

除了吸引資本之外，博覽會也為特定商品鋪路，使其能打開並
擴大市場的銷路。歷次在日本及歐美博覽會場中現身的茶、樟腦與
纖維編織製品（帽、蓆等），不僅在會場上大放異彩，更打開了這

些商品在歐美的銷路。而糖、樟腦、米等農業物資也進一步深入到日本民間社會，成為改變其飲食習慣重要的媒材。由日本內國殖民地北海道所生產的乳酪，加上了殖民地臺灣所生產的糖，支撐了日本國民得以藉由消費以想像其過著西方人生活方式的欲望。

博覽展示活動也形塑了臺灣與日本地方社會的商業網絡，若以地域分布而論，日治時期臺灣參加日本內地舉辦地方型共進會及博覽會的地域，絕大多數集中在關西、九州一帶和東京，本書初步點出了在臺日人籍貫分布和商品陳列館是參展地域集中的兩個主要因素，顯示博覽展示具有建立商業網絡、交換商業情報的功能。

在這股經濟目標下，臺人並非只是居於被動參與的角色，在許多方面，臺人藉由參與博覽展示活動吸收到此一利器的技術及其背後所欲表達的現代性。在本書中，我們所討論過的歷次博覽會、共進會裏，策畫展示活動者固然以日人為主，但是各種支持博覽展示活動而成立的「協贊會」裏，幾乎都有臺灣各地商人的蹤影，他們之所以加入此一協贊會，有些人或許出於無奈，但我們也絕不能忽視更有多數的商人樂意且積極主動地參與這些展示活動，始政四十周年記念臺灣博覽會期間大稻埕商人對於爭取在大稻埕設立分會場，正是明例，他們或者希望在博覽會期間出售自己的商品，獲取短期的利益；或者他們希望藉由商品的展示以擴大其市場銷路、爭取各方面的投資者；或者他們也極為樂於經由博覽會獲取新的商業市場資訊與情報、建立更為寬闊的商業網絡。而在博覽會場中獲得評審的肯定，更增加了自身商品的權威性，提高了商品的附加價值。我們只要想想，在臺灣中部著名古城鹿港的街道上，就有一家鄭玉珍餅舖，自豪地將其獲得博覽會賞狀掛在店頭，印在廣告單上，即使在脫離殖民統治五十年之後，這張獎狀仍然作為鄭玉珍品牌的保證書。這些看似細瑣的小事例，卻透露了博覽展示活動對於臺灣商業經濟活動與廣告行銷概念與技術的影響。就商業廣告發展

而言，在技術的層次上，博覽會帶進了許多近代新興的展示概念與手法，商品櫥窗、電燈照明、廣告板、西洋軍樂隊、汽球……許多當代新興的商業廣告手法，都藉由博覽會傳遞到臺灣民間，臺灣民間原本潛在具有廣告效果的迎神賽會、藝閣等活動，在日治時期也都因著博覽展示活動而抽離了其原有的宗教色彩，染上更具商業廣告的功能。透過強大廣告技術的力量，博覽會也建立了日本商品的優良形象，我認為這個形象一直影響了戰後臺灣民間崇拜日本商品的心態，不過，這將是另一個需要更為深入的研究課題。

　　這種商業經濟與行銷的影響，不只表現在會場中繽紛的展示而已，展示的概念與手法，還藉由百貨公司的複製與傳播，持續在我們日常生活中散播繁衍。博覽會所使用的物品陳列方式，刺激了百貨公司的出現，不僅「百貨」共陳一室是來自博覽會的刺激，「精品」、「專櫃」、「商品櫥窗」等等現代人視為習以為常的陳列手法，無不脫胎自博覽會。臺灣自1932年開始有第一家百貨公司，雖然在時間遠落後於日本與歐美，博覽會與百貨公司精心描繪出豐饒富裕的消費樂土，卻也預示了日後大眾消費社會時代的來臨。

三、社會文化面

　　如同本書序論曾提及，博覽會是形構「文化論述」的重要場域。此一論述的形成，主要表現在三方面，一是透過對於「美術／藝術品」的展示與論述，二是與物件分類相銜的知識分類架構，三則是物件對比差異所形成的認同。

　　所有歐美及日本的大型博覽會中，美術絕對是無可或缺的一環，從1855年法國立下這個傳統之後，它就是世界各國依循的準則。美術或者廣義的藝術，是代表一國「文明進步」最重要的象徵。日本自身在1867年參與法國巴黎博覽美術工藝品獲得歐洲人的驚豔與讚賞之後，一直以自身的美術能代表先進文化為豪。臺灣在

1910年即有倪蔣懷畫作入選日本水彩畫會展，十年之後黃土水雕塑作品首度入選帝展，1927年總督府首度舉辦「臺展」，並且美術社群不斷出現，可是在歷次於臺灣舉辦的較大型展示活動，不論1916年臺灣勸業共進會或者1935年始政四十周年記念臺灣博覽會，美術作品在正式的館舍裏若非身影稀微就是完全缺席，例如1935年始政四十周年記念臺灣博覽會第一次出現了「文化館」，但是在文化館中所見者，乃日本在臺的教育歷程、原住民文化與對原住民教化和警察在社會教化的活動，除此之外，完全沒有臺人藝術成就的影子，這是抑制並貶抑臺灣既有文化發展最忠實的明證。無怪乎朱點人在他的〈秋信〉中要發出深沉的抗議與嘆息。

　　朱點人的嘆息反映了博覽會所具有的第二個文化論述面向，即在博覽會中配置物件的知識分類系統中，容納不下傳統臺灣文化的元素。博覽會形塑了一種對於物質世界，以及知識結構的分類架構，促使舉辦者、參展者和觀眾共同面對千奇百怪的物品（以及背後隱含的物質形成的技術與知識）進行分類和吸收分類架構具體操作的機會，在一次又一次的展示中，人們不斷切割、分類、調整這套系統，以應付日新月異的物質與工業生產的進程。這是博覽會帶給人知識結構變化一種重大的改變，我們在第二章中曾經提及1876年費城博覽會部類展品的方式，後來成為杜威十進分類法的主要依據，並且成為日後圖書館分類的起源，目前雖已有關於日治時期臺灣圖書館事業發展的作品，但卻未曾從知識建構角度出發，重新省視展示、分類與知識架構三者之間關係的研究，因此此一課題也仍然有發揮的空間。不過，此種知識分類操作的影響，非僅及於圖書館及接觸圖書館的知識分子而已，在日治五十一年間，這套分類架構的部分內容，還曾因著各式農產品評會的管道，影響了農民對於作物的分類認知，只是這套農民對於農業分類的認知系譜的具體內涵，也還有待更進一步的探索。

　　分類的基礎標準之一，在於差異，而差異是形構認同的重要來源，五十一年間臺人觀看各種展示活動，在不同階段裏產生了兩種認同摸索的歷程。從1903年大阪博覽會開始至一九二〇年代為止，參與博覽展示的臺灣士紳，吸收到了工業文明的撞擊，產生了第一種認同的摸索，將博覽會所呈顯的現代性視為一種「期待的對象、喜愛的內容和努力的方向」[8]，參觀大阪博覽會的士紳們在報刊上發言盈庭，希冀殖民政府能給予臺人士紳等同於日本內地的教育機會和投資管道，或者如參加歷次博覽會的臺北茶商公會成員，探知博覽會具有強大廣告行銷力量，因而積極參與並與日人合作，企圖擴大臺茶銷路；或者如張麗俊這樣傳統士紳在參觀1916年臺灣勸業共進會時，以較為消極的方式，透過傳統知識和表述方式捕捉博覽會所表達的現代性，並且在日常生活的盯視規訓中習得了統計與地理模型的全景監看方式，但這種方式是作為與日本人共同生存時的一種技術手段，未必全然應用於生活中[9]。第二種認同摸索則可見於1935年博覽會，這場博覽會日人極力想藉由鋪陳其在臺四十年統

---

[8] 並木真人，〈朝鮮的「殖民地近代性」、「殖民地公共性」和對日協力——殖民地政治史、社會史研究之前置性考察〉，收入若林正丈、吳密察主編，《跨界的臺灣史研究：與東亞史的交錯》（臺北：播種者，2004），頁83。

[9] 林蘭芳分析《水竹居主人日記》，指出張氏雖然熱衷觀覽各種博覽展示活動，對於周遭朋友西式新廈改築、購買留聲機、收音機、電話等電氣用品，以及機械動力設備如臺灣製麻會社、臺中帝國製糖會社和縱貫鐵道等設備，都具有高度的好奇心，但從他初次觀看這些設備到自身家中採用這些設備，卻往往有十數年的落差。林蘭芳〈傳統士紳與新科技的對話——豐原張麗俊的近代化體驗（1906-1936）〉，臺中縣政府文化局、中央研究院近代史研究所主辦，「水竹居主人日記學術研討會」，清水：臺中縣港區文化中心，2004年11月27-28日。我以為這種落差正好反映了傳統士紳對現代技術與知識的好奇，具有一種工具性認識的傾向，亦即為了應對日本殖民統治的「公共部門」，傳統士紳願意積極吸收各種知識，但是將這些現代知識、技術與物質文明產品引領至私領域日常生活，卻具有人言人殊極大的歧異性。

治政績以形塑臺人認同其統治成果，但從籌備過程及觀眾反應來看，此種認同卻有諸多殊異之處，朱點人的小說，正好藉由挾帶現代性的日本語言／文化所構成的歧視，用以激發喪失傳統的危機，並進而藉尋回已消失的傳統以建立自我認同的基礎。朱點人追尋的是另一個與日人毫不相干的歷史；大稻埕的商人則意欲在博覽會中追索可以改善「現在」的資源和可以投資「未來」的機會，林獻堂等台灣文化協會成員則參觀了博覽會、鼓勵青年學子從中學習現代化的資源，但自身在日記中卻沒有給此活動任何評價，張麗俊曾表現出一種對於觀看現代性的疲憊，他在1927年時即曾寫下「老眼驚看新世界，灰心尤感舊山河」的六十感懷詩句[10]，經歷了向日本尋求現代性資源的挫敗之後，1935年臺人知識分子及社會領導階層已從對現代性的渴望與追求中省悟出其中所具有的差異與歧視；但在同一時間裏，庶民大眾則以娛樂性的眼光跳離了現代性差異化的宰制。

　　從前述的討論我們可以發現觀看博覽展示之後民眾所產生的認識其實頗為異質紛殊，表示日治時期的博覽展示活動並沒有形構群體認同的作用，然而，何以致之？筆者以為主要原因，乃是高度政治化與動員化的特質阻礙了博覽展示活動所具有的認同功能。對比國外的經驗，1915年巴拿馬運河開通，美國在舊金山及聖地牙哥均有博覽會，聖地牙哥博覽會尊重當地居民多數為西班牙裔移民者，會場建築大量採用西班牙風格，不但日後掀起一股西班牙建築的熱潮，更增加了當地西裔移民的認同感。這種情形卻未曾在臺灣的博覽展示活動中出現，由於舉辦策畫博覽展示活動者均為日人，臺人所能參與者，僅及於出錢「協贊」，出力觀看，就算將自身物品參展，在全然由日人規範的空間秩序與知識架構下，臺人無法表述自

10　張麗俊著，《水竹居主人日記》（第7冊），頁263。

身的意見與想法，換言之，日治時期博覽展示活動缺乏提供臺人主動參加並策畫的機會，從而也剝奪了臺人藉展示自我表述的可能。如果博覽會是一面鏡子，映照每個時代的容貌，日人在鏡前梳妝自理，滿意於四十年間在臺的統治績效，並且拉著臺灣人要稱讚鏡中的美貌，但在占滿鏡子的日本形象前，臺人如何能照看到自己的容顏？一個反映了交雜著異／己形象的博覽會，自然難以讓攬鏡者看清其中的容貌，此乃博覽展示活動並未發揮其認同功能的主因。

四、空間形構

　　博覽會是在既有都市空間中嵌入並創造出的活動場域，在這個場域中所建構的空間秩序，卻會向外擴延，影響實體社會空間的秩序。這個擴延的路徑，一方面表現在都市計畫，另一方面表現在旅遊活動中對地景的重新配置。本書第二章曾提及1867年巴黎和1873年維也納博覽會均曾對都市容貌構成極大的影響，但是這種經驗並未在臺灣發生，臺灣都市空間重構的最初首要力量在解決威脅日人生命安全之公共衛生的急迫需求，直至1936年，也就是始政四十周年記念臺灣博覽會結束後一年，才公布了體系較為完整的「臺灣都市計畫令」，歷次在臺灣各主要城市舉行共進博覽會，也都只是在既有空間中搭建一臨時的展示空間，然後有如野臺戲一般曲終人散，博覽展示活動最多只以街道裝飾的手法粉飾既有的都市格局。其次，日治時期一些具地標作用的建築，如總督府新廈、兒玉—後藤記念博物館等也都是因著各自需要而建立，並非博覽展示會場建物的遺留，是以博覽展示體系並未成為改造都市空間的力量來源，唯一的影響是都市位階概念的確立。在歐美及日本，展示體系具有形塑新都市體系與位階的作用，蓋舉辦國際博覽會的城市，往往原本就是全國性的都會城或首都，如紐約、芝加哥、倫敦、巴黎、東京、京都及大阪等等，但這種將已然存在的現象，化為可觀看並感

知的「首都」或「大都會」的概念，卻是透過博覽展示活動所賦予的轉換與形象化作用才得以落實。日治時期所形成的展示體系，對於臺灣都市體系的形成也具有指標性的意義，1916年的始政二十周年臺灣勸業共進會及1935年始政四十周年記念臺灣博覽會，正是宣示臺北成為全臺灣政治、經濟、教育與文化的首都。就以展示經驗而言，中國大陸的北京、上海、廣州等大城在1945年以前從未舉辦過國際或全國性的大型展示活動，反倒是處在日本帝國範圍內的瀋陽、大連及臺北有著豐富的展示經驗，1935年在臺北舉行的始政四十周年記念臺灣博覽會的規模，更是日本本土外規模最大者，而其所展示者，又不僅只於臺北市，而是含蓋了整個東西部最主要的城市。豐富的展示經驗提供了臺人較為眾多觀看與感受物質現代性的機會。如果說博覽會是一種展示現代性文化的媒介，那麼臺灣在日治時代對於這套媒介接觸與認識的經驗，將遠超過同一時間的中國大陸或亞洲其他非日本帝國版圖的地區。

　　展示觀看的社會擴延，也影響了整體臺灣地景的指涉與認知系統，本書第五章的討論即指出透過旅遊論述和活動，一方面產生了臺灣八景十二勝的地標；二方面強化了區域農業特產品的商品形象，並由此延伸而成為一種在地認同的指標；三方面則是在風景論述中確立一套符合日本美學標準的風景觀，戰後臺灣儘管擺脫了日本美學風景觀的論述，但地景地標卻仍留存下來，並且進一步成為自身及異己指涉臺灣的地標，這無疑是日治時期展示觀看文化遺留下來的重大影響，隨著旅遊活動不斷擴大，旅遊空間與地景也隨之不斷擴大，最終整體空間與社會都納入了展示的範疇。

　　博覽會創造了既真實又虛幻的世界，並且也混淆了真實和虛擬世界之間的界線，使得世界「宛如博覽會」。在這個既真實又虛構的世界裏，它曾經意欲展示理性、進步、和平、文明開化的價值，

鼓吹工業文明與物質文化帶給人類生活的福祉，但它也示現了帝國／殖民地差異與不平等的霸權思想。它曾描繪日本殖民統治在開發臺灣自然資源的成果，卻也抹去了生於斯長於斯臺灣社會的豐富面貌；它曾燃起臺人追尋現代化資源的渴望，但也致成在追尋中感受到殖民統治的歧視與壓抑；它為臺人提供了一扇觀看同時代現代性風景的窗口，使得在部分物質生活層面的認識與運用上，臺灣並未落後於當時的世界，但目光回視自身家園，這些經由日本引介轉置的現代性元素卻錯落稀疏地散在各地，勾不出一幅完整的畫面。日治時期的博覽展示活動，訓練了殖民時代的臺灣社會，開始懂得不斷攬鏡自照，妝點修飾，只是鏡中的畫面，映射出士紳領導階層和新時代知識分子抑鬱、扭曲又渴望奮力舒張的表情，混融著庶民大眾或冷漠或歡欣迎向物質消費與博覽嘉年華娛樂的情緒，交雜著看似自己又與自己相異的容顏。

附錄

尪某看博覽會新歌

《尪某看博覽會新歌》第一集，玉珍漢書部發行

新編這本博覽會，頭句落筆打粗批，皇看四拾八日過，來看个人搥倒街。
始政四拾年記念，會場好看卻賣嫌，內面電火牽真炎，有看歲壽能加添。
記念一擺四拾年，會場設落真好天，去看个人撻撻鄭，有人看甲生校生。
第一會場看賣透，囝仔生治樓梯頭，賀喜賞錢甲放炮，也提新布乎伊包。
新布乎伊包子返，賞錢即出會場門，人廣千算甲萬算，那看這款著有長。
通人嗎愛去看覓，去看个人通全台，著四拾年即一擺，連外國人嗎有來。
外國个人也來看，不論人民也做官，也有先生學生伴，來看會場个因單。
也有學生行做陣，來看博覽个元因，邱壽編乎玉珍印，嘉義市內陳玉珍。
會場朗有印甲透，下句歸甄念起頭，那愛个人小呈校，通提一本返恁兜。
愛歌个人返萬且，今對歸甄念恁听，全廣會場个條件，尪某去看做陣行。
（一葉A）
恁兄心肝有塊想，出嘴塊招我阿娘，心肝意向無別樣，招恁去看一會場。
卜看第一會場內，阿兄通知乎我知，迢迢二字娘上愛，衫褲換好行出來。
看娘衫褲朗換好，相毛來去行迢迢，恁兄煞穿セビロ，通看會場四計科。
兄セビロ也有穿，這款銀色恰流行，相毛卜去看公景，今道行到會場前。
第一會場大先看，恁兄提錢皆折單，入去二个行做伴，汝我界成全心肝。

有仝心肝無操字，看會場內全一時，單有共咱加一嚙，加好行入無延遲。
招娘先看滿洲館，皆看曆起不止權，內面不知省世款，即卜咱來看頭番。
滿洲館口小竪程，頭売尾頂一對灯，有二欉柴用空正，報兄汝著看恰明。
頭売尾頂灯一對，一對吊甲開開開，兩平邊仔二屈水，換看別款个士非。
滿洲工業个條件，能乳郎返娘報兄，皆看電火影坐影，免人皆棟閣能行。
無棟能行即活寶，帶治內面乳郎鵝，有時電火焰焰焰，恁兄有看不是無。

（一葉B）

皆看滿洲个炭礦，看真內底景摸摸，閣能品品甲旁旁，皆看也無卦流郎。
也能欺欺甲橇橇，緊共娘仔汝點寮，能創這款也真巧，提頭个人賢珍調。
招兄來去看別項，嗎看滿洲个炭空，火車塊行猫猫重，也有魷仔爐洗欉。
有人穿衫紅記記，手閣駕仔夯一枝，塊刈爐洗報娘汝，用馬拖車即有奇。
馬治拖車兄有報，看靴一陣死羊哥，門門八隻無差操，報兄恁皆看駱駝。
土腳閣甲有下草，皆看駱駝頭交交，恁兄項項看透透，一宮呆曆治這頭。
者有豆科甲豆餅，恁娘閣再先報兄，二个作甲成打拼，豆餅閣再矼塊行。
一个作甲脫泪体，歸塊豆餅提塊溪，大塊溪乎恰小塊，恁兄報娘汝一个。
報兄汝看八風景，各種況甲成成成，來看真成有路用，看了心肝加倍清。
皆看大連个港門，各號船隻治中央，報娘汝著看恰遠，電火能暗也能光。
听君汝報無喊狐，電火能光也能烏，皆看題目寫鐵道，叫兄順煞看地圖。

（二葉A）

地圖看了看別項，有寫戶井巧冬冬，皆看水門十二港，完然親象水泉空。
戶井看了看別件，阮娘招君閣起行，皆看半壁許一評，廣是萬里个長城。
招娘換位看別跡，皆看鐵道大火車，許隻母車成大隻，這位鐵道介館額。
招兄換位行恰瓦，許位鐵道有一咀，古早火車無崁卦，拖甲一拖化大拖。
這是古早个車母，比評現代有恰須，用向天車無崁厝，雨來着湳甲橇龜。
換看查某団仔笋，老茶色衫霞青裙，用白禮賜坤庵滾，格甲一个成思文。
一个查埔老老老，手夯一枝雨傘交，中央也有一片草，二欉樹仔兩平頭。
報兄皆看第五號，腳穿襪仔身霞刀，看恰巢着即有好，有卦網仔不是無。
也有頭毛白葱葱，帶靴塊坐一个人，六个塊竪無珍動，內面有種三欉棕。

看甲箱久無路用，招兄皆看倒手平，鐵道車路古早釘，磅空崎崎車塊程。
車程因位路箱崎，四个落來塊揀車，三个帶治車路竪，拐仔三个朗有夯。
（二葉B）
二个竪治車路塽，一个塊擲腳后甜，我娘共兄汝點醒，看甲箱久無卜年。
換位皆看有恰着，二个起行有相招，看靴閣甲下下趙，着是火車過鐵橋。
有看招兄閣來去，看靴有吊飛行機，目頭有寫臺北市，自動塊行不呂時。
過來電火影坐影，也有般仔治靴行，這位磅空免扒嶺，題目也有寫東京。
招兄皆看正手平，題目也有寫誕生，一粒生做碇碇碇，皆比着開即才情。
恁兄共娘照實廣，許粒着示桃太郎，比開內面潤罔罔，一介囝仔直直崇。
囝仔閣能貓貓動，身軀个肉紅紅紅，比開內面無別項，丹有許个囝仔人。
這款有影真巧氣，能開能合真即奇，愛開着用手皆比，烈位有看便知枝。
提頭个人賢變几，電火那光比着開，塊比个人生真水，一个又閣白甲肥。
電火那光合賣瓦，合瓦着等電火花，囝仔个手柿蔡蔡，不知倒位來怪咀。
（三葉A）
招兄換位看出陣，出陣這款恰巧神，有狗有猴治內面，死物能行真鬥真。
報娘皆看一隻鳥，死物能飛即孽韶，這款乎人看賣曉，諒必敢是張法條。
塊故許个日本婆，身軀有个一枝刀，古聲那陳電火焰，啼雞飛來塊迌迌。
今皆換廣一隻狗，也有一隻个死猴，死物能行也能走，有用鐘仔做號頭。
一隻死猴閣能竪，鐘仔那陳行來靴，啼雞一隻狗一隻，內面共鬥三項額。
招娘來去看許平，看靴古早个戰征，皆看夯刀無夯銃，呌娘汝着看分明。
皆看一个乎軒倒，閣再一个手夯刀，用刀塊卜皆划落，夯棍皆假不是無。
夯刀塊卜共伊錐，手緊夯棍假皆開，那無着乎划流血，好得手夯一枝槌。
好得夯槌共伊假，交帶兄仔汝一个，換位來去別別塊，靴有火車塊陳螺。
听見陳螺聲化遠，火車卜到鐵路門，提頭个人賢打算，一枝信號化哖長。
（三葉B）
甲兄塊看放信號，鐘仔有陳不示無，閘路二枝打妞倒，鐵路中央皆閘落。
鐵路信號今看透，火車行過許平頭，皆看閣能化賢走，加治能行即有賢。
呌兄汝着行恰瓦，汝我着行恰大訛，鐵道咱看到者煞，靴一隻龜那活活。

阿娘塊共我點殊，看靴一隻大隻龜，二人皆看一敧久，看着大龜帶靴拘。
大龜拘治土腳兜，飛行機船治頂頭，相毛塊卜出外口，看着一个大灯樓。
甲娘塊卜過所在，看着一兮大灯台，產業組合皆看覓，招娘行對此平來。
入門看着頭一件，一人夯拐治靴行，有排布疋卜奉呪，也賣雨傘娘報兄。
看着銀行乳郎返，電火能花也能光，看着目周能延秧，也有青青甲黃黃。
電火青黃几那項，換看別位卻然通，化有磅仔塊磅重，塊故四兮查某人。
也閣有糧甲有尺，報娘看看恰巢着，閣再起行共娘叫，報娘加看一塊石。
（四葉A）

這塊石頭有打字，着是元早兮石牌，題目卻有寫光緒，舊糧舊秤共二枝。
也有舊糧甲舊秤，恁哥看甲真真真，近來暫暫改真緊，全文算瓦無算斤。
報兄汝加看面頂，也有古早兮斗灯，有二枝劍塊倚評，一枝閣再倚一平。
恁兄緊報娘仔看，加看家器塊製麻，器具有人店塊岸，一兮親象西仔盤。
我娘閣再共哥廣，製紙會社野恰通，人棟輕便化大黨，閣再也有卦流郎。
加看海底兮景況，許尾敢是大魚公，掠來會場塊品柈，也有一隻大龜王。
恁娘看甲真次味，也有大龜甲大魚，看人致笠穿タビ，腳踏家器蔡蕃薯。
阿娘目周恰利劍，看人塊蔡蕃薯籤，有煞二集乎恁念，知影會場兮方針。
那無去看會場內，看此本歌朗巢知，頭集先乎恁看覓，二集隨時印出來。
（四葉B）

嘉義西市場內
玉珍漢書部
經售中國各種新舊小說
本部發行新舊歌冊向以彰俗
語土腔編成白話故重韻以白字
居多俾人人得見之能曉一誦而
韻聯近來專為搜集現代最流行
歌劇陸續出版先後發行以供各界遊樂中之消遣也　此啟
其他各種書籍及學童用文房具類紙筆茗茶

昭和十一年二月十七日印刷
昭和十一年二月廿二日發行

臺南州嘉義市西門町一丁目十七番地
發行人：陳玉珍
臺南州嘉義市西門町一丁目十六番地
印刷所：和源活版所

《尪某看博覽會新歌》第二集　玉珍漢書部發行

產業館內看刈稻，用機器桶來塊收，編出這歌邱清壽，乎人看着能清休。
楝稻閣用機器桶，用機器桶塊收冬，招兄來去看別項，看靴人塊偷甘虫。
甘虫閣用藥水偷，外國研究人恰賢，甘檨藥水泉透透，一頂笠仔治腳兜。
皆看別位恰希罕，靴有水牛塊梨田，設備這款真有坂，內面也有下肥丹。
看靴飼雞甲飼鴨，報娘汝看無爭差，也有飼豬治許搭，人閣鐵桶汗一腳。
有一个人汗鐵桶，塊飼豬母甲豬江，歸陣雞鴨猫重重，塊故鬥鬥三个人。
一个力豬塊注射，報娘皆看掠治靴，一隻肥肥化大隻，先生有力皆治掠。
諒必敢示豬破病，注射豬掠姐笑天，招兄換位看別セ，二个查某塊創棉。
查某面閣白葱葱，恰去三个查埔人，諒必許款無別項，帶治許位故棉檻。
看靴權權一个人，下腳勤菜田勤葱，也有水泉成多港，水底有種蓮埔檻。
（一葉A）
行到這位小呈困，呈腳皆看二三分，靴製苦麻蕃薯粉，共七个人文文文。
甲兄帶塊做陣看，製蕃薯粉甲苦麻，卜看別位著閣換，娘仔共兄報因單。
換位看靴做小麥，兄仔報娘汝一个，頭壳有致一等笠，做甲頭壳梨梨梨。
叫兄皆看各洲米，全然米辨娘通知，有花蓮港个種只，配來奉看便知枝。
有看各洲米个辨，道朗入治婆梨矸，換位皆看嗎殘萬，緊共娘仔報一增。
米辨有影真多款，提頭个人真賢栓，一洲朗有入一罐，一罐着是全臺灣。

招娘皆看恰內面，也有電火廵科乳，換位來去看恰緊，來者共伊看移民。
移民看了看大海，招兄着緊行恰來，這防大海汝看覓，程腳皆看即巢知。
招娘來去看淺野，二个做陣行到者，皆看紅毛土會社，有設真多機氣車。
淺野看了看別位，窯萊有塊毒圭歸，叫兄汝着恰緊愧，換過別宮看是非。
（一葉B）

愛看別宮汝有想，皆看振興个工場，全塊紡織無別樣，塊岸機氣二个娘。
機氣閣用查某岸，一个查埔無相瞞，看靴有塊做麵線，也做米粉大麵干。
米粉麵線做化多，工人門門用七个，今皆換位看別塊，我兄共娘廣文題。
看靴有人做竹篾，打柄做甲頭欺欺，呈腳皆看萬且去，我娘共兄汝通知。
塊做竹篾一个人，閣是塊做鳥目空，呈腳皆看恰允凍，斤俗咱來一場工。
過來查某塊釵草，問兄有看也示無，看伊真成打柄做，草朗釵甲泊泊泊。
七个查某团仔笋，朗穿長衫無霞裙，二个坦埔全一群，東光廣告賣雪文。
七个查某幼麵麵，二个查埔近身邊，廣告雪文無別セ，七塊塊賣一百錢。
報娘恁看對面門，靴有塊格石炭酸，有卦一條情乳廣，一條情乳長長長。
格石炭酸真巧氣，有看不通閣延遲，換看別位恰次味，看靴一尾大沙魚。
（二葉A）

看着沙魚成大科，報娘恁看無咸狐，二个閣再行几步，皆看南羊漁場途。
報兄汝皆看上壁，一隻龜乎龍蝦騎，閣再罔行看別跡，靴有藍獨甲水車。
也有龍蝦騎龜壳，閣看水車甲藍獨，兩牛犁田治許角，換看別位个題目。
世界地球乳郎返，有一个人竪中央，斟酌皆看即賣秧，一枝腳骨春長長。
招兄換位看別項，竪程共伊看茶檯，做茶工業坐珍動，也有棟車運搬工。
換看柑仔真旺葉，報兄順煞看芎蕉，那卜換位愛着叫，帶者看看恰巢着。
報娘皆看肯麻索，澎湖出產看淡泊，今甲有看準門好，換宮罔閣行迌迌。
這宮電力甲電信，報兄看看恰點籐，二个相氄看一呇，兎仔穿衫界巧神。
兎仔穿衫真巧氣，做火一隻那暫時，嘴那扒開紅記記，死物珍動即有奇。
暫時死物能珍動，嘴那扒開紅紅紅，不知省人力來放，兎仔穿衫親像人。
（二葉B）

暫時看着雄界界，看靴一个大灯台，換看土木个館內，二人相氄行出來。

樓腳看透看樓頂，恁娘皆行做頭前，樓腳好看真多種，扒到樓頂小豎呈。
行到樓頂小宿困，看着一隻郵便船，不知塊行省省份，諒必題目敢有分。
換看高雄塊染港，這位染港是基隆，土把簡那大鐵桶，把土不免用人工。
土把能落水底未，有土把甲無半糸，染港火船有巧氣，一枝烟銅成大枝。
染港有看朗巢知，卜看別項塊娘來，皆看許位防大海，提頭个人賢主裁。
有防大海真成澗，閣有船仔歸大拖，呌娘汝看行恰瓦，皆看褒岸甲溪沙。
汝兄帶塊看褒岸，溪沙乾乾能出泉，況去真成岡皆看，提頭个人賢主盤。
報岸共伊看了后，招娘相毛行落樓，看阿理山个出口，出產柴樹在山頭。
看阿理山个出產，報兄恁看阿理山，種種器具賣咸萬，出產樹木在山間。

（三葉A）

阿理山頂生真崎，造一坂橋勸治靴，線路門造四條額，載柴塊行三分車。
這位工事真賢創，報兄恁看卻無防，一枝烟銅成大廣，許位也有卦流郎。
過來看人格樟腦，四欉大樟真咳越，五个工人治靴做，問娘有看也示無。
阿兄問娘這个款，這關有看換別關，者六个人塊保館，有柴無枝生真權。
有柴無枝成好景，敢示自本來生成，也有斬鋸治許頂，大樹乎人操一平。
呌兄嗎看操樹權，皆看流郎過磅空，載柴載塊作成重，塊岸器具有用人。
器具有人治靴岸，柴用流郎塊運搬，用車載柴行電線，大料流過許平鞍。
車行返冤成好細，載料閣載成大能，也能上權甲落低，行過磅空即笑料。
也能落低甲上權，閣能扒崎甲返冤，車行電線無別款，我看上好个機關。
這款機關卻賣呆，有看个人朗巢知，載柴弄入磅空內，也有權權弄落來。

（三葉B）

有看个人知事情，車那卜行先陳鍾，看甲箱久無路用，招娘來去看別宮。
皆看第壹个府縣，人閣一个豎權權，廣告毛織無別款，那愛即去皆交關。
有人豎治化尽尾，一隻水牛花花花，皆看館內乜項貨，換看別宮个文題。
皆看家庭文化館，內面排甲真周全，提頭个人賢維算，四个查某卜坪權。
四个閣甲坪大漢，塊故物件男女班，換看別位恰希罕，招娘着恰趖時間。
那示卜去看別位，二个起行再相隨，提頭个人賢變几，乎我看着行賣開。
福岡館內閣看起，恁兄共娘你通知，題目有寫各位市，能乳郎鵝即有奇。

報兄恁看觀光塔，斟酌皆看即賣差，今着來去看別答，不通帶者閣呈腳。
看靴一宮卦竅職，完然那廟士是實，恁兄報娘你消失，入來去看恰條直。
題目館名寫朝鮮，行人皆看不通餞，潮力電器獨項便，日本製鐵在眼前。
（四葉A）
日本製鐵真呂害，做陣塊看朗全知，內面也有排鐵屎，鐵屎有提去靴排。
招兄來去看別セ，看甲箱久無卜年，這宮題目寫三井，行到三井个館墩。
三井館內真好款，格甲一个那員環，船場創治三井館，提頭个人真賢捨。
提頭个人真賢創，這款創了卻普通，船內也有設炭礦，閣再也有卦流郎。
有卦流郎看現現，招娘閣行不通餞，看二府縣个古典，館內創甲真安然。
看着冬樺咱小宿，斟酌皆看恰巢着，土腳也有舖棉借，因何有柴無樹葉。
冬樺內面四隻狗，有牛花花治內頭，土腳全然有種草，一人坐治土腳兜。
二人閣竪治許跡，一人涼水汗塊食，內面花牛真多隻，三人笑甲開靴靴。
也有樹欉生毯毯，二个鋸甲卜橇龜，連落三集看昭有，編歌清壽姓姓邱。
煞落三集恰次末，連二會場然通知，不論有去也無去，看着歌簿招知枝。
（四葉B）

《尪某看博覽會新歌》第三集

看靴二宮个家屋，近山有人無樹木，汝我卜看着恰束，報娘汝皆看馴鹿。
看靴有厝閣無柴，束束塊看無精差，招兄換位看海豹，一隻閣朴治土腳。
一隻塊朴五隻竪，也有海鳥帶治靴，皆看海鳥真多隻，不知省人化賢掠。
我娘共兄報底釣，人廣看久着臭韶，換看別位有恰尿，看靴機器塊織蓆。
機器織蓆成緊愧，用柴來做草蓆歸，招娘來去看別位，不通看賣通出圍。
招兄換位看金礦，館理礦山大主公，提頭个个真賢況，者況金山甲瑞芳。
一條車路造透線，瑞芳有造透金山，許位閣塊打土炭，斟酌皆看知因單。
恁娘有皆看炭礦，炭空內底暗摸摸，對面堀金設用磅，機器打空即有通。
靴一个人穿撻里，有岸一枝个磅枝，磅石閣再用機器，去看了后編歌書。

金瓜石山這个款，一崁一崁暫暫攏，提頭个人賢豫算，一條車路造冤冤。
（一葉A）

廣起金山个出產，金仔大塊界世間，一塊壹百六拾萬，達錢化多報一層。
換看糖業个會社，閣有化多甘蔗車，一人治靴故甘蔗，電火那光頭夯夯。
一人塊故甘蔗林，身穿白褲甲烏衫，電火那花身泡泡，電火那頭今今。
東洋糖業塊製造，烟銅尾鰍乳郎鵝，山頂格甲那船澳，四隻船仔行迌迌。
來到這位小豎定，皆看尪仔治靴行，歸陣行甲靴四正，全然也無腳步聲。
換來皆看舊蔗舖，一宮草厝無通蘇，用牛塊拖恰干苦，蔗舖一宮真庵湖。
舊个蔗舖無外大，用二隻牛店塊拖，近來个人恰開化，全用機器恰看活。
換來皆看興業所，電力能光也能烏，水源養人也全部，日月潭庄个地圖。
日月潭庄个地鄉，一片潤潤那田羊，歌仔換塹無別樣，到者閣編二會場。
卜廣第二會場底，內面排甲真種濟，烈位斟酌看相細，編歌邱壽伊一个。
（一葉B）

行人第二會場內，阿娘甲兄做陣來，古屋館額先看覓，省乜奇巧即能知。
看着古尾厝尾頂，做二尾魚成成成，七層那搭真拈定，一宮完然觀音亭。
行入館內看恰準，招娘皆看四計云，看靴尾上肥丹粉，也有機氣塊返輪。
肥丹機氣塊製造，恁娘有看不是無，樹乳尪仔成多號，格壁塊賣刨魚刀。
招娘來去看別款，掠直行來免返冤，這宮着是文化館，一宮廟宇即年攏。
恁娘今頭看坐見，芎蕉正甲滿廟垺，廟后柴樹撻撻鄭，皆看柴青山也青。
換看針方个育教，也有飛船在雲頭，內面完然火燒草，火焰親象血塊流。
內面火焰紅記記，雲頭塊飛飛行枝，皆看閣有寫紅字，對面高女塊讀書。
換看育教个業類，手提算盤夯鐵槌，有三个人做一位，二个產產一个肥。
一个肥肥二个產，三个閣格做一班，体育衛生界有坂，三个炳狗着一層。
（二葉A）

三个帶治靴炳狗，死物能炳即有賢，不知機氣按盞鬬，三个炳甲成熱頭。
三个囝仔直直炳，皆有閣甲柄無呈，相尪換來看樓頂，看鄭團性个体形。
看着國性个元体，開打臺灣伊一个，換位來去看別塊，靴有凸鼠甲啼雞。
有看雞啼甲凸鼠，一隻啼雞帶靴啼，看着大象个嘴齒，有鳥豎豎治樹枝。

也有海鳥全無肉，身軀骨頭甲頭腳，看靴歸陣个水鴨，也有猴仔石虎猫。
石虎目周降降降，目周看着青弄弄，也有猴仔毛籠籠，二蕊目周紅紅紅。
許款象毛白白白，也有大齒个象牙，報娘恁看恰相細，猴仔豎治大樹叉。
一隻石虎尾曉曉，也有二隻尾橇橇，閣有大夯暗公鳥，二隻內葉豎條條。
報娘皆看上壁尾，也有真多猫仔皮，內面看野賣識賣，來看神社个文題。
皆看神社个宗敬，兩平六拋个路灯，路邊柴樹双平正，招兄來去看別宮。
（二葉B）

換看這宮北海道，有豎真長旗仔高，也有豎旗寫字號，行入館內看談泊。
行入小豎甲小甚，也有排魚甲大蟳，那看那塊盤水錦，罐頭朗排治中心。
內面共伊看透透，中央有排卦罐頭，相毛看行出外口，通看別宮無呈流。
特別館內看這位，二人行行恰做追，靴賣鐵樹宣爐瑞，閣再也塊賣家歸。
過來塊賣金手只，格宮查某泡加牌，靴一个人成長鼻，賣萬年筆無差宜。
龍宮館內也巧氣，有人塊血飛龍枝，忌外無愛閣廣起，換看別宮嗎延遲。
專賣館內看一疼，看着一塊大樟板，皆看內面百百項，塊格香水真成香。
着看不即賣打損，一个樓梯造化長，過來皆看乳郎返，一粒大求吊中央。
阿片專賣設治靴，改正歸罐買去食，恰去皆看鹽會社，運搬鹽閣再歸車。
相毛閣行到這答，二人皆看小呈腳，近來格腦真其巧，有創機器塊切柴。
（三葉A）

換看專賣格燒酒，皆看歸港那珍油，提頭个人真研究，賣麻正人个目周。
機器格酒作成謹，簡那珍油汁汁珍，去看个人成大陣，也有一矸三角銀。
也有一矸賣三百，大矸價錢有精差，愛食程好隨時答，不論百姓也官家。
燒酒卻有真多種，也有食着力真強，有人買去食朱勇，專賣會場塊礦中。
燒酒專賣今嗎論，換看專賣塊做煙，查埔查某歸大群，八个女事文文文。
皆看八个个查某，即有一个个查埔，帶靴提煙賣千苦，不知月給趁几圓。
機器做煙真成賢，閣再能切甲能包，切好女工皆提走，提提勸勸治頂頭。
煙枝全用機器廣，廣好切甲坪坪長，入落盒仔提去勸，八个女工治靴庄。
煙枝庄入盒仔內，那庄機氣那提來，那有去看許所在，按盞做法朗巢知。
換看許个鼻空口，發甲一塔嘴秋頭，有人經体伊黑狗，手閣煙枝提一包。

（三葉B）

有人廣伊黑狗送，鼻空口仔劉信棕，也能廣話能珍動，算是死物假做人。
死物廣話甲串愧，這款有影真古錐，場中一尾魚吐水，換看別宮个事非。
換宮皆看赶恰緊，電氣館內恰点籐，這个人問閣能應，題目寫廣是雷神。
那問電神話能廣，能講國語真成通，講着聲音旺旺旺，目周降降成雷公。
這斬看了看別塹，呈腳皆看日月潭，有人甲番店塊湳，青番穿衫恰恰庵針。
日月潭庄工事大，青番作失塊唱歌，歸陣做火希化化，看着青番成大拖。
歌書唱甲明明明，青番夯槌店塊精，土地兆工精恰碇，作失唱歌假蠟滎。
東京電氣治這位，一宮那廟真古錐，諒必廟門張活鬼，免人加治閣能開。
一宮那廟是新社，一人閣能行去靴，曰頭提物乎人食，現錢皆買全無賒。
也能行去行倒返，死物加治能開門，這漸皆講到者斷，般泊館內看拾全。

（四葉A）

看着大坂樹紅紅，二集死虎治許空，暹羅个人看一疼，簡那和尚無頭棕。
東京館內小可堅，皆看富士自轉車，相毛來去看別跡，來看京都个館額。
館內綢緞排甲鄭，有寫一項几个錢，也有一枝大枝扇，算來記念真多年。
國防館內小豎程，皆看陸軍甲銃兵，也有大門車仔銃，有創太体那戰精。
也有銃兵帶靴ビ，防那戰精無差宜，皆看樓頂有守備，夯銃卜打飛行機。
第二文化館內底，也有青番夯煙吹，一个店治靴塊坐，頭壳有纏紅凸紗。
也有塊織青番布，四个塊立肉烏烏，近來青番有穿褲，無論查某也查埔。
第二會場到者放，有看不即編有空，印好提到頂下港，編歌邱壽伊一人。
第二會場到者盡，煞編分場報元因，連落四集通知恁，有看大家大趁銀。
四集分場也編煞，臺北博覽會場歌，買歌不論細共大，看着富貴甲榮華。

（四葉B）

《尪某看博覽會新歌》第四集

相毛行到分場口，這位着昃大橋頭，來看有井甲有老，行入會場無呈劉。

咱着塊人行入內，是咱尪某做陣來，甲兄四計皆看覓，好看呆看即能知。
進入會場做陣行，靴塊說明乎人听，不知有影也無影，雲頭女人戰妖精。
我也半信半不信，廣有妖精戰女人，來去皆看許內面，看破加了一角銀。
加了一角卻歡喜，皆看半實甲半希，這用機關做生理，換看別位呌娘兒。
到者看人賣蛇粉，呈腳皆看拾外分，有人內面塊說論，一兩賣人一圓銀。
蛇粉賣人食滋勇，有人論說塊礦張，那買去食能勇將，身体着能恰高強。
招兄換位看別款，到者小返一个冤，廣伊塊做頂手販，治靴廣告仁丹丸。
五錢仁丹買一包，通看人喫死人頭，廣告个人治外口，報入內面看白猴。
五錢無屏倒不用，喫死人頭有影成，賣藥有影賢創景，換位來去看別宮。
（一葉A）

屈臣藥房治這塊，看泡高梨个心茶，恁兄任錢來皆買，嘴乾嘴乾霖一下。
換看菸草憩所內，恁娘通知乎兄知，看着內面真清彩，半壁也有種王萊。
半壁有種王萊欉，這平有勸四塊板，一仙神明土中縫，也有肯麻白葱葱。
行到暹羅館額前，今着來加看這宮，一尾鵠魚那肚定，共伊比對一字成。
也有船仔行上壁，二欉藍投種治靴，換位來去看別跡，皆看南風个館額。
南風館額咱今到，福州物件看起頭，一仙魁生塊撻斗，通人看甲頭交交。
二个豎者看魁生，皆看廈門介事前，靴有乾隆个黃定，一个那仙成成成。
換來這位看汕景，金紙碗盤甲酒鐘，也有尪仔治許頂，報兄看看恰分明。
換看廣東一个塔，也五枝扇無精差，二枝生成紅泡泡，三枝白白治下腳。
皆看南羊出樹乳，出產樹亂大趁銀，呈做索仔縛物品，做衫做鞋真門真。
（一葉B）

出產樹乳大趁錢，做衫做鞋無希言，呈做自動个車輦，能曉發明恰賢仙。
嗎廣南洋甲廣東，看人塊夯芎蕉欉，一欉不知有外重，看靴帝夯一个人。
看人塊夯芎蕉科，加治塊夯無人舖，人穿白衫紅短褲，塊伸白白簡那糊。
不是糊仔示樹乳，手汗鐵桶店塊伸，那示不識我報恁，許號賣着全是銀。
用刀共伊斬一空，許號着示樹乳欉，塊伸樹乳汗鐵桶，手汗鐵桶南洋人。
換看這位元始林，有火焰焰治深深，香港澳門小豎甚，看着海水化哼陰。
香港澳仔瀾岡岡，看着海水白芒芒，東京鴻基个炭礦，連瓦隔壁暗摸摸。

換看蘭領个印度，排塊防看个丕謨，皆看頭壳親象虎，一个虎頭成大科。
有看个人知消失，人身閣甲發鳥翅，不是編歌白賊七，防看四拾過八日。
加看相細是人面，人面閣再鳥仔身，編歌出來通知恁，有看个人知元因。
（二葉Ａ）
換位來共看別出，靴一个人變枝術，加己箱開卦賣律，無己合瓦即奇物。
不知倒位張活鬼，手那加己箱着開，定定治靴無煞位，看伊變塊鉗歸追。
閣看印度人帝行，下腳二个親象精，雄雄簡那狐狸子，看着通人道能驚。
二條車路治半壁，也有一隻大火車，兩平邊仔評甘蔗，換看棉花着來者。
三人竪靴茶治棹，過來電火影焰焰，人穿紅衫手提索，加看這位新嘉波。
換看馬來个錫礦，有人棟車塊流通，一个水堆竪甲戀，完然前早姜太公。
水堆塊戀竪不死，完然太公塊釣魚，這位鐵礦帝肯鐵，山生花花無差宜。
山生花花卻有影，中央有船治靴行，加看福建个大鏡，看着鏡傾金榮榮。
換看馬產何業織，也有一隻馬發翅，閣再有人帝做失，內面載有二枝乞。
馬產館內那有看，也有載乞甲馬鞍，編歌通知兄弟伴，看了恰能清心肝。
（二葉Ｂ）
換來皆看廸大桶，真好腳手甲柳棕，這款真即無允凍，那踏無條過公空。
看伊塊坐呵倒醜，按盞賣乎吝落來，有影真賢坐能在，別人允凍倒拋獅。
分場館內咱嗎看，招兄來去看草山，賣知兄仔想按盞，也通順煞洗溫泉。
卜去草山加所費，所費着加一大追，草山館內無通水，我有听人廣事非。
兄仔听人廣底釣，草山館內韶韶韶，所費真多不是少，做陣來去看板橋。
那看板橋我卻卜，做陣來去看百花，通看前早个寶貝，今皆準到板橋街。
行到板橋个館口，折單通好入內頭，听廣寶貝排透透，也通看花嗎呈流。
單皆折好行入內，阿娘有看汝道知，賣知帶靴創省代，不着恰緊塊兄來。
無看恁娘塊籠褲，一領外褲轆落土，是兄行了箱大步，腳步不通行化粗。
看娘行甲褲那溜，也敢來到板橋頭，今苦太看日曰？頭走，這款查某成病
猿。
（三葉Ａ）
褲轆乎人共我更，阿兄敢是塊青冥，準那不看汝也罵，這辨查埔那情生。

罵汝一句屋銃銃，愛我閣共汝批評，生目着看汝一種，青蚵勸塊鼻空前。
良君恁塊共我報，京我防笑流鼻蚵，緊皆銃兆即有好，体面即賣舍着哥。
鼻恁銃甲一四計，泪着衫褲白白白，那防看着真呆細，不知叫是省セ个。
報我鼻去泪着褲，成實一糊即大糊，那防看着廣側惡，体面舍着恁查埔。
不着緊去摸血兆，緊共娘仔汝点寮，那防看着真見少，泪鼻汝野穿能條。
到厝我即皆換領，体面即賣舍着兄，听恁个嘴恰有影，不免罵甲大少聲。
体面那有故恁尪，我閣託透汝一人，不通學甲化溜粽，褲頭不時溜一空。
是我穿了無好細，褲溜一空肉白白，到厝順煞換來洗，即賣乎人笑溜初。
今準返到咱這位，看娘歸領褲脫開，夯目着看恁腳腿，先味生甲化大追。
（三葉B）

腳腿有先我呈ル，赶緊去買大棕龜，那防看着呆意賜，体面舍着汝丈夫。
這款查某新設勵，棕龜ル着能流皮，創水身驅朗巢洗，照實交帶乎賢妻。
听恁个嘴來洗斷，大先養卦燒滾湯，即對紐仔屏頭脫，一身脫甲光光光。
賢妻衫仔脫獻形，夯目看着恁形前，汝也作成舍四正，先味生甲歸粒乳。
良君塊共我託透，廣我生仙滿乳頭，成實有影生即厚，我緊夯刀來共敲。
創刀來敲着能痛，我有耳空不識听，面巾一條水一鼎，那無燒水着去侃。
創刀來敲恰快律，不免面巾提塊尤，敲着先能斷半戍，摸着肉閣能金滑。
看恁此款卜省部，庵滾親象烟銅箍，不是厝內無面巾，庵滾勸下化哖烏。
赶緊稻草提一棕，提來通好ル烟銅，燒水煞拴一大桶，無洗体面舍着尪。
面閣油狗生甲鄭，全然生透耳仔邊，二个耳仔那木耳，按盞先能化賢生。
（四葉A）

手提一鄭稻稿草，卜來ル面甲額頭，順煞ル甲耳仔后，ル甲血水強卜流。
閣再尌酌共汝看，腳仝烏甲透腳盤，二枝腳骨成火炭，界倒臺灣透長山。
一款樹乳親象肉，外長外瀾隨便加，那卜注文着趁早，通好來榔此双腳。
敢廣也不京人笑，榔了閣能臭腳韶，即哖欖欄也真少，害我煞無看板橋。
板橋汝我朗無看，也屎甲我家車盤，句句塊罵我欖爛，老戲汝敢化愛搬。
汝我今嗎搬老戲，看博覽會返家期，通好平安座化是，去看返來編歌書。
編歌臺北邱清壽，有廣元頭甲尾鰍，玉珍販賣做頂手，烈位那看知因由。

玉珍全印新歌簿，維新改勸歌賣粗，皆割公道个計數，望恁烈位鬪招呼。
烈位招呼共伊刈，玉珍全印新款歌，會場尾本到者煞，男女看着能看活。
廣甲此句尽尾層，看歌大家保平安，男女看着錢大趁，趁通買厝甲買田。
（四葉B）全四冊完

嘉義西市場內
玉珍漢書部
最新出版各種歌冊目錄

博覽會全四集	中部地震歌	三伯英臺賞花	新編英臺拜墓
樂極成悲歌	菜瓜花歌上下	英臺回家想思	陰司對案歌
人生婦人心	日台會話新歌	三伯英臺歌	錯了閣再錯
紅蓮寺全七集	蔡端造洛陽橋	三伯英臺離別	農場相褒上下
自由戀愛新歌	最新戒嫖歌	英臺祭靈獻紙	曾二娘歌上下
最新病子歌	閙？天宮全三集	英臺廿四拜歌	姜女祭祀郎歌
梁英死某歌	人心知足上下	三伯回陽姞？	新編廿四孝歌
最新手巾歌	談天說地上下	三伯和番歌	運河奇案
開天闢地	？食茶廣書句歌	梁成征番歌	嘉義行進上中
文明北兵歌	啼笑因緣歌	三伯看花燈	國語白話歌
封神歌全三集	大學皇后歌	人生必讀歌	世間開化歌
百樣菓子上下	社會覺醒歌		
城市之夜歌			

昭和十一年二月十七日印刷
昭和十一年二月廿二日發行
臺南州嘉義市西門町一丁目十七番
發行人　陳玉珍
臺南州嘉義市西門町一丁目十六番
印刷所：和鴻活版所

參考書目

檔案、報告書

一、國史館臺灣文獻館藏《臺灣總督府公文類纂》

〈巴里萬國大博覽會出品物取調委員菊地末太郎復命〉,《臺灣總督府公文類纂》永久保存(追加)第217冊,第4門「文書/博覽會類」第21號,明治30年10月25日。

〈日英博覽會臺灣茶販路擴張事業成績報告(野澤源次郎)〉,《臺灣總督府公文類纂》十五年保存第5523冊,第10門「殖產」第2類「商工業」第4號,明治45年1月1日。

〈日英博覽會臺灣喫茶店業務報告(野澤源次郎)〉,《臺灣總督府公文類纂》十五年保存第5523冊,第10門「殖產」第2類「商工業」第3號,明治45年1月1日。

〈北米合眾國聖路易博覽會臺灣喫茶店實數及ヒ收入金額報告ノ件〉,《臺灣總督府公文類纂》甲種永久保存第4864冊,第10門「殖產/博覽會類」第5號,明治38年3月1日。

〈共進會出品物中土人出品物ニ對シ褒賞授與件ノ照會〉〈臺灣土人出品概評〉,《臺灣總督府公文類纂》永久保存第9692冊,內務部殖產部

第12類「博覽會共進會」，明治30年1月19日。

〈佛國大博覽會出品物蒐集復命書〉，《臺灣總督府公文類纂》乙種永久保
　　存第330冊，第12門「殖產／博覽類」第12號，明治31年5月11
　　日。

〈佛國大博覽會出品蒐集／鐸木技手報告〉，《臺灣總督府公文類纂》乙種
　　永久保存第302冊，第12門「殖產／博覽類」第1號，明治31年1
　　月29日。

〈第一號大阪ニ於ケル第五回博覽會觀覽ニ關スル件〉，《臺灣總督府公文
　　類纂》，永久保存第831冊，第4門文書／報告（深坑廳告諭）第107
　　號，明治36年2月6日。

〈第二回水產博覽會出張復命〉，《臺灣總督府公文類纂》乙種永久保存第
　　187冊，第12門「殖產／博覽類」第1號，明治30年11月24日。

〈臺灣形勢一班第五回內國勸業博覽會開設／際起案〉，《臺灣總督府公文
　　類纂》永久保存（追加）第767冊，第4門「文書／統計類」第1
　　號，明治35年7月15日。

〈總督府技師柳本通義提出河川博覽會ニ關スル出張復命書〉，《臺灣總督
　　府公文類纂》永久保存第808冊，第2門「官職官規／出張類」第1
　　號，明治36年2月13日。

林其生、李清水，〈第二回水產博覽會參觀報告〉，《臺灣總督府公文類
　　纂》乙種永久保存第187冊，第8門「殖產／博覽類」，明治30年11
　　月8日。

二、博覽會、共進會報告書

《第五回內國勸業博覽會重要物產案內》（東京：國光社，1899），收入明
　　治文獻資料刊行會復刻，《明治前期產業發達史料：勸業博覽會資料》
　　第11-13冊（東京：明治文獻資料刊行會，1973）。

《第五回內國勸業博覽會彙報》第1-5編（大阪：博覽會彙報發行所，
　　1903），收入明治文獻資料刊行會復刻，《明治前期產業發達史料：勸
　　業博覽會資料》第198-199冊（東京：明治文獻資料刊行會，1975）。

大久保透，《明治記念拓殖博覽會案內記》（東京：有信社，1913），收
　　入明治文獻資料刊行會復刻，《明治前期產業發達史料：勸業博覽會
　　資料》第207冊（東京：明治文獻資料刊行會，1976）。

大阪市役所商工課編，《第五回內國勸業博覽會報告書》（大阪：大阪市
　　役所，1904），收入明治文獻資料刊行會復刻，《明治前期產業發達
　　史料：勸業博覽會資料》第10冊（東京：明治文獻資料刊行會，
　　1973）。

山本光雄，《日本博覽會史》（東京：理想社，1970）。

不著撰人，《明治32年臺南縣農產物品評會報告》（臺南：臺南縣農產物
　　品評會，1899）。

不著撰人，《關西府縣聯合共進會規則類聚》（出版資料不詳，東京大學
　　總合圖書館田中文庫藏）。

內國勸業博覽會事務局，《內國勸業博覽會場案內》（東京：內國勸業博
　　覽會事務局刊行，1877）。

月出皓，《臺灣館》（東京：東山書屋發行，1907）。

月出皓編，《臺灣館》（臺北：第五回內國勸業博覽會臺灣協贊會，
　　1903）。

吉井弘治編，《臺灣館》（未附出版者，1910，國立臺灣大學圖書館
　　藏）。

京都博覽協會編纂，《京都博覽會沿革誌》（東京：フジミ書房復刻，
　　1997）。

東京府編，《東京大正博覽會事務報告》（2冊）（東京：東京府刊，
　　1916）。

東京府廳，《東京勸業博覽會事務報告》（東京：東京府，1909）。

邱清壽，《尪某看博覽會新歌》，嘉義市：玉珍漢書部，1936。國立臺灣
　　大學圖書館楊雲萍文庫收藏。

前橋市群馬協贊會，《群馬縣主催一府十四縣聯合共進會紀念寫真帖》
　　（前橋市：群馬協贊會刊，1910）。

第五回內國勸業博覽會事務局，《第五回內國勸業博覽會出品目錄：臺灣

館》（東京：第五回內國勸業博覽會事務局，1903）。

第五回內國勸業博覽會事務局，《第五回內國勸業博覽會出品目錄》共27冊（東京：第五回內國勸業博覽會事務局，1903），收入明治文獻資料刊行會復刻，《明治前期產業發達史料：勸業博覽會資料》第13-31冊（東京：明治文獻資料刊行會，1973）。

第五回內國勸業博覽會事務局，《第五回內國勸業博覽會審查報告》（東京：長谷川正直，1904），收入明治文獻資料刊行會復刻，《明治前期產業發達史料：勸業博覽會資料》第32-58冊（東京：明治文獻資料刊行會，1975）。

鹿又光雄編，《始政四十周年記念臺灣博覽會誌》（臺北：始政四十周年記念臺灣博覽會，1939）。

博覽會俱樂部編，《海外博覽會本邦參同史料》（6冊）（東京：博覽會俱樂部，1934）。

農商務省編，《日英博覽會事務報告》（東京：農商務省，1912）。

農商務省編，《聖路易萬國博覽會本邦參同事業報告》（2冊）（東京：農商務省，1905）。

臺灣勸業共進會協贊會編，《臺灣勸業共進會協贊會報告書》（臺北：臺灣日日新報社，1916）。

豬谷秀曆攝，《群馬縣主催一府十四縣聯合共進會紀念寫真帖》（前橋市：群馬縣協贊會，1911）。

報紙雜誌

Illustrated London News, Vol. XVIII, No. 481, (May, 3, 1851) .

《江蘇》

《風俗畫報》

《臺南新報》

《臺灣日日新報》

《臺灣協會會誌》

《臺灣新民報》

《臺灣新報》

《臺灣民報》

《臺灣慣習記事》

中、日文論文

〈觀光引路〉，載於《臺灣協會會報》，40-56（明治35年1月20日至明治
　　36年5月20日）。

三十島祝，〈臺灣に於ける觀光機關の全貌〉，《臺灣鐵道》，1937年6
　　月。

三宅克己，〈臺灣旅行感想〉，收入顏娟英，《風景心境：臺灣近代美術
　　文獻導讀》（上）（臺北：雄獅，2001），頁59-60。

丸山宏，〈明治初期の京都博覽會〉，收入吉田光邦編，《萬國博覽會の
　　研究》（京都：思文閣，1996），頁221-48。

丸山晚霞，〈我所見過的臺灣風景〉，收入顏娟英，《風景心境：臺灣近
　　代美術文獻導讀》（上）（臺北：雄獅，2001），頁84-87。

土屋喬雄，〈明治前期產業中上博覽會意義〉，收入土屋喬雄，《明治前
　　期經濟史研究》（東京：日本評論社，1944），頁58-74。

小島麗逸，〈日本帝國主義的臺灣山地支配：到霧社蜂起事件為止〉，收
　　入戴國煇編著、魏廷朝譯，《臺灣霧社蜂起事件：研究與資料》（上）
　　（臺北：遠流，2002），頁62-113。

山下重民，〈論說──東京府勸業博覽會〉，《風俗畫報增刊：東京勸業
　　博覽會圖會》，360（明治40年3月25日），頁1。

中村孝志，〈「大正南進期」臺灣〉，《南方文化》，8（1981.11）（譯文見
　　卞鳳奎譯，〈大正南進期與臺灣〉，收入中村孝志著、卞鳳奎譯，《中
　　村孝志教授論文集：日本南進政策與臺灣》（臺北：稻鄉，2002），
　　頁1-74。

中村淳，〈「土人」論──「土人」イメージの形成と展開〉，收入篠原

徹編,《近代日本他者像自畫像》（東京：柏書房，2001），頁85-
129。

日野永一,〈萬國博覽會と日本の「美術工藝」〉,收入吉田光邦編,《萬
國博覽會の研究》（京都：思文閣，1996），頁21-44。

王正華,〈呈現「中國」—— 1904年美國聖路易萬國博覽會中的大清
國〉,黃克武主編,《畫中有話：近代中國的視覺表述與文化構圖》
（臺北：中央研究院近代史研究所，2003），頁421-75。

王飛仙,〈在殖民地博物館展示歷史 —— 以臺灣總督府博物館為例
（1908-1945),《政大史粹》,2（2000.6），頁127-46。

王泰升,〈臺灣企業組織法之初探與省思——以合股之變遷為中心〉,收
入王泰升,《臺灣法律史的建立》（臺北：國立臺灣大學法學叢書編
輯委員會，1997），頁281-342。

古偉瀛,〈從「炫奇」、「賽珍」到「交流」、「商戰」——中國近代對
外關係的一個側面〉,《思與言》,24:3（1986.9），頁1-18。

石川寅治,〈洋畫家所見的臺灣〉,收入顏娟英,《風景心境：臺灣近代
美術文獻導讀》（上）（臺北：雄獅，2001），頁70-71。

石川欽一郎,〈水彩畫與臺灣風光〉,收入顏娟英,《風景心境：臺灣近
代美術文獻導讀》（上）（臺北：雄獅，2001），頁30-31。

石川欽一郎,〈臺灣的山水〉,收入顏娟英,《風景心境：臺灣近代美術
文獻導讀》（上）（臺北：雄獅，2001），頁49-53。

石川欽一郎,〈臺灣風光的回想〉,收入顏娟英《風景心境：臺灣近代美
術文獻導讀》（上）（臺北：雄獅，2001），頁54-56。

石川欽一郎,〈初冬漫步〉,收入顏娟英,《風景心境：臺灣近代美術文
獻導讀》（上）（臺北：雄獅，2001），頁36-39。

伊藤真實子,〈一九○四年萬國博覽會日露戰時外交〉,《史學雜誌》,
112:9（2003.9），頁79-83。

吉田光邦,〈1910年南洋勸業會始末〉,收入吉田光邦編,《萬國博覽會
の研究》（京都：思文閣，1996），頁333-54。

吉見俊哉,〈メディア・イベント概念の諸相〉,收入津金澤聰廣編著,

《近代日本のメディア・イベント》（東京：同文館，1996），頁3-30。

朱點人，〈秋信〉，收入施淑編，《日據時代臺灣小說選》（臺北：前衛，1992），頁169-81。

吳文星，〈東京帝國大學與臺灣「學術探險」之展開〉，收入黃富三、古偉瀛、蔡采秀主編，《臺灣史研究一百年：回顧與研究》（臺北：中央研究院臺灣史研究所籌備處，1997），頁11-28。

吳密察，〈明治三五年日本中央政界的「臺灣問題」〉，收入吳密察，《臺灣近代史研究》（臺北：稻鄉，1991），頁109-48。

吳密察，〈被轉化的風景——從清代至日本時代〉，行政院文化建設委員會、國立歷史博物館主辦，「臺灣藝術與設計中折射的殖民現代性研討會」宣讀論文，臺北：國立歷史博物館，2001年8月。

呂紹理，〈日治時期臺灣社會的休閒生活與商業活動〉，收入黃富三主編，《臺灣商業傳統論文集》（臺北：中研院臺史所籌備處，1999），頁357-98。

呂紹理，〈從《臺灣人士鑑》看日治時期社會領導階層的休閒傾向〉，國立臺灣師範大學歷史系主辦，「回顧老臺灣，展望新故鄉：臺灣社會與文化學術研討會」宣讀論文，1999年5月。

呂紹理，〈「始政四十周年紀念博覽會」之研究〉，行政院文化建設委員會主辦、國立政治大學歷史系承辦，「北臺灣鄉土文化學術研討會」宣讀論文，臺北：國立政治大學，2000年10月14至15日。

呂紹理，〈從1903年大阪博覽會看臺灣與中國的呈顯〉，香港浸會大學、清華大學主辦，「香港浸會—清華大學第四屆學術研討會：21世紀世界與中國—當代中國發展熱點問題」宣讀論文，香港：浸會大學，2002年5月23至24日。

呂紹理，〈展示臺灣——1903年大阪第五回內國勸業博覽會臺灣館之研究〉，《臺灣史研究》，9:2（2003.12），頁103-44。

呂紹理，〈老眼驚看新世界——從《水竹居主人日記》看日據時期保正的生活與休閒娛樂〉，中央研究院近代史研究所、臺中縣文化局主辦，「水竹居主人日記」學術研討會」宣讀論文，臺中縣清水鎮：

臺中縣立港區藝術中心，2004年11月27至28日。

宋光宇，〈蜈蚣閣、藝閣、電子花車——一個歷史的觀察〉，《歷史月刊》，82（1994.10），頁74-85。

宋南萱，〈「臺灣八景」從清代到日據時期的轉變〉（中壢：國立中央大學藝術學研究所碩士論文，2000）。

坂元ひろ子，〈中國民族主義の神話—進化論、人種觀、博覽會事件—〉，《思想》，849（1995.3），頁61-84。

李子寧，〈殖民主義與博物館——以日據時期臺灣總督府博物館為例〉，《臺灣省立博物館年刊》，40（1997.12），頁241-73。

李方宸，〈臺灣糖業鐵路經營之研究（1946-1982）〉（臺北：國立政治大學歷史研究所碩士論文，2001）。

李圭，〈美會紀略〉，《小方壺齋輿地叢鈔》第12帙（臺北：廣文，1964），頁86-88。

村上安正、原一彥，〈產業革命の日本的展開——近代鑛業技術の形成と勞働力〉，收入飯田賢一編，《技術の社會史第4卷：重工業化の展開と矛盾》（東京：有斐閣，1982），頁20-61。

角山榮，〈はしがき〉，收入角山榮編著，《日本領事報告の研究》（東京：同文館出版株式會社，1986），頁i-iii。

並木真人著、陳文松譯，〈朝鮮的「殖民地近代性」、「殖民地公共性」和對日協力——殖民地政治史、社會史研究之前置性考察〉，收入若林正丈、吳密察主編，《跨界的臺灣史研究：與東亞史的交錯》（臺北：播種者，2004），頁71-112。

岡本真希子著、楊永彬譯，〈殖民地統治下臺灣的政治經驗〉，收入若林正丈、吳密察主編，《跨界的臺灣史研究：與東亞史的交錯》（臺北：播種者，2004），頁171-78。

東海林吉郎、布川了，〈足尾と毒事件と農民——土とテクノロジーの矛盾、對立——〉，收入飯田賢一編，《技術の社會史第4卷：重工業化の展開と矛盾》（東京：有斐閣，1982），頁62-140。

林文通，〈日治時期始政三十年紀念展覽會之研究〉（臺北：國立臺灣科

技大學設計研究所碩士論文，2002）。

林惠玉，〈臺灣の百貨店と植民地文化〉，收入山本武利、西沢保編，《百貨店の文化史：日本と消費革命》（京都：世界思想社，1999），頁109-29。

林惠玉，〈日本統治下臺灣の廣告の研究〉（4-6），《日經廣告研究所報》，191-193（2000.6-11）。

松本武祝著、王珊珊譯，〈有關朝鮮「殖民地近代性」論點之整理與重建〉，收入若林正丈、吳密察主編，《跨界的臺灣史研究：與東亞史的交錯》（臺北：播種者，2004），頁113-32。

芳井敬郎，〈第五回內國勸業博のディスプレー〉，收入吉田光邦編，《萬國博覽會の研究》（京都：思文閣，1996），頁287-306。

金子文夫，〈第一次大戰後の對植民地投資──中小商工業者の進出を中心に〉，原文發表於《社會經濟史學》，51:6（1986.3），另收入柳沢遊、岡部牧夫編，《展望日本歷史・20：帝國主義と植民地》（東京：東京堂，2001），頁132-65。

持地六三郎，〈敘言〉，《臨時臺灣舊慣調查第二部調查經濟資料報告》（臺北：文岡圖書公司據明治38年版影印，1979），頁1-2。

洪銘水，〈梁啟超與林獻堂的美國遊記〉，收入東海大學中文系編，《旅遊文學論文集》（臺北：文津，2000），頁133-64。

若林正丈，〈一九二三年東宮臺灣行啟と「內地延長主義」，收入大江志乃夫主編，《岩波講座：近代日本と植民地／卷二：帝國統治の構造》（東京：岩波書店，1995），頁87-120。

宮崎直介，〈旅客誘致政策〉，《臺灣鐵道》，1933年3月號，頁28-41。

島津直子，〈殖民的邂逅──日本旅遊文學對於殖民地臺灣的描述〉，行政院文化建設委員會、國立歷史博物館主辦，「臺灣藝術與設計中折射的殖民現代性研討會」宣讀論文，臺北：國立歷史博物館，2001年8月。

真榮平房昭，〈人類館事件──近代日本民族の問題と沖繩─〉，《國際交流》，63（1994.3），頁21-25。

神田恆雄，〈財政政策金融構造〉，收入石井寬治、原朗、武田晴人編，
　　《日本經濟史2：產業革命期》（東京：東京大學出版會，2002），頁
　　61-110。

馬敏，〈中國走向世界的新步幅──清末商品賽會活動述評〉，《近代史
　　研究》，1988:1（1988.1），頁115-32。

高嶋雅明，〈商品陳列所について〉，收入角山榮編著，《日本領事報告
　　の研究》（東京：同文館出版株式會社，1986），頁174-75。

國雄行，〈內國勸業博覽會の基礎的研究──殖產興業、不平等條約、
　　「內國」の意味──〉，《日本史研究》，375（1993.11），頁54-68。

張文環，〈閹雞〉，收入張恆豪主編，《臺灣作家全集・短篇小說卷／日
　　據時代篇：張文環集》（臺北：前衛，1992）。

張隆志，〈殖民現代性分析與臺灣近代史研究──本土史學史與方法論
　　芻議〉，收入若林正丈、吳密察主編，《跨界的臺灣史研究：與東亞
　　史的交錯》（臺北：播種者，2004），頁133-60。

梁華璜，〈日據時代臺民赴華之旅券制度〉，《臺灣風物》，39:3（1989.9），
　　頁1-49。

梅陰子（伊能嘉矩），〈風俗上より見たる臺灣館（一）〉，《臺灣慣習記
　　事》，3:6（明治36年6月），頁76-83。

清川雪彥，〈技術情報の普及傳播と市場形成：博覽會、共進會の意
　　義〉，收入清川雪彥，《日本經濟發展と技術普及》（東京：東洋經濟
　　新報社，1995），頁244-73。

許雪姬，〈林獻堂著《環球遊記》研究〉，《臺灣文獻》，49:2（1998.6），
　　頁1-33。

陳芳明，〈三〇年代臺灣作家對現代性的追求與抗拒〉，收入陳芳明，
　　《殖民地摩登：現代性與臺灣史觀》（臺北：麥田，2004），頁51-72。

陳芳明，〈現代性與殖民性的矛盾──論朱點人小說中的兩難困境〉，收
　　入陳芳明，《殖民地摩登：現代性與臺灣史觀》（臺北：麥田，
　　2004），頁95-114。

渡邊俊夫，〈日本風景畫與臺灣──現代性、殖民主義和國家認同〉，行

政院文化建設委員會、國立歷史博物館主辦，「臺灣藝術與設計中折射的殖民現代性研討會」宣讀論文，臺北：國立歷史博物館，2001年8月。

菅野忠五郎，〈軌道と牛車〉，《臺灣鐵道》，1918年2月。

菊池裕子，〈現代臺灣工藝發展中折射的鄉土主義〉，行政院文化建設委員會、國立歷史博物館主辦，「臺灣藝術與設計中折射的殖民現代性研討會」宣讀論文，臺北：國立歷史博物館，2001年8月。

黃紹恆，〈從對糖業之投資看日俄戰爭前後臺灣人資本動向〉，《臺灣社會研究季刊》，23（1996.7），頁99-146。

園田英弘，〈博覽會時代の背景〉，收入吉田光邦編，《萬國博覽會の研究》（京都：思文閣，1996），頁3-20。

廖新田，〈蠻荒之美——殖民臺灣風景畫中的冒險、旅行與漫遊〉，行政院文化建設委員會、國立歷史博物館主辦，「臺灣藝術與設計中折射的殖民現代性研討會」宣讀論文，臺北：國立歷史博物館，2001年8月。

趙祐志，〈躍上國際舞台——清季中國參加萬國博覽會之研究（1866-1911）〉，《國立臺灣師範大學歷史學報》，25（1997.6），頁287-344。

劉楨麟，〈論中國宜開賽會以興商務〉，收入麥仲華編，《皇朝經世文新編》商務卷2（臺北：文海，1972），頁50-56。

劉融，〈日治時期臺灣參展島外博覽會之研究〉（埔里：國立暨南國際大學歷史研究所碩士論文，2002）。

歐陽盛之、李子寧，〈博物館的研究——一個歷史的回顧〉，收入李子寧主編，《臺灣省立博物館創立九十年專刊（1908-1998）》（臺北：臺灣省立博物館，1999），頁108-261。

鄭建華，〈臺灣日治時期博覽會活動設計及其視覺傳達表現之研究〉（臺北：國立臺灣科技大學工程技術研究所設計學程碩士論文，1999）。

鄭梓，〈戰後臺灣的第一場「產業盛會」——首屆「臺灣省博覽會」歷史影像之呈現與解讀〉，國立臺灣師範大學歷史系主編，《回顧老臺灣展望新故鄉：臺灣社會文化變遷學術研討會論文集》（臺北：國立

臺灣師範大學歷史系，2000），頁313-44。

駒込武著、許佩賢譯，〈臺灣的「殖民地近代性」〉，收入若林正丈、吳
　　密察主編，《跨界的臺灣史研究：與東亞史的交錯》（臺北：播種
　　者，2004），頁161-70。

橋本哲哉，〈民眾運動と初期社會主義〉，收入歷史學研究會、日本史研
　　究會編集，《講座日本歷史》第8冊：近代2（東京：東京大學出版
　　會，1985），頁203-40。

檜山幸夫，〈ハノイ博覽會と臺灣總督府──パンフレット『EXPOSITION
　　DE HANOI』を中心に──〉，《臺灣總督府文書目錄》第8卷（東
　　京：ゆまに書房，2001），頁671-700。

鍾叔河，〈第一部女子出國記〉，收入鍾叔河主編，《走向世界叢書》（湖
　　南：岳麓書社，1985），頁658-62。

顏娟英，〈塑造南國美術殿堂──臺灣展傳奇〉，收入顏娟英，《風景心
　　境：臺灣近代美術文獻導讀》（上）（臺北：雄獅，2001），頁178-
　　79。

蘇文清，〈始政四十年臺灣博會宣傳計劃與設計之研究〉（臺北：國立臺
　　灣科技大學工程技術研究所設計學程碩士論文，1998）。

中、日文專書

久保文克，《植民地企業經營史論：「準國策會社」の實證的研究》（東
　　京：日本經濟評論社，1997）。

大阪人權博物館編集，《博覽會：文明化から植民地化へ》（大阪：大阪
　　人權博物館，2000）。

小熊英二，《〈日本人〉の境界：沖繩、アイヌ、臺灣、朝鮮植民地支配
　　から復歸運動まで》（東京：新曜社，2002）。

山本光雄，《日本博覽會史》（東京：理想社，1980）。

山本武利，《廣告の社會史》（東京：法政大學出版局，1984）。

川野重任著、林英彥譯，《日據時代臺灣米穀經濟論》（臺北：臺灣銀行

經濟研究室，臺灣研究叢刊第102種，1969）。

中川童二，《ランカイ屋一代》（東京：講談社，1969）。

井出季和太著、郭輝編譯，《日據下之臺政》（原名：《臺灣治績志》）（南投：臺灣省文獻委員會，1956）。

內川芳美編，《日本廣告發達史》（東京：電通社，1976）。

日本旅行協會臺灣支部編，《臺灣鐵道旅行案內》（臺北：東亞旅行協會臺灣支部，1935）。

日本旅行協會臺灣支部編，《臺灣鐵道旅行案內》（臺北：日本旅行協會臺灣支部，1939）。

王韜，《漫遊隨錄・扶桑遊記》（長沙：湖南人民，1982）。

永山定富，《內外博覽會總說：竝に我國に於ける萬國博覽會の問題》（東京：水明書院，1937）。

田中一二，《臺灣の新人舊人》（臺北：成文據昭和3年[1928]臺灣通信社本影印，1999）。

矢內原忠雄著、周憲文譯，《日本帝國主義下的臺灣》（臺北：帕米爾，1987）。

矢野暢，《南進の系譜》（東京：中央公論社，1997）。

石田一良編，《體系日本史叢書・思想史・II》（東京：山川，1990年1版4刷）。

吉田光邦編，《萬國博覽會の研究》（京都：思文閣，1996）。

吉田光邦編，《圖說萬國博覽會史，1851-1942》（京都：思文閣，1999）。

吉見俊哉，《博覽會の政治學：まなざしの近代》（東京：中央公論社，2000年第5版）。

有山輝雄，《海外觀光旅行の誕生》（東京：吉川弘文館，2002）。

竹越與三郎，《臺灣統治誌》（臺北：南天據1905年本影印）。

米歇爾・福柯（Foucault, Michel）著、劉北成、楊遠嬰譯，《規訓與懲罰：監獄的誕生》（*Surveiller et punir*）（北京：生活・讀書・新知三聯，1999）。

行政院主計處編印，《中華民國臺灣地區時間運用調查報告》（臺北：編

者自印，1995）。

西川長夫，《（增補）國境の越え方：國民國家論序說》（東京：平凡社，
　　2002）。

西川俊作、阿部武司編集，《日本經濟史(4)：產業化の時代》（上）（東
　　京：岩波書店，1990）。

佐藤道信，《明治國家と近代美術：美の政治學》（東京：吉川弘文館，
　　1999）。

吳政憲，《繁星點點：近代臺灣的電燈發展（1895-1945）》（臺北：國立
　　臺灣師範大學歷史研究所專刊[29]，1999）。

吳新榮，《吳新榮日記》（戰前）（臺北：遠景，1981）。

吳德功，《觀光日記》（臺北：臺灣銀行經濟研究室，臺灣文獻叢刊第89
　　種，1960）。

呂紹理，《水螺響起：日治時期臺灣社會的生活作息》（臺北：遠流，
　　1998）。

坂元ひろ子，《中國民族主義の神話：人種、身體、ジェンダー》（東京：
　　岩波書店，2004）。

李乾朗，《臺灣近代建築》（臺北：雄獅，1987）。

杜聰明，《回憶錄》（臺北：龍文，2001）。

杉原四郎、逆井孝仁、藤原昭夫、藤井隆至編著，《日本經濟思想四百年》
　　（東京：日本經濟評論社，1992）。

周憲文，《臺灣經濟史》（臺北：開明，1980）。

周鍾瑄，《諸羅縣志》（臺北：臺灣銀行經濟研究室，臺灣文獻叢刊第
　　141種，1962）。

東亞旅行社臺灣支部印行，《臺灣鐵道旅行案內》，昭和10、14至17年
　　版。

東鄉實，《臺灣農業殖民論》（東京：富山房，1914）。

林偉洲撰，《臺灣歷史人物小傳：明清暨日據時期》（臺北：國家圖書館
　　編印，2003）。

林獻堂著、許雪姬等共同註解，《灌園先生日記》（第6冊）（臺北：中央

研究院臺灣史研究所籌備處、近代史研究所，2003）。

松田京子，《帝國の視線：博覽會と異文化表象》（東京：吉川弘文館，2003）。

松澤聖，《內臺往來旅ノ栞》（臺北：臺北活版社，1929）。

杵淵義房，《臺灣社會事業史》（臺北：南天複刻本，1991）。

波形昭一，《民間總督三好德三郎と辻利茶舖》（東京：日本圖書センター，2002）。

河原林直人，《近代アジアと臺灣：臺灣茶業の歷史的展開》（京都：世界思想社，2003）。

初田亨，《百貨店誕生》（東京：三省堂，1993）。

近藤正己，《總力戰と臺灣：日本植民地崩壞の研究》（東京：刀水書房，1996）。

持地六三郎，《臺灣殖民政策》（東京：富山房，1911）。

派翠西亞・鶴見（Tsurumi, Patricia E.）著、林正芳譯，《日治時期臺灣教育史》（Japanese Colonial Education in Taiwan, 1895-1945）（宜蘭：財團法人仰山文教基金會，1999）。

胡伊青加（Huizinga, Johan）著、成窮譯，《人：遊戲者──對文化中遊戲因素的研究》（原題：Homo Ludens: A Study of the Play──Element in Culture）（貴州：貴州人民，1998）。

海保洋子，《近代北方史：アイヌ民族と女性と──》（東京：三一書房，1992）。

馬敏，《商人精神的嬗變：近代中國商人觀念研究》（武昌：華中師範大學，2001）。

涂照彥，《日本帝國主義下的臺灣》（臺北：人間，1995）。

崛新一，《百貨店問題研究》（東京：有斐閣，1937）。

張素玢，《臺灣的日本農業移民：以官營移民為中心（1909-1945）》（臺北：國史館，2001）。

張遵旭，《臺灣遊記》（臺北：臺灣銀行經濟研究室，臺灣文獻叢刊第89種，1960）。

張麗俊著、許雪姬、洪秋芬編纂解說，《水竹居主人日記》（第1-10冊）
　　（臺北：中央研究院近代史研究所，2000-2004）。

陳石煌，《臺灣風景紹介誌》（臺北：商務印刷所，1935）。

陳培豐，《「同化」の同床異夢：日本統治下臺灣の國語教育史再考》（東
　　京：三元社，2002）。

陳紹馨，《臺灣的人口變遷與社會變遷》（臺北：聯經，1985）。

椎名仙卓，《明治博物館事始め》（京都：思文閣，1989）。

游鑑明，《日據時期臺灣的女子教育》（臺北：國立臺灣師範大學歷史研
　　究所專刊[20]，1988）。

程佳惠，《臺灣史上第一大博覽會：1935年魅力臺灣SHOW》（臺北：遠
　　流，2004）。

黃世孟，《臺灣都市計畫史年表》（臺北：國立臺灣大學土木工程學研究
　　所都市計畫研究室，1988）。

黃通、張宗漢、李昌槿合編，《日據時代臺灣之財政》（臺北：聯經，
　　1987）。

黑住武市，《日本通信販賣發達史》（東京：同友館，1993）。

新竹州役所編，《新竹州管內概況及事務概要》（昭和2至12年份）（臺
　　北：成文影本，1985）。

溫振華，《二十世紀初之臺北都市化》（臺北：國立臺灣師範大學歷史研
　　究所博士論文，1986）。

葉肅科，《日落臺北城：日治時代臺北都市發展與臺人日常生活》（臺
　　北：自立晚報文化出版部，1993）。

鈴木作太郎，《臺灣の蕃族研究》（臺北：臺灣史籍刊行會，1932）。

福澤諭吉，《西洋事情》，永井道雄集編，《日本名著・33：福澤諭吉》
　　（東京：中央公論社，1975）。

臺中市立文化中心編，《臺中市珍貴古老照片專輯》（臺中市：臺中市立
　　文化中心，1995）。

臺北市文獻委員會編，《臺北市路街史》（臺北：臺北市文獻委員會，
　　1985）。

臺北市役所編,《臺北市政二十年史》(臺北:編者自印,1943)。

臺北州役所編,《臺北州管內概況及事務概要》(昭和2至9年份)(臺北:成文影本,1985)。

臺灣日日新報社企劃部編纂,《臺日ハイキングコ—ヌ(臺北近郊篇)》(臺北:臺灣日日新報社,1937)。

臺灣省文獻委員會編譯,《日本據臺初期重要檔案》(南投:臺灣省文獻委員會,1978)。

臺灣經世新報社編,《臺灣大年表》(臺北:臺灣經世新報社編輯局,1938)。

臺灣總督府民政局編,《臺灣總督府民政事務成績提要》(臺北:成文影本),1985。

臺灣總督府交通局鐵道部編纂,《臺灣鐵道旅行案內》(臺北:社團法人東亞旅行社臺灣支部,1942)。

臺灣總督府商品陳列館編印,《本島商品陳列館一覽》(臺北:編者自引,1938)。

臺灣總督府編,《臺灣の鐵道》(臺北:編者自印,1935)。

臺灣總督府鐵道部編印,《臺灣鐵道旅行案內》,大正元年版、昭和2年版及昭和13年版(臺北:臺灣總督府鐵道部,1912、1927、1938)。

趙祐志,《日據時期臺灣商工會的發展(1895-1945)》(臺北:稻鄉,1998)。

劉克襄,《福爾摩沙大旅行》(臺北:玉山社,1999)。

德富蘇峰,《臺灣遊記》(東京:民友社,1929)。

鄧肯(Duncan, Carol)著、王雅各譯,《文明化的儀式:公共美術館之內》(原題:*Civilizing Rituals: Inside public art museums*)(臺北:遠流,1998)。

橋木白水著,《臺灣の事業界と人物》(臺北:成文據昭和3年[1928]南國出版協會本影印,1999)。

錢單士厘,《癸卯旅行記》,收入鍾叔河主編,《走向世界叢書》(湖南:岳麓書社,1985)。

默頓（Morton, Patricia A.）著、長谷川章譯，《バリ植民地博覽會——オリ
エンタリズムの欲望と表象》（東京：株式會社ブリェッケ，2002）。

謝里法，《臺灣美術運動史》（臺北：藝術家，1992）。

韓永愚著、吉田光男譯，《韓國社會の歷史》（東京：明石書店，2003）。

顏娟英，《風景心境：臺灣近代美術文獻導讀》（上）（臺北：雄獅，
2001）。

英文專書、論文

Appelbaum, Stanley, *The Chicago World's Fair of 1893: A Photographic Record*, N. Y.: Dover Publications, Inc., 1980.

Benedict, Burton, *The Anthropology of World's Fairs: San Francisco's Panama Pacific International Exposition of 1915*, Berkeley: Scolar Press, 1983.

Benedict, Burton, "Rituals of Represenation: Ethnic Stereotypes and Colonized Peoples at World's Fairs," in Robert W. Rydell & Nancy E. Gwinn ed., *Fair Representations: World's Fairs and the Modern World*, Amsterdam: VU University Press, 1994, pp. 28-61.

Bennett, Tony, *The Birth of the Museum: History, Theory, Politics*, London: Routledge, 1995.

Benton, Charlotte, Tim Benton and Ghislaine Wood ed., *Art Deco 1910-1939*, Boston, Mass.: Bulfinch Press, 2003.

Carlson, Lewis, "Giant Patagonians and Hairy Ainu: Anthropology Days at the 1904 St. Louis Olympics," *Journal of American Culture*, No. 12, (Fall 1989), pp. 19-26.

Chessel, Marie-Emmanuelle, "Training Sales Personnel in France Between the Wars," in Geoffrey Crossick and Serge Jaumain ed., *Cathedrals of Consumption: The European Department Store, 1850-1939*, Aldershot: Ashgate Publishing Ltd., 1999, pp. 279-98.

Christ, Carol, "Japan's Seven Acres: Politics and Aesthetics at the 1904 Louisiana

Purchase Exposition," *Gateway Heritage*, Vol. 17, No. 2, (1996), 2-15.

Coles, Tim, "Department Stores as retail innovations in Germany: A Historical-geographical Perspective on the Period 1870 to 1914," in Geoffrey Crossick and Serge Jaumain ed., *Cathedrals of Consumption: The European Department Store, 1850-1939*, Aldershot: Ashgate Publishing Ltd., 1999.

Crossick, Geoffrey and Serge Jaumain, "The World of the Department Store: Distribution, Culture, and Social Change," in Geoffrey Crossick and Serge Jaumain ed., *Cathedrals of Consumption: The European Department Store, 1850-1939*, Aldershot: Ashgate Publishing Ltd., 1999, pp. 1-45.

Cuadrado-Roura, Juan R. and Luis Rubalcaba-Bermejo, "Specialization and Competition amongst European Cities: A New Approach through Fair and Exhibition Activities," *Regional Studies*, Vol. 32, No. 2, (April 1998), pp. 133-47.

Duara, Prasenjit, *Sovereignty and Authenticity: Manchukuo and the East Asian Modern*, Lanham: Rowman & Littlefield Publishers, Inc, 2003.

Duus, Peter, *The Abacus and the Sword: The Japanese Penetration of Korea, 1895-1910*, Berkeley: University of California Press, 1995.

Findling, John E. ed., *Historical Dictionary of World's Fairs and Expositions, 1851-1988*, N. Y.: Greenwood Press, 1990.

Foucault, Michel, *Discipline and Punish: The Birth of the Prison*, Trans. by Alan Sheridan, N. Y.: Pantheon Books, 1977.

Gilbert, James, *Perfect Cities: Chicago's Utopias of 1893*, Chicago: The University of Chicago Press, 1991.

Gilbert, James, "World's Fairs as Historical Events," in Robert W. Rydell & Nancy E. Gwinn ed., *Fair Representations: World's Fairs and the Modern World*, Amsterdam: VU University Press, 1994. pp. 13-27.

Greenhalgh, Paul, *Ephemeral Vista: The Expositions Universelles, Great Exhibitions and World's Fairs, 1851-1939*, Manchester: Manchester University Press, 1988.

Gyani, Gabor, "Department Stores and Middle-class Consumerism in Budapest, 1896-1939," in Geoffrey Crossick and Serge Jaumain ed., *Cathedrals of Consumption: The European Department Store, 1850-1939*, Aldershot: Ashgate Publishing Ltd., 1999, pp. 208-24.

Hall, Stuart, "The Spectacle of the 'Other'," in Stuart Hall ed., *Representation: Cultural Representations and Signifying Practices*, London: Sage Publications Ltd., 1997, pp. 223-91.

Hall, Stuart ed., *Representation: Cultural Representations and Signifying Practices*, London: Sage Publications Ltd., 1997.

Hall, Stuart & Bram Gieben ed., *Formation of Modernity*, Cambridge: Polity Press, 1992.

Harris, Neil, "All the World a Melting Pot? Japan at American Fairs, 1876-1904," in Akira Iriye ed., *Mutual Images: Essays in American-Japanese Relations*, Cambridge, Mass.: Harvard University Press, 1975, pp. 24-54.

Harvey, Penelope, *Hybrids of Modernity: Anthropology, the Nation State and the Universal Exhibition*, London: Routledge, 1996.

Hiebert, R. E., D. F. Ungurait & T. W. Bohn, *Mass Media VI: An Introduction to Modern Communication*, N. Y.: Longman, 1991.

Hitchcock, Michael & Ken Teague ed., *Souvenirs: The Material Culture of Tourism*, Aldershot: Ashgate Publishing Ltd., 2000.

Hobsbawn, Eric J., *Industry and Empire*, London, 1969.

Hotta-Lister, Ayako, *The Japan-British Exhibition of 1910: Gateway to the Island Empire of the East*, Richmond, Surrey: Japan Library, 1999, pp. 9-43.

Ishimori, Shuzo (石森秀三), "Tourism and Religion: From the Perspective of Comparative Civilization," in Umesao Tadao, Harumi Befu and Ishimori Shuzo ed., *Japanese Civilization in the Modern World, IX: Tourism*, Osaka: National Museum of Ethnology, 1995.

Jackson, J. B., *A Sense of PLACE, a Sense of TIME*, New Haven: Yale University Press, 2000.

Jerrold, W. Blanchard, "The History of Industrial Exhibitions," *Illustrated London News*, Vol. XVIII, No. 482, (May, 3, 1851), p. 373.

Leach, William, "Strategists of Display and the Production of Desire," in Simon Bronner ed., *Consuming Visions: Accumulation and Display of Goods in America, 1880-1920*, N. Y.: W. W. Norton & Co., 1989, pp. 99-132.

MacCannell, Dean, *The Tourist: A New Theory of the Leisure Class*, Berkeley: University of California Press, 1999.

Mainardi, Patricia, *Art and Politics of the Second Empire: The Universal Expositions of 1855 and 1867*, New Haven and London: Yale University Press, 1987.

Miller, Michael B., *The Bon Marche: Bourgeois and the Department Store, 1869-1920*, Princeton: Princeton University Press, 1981.

Mitchell, Timothy, *Colonising Egypt*, Berkeley: University of California Press, 1991.

Moeran, Brian, "The Birth of the Japanese Department Store," in Kerrie L. MacPherson ed., *Asian Department Stores*, Honolulu: University of Hawaii Press, 1998.

Morton, Patricia A., *Hybrid Modernities: Architecture and Representation at the 1931 Colonial Exposition, Paris*, Mass.: Massachusetts Institute of Technology Press, 2000

Noritake, Kanzaki, "The Travel-loving Tradition of the Japanese," *Japan Echo*, Vol. 19, No. 4, (Winter 1992), pp. 66-69.

Nye, David, "Electrifying exposition, 1880-1939," in Robert W. Rydell and Nancy E. Gwinn ed., *Fair Representations: World's Fairs and the Modern World*, Amsterdam: VU University Press, 1994, pp. 140-56.

Porter, Roy, *English Society in the Eighteenth Century*, London; N. Y.: Penguin Books, 1990.

Richards, Thomas, *The Commodity Culture of Victorian England: Advertising and Spectacle, 1851-1914*, Stanford: Stanford University Press, 1990.

Rubalcaba-bermejo, Luis & Juan R. Cuadrado-Roura, "Urban Hierarchies and

Territorial Competition in Europe: Exploring the Role of Fairs and Exhibition," *Urban Studies*, Vol. 32, No. 2, (March 1995), pp. 379-400.

Rutter, Owen, *Through Formosa: An Account of Japan's Island Colony*（臺北：南天影本，1990）。

Rydell, Robert W., "The Centennial Exposition, Philadelphia, 1876: The Exposition as a "Moral Influence," in his *All the World's a Fair: Visions of Empire at American International Expositions, 1876-1916*, Chicago: The University of Chicago Press, 1984.

Rydell, Robert W., *All the World's a Fair: Visions of Empire at American International Expositions, 1876-1916*, Chicago: The University of Chicago Press, 1984.

Rydell, Robert W. and Nancy E. Gwinn ed., *Fair Representations: World's Fairs and the Modern World*, Amsterdam: VU University Press, 1994.

Rydell, Robert W., John E. Findling and Kimberly D. Pelle, *Fair America: World's Fairs in the United State*, Washington: Smithsonian Institution Press, 2000.

Scobey, David, "What shall we do with our wall? The Philadelphia Centennial and the meaning of household design," in Robert W. Rydell and Nancy E. Gwinn ed., *Fair Representations: World's Fairs and the Modern World*, Amsterdam: VU University Press, 1994, pp. 87-120.

Tiersten, Lisa, "Marianne in the Department Store: Gender and the Politics of Consumption in turn-of-the-century Paris," in Geoffrey Crossick and Serge Jaumain ed., *Cathedrals of Consumption: The European Department Store, 1850-1939*, Aldershot: Ashgate Publishing Ltd., 1999, pp. 116-34.

Umesao, Tadao (梅棹忠夫), "Tourism as a Phenomenon of Civilization," in Umesao Tadao, Harumi Befu and Ishimori Shuzo ed., *Japanese Civilization in the Modern World, IX: Tourism*, Osaka: National Museum of Ethnology, 1995.

Urry, John, *The Tourist Gaze: Leisure and Travel in Contemporary Societies*, London: Sage Publications, 1990.

Vaporis, Connstantine N., "The Early Modern Origins of Japanese Tourism," in Umesao Tadao, Harumi Befu and Ishimori Shuzo ed., *Japanese Civilization in the Modern World, IX: Tourism*, Osaka: National Museum of Ethnology, 1995.

Walden, Keith, *Becoming Modern in Toronto: Industrial Exhibition and the Shaping of a Late Victorian Culture*, Toronto: University of Toronto Press, 1997.

Walsh, Claire, "The Newness of the Department Store: a View from the Eighteenth Century," in Geoffrey Crossick and Serge Jaumain ed., *Cathedrals of Consumption: The European Department Store, 1850-1939*, Aldershot: Ashgate Publishing Ltd., 1999, pp. 46-71.

Weber, Donald, "Selling Dreams: Advertising Strategies from Grands Magasins to Supermarkets in Ghent, 1900-1960," in Geoffrey Crossick and Serge Jaumain ed., *Cathedrals of Consumption: The European Department Store, 1850-1939*, Aldershot: Ashgate Publishing Ltd., 1999, pp. 160-88.

Williams, Rosalind H., *Dream Worlds: Mass Consumption in Late Nineteenth-Century France*, Berkeley: University of California Press, 1982.

Williams, Rosalind H., "The Dream World of Mass Cunsumption," in Chandra Mukerji and Michael Schudson ed., *Rethinking Popular Culture: Contemporary Perspectives in Cultural Studies*, Berkeley: University of California Press, 1991, pp. 198-208.

Yengoyan, Aram A., "Culture, Ideology and World's Fairs: Colonizer and Colonized in Comparative Perspectives," in Robert W. Rydell and Nancy Gwinn ed., *Fair Representations: World's Fairs and the Modern World*, Amsterdam: VU University Press, 1994.

Young, Louise, *Japan's Total Empire: Manchuria and the Culture of Wartime Imperialism*, Berkeley: University of California Press, 1998.

網頁資料

上海世界博覽會官方網站：

http://www.expo2010china.com/expo/chinese/qt/gywm/index.html

世界博覽會事務局官方網站：http://www.bie-paris.org/main/main. php?lang=1

名古屋世界博覽會官方網站：http://www-1.expo2005.or.jp/tcn/index.html

行政院經濟建設委員會網站資料：http://www.cepd.gov.tw/2008/

行政院經濟建設委員會挑戰2008計畫書：

http://www.cepd.gov.tw/indexset/indexcontent.jsp?topno=1&linkid=7

美國史密森博物館（Smithsonian Institution）1992-1999年博覽會研究成果

　　書目選：http://www.sil.si.edu/silpublications/worlds-fairs-2000.htm；

臺灣博覽會新聞：http://news.yam.com/cna/fn/200412/20041206613234.
html

鄭玉珍餅舖網頁：http://www.jyj.com.tw/story.asp。

Alexander C. T. Geppert, Jean Coffey and Tammy Lau, International Exhibitions,
Expositions Universelles and World's Fairs, 1851-1951: A Bibliography, in
Wolkenkuckucksheim: Internationale Zeitschrift fur Theorie und
Wissenschft der Archietektur, 2000 (special issue)，網頁資料來源：
http://www.tu-cottbus.de/BTU/Fak2/TheoArch/Wolke/eng/Bibliography/
ExpoBibliography.htm
http://www.lib.csufresno.edu/subjectresources/specialcollections/worldfairs/s
econdarybiblio.pdf

Poincare資料：http://episte.math.ntu.edu.tw/people/p_poincare/

本書接受獎助案
及部分已發表章節出處一覽

一、國科會專題研究計畫補助案

1. 1999，〈展覽會之畫——近代台灣的展覽活動，1895-1945〉，八十九年度國科會專題研究計畫，計畫編號：NSC-89-2411-H-004-010。

2. 2000，〈日治時期台灣的旅遊活動，1895-1945〉，八十九年度國科會專題研究計畫，計畫編號：NSC-89-2411-H-004-034。

3. 2002至2003年，〈廣告、展示與消費生活——日治時期臺灣與日本商業網絡之研究（1895-1945）〉，九十一年度國科會專題研究計畫，計畫編號：NSC-91-2411-H-004-028。

二、日本交流協會獎助

1. 2003年「歷史研究者交流活動」，2003年9月1日至11月30日。成果報告：〈展示殖民地——日本博覽會中臺灣的實像與鏡像〉。

2. 成果報告擷取網址：

http://www.koryu.or.jp/center/ez3_contents.nsf/120d752d9e8166ec492 56de4002103c4/ee49c1bfadc87e7649256eba0031b999?OpenDocumen

t#%E6%8B%9B%E8%81%98%E7%A0%94%E7%A9%B6%E8%80
%85%E4%B8%80%E8%A6%A7

三、部分已發表章節出處

1. 〈展示臺灣——1903年大阪內國勸業博覽會臺灣館之研究〉,《臺灣史研究》,9:2(2002.12),頁103-44。

2. 〈日治時期臺灣旅遊活動與地理景象的建構〉,收入黃克武主編,《畫中有話:近代中國的視覺表述與文化構圖》(臺北:中央研究院近代史研究所,2003),頁289-326。

3. 〈廣告と展示——日本統治期台灣と日本商業ネットウークに關する初步的考察(1895-1945年)〉,*Intelligence*,5(2005.1),頁34-42(川島真譯)。

索引

國家圖書館出版品預行編目資料

展示臺灣：權力、空間與殖民統治的形象表述
= Exhibiting Taiwan: Power, Space and Image
Representation of Japanese Colonial Rule／呂紹理
著. – –初版. – –臺北市：麥田出版：家庭傳
媒城邦分公司發行, 2005 [民94]
　　面；　公分. – –（文史臺灣；3）
參考書目：面
ISBN 986-7285-86-1（平裝）

1.博覽會－臺灣－日據時期（1895-1945）

673.24　　　　　　　　　　　94017714